歴史公文書が語る湖国

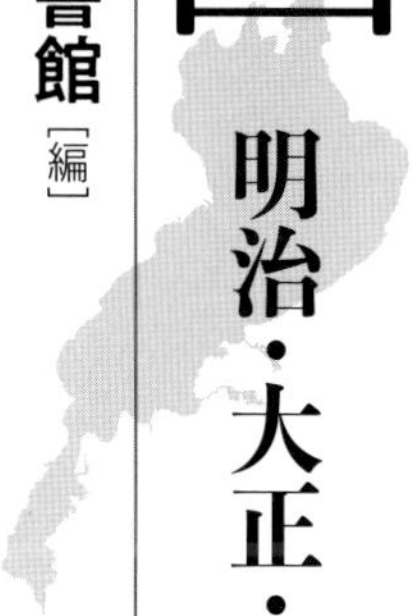

明治・大正・昭和の滋賀県

滋賀県立公文書館［編］

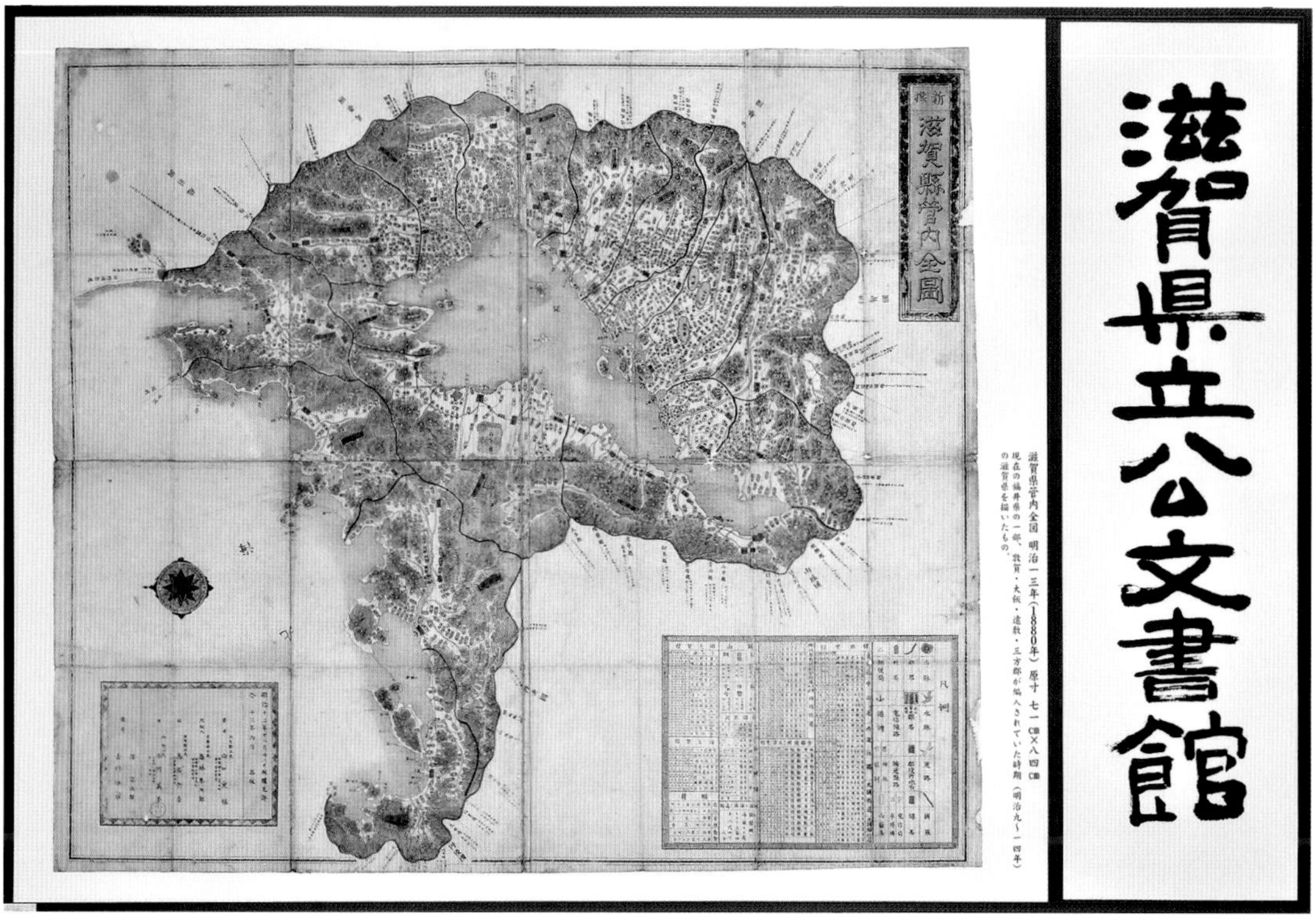

公文書館看板

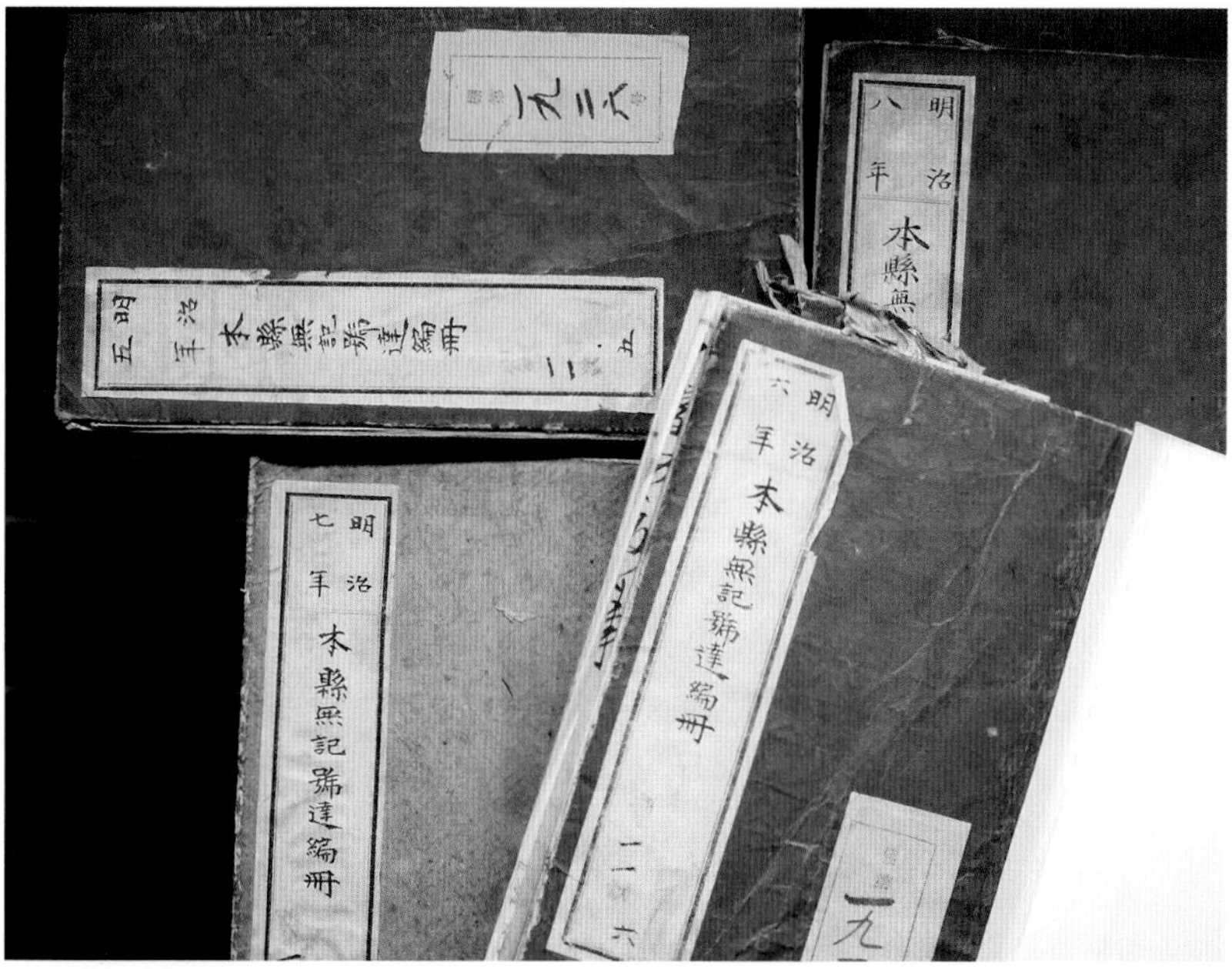

『本県無記号達編冊』（明治５～８年）　**【明い32、39、53、60】**

県民向けに作成された法令の告示（布達書または布令書）の綴り。明治７年以前は欠番が多々あり、明治８年４月の太政官達を受けて、新たに編綴されたものと見られます。

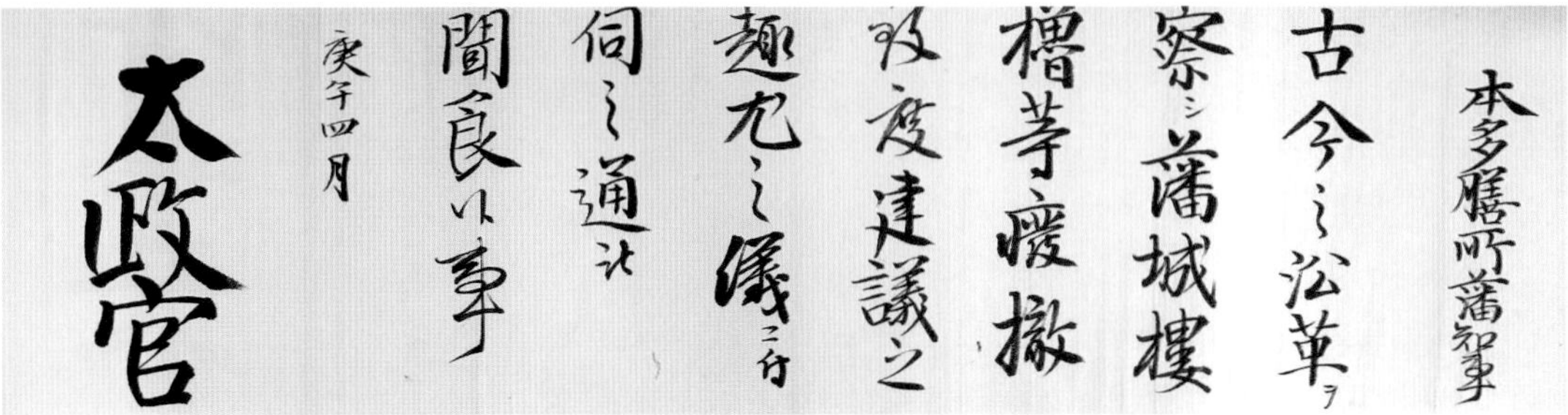
本多膳所藩知事
古今之沿革ヲ
察シ藩城楼
櫓等廃撤
致度建議之
趣尤之儀ニ付
伺之通被
聞食候事
庚午四月
太政官

膳所城廃城許可に付達（明治３年４月）【明う149（25）】

明治維新による諸制度の変革により、無用となった膳所城の廃城を許可する太政官からの達。櫓や城門などは近隣各地の神社等に移築されました。

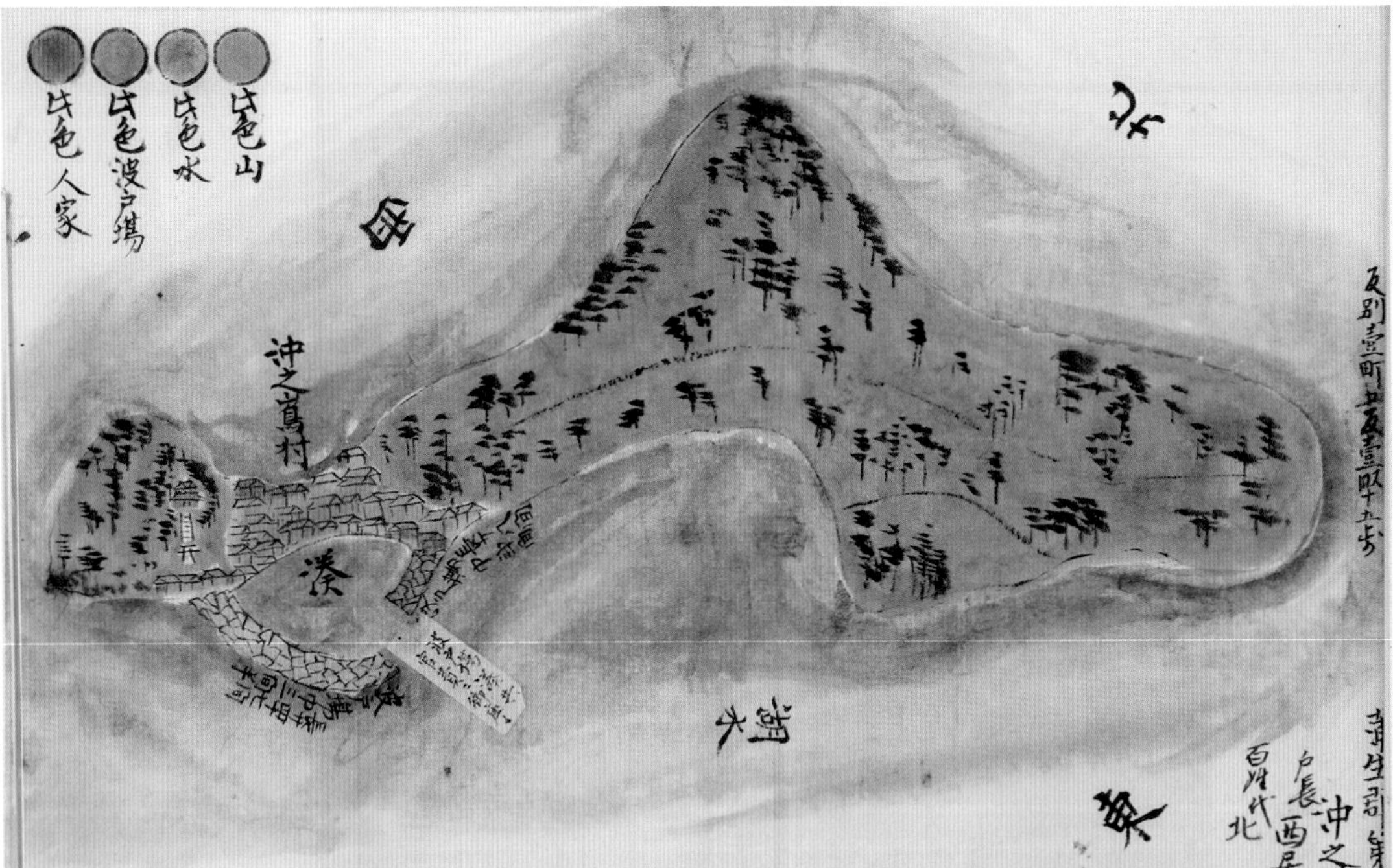

蒲生郡第７区沖之島村（沖島）絵図（明治６年頃）【明へ４（17）】

堤防や橋梁、道路などの改修費を官民どちらが負担するか明確にするため、各村が作成した絵図。写真は蒲生郡沖之島村で、付箋に「波戸場湊共官費」と記載されています。

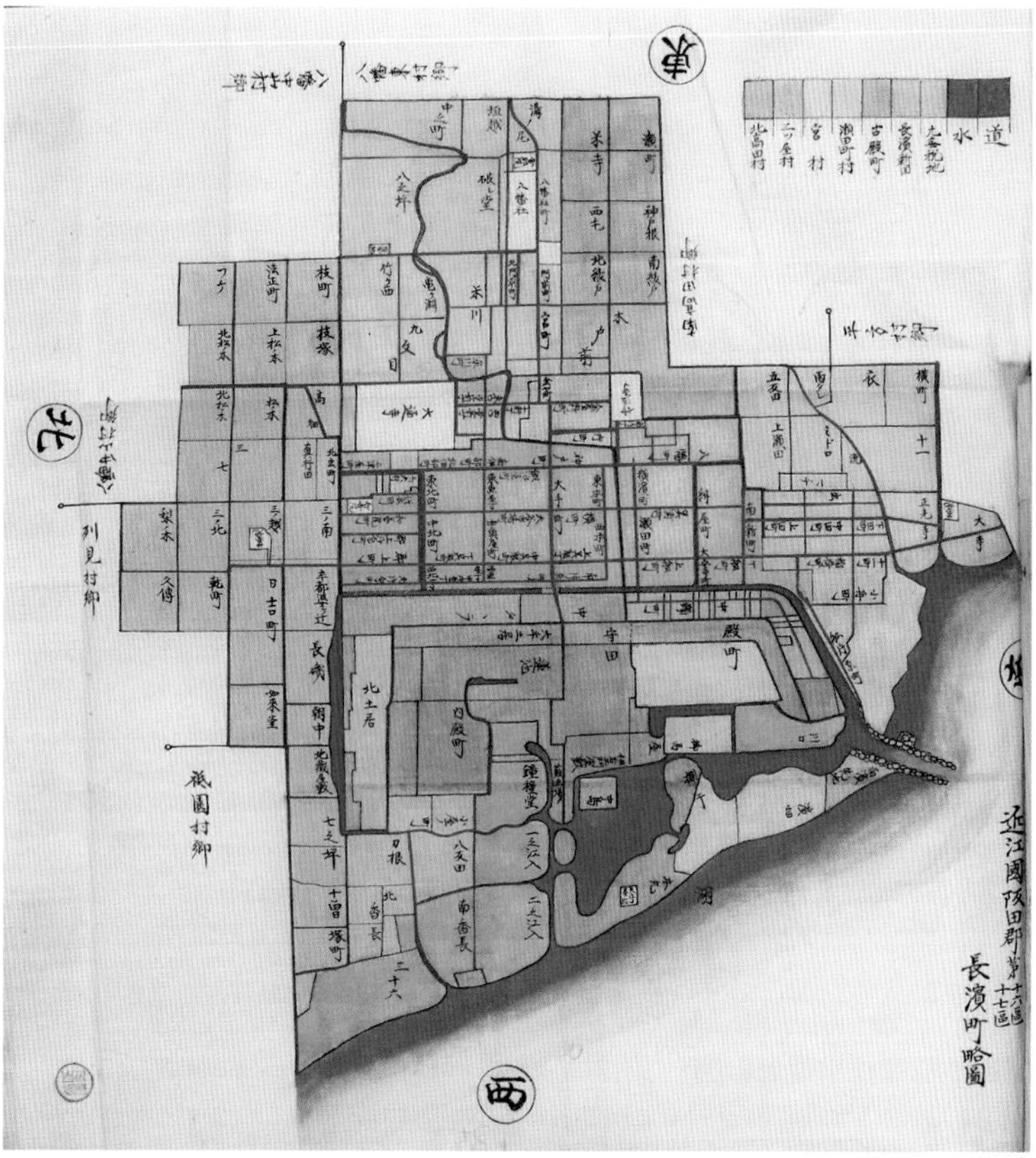

坂田郡第16区17区長浜町略図（明治７年）　【明へ６（135）】

明治７年に作成された長浜町の絵図。琵琶湖畔にあった長浜城の痕跡や碁盤割りの地割りがみてとれます。

琵琶湖疏水東口堀割工場（明治19年）　【資576】

琵琶湖と京都を結ぶ水路・琵琶湖疏水の工事が明治18年に始まります。写真は、第一トンネル東口付近の工事の様子を写したもの。

関西鉄道家棟《やなむね》川隧道の図（明治21～22年）　**【資576】**

現在のJR草津線の前身である関西鉄道の開通（明治22年に草津－三雲間が開通）にむけた工事の様子。天井川の下をくぐる鉄道専用トンネルが造られています。

園城寺境内絵図（明治28年６月）　**【明す658（9）】**

『寺院建造物等調書編冊』（詳細は200頁）に所収の園城寺境内図。左下部には完成した琵琶湖疏水も描かれています。

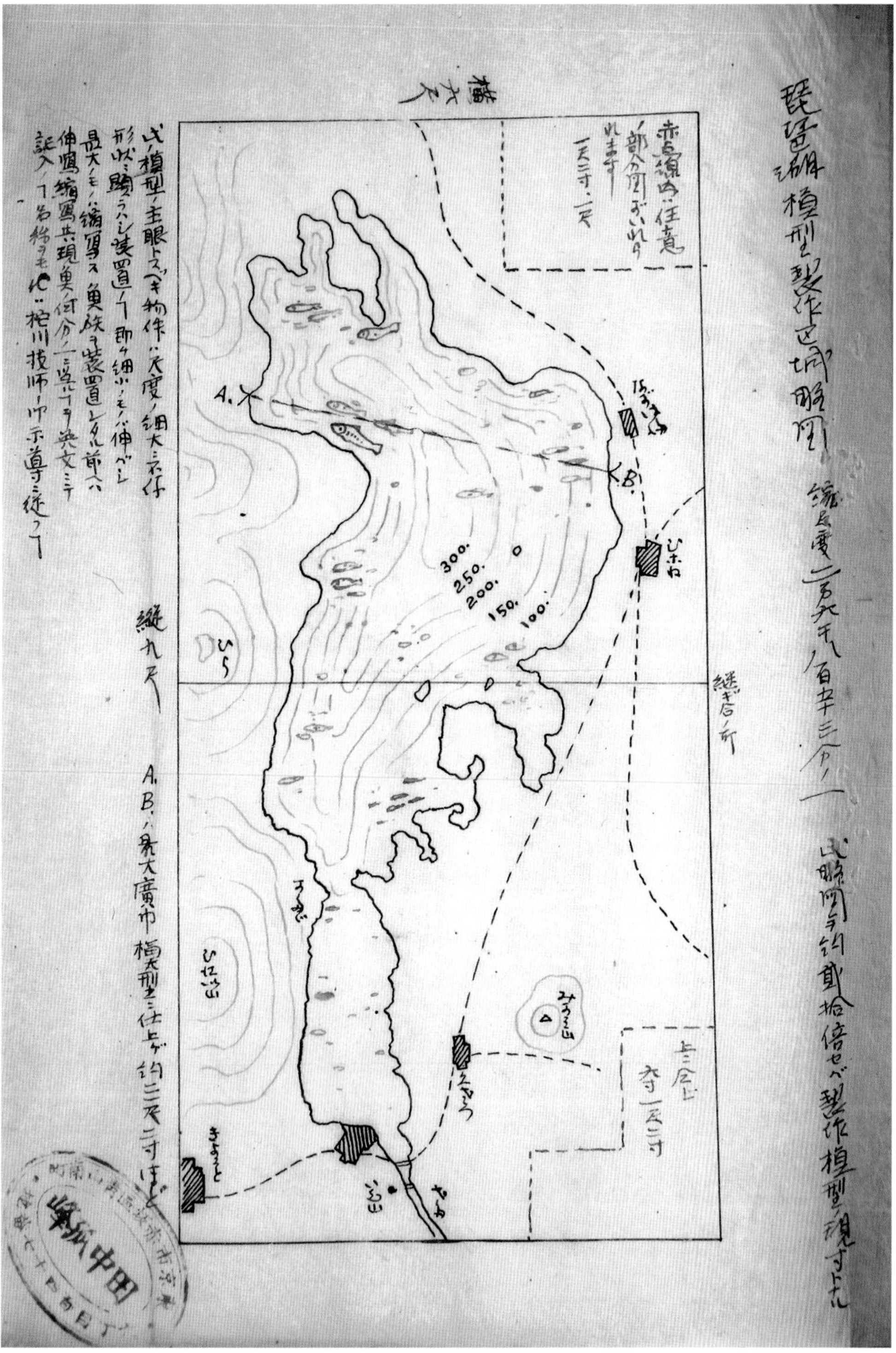

琵琶湖の水深図（明治42年８月３日）　**【明て84－1（14）】**

　日英博覧会（明治43年開催）に出展する琵琶湖の模型を製作するために、滋賀県彦根測候所（現・彦根地方気象台）が作成した図面。同所は明治40年から琵琶湖の科学的調査を行っていました。

東宮行啓記念滋賀県写真帳表紙図案（明治43年９月）　【明か13（20）】

嘉仁親王（大正天皇）来県時、知事が治績報告を行う際の参考資料のひとつとして作られた写真帳の表紙図案。常緑の松は滋賀県の「繁盛」を、城石は「滋賀ノ特徴」でもある多くの古戦場を表し、獅子には「将来ヲ誇ルベキ県トシタシ」という思いが込められています。

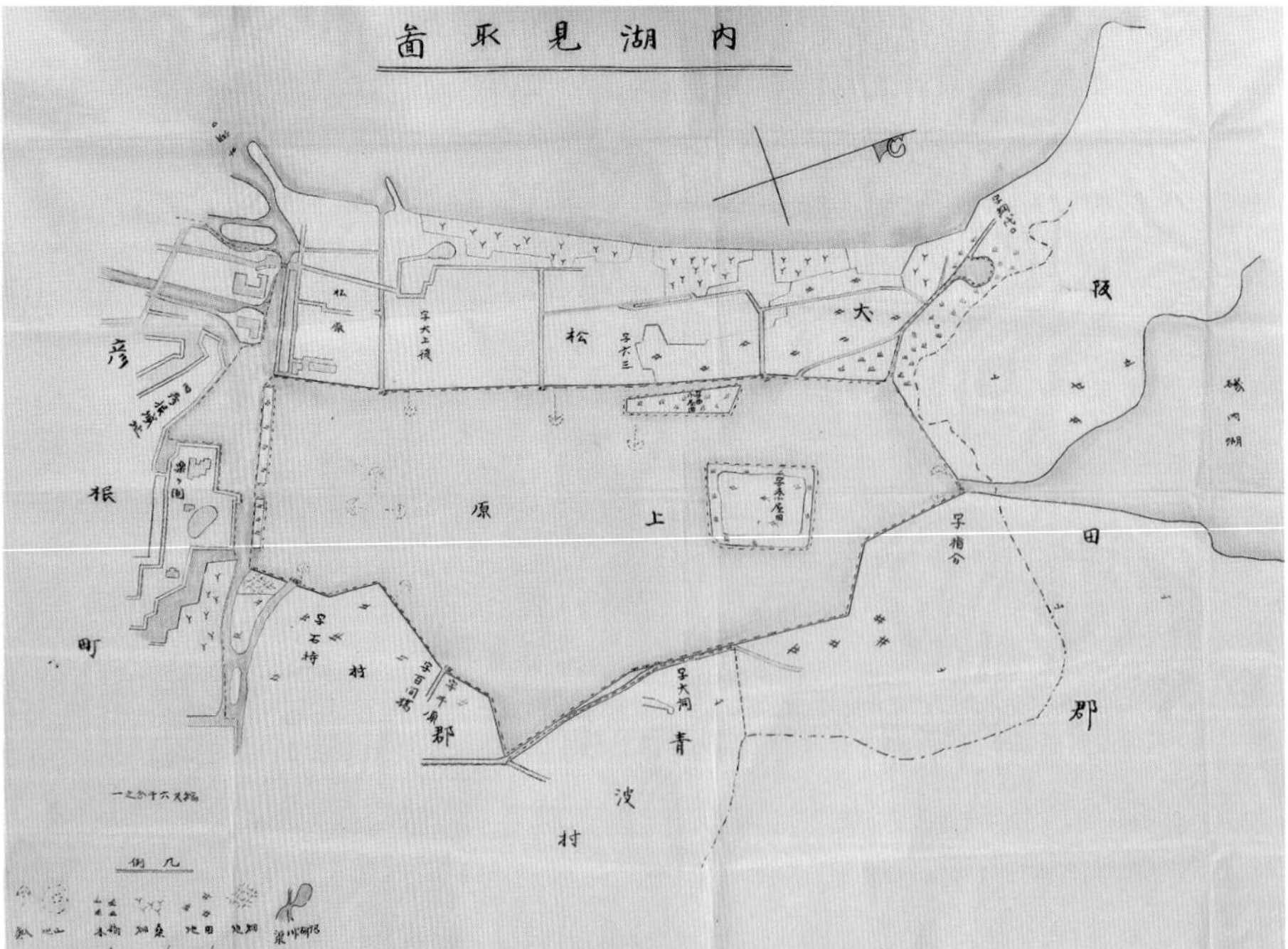

松原内湖見取図（明治期）　【明つ39（152）】

干拓（昭和19～22年）以前の松原内湖（彦根市）の見取図。魞《えり》の漁場と周辺の農地が記載されており、漁業免許を取得するために提出されました。

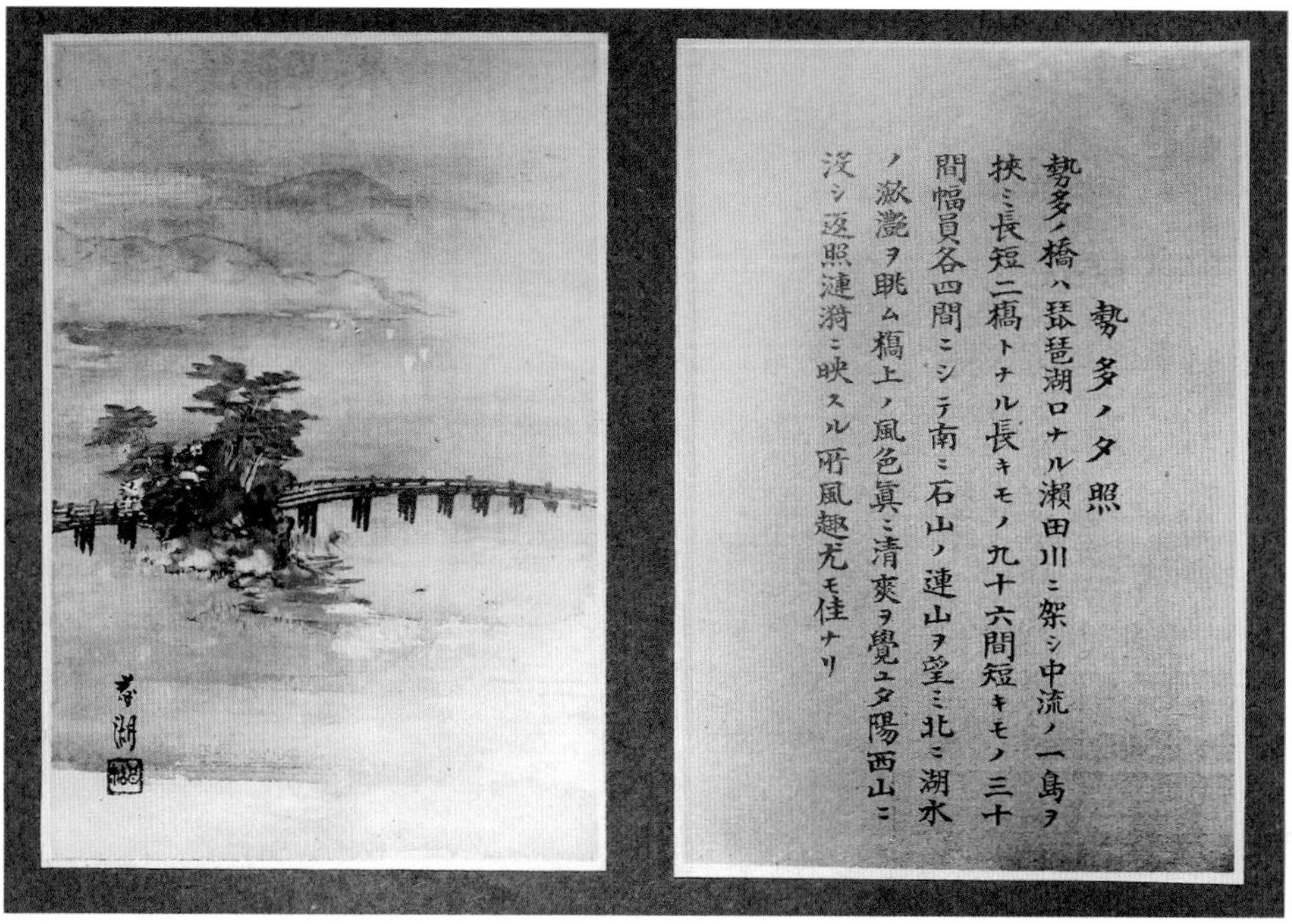

『英国皇太子殿下行啓紀念帖』（大正11年）　**【**寄1－51**】**

イギリス王太子エドワード（エドワード８世）の訪問を記念して贈呈した、湖国二十勝の絵の写真を製本したもの。写真は勢多の夕照。

旧県庁舎航空写真（昭和初期）　**【**昭の１（18）**】**

明治21年に竣工した旧県庁舎の写真。現在の県庁舎建設のため昭和12年に取り壊されるまで、半世紀の長きにわたり県政の舞台となりました。

『滋賀県がいどぶっく 第二巻』（大正元年12月）　**【資577】**

県内の名所旧蹟や商工業者の履歴等をまとめた冊子で、多くの写真が掲載されています。著者の北村重之助は、県属（職員）や大津商工会議所を経て、近江物産合資会社を興した実業家です。

昭和天皇と信楽焼の狸（昭和26年11月）　**【資625】**

昭和26年の湖国巡幸の折、昭和天皇が信楽窯業試験場を視察した時の写真。同試験場の入口庭園には、大小さまざまな大きさの信楽焼の狸が日の丸の旗を持ち天皇を出迎えました。

発刊に寄せて

令和二年四月、滋賀県立公文書館が開館しました。

また、時を同じくして、滋賀県公文書等の管理に関する条例が施行されました。

県の公文書は、県の諸活動と歴史的事実の記録であり、健全な民主主義の根幹を支える県民共有の知的資源です。また、公正な行政を行うための基礎資料でもあります。

県立公文書館は、公文書管理条例と相まって、後世に残すべき重要な歴史公文書を一元的に、かつ確実に管理し保存するための、ハード面、ソフト面での車の両輪となるものであり、歴史的価値のある公文書を体系的に保存し、県民をはじめとする多くの皆様に利用していただく基盤ができたと考えています。

県立公文書館では、県指定有形文化財に指定された九〇六八冊の明治期以降の歴史公文書や、今後公文書管理条例に基づき、順次移管される歴史資料として重要な公文書が、永久に保存されていきます。歴史を学び、新しい歴史をつくるため、より広く御活用いただきたいと願っています。

このたび、県立公文書館の開館を記念して発刊する本書には、本県の近代の歴史を紐解く上で重要な歴史公文書が、数多く掲載されています。

本県の歴史公文書が持つ魅力の一端に触れていただくとともに、県立公文書館がより一層皆様に身近な存在として、気軽に利用いただける施設となることを願い、発刊に寄せての御挨拶といたします。

滋賀県知事
三日月大造

はじめに

「公文書」という言葉からどのようなことをイメージされるでしょうか。公文書は主に行政が法令等の執行や諸活動を行う上で作成や取得した文書であり、あまり普段は、目にする機会も少ないかもしれません。

しかしながら県が有する公文書は、過去の県や市町村などの地方行政の組織や制度、施策やその実施状況に加え、県民の皆さんのさまざまな活動や生活の実情などを知る上で、歴史資料としての価値も非常に高いものがあります。

滋賀県では戦災や大規模な自然災害等の発生が全国に比べて、少なかったこともあり、明治期から昭和戦前期までの公文書が県庁内の文書庫に良好な状態で長年保存されてきました。こうした文書は、平成二十五年三月に滋賀県指定有形文化財（歴史資料）に指定されています。

本県ではこれまでこうした公文書を「歴史的文書」と定義し、県庁舎内に「県政史料室」を開設して、利用やレファレンス業務を行ってきました。

この間、国における公文書等の管理に関する法律の制定（平成二十三年四月施行）など、歴史的価値を有する公文書の保存・利用への関心の高まりを受け、本県においても平成二十七年七月に「滋賀県公文書管理に関する有識者懇話会」を設置するとともに、公文書管理に係る統一的なルールや歴史公文書の移管等について、全庁的な議論を行い、平成三十一年二月県議会に「滋賀県公文書等の管理に関する条例」および「滋賀県立公文書館の設置および管理に関する条例」を上程、同年三月二十二日に公布する運びとなりました。

公文書館法に基づく公の施設としての公文書館としては、全国の都道府県立では遅咲きの設置ではありましたが、県民の知る権利を謳《うた》った本県の公文書管理条例の中で、歴史公文書を永久保存する施設として公文書館がしっかりと位置付けられました。そして、この二つの条例は、令和二年四月一日から施行され、同日には、コロナ禍の中、ささやかではありましたが、開館式を行いました。

本書は、この滋賀県立公文書館の開館を記念し、当館が所蔵する特定歴史公文書等の特色や魅力を県民の皆さんをはじめ多くの方々に御紹介し、広く御利用いただく契機となればとの思いから刊行するものです。

第一部は、当館の所蔵資料をもとに、明治から昭和までの本県の歩みを通史的にたどる内容になっていて、県政史料室（当館の前身）時代の展示図録や、滋賀県の文化情報誌『湖国と文化』の連載記事を中心に、時代の流れに沿って再編集したものです。

第二部では、当館の利用案内や沿革、主な所蔵資料についての解説・紹介をしております。

本書を手に取っていただくことにより、歴史公文書の魅力とともに、近代の滋賀県の歴史やそれを裏付ける一次資料を保存する当館に親しみを感じていただき、是非一度御来館の上、閲覧していただければ幸いに存じます。

令和三年三月

滋賀県立公文書館長　松本直樹

歴史公文書が語る湖国　明治・大正・昭和の滋賀県

目次

凡例

文中の【　】は、滋賀県立公文書館が所蔵する特定歴史公文書等を識別するための番号で、簿冊等の請求番号＋（文書の編次番号　昭和01または昭06は№）で構成されている。「明」は明治期、「大」は大正期、「昭」は昭和期にそれぞれ作成された歴史公文書で、「資」は行政資料、「寄」は寄贈・寄託文書を意味する。なお「滋賀県蔵」の資料は、秘書課や議会事務局、県民情報室等で保管されている。

第1部 明治・大正・昭和の滋賀県

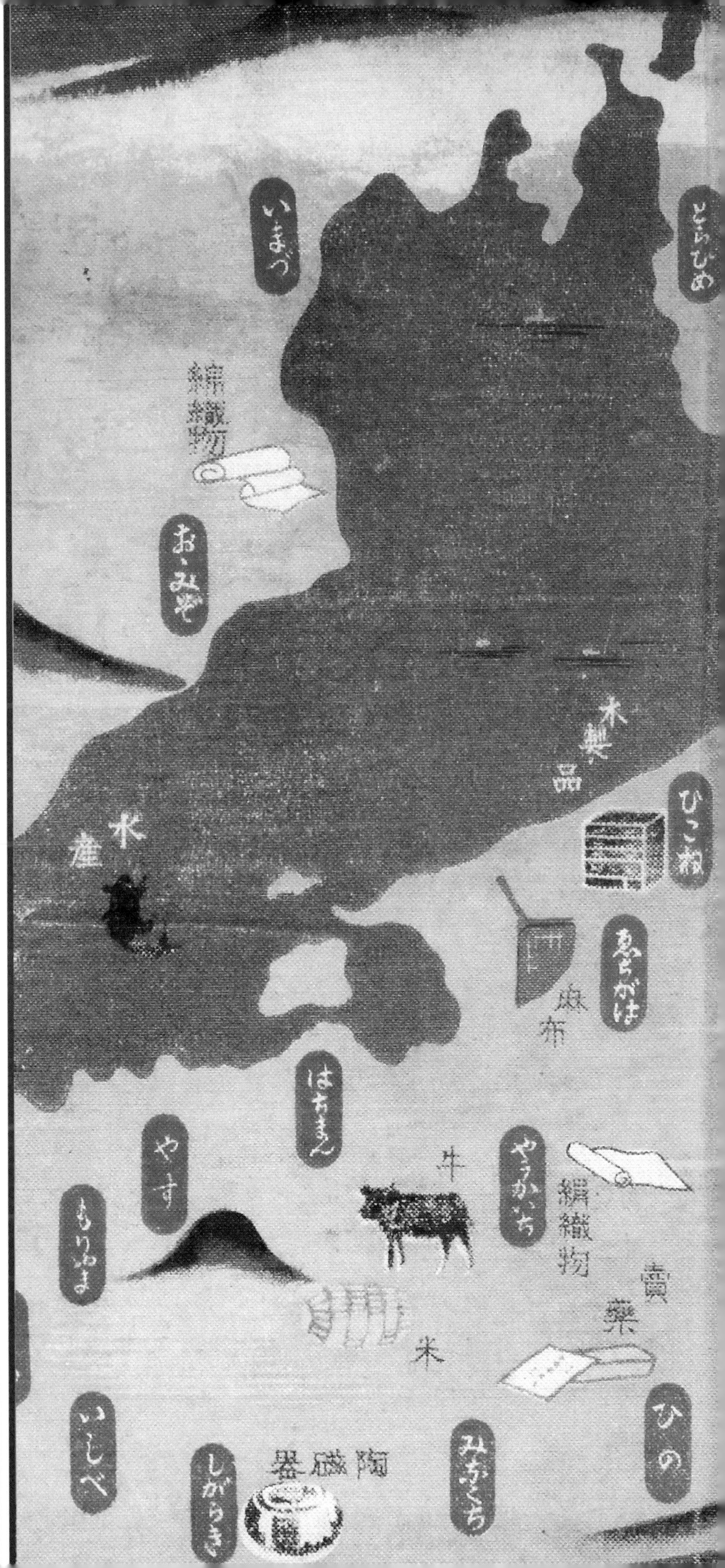

『滋賀県商工人名録』【資511】

第1章　滋賀県の誕生——明治元～十年

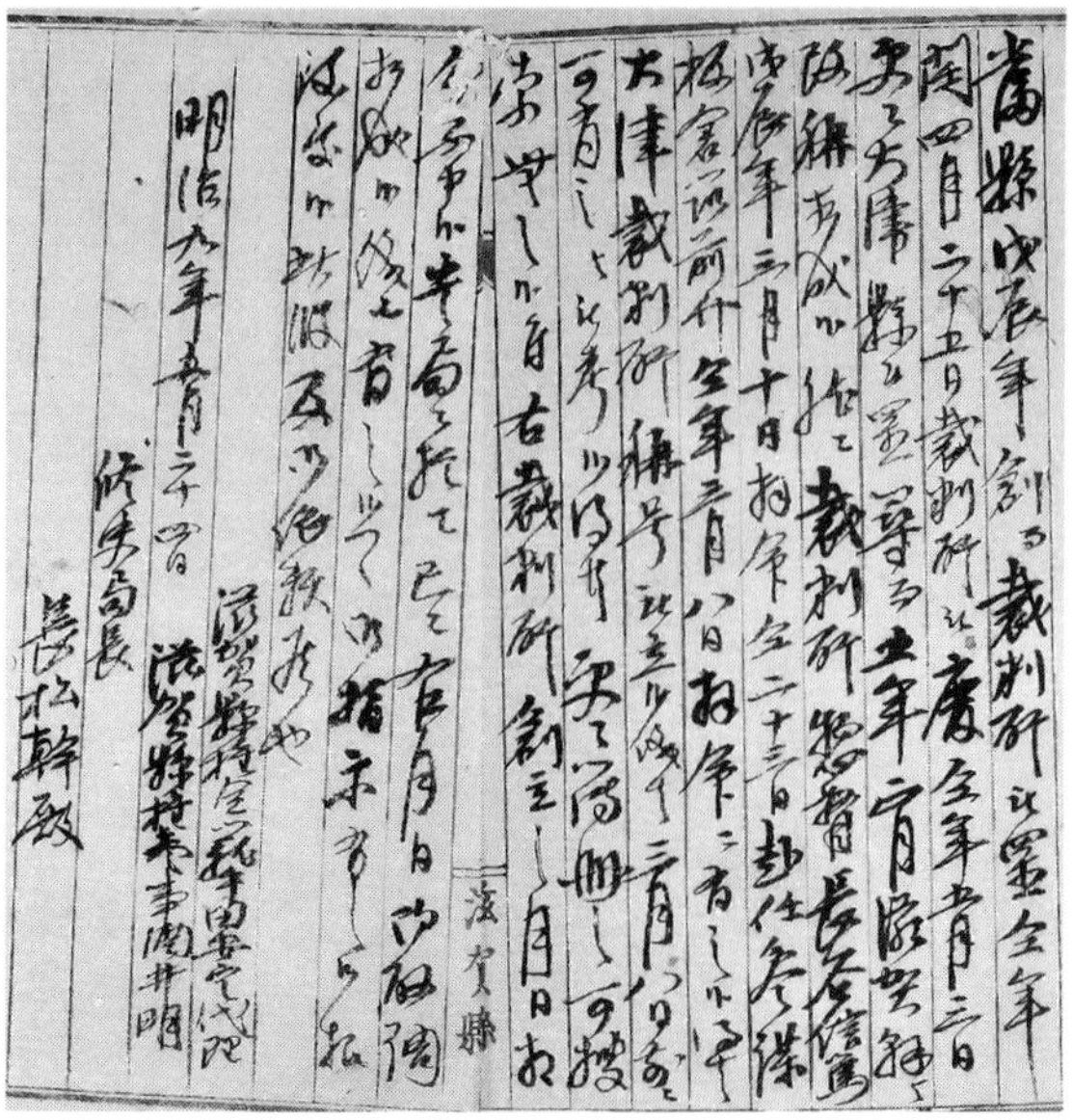

1　大津裁判所設立日の照会
明治９年５月24日
【明あ246－1(25)】

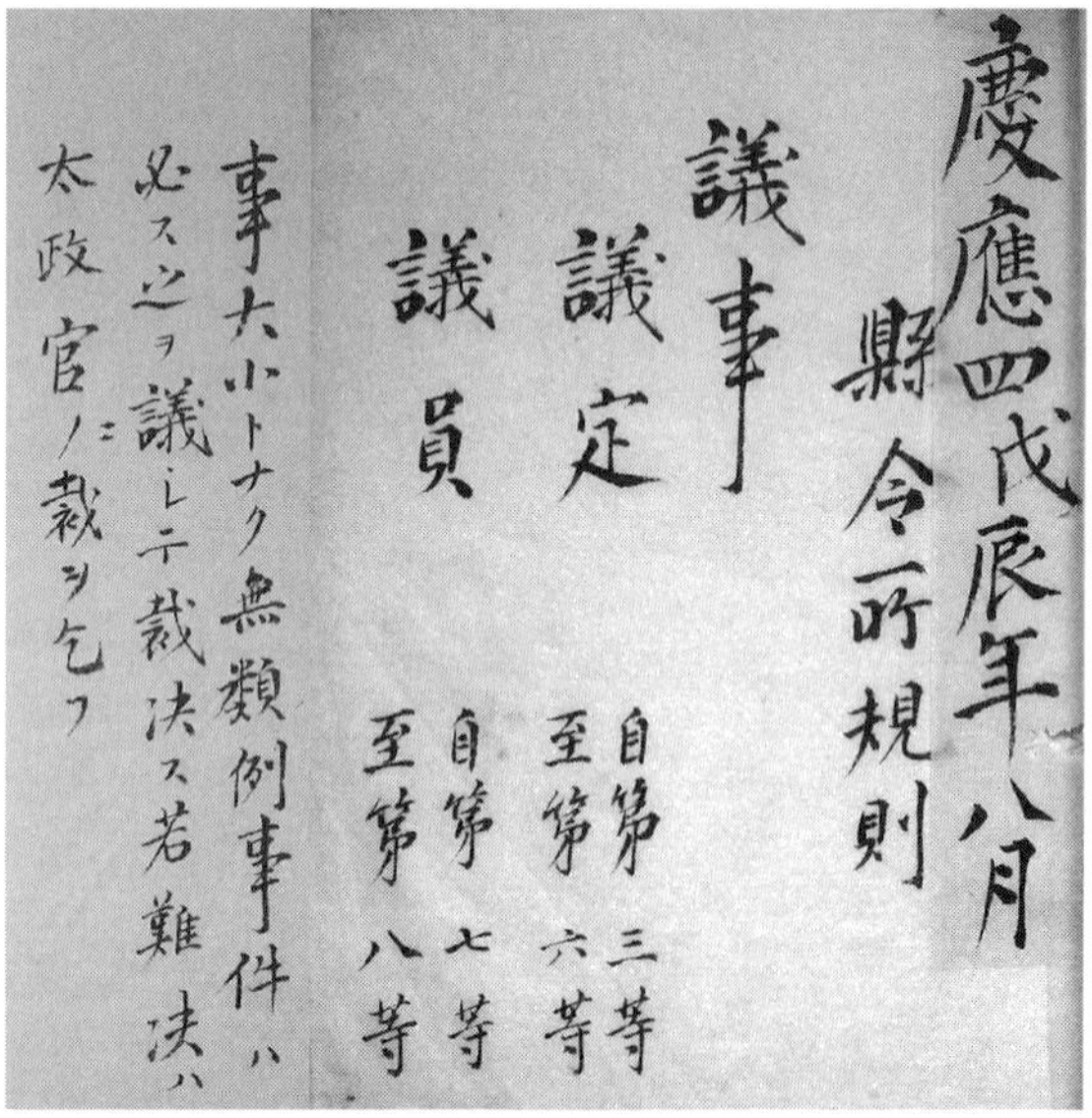

慶應四戊辰年八月
縣令所規則
議事
議定　自第三等　至第六等
議員　自第七等　至第八等
事大小トナク無類例事件ハ必ス之ヲ議シテ裁決ス若難決ハ太政官ノ裁ヲ乞フ

2　県令所規則
慶応４年８月
【明お41－2(2)】

大津県の時代

慶応三年（一八六七）十二月、王政復古の大号令が発され、明治新政府が発足すると、翌四年三月、旧大津代官所の支配地を統治するため、大津裁判所（県庁の前身の行政機関）が設置されます。

さらに同年閏《うるう》四月、太政官は政体書を発布し、地方は府・藩・県が並立する三治《さんち》体制となりました。近江国でも、大津裁判所が廃され、新たに大津県が発足します（写真2・3）。初代知事には、広島藩士の辻《つじ》将曹《しょうそう》が就任しました。当初の県庁舎は、旧大津代官所が使われましたが、その後移転を繰り返し、明治二年（一八六九）一月、園城寺《おんじょうじ》境内の円満院に置かれました。

明治四年七月には、近江国に領地

3　大津県印
明治初年
【資565】

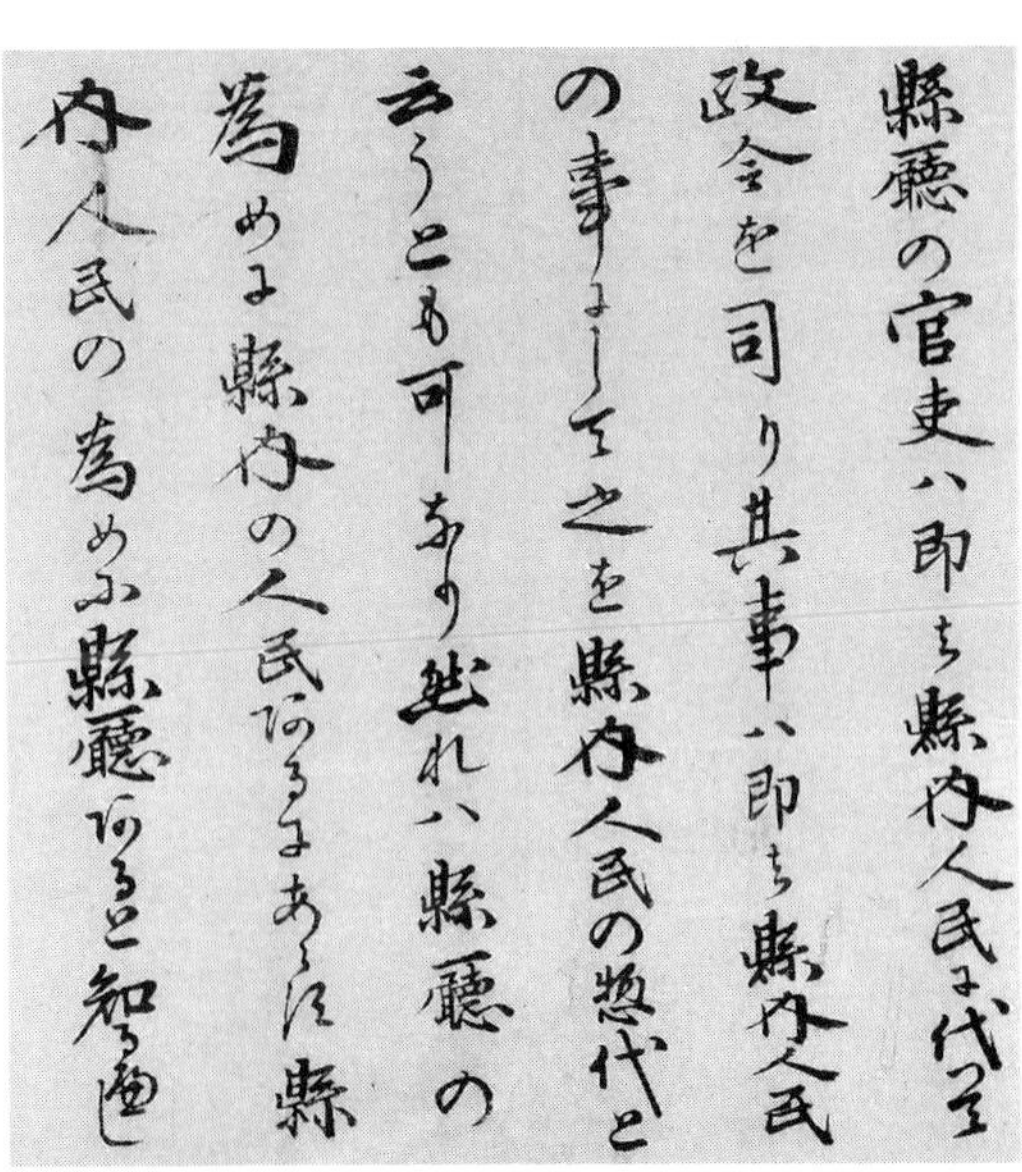

縣廳の官吏ハ即ち縣内人民ニ代りて
政令を司り其事ハ即ち縣内人民
の事なりと之を縣内人民の惣代と
云ふとも可なり然れハ縣廳の
為めニ縣内の人民あるニあらす縣
内人民の為めニ縣廳あると知るへし

4　議事大意条例
明治５年１月
【明い36（23）】

を持つ彦根藩・膳所《ぜぜ》藩などの諸藩が廃され、新たに彦根県・膳所県などが置かれます。さらに同年十一月、近江国南部六郡は大津県、北部六郡は長浜県へと合併されました。滋賀県という名称もまだないこの時期に、鳥取藩出身の松田道之《まつだみちゆき》が大津県令（後の知事）に就任します。

写真4は、明治五年一月に松田が設置した地方民会「議事所」の議事会則です。「県庁の為めに県内の人民あるにあらす、県内人民の為めに県庁あると知るへし」という松田の「公論」重視の考えが示されています。大里正《だいりせい》・中《ちゅう》里正（数か村の代表）と富裕層が「県内の公益」「人民の幸福」を議論する場として設けられました。ただし、議決の執行には県庁の許可が必要などの制限が存在していました。

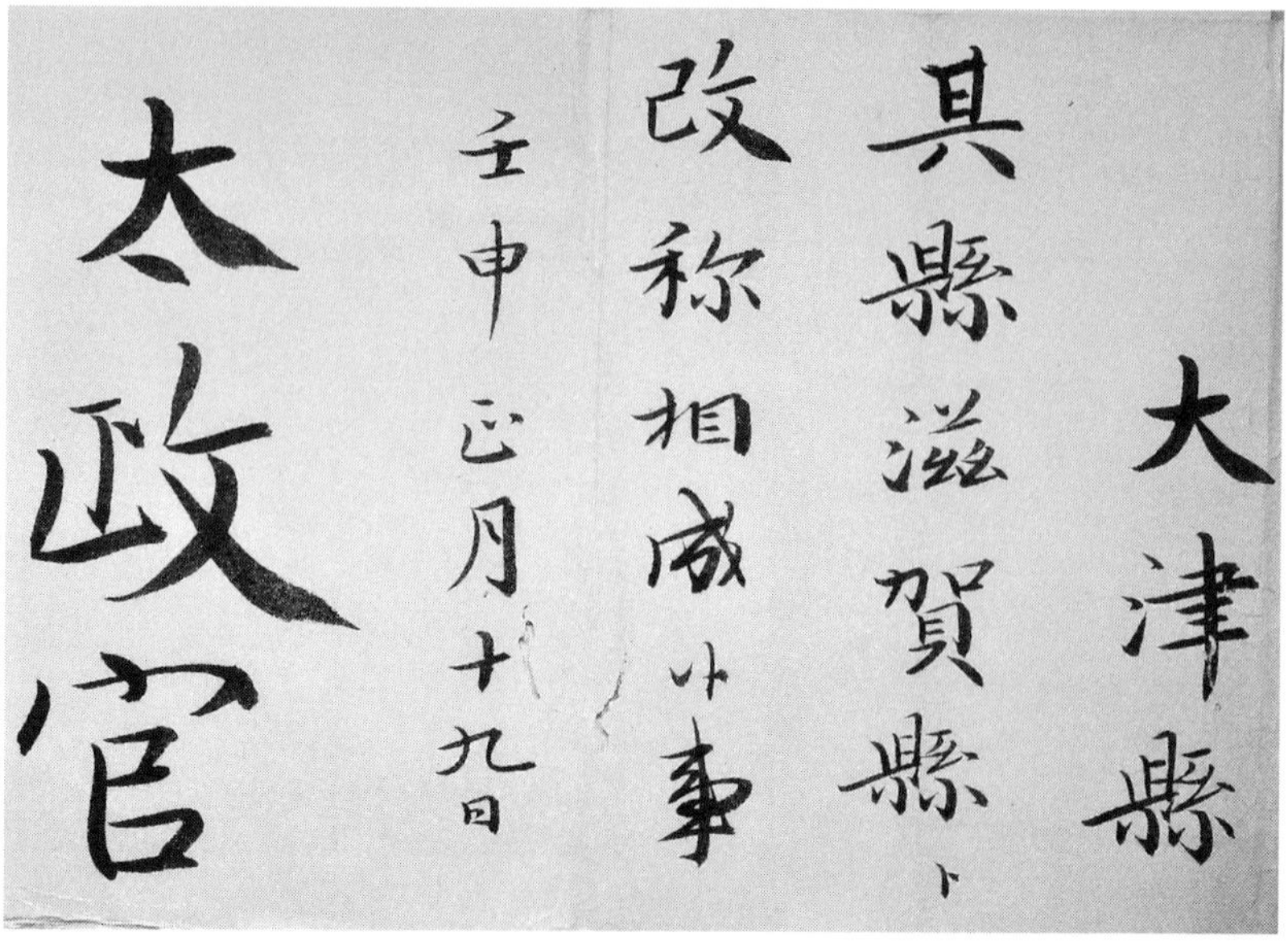
大津縣
其縣滋賀縣ト
改称相成候事
壬申正月十九日
太政官

5　県名改称の達
明治５年１月19日
【明う152(13)】

6　松田道之の肖像
明治期
滋賀県蔵

滋賀県の誕生

現在の「滋賀県」が誕生するきっかけは、明治四年（一八七一）十二月、大津県令松田道之が大蔵省に提出した要望書でした。松田によれば、旧幕府代官所が置かれた大津の名称をこのまま用いることは、「愚民」が旧習を捨てて、開化に進む障害になるといいます。県庁舎が置かれた円満院が滋賀郡別所村にあることなどから、その郡名をとって滋賀県と改めるべきだと訴えたのです。この上申は「至当《しとう》」と認められ、翌五年一月、大津県は滋賀県と改称します（写真５）。

同年二月には、長浜県も犬上《いぬかみ》県へと改称しますが、九月に滋賀県に合併となり、現在と同じ領域を統治する滋賀県が誕生することになります。松田は県令を引き続き務め、初代滋賀県令に就任しました（写真６）。

写真７は、明治七年一月、松田が県官員に示した「県治所見《けんちしょけん》」です。

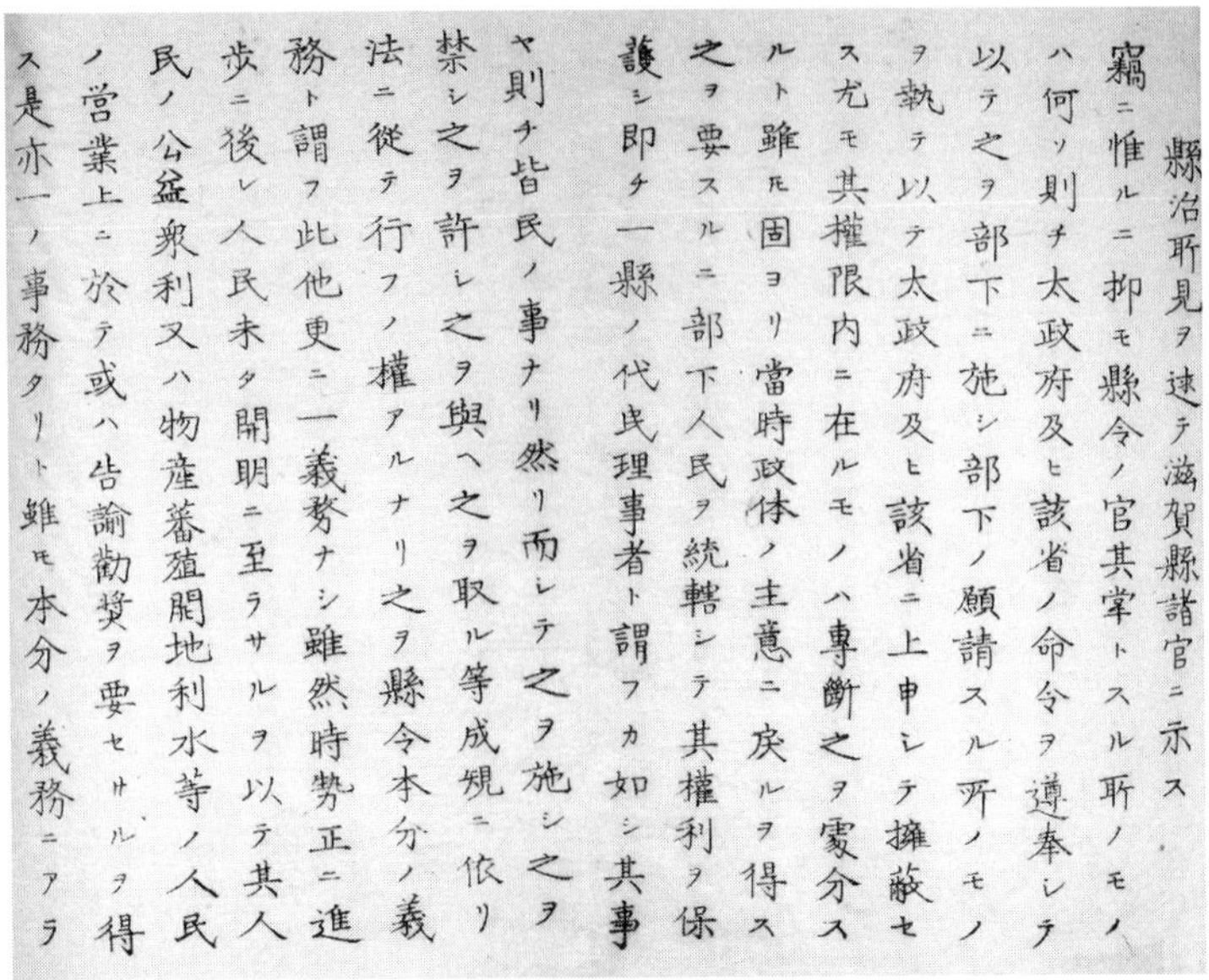

縣治所見ヲ述テ滋賀縣諸官ニ示ス
竊ニ惟ルニ抑モ縣令ノ官其掌トスル所ノモノハ何ソ則チ太政府及ヒ該省ノ命令ヲ遵奉シテ以テ之ヲ部下ニ施シ部下ノ願請スル所ノモノヲ執テ以テ太政府及ヒ該省ニ上申シテ擁蔽セス尤モ其權限内ニ在ルモノハ專斷之ヲ處分スルト雖モ固ヨリ當時政体ノ主意ニ戻ルヲ得ス之ヲ要スルニ部下人民ヲ統轄シテ其權利ヲ保護シ即チ一縣ノ代民理事者ト謂フカ如シ其事ヤ則チ皆民ノ事ナリ然リ而シテ之ヲ施シ之ヲ禁シ之ヲ許シ之ヲ與ヘ之ヲ取ル等成規ニ依リ法ニ從テ行フノ權アルナリ之ヲ縣令本分ノ義務ト謂フ此他更ニ一義務ナシ雖然時勢正ニ進歩ニ後レ人民未タ開明ニ至ラサルヲ以テ其人民ノ公益衆利又ハ物産蕃殖開地利水等ノ人民ノ営業上ニ於テ或ハ告諭勧奨ヲ要セサルヲ得ス是亦一ノ事務タリト雖モ本分ノ義務ニアラ

7　県治所見
明治７年１月11日
【明い246－2(2)】

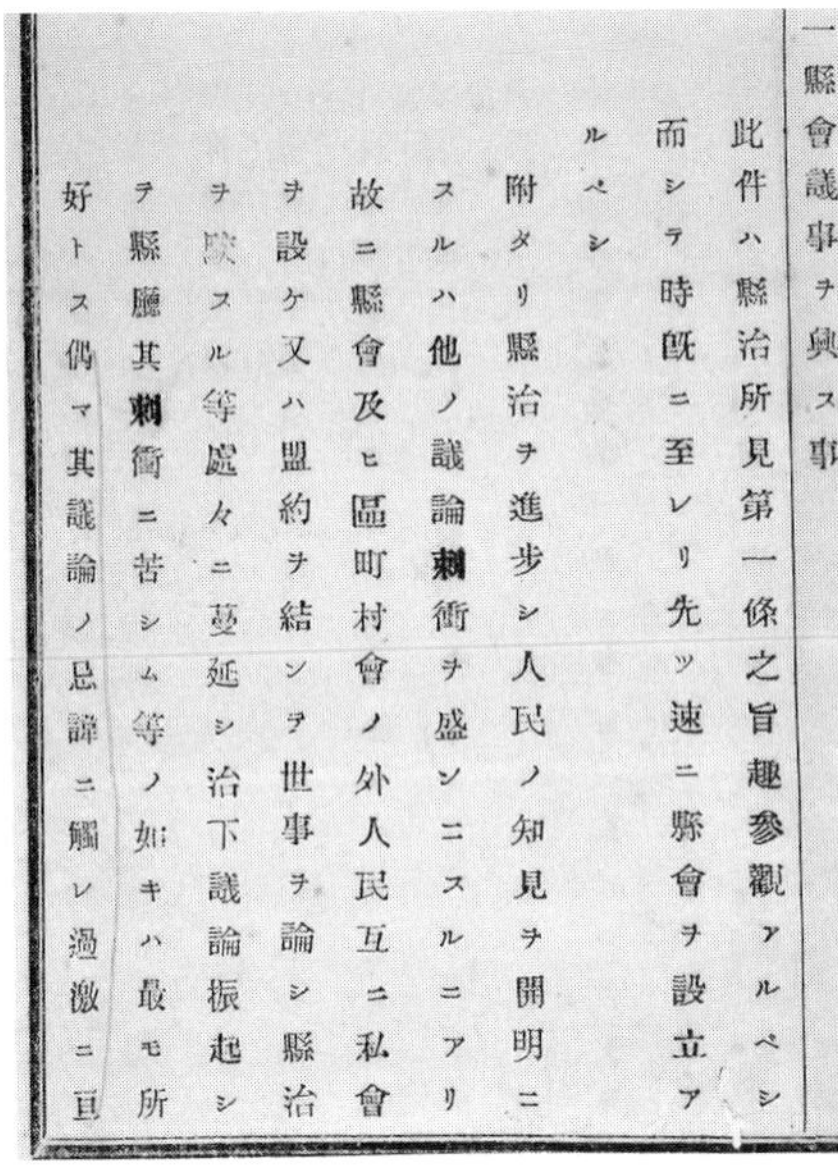

一縣會議事ヲ興ス事
此件ハ縣治所見第一條之旨趣参觀アルヘシ
而シテ時既ニ至レリ先ツ速ニ縣會ヲ設立アルヘシ
附タリ縣治ヲ進歩シ人民ノ知見ヲ開明ニスルハ他ノ議論刺衝ヲ盛ンニスルニアリ故ニ縣會及ヒ區町村會ノ外人民互ニ私會ヲ設ケ又ハ盟約ヲ結ンテ世事ヲ論シ縣治ヲ駁スル等處々ニ蔓延シ治下議論振起シテ縣廳其刺衝ニ苦シム等ノ如キハ最モ所好トス偶マ其議論ノ忌諱ニ觸レ過激ニ亘

8　松田道之事務引継書
明治８年４月24日
【明い59－6(19)】

この資料でも、まず県会を興して人民に議会の利点を理解させ、その後区町村会の設立を促すという施政方針が掲げられており、松田の「公論」重視の姿勢が見て取れます。

写真8は、明治八年三月、松田が内務省に転任する際の引継書です。県会のほかにも「私会」を設けたり、盟約を結ぶことを奨励しました。世の中の事柄や県政に関する議論が活性化して、県庁が苦しむくらいが「最モ所好《このむところ》」だと述べています。

たとえ議論が過激になっても、咎《とが》めてはならず、却《かえ》って県政のために喜ぶべきだと懐の深さを示しています。

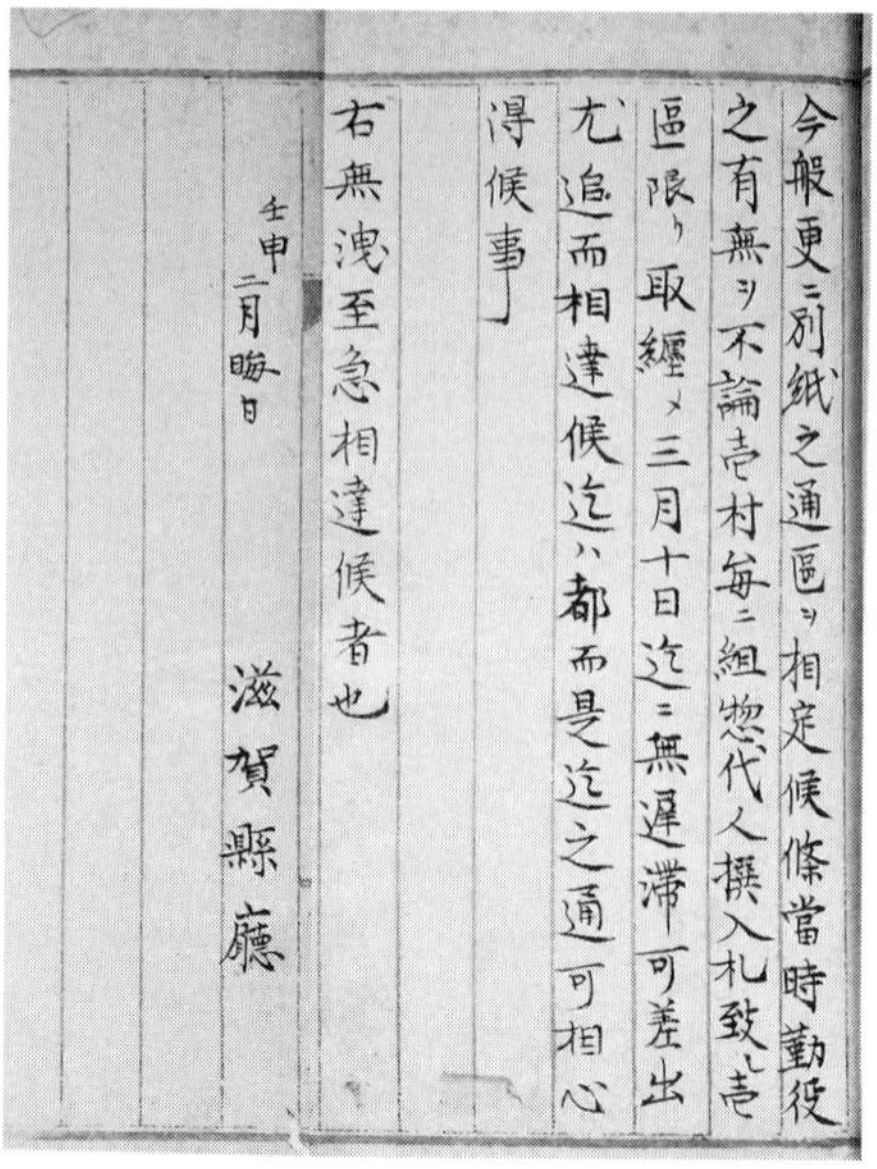

今般更ニ別紙之通區ヲ相定候條當時勤役
之有無ヲ不論壱村毎ニ組惣代人撰入札致シ壱
區限リ取纏メ三月十日迄ニ無遅滞可差出
尤追而相達候迄ハ都而是迄之通可相心
得候事
右無洩至急相達候者也
壬申二月晦日　滋賀縣廳

9　区制の開始
明治５年２月晦日
【明い30－1(43)】

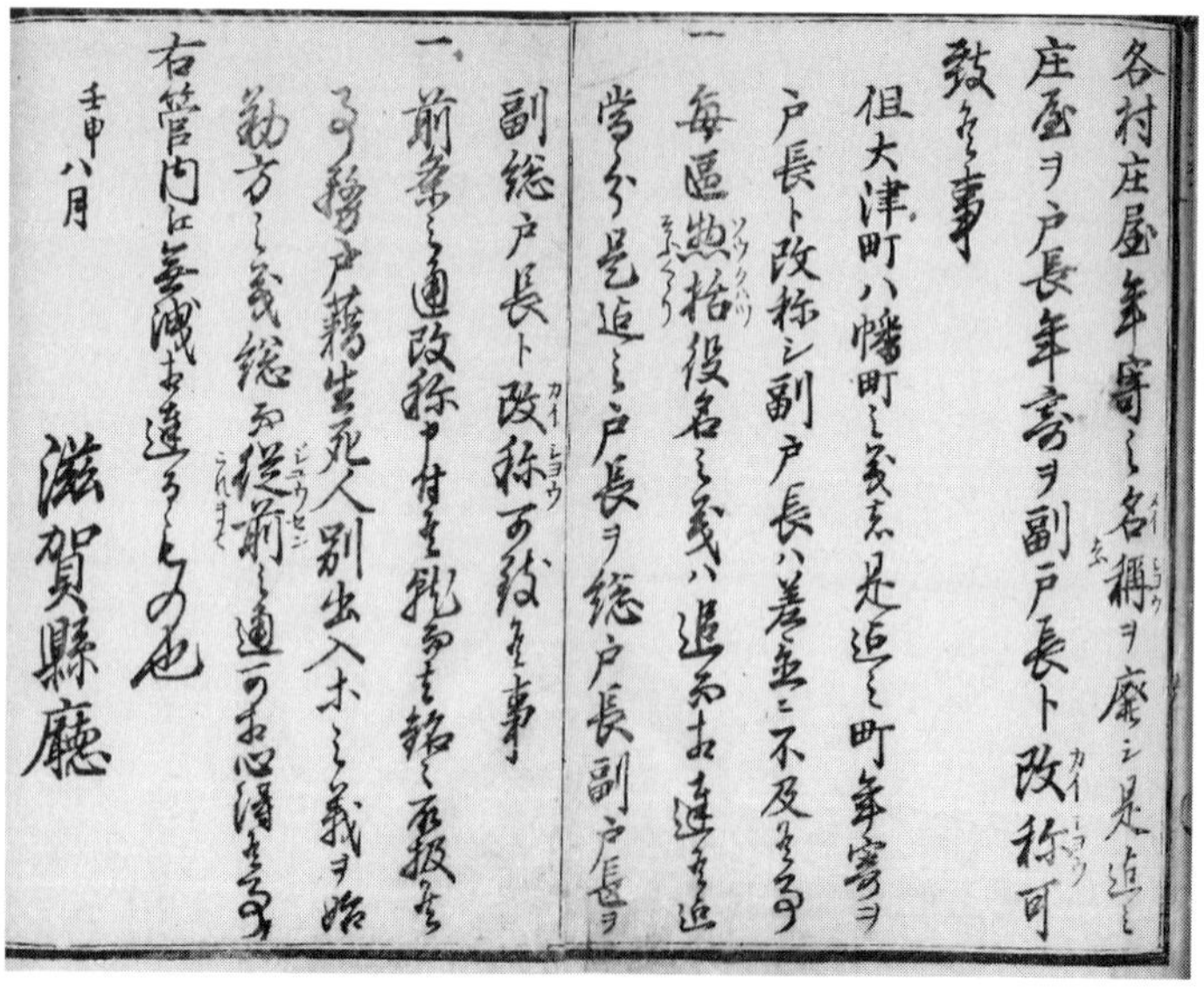

各村庄屋年寄ト名称ヲ廃シ是迄ト
庄屋ヲ戸長年寄ヲ副戸長ト改称可
致候事
壬申八月　滋賀縣廳

10　戸長改称の達
明治５年８月
【明い31－1(20)】

新しい自治の仕組み

明治四年（一八七一）四月、太政官は戸籍法を発布し、戸籍編製のための区画（数か町村で一区）とその事務を担う戸長《こちょう》の設置を定めました。滋賀県では、翌五年二月に区を設置し、その代表として組惣代《くみそうだい》の入札《いれふだ》（選挙）を命じています（写真９）。さらに四月には、組惣代の名称を廃止して戸長と改称。戸籍編製のみならず、区内の諸事務を担う役割が与えられました。当初滋賀県では六七の区が設けられましたが、九月に犬上県と合併し、合わせて一五八区となりました。

明治五年四月、太政官は庄屋《しょうや》・年《とし》寄《より》など町村の代表者の名称を廃止し、戸長・副戸長と改称するよう布告します。同年八月、滋賀県では庄屋を戸長、年寄を副戸長と改称するよう命じました（写真10）。それにともない、従来区の代表であった戸長は、総戸長と改称。翌六年三月には区長

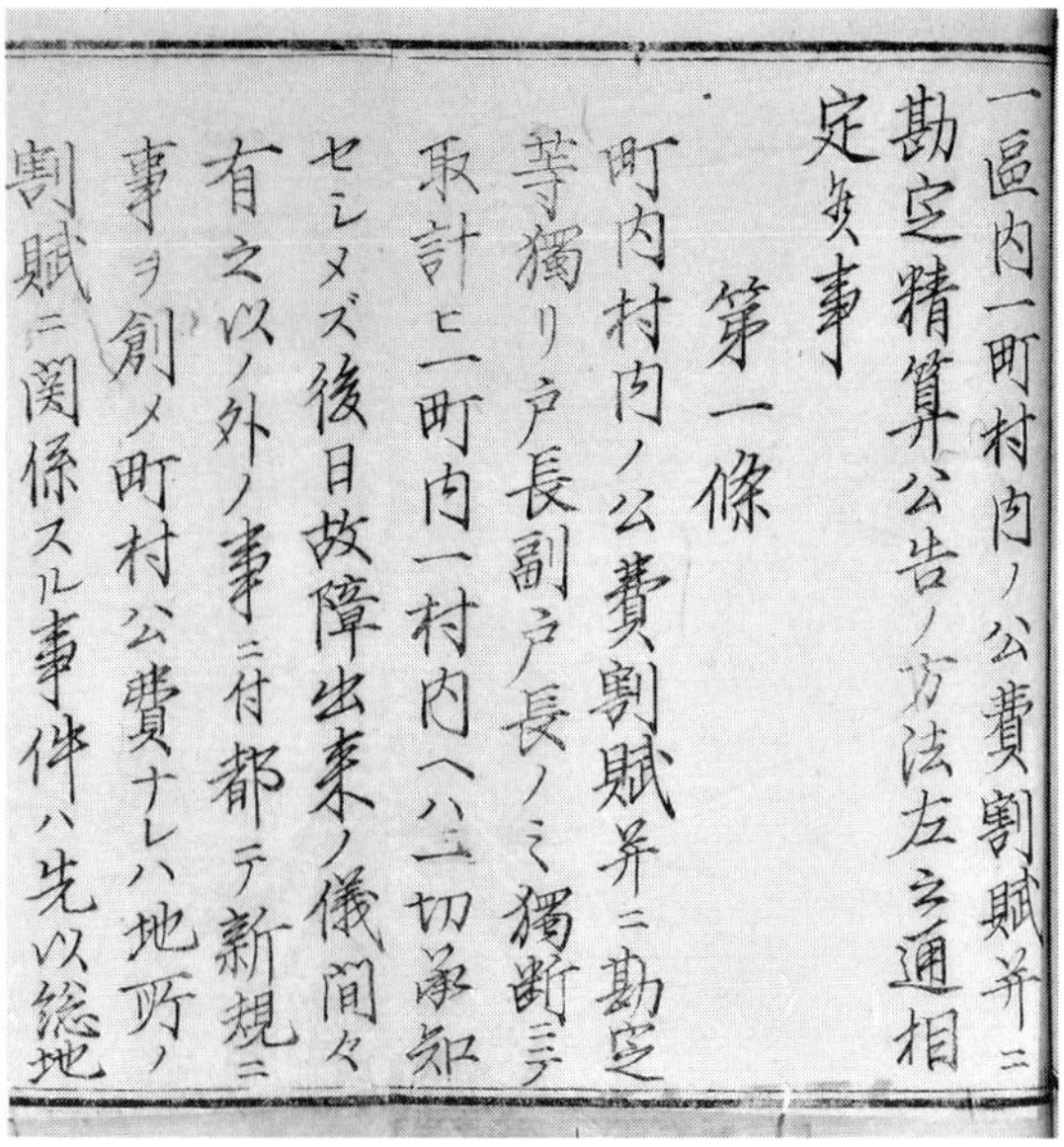
一區内一町村内ノ公費割賦幷ニ
勘定精算公告ノ方法左之通相
定候事
第一條
町内村内ノ公費割賦幷ニ勘定
等獨リ戸長副戸長ノミ獨断ヲ以テ
取計ヒ一町内一村内ヘハ一切承知
セシメズ後日故障出来ノ儀間々
有之以ノ外ノ事ニ付都テ新規ニ
事ヲ創メ町村公費ナレハ地所ノ
割賦ニ関係スル事件ハ先以総地

11　公費の成立
明治6年11月19日
【明い44（103）】

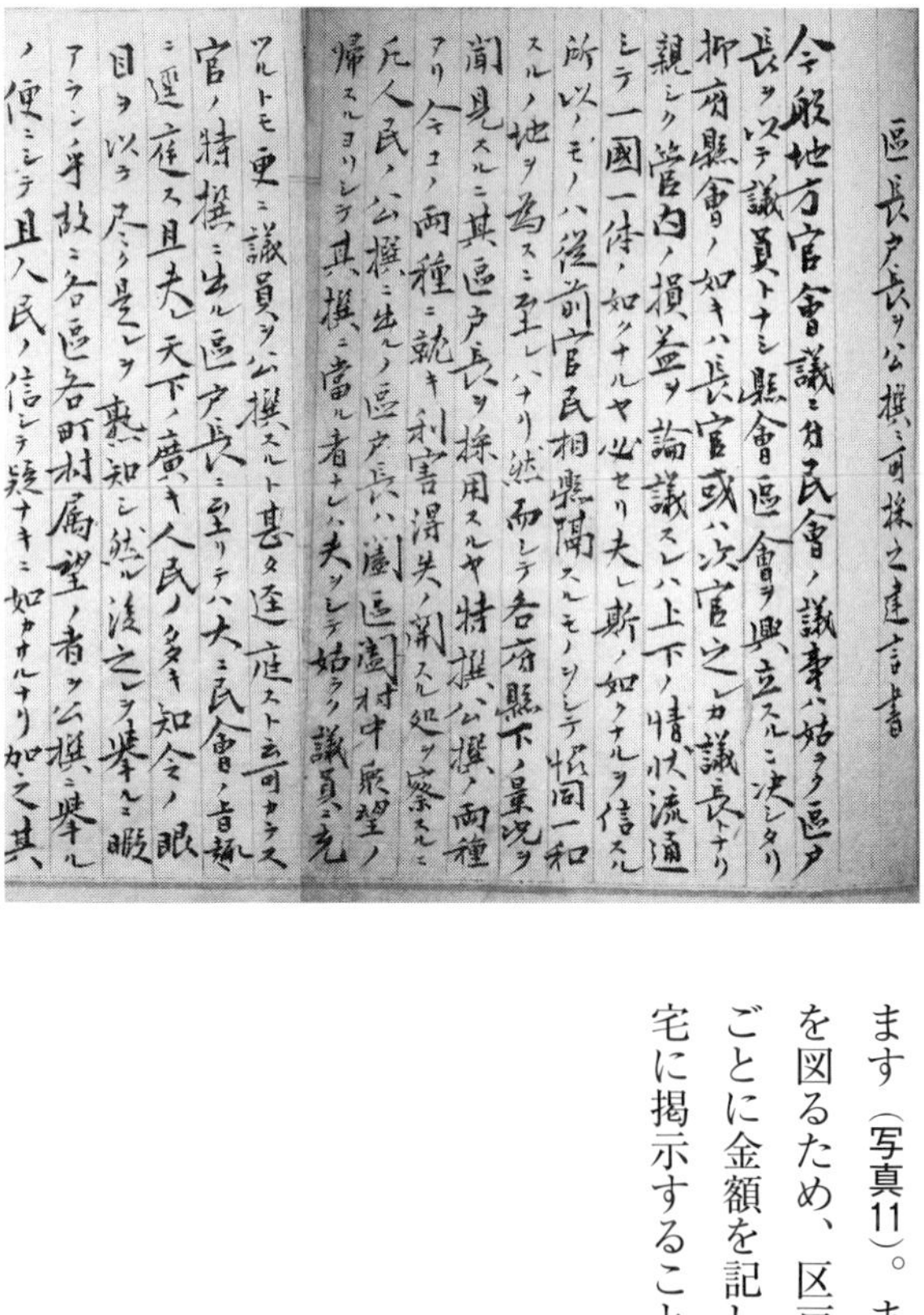
區戸長ヲ公撰ニ可採之建言書
今般地方官會議ニ於テ民會ノ議事ハ姑ラク區戸
長ヲ以テ議員トナシ縣會區會ヲ興立スルニ決シタリ
抑府縣會ノ如キハ長官或ハ次官之カ議長トナリ
親シク管内ノ損益ヲ論議スレハ上下ノ情状流通
シテ一國一体ノ如クナルヤ必セリ夫レ斯ノ如クナルヲ信スル
所以ノモノハ従前官民相懸隔スルモノニシテ協同一和
スルノ地ヲ為スニ至レハナリ然而シテ各府縣下ノ景况ヲ
聞見スルニ其區戸長ヲ採用スルヤ特撰公撰ノ両種
アリ今其ノ両種ニ就キ利害得失ノ判スル処ヲ察スルニ
凡人民ノ公撰ニ出ル區戸長ハ概區區村中衆望ノ
帰スル所ヨリシテ其撰ニ當ル者ナレハ夫レシテ姑ラク議員ニ充
ツルトモ更ニ議員ヲ公撰スルト甚タ逕庭スト云可カラス
官ノ特撰ニ出ル區戸長ニ至リテハ大ニ民會ノ旨趣
ニ逕庭ス且夫レ天下ノ廣キ人民ノ多キ知今ノ眼
目ヲ以テ尽ク是レヲ悉知シ然シ後之ヲ挙ルニ暇
アラン乎故ニ各區各町村属望ノ者ヲ公撰ニ挙ル
ノ便ニシテ且ハ民ノ信シテ疑ナキニ如カサルナリ加之其

12　区戸長公選の建言書
明治8年8月10日
【明お76－5（1）】

となります。同年十一月には、区戸長の職掌や選挙規則などが整備されました。区長は正副戸長による投票、戸長は町村住民全員による投票で選ばれたようです。

区や町村では、区戸長の給料や道路・橋梁《きょうりょう》等の修繕費、学校運営費などの諸経費（民費）を住民から集めていました。明治六年十一月、松田県令はそれらを「公費」と呼び、区戸長の独断で処理することを禁じます（写真11）。また、財政の透明化を図るため、区戸長は大まかな費目ごとに金額を記した「公費表」を自宅に掲示することとなりました。

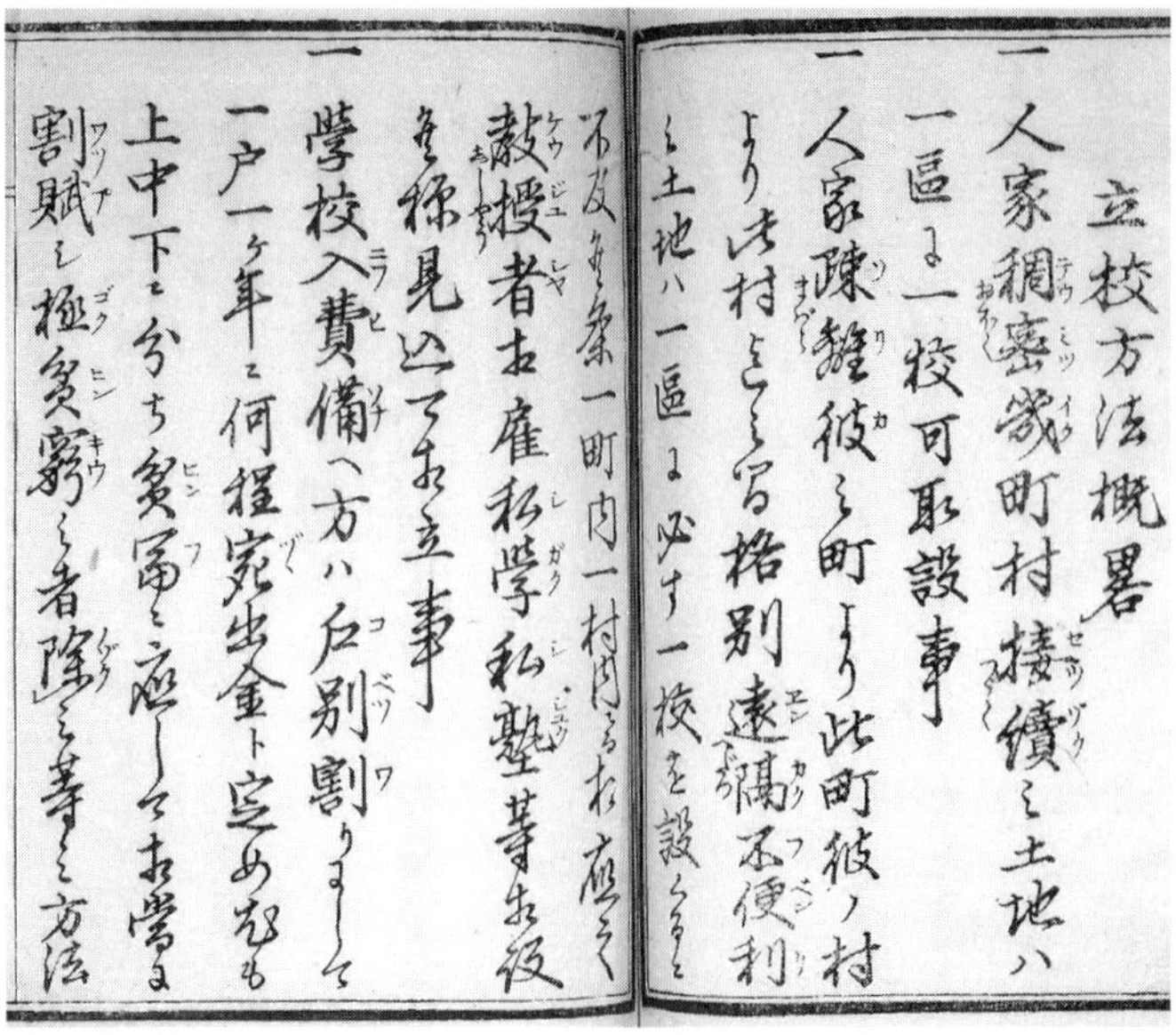
立校方法概畧

一 人家稠密ノ町村接續ノ土地ハ一區ニ一校可取設事

13　立校方法概略
明治６年２月８日
【明い36(59)】

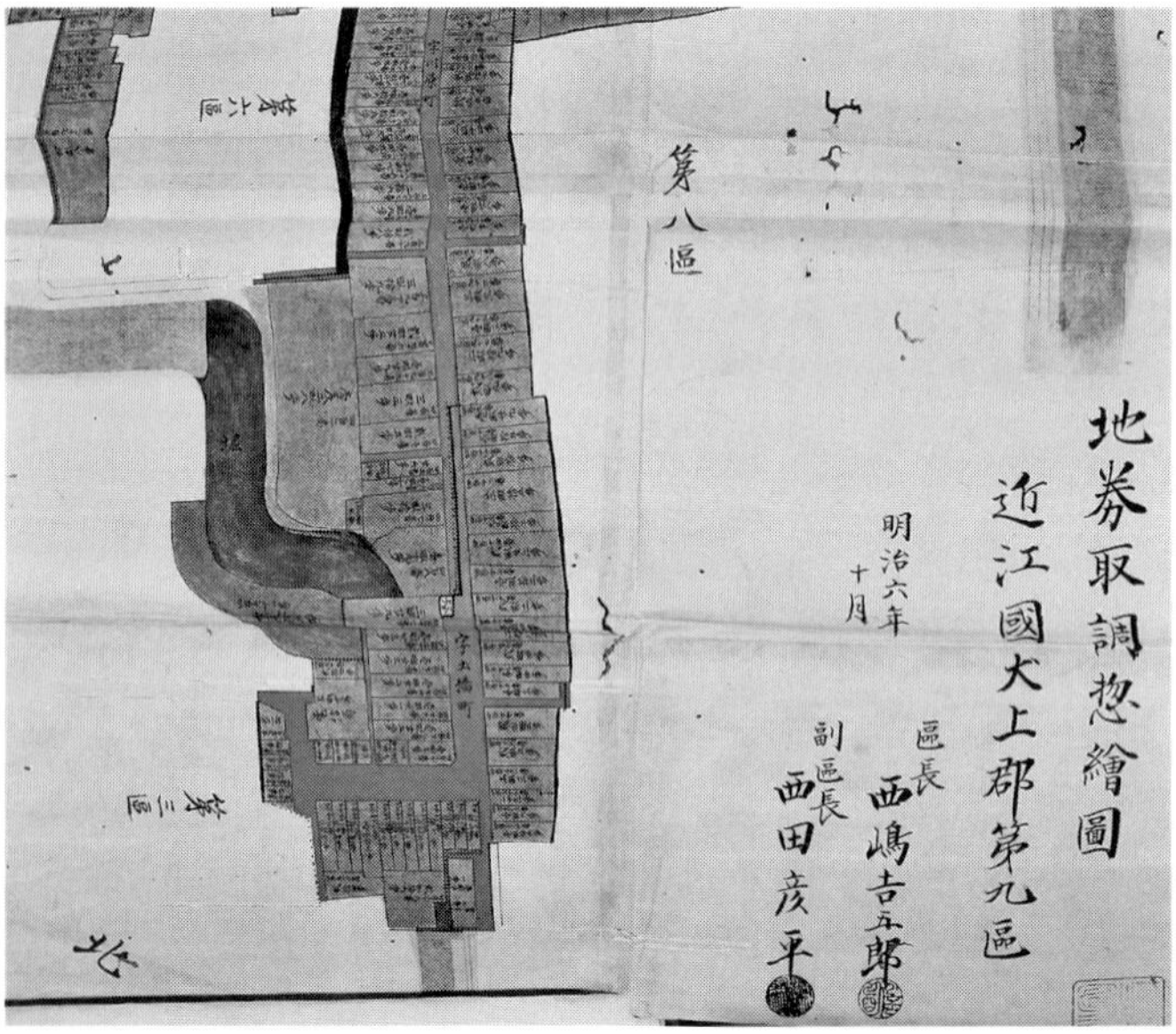

14　地券取調惣絵図（犬上郡第9区）
明治６年10月
【明へ63－1(2)】

滋賀県の「文明化」

明治初年の滋賀県では、さまざまな文明開化政策が矢継ぎ早に実施されました。

写真13は、県令松田道之が小学校設立の方法を具体的に示した布達《ふたつ》です。明治五年（一八七二）八月、太政官が布告した「学制」を受けたもので、原則として一区（数か村）につき一校を設立し、学校入費は貧富に応じた戸別割とすることが定められました。

写真14は、地券《ちけん》発行のために作成された絵図です。明治五年八月、滋賀県は戸長・総戸長の中から各郡一名ずつ地券取調《とりしらべ》用掛《ようがかり》を任命し、取《とり》扱《あつかい》心得《こころえ》方凡例書《かたはんれいしょ》を布達しました。その第六条において、地引絵図《じびきえず》は後年の証拠となるので、一村につき二枚（県庁提出分と村方保管分）作成するよう命じています。本絵図は数少ない県庁保管分の一枚です。

写真15は、大阪鎮台《ちんだい》が歩兵《ほへい》第九連《だいくれん》

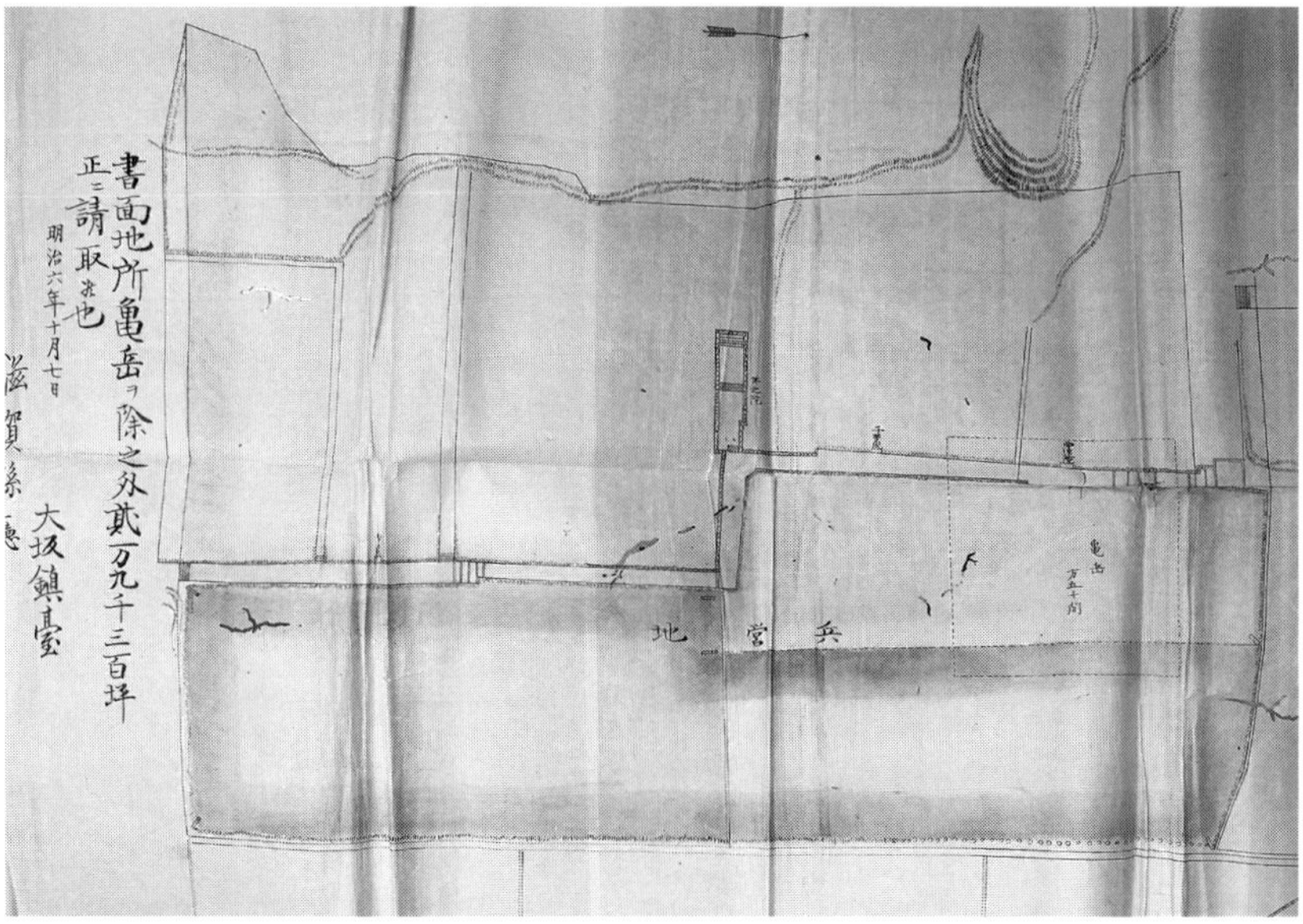

15　大津兵営地所請取証図面
明治６年10月７日
【明ひ1(75)】

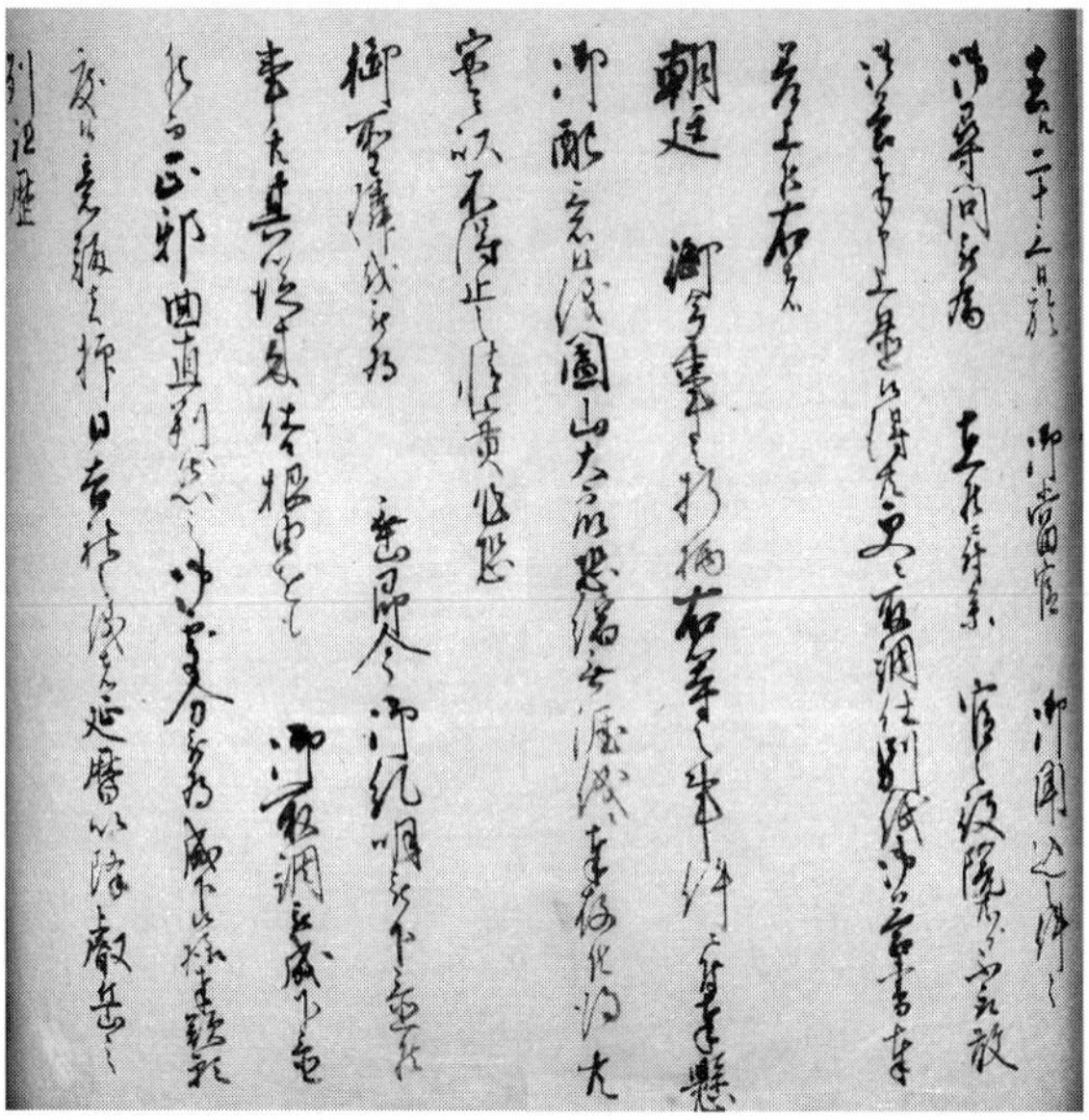

16　日吉社暴挙の儀に付嘆願書
并弾正台御尋件の御答書
明治６年２月８日
【明す18(23)】

隊《たい》の兵営建築のために、滋賀県より取得した土地の図面です。下半部は慶応四年（一八六八）四月に兵部省《ひょうぶしょう》が園城寺から借り上げていた一万坪で、上半部が新たに取得した一万九三〇〇坪です。

写真16は、慶応四年四月に日吉社で起こった廃仏毀釈《はいぶつきしゃく》に関する資料です。同事件は、全国最初の廃仏毀釈の事例として知られ、明治六年五月、太政官正院《せいいん》に置かれた歴史課（現・東京大学史料編纂所《へんさんじょ》）は、滋賀県に事件の照会を行っています。本資料は、その顛末《てんまつ》を記した延暦寺からの回答です（詳細は28頁参照）。

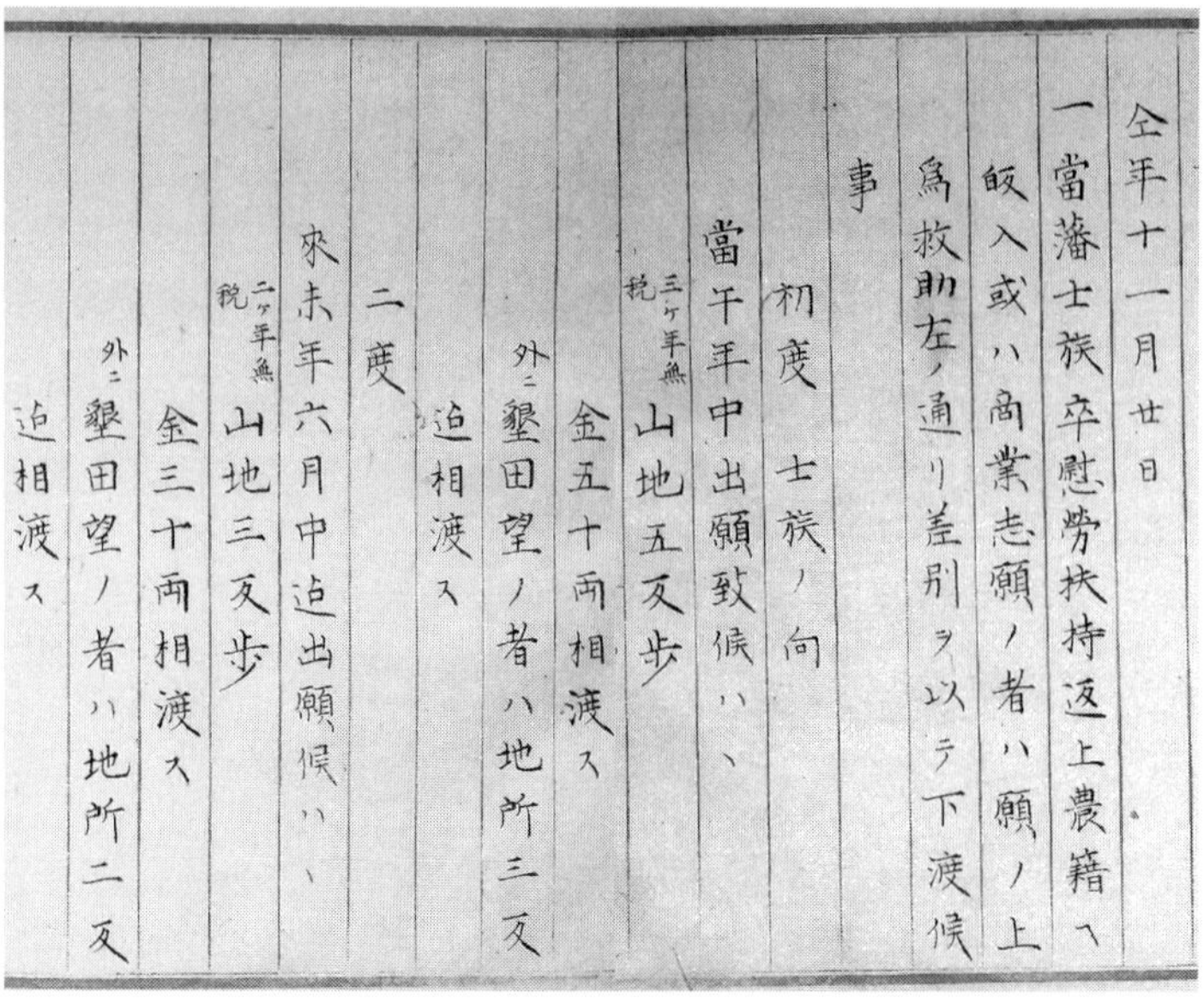
仝年十一月廿日
一當藩士族卒慰労扶持返上農籍へ
販入或ハ商業志願ノ者ハ願ノ上
爲救助左ノ通リ差別ヲ以テ下渡候
事
初度　士族ノ向
當午年中出願致候ハヽ
三ヶ年無税　山地五反歩
金五十両相渡ス
外ニ墾田望ノ者ハ地所三反
迠相渡ス
二度
来未年六月中迠出願候ハヽ
二ヶ年無税　山地三反歩
金三十両相渡ス
外ニ墾田望ノ者ハ地所二反
迠相渡ス

17　帰田法の布告
明治３年11月20日
『膳所県史』【資423】

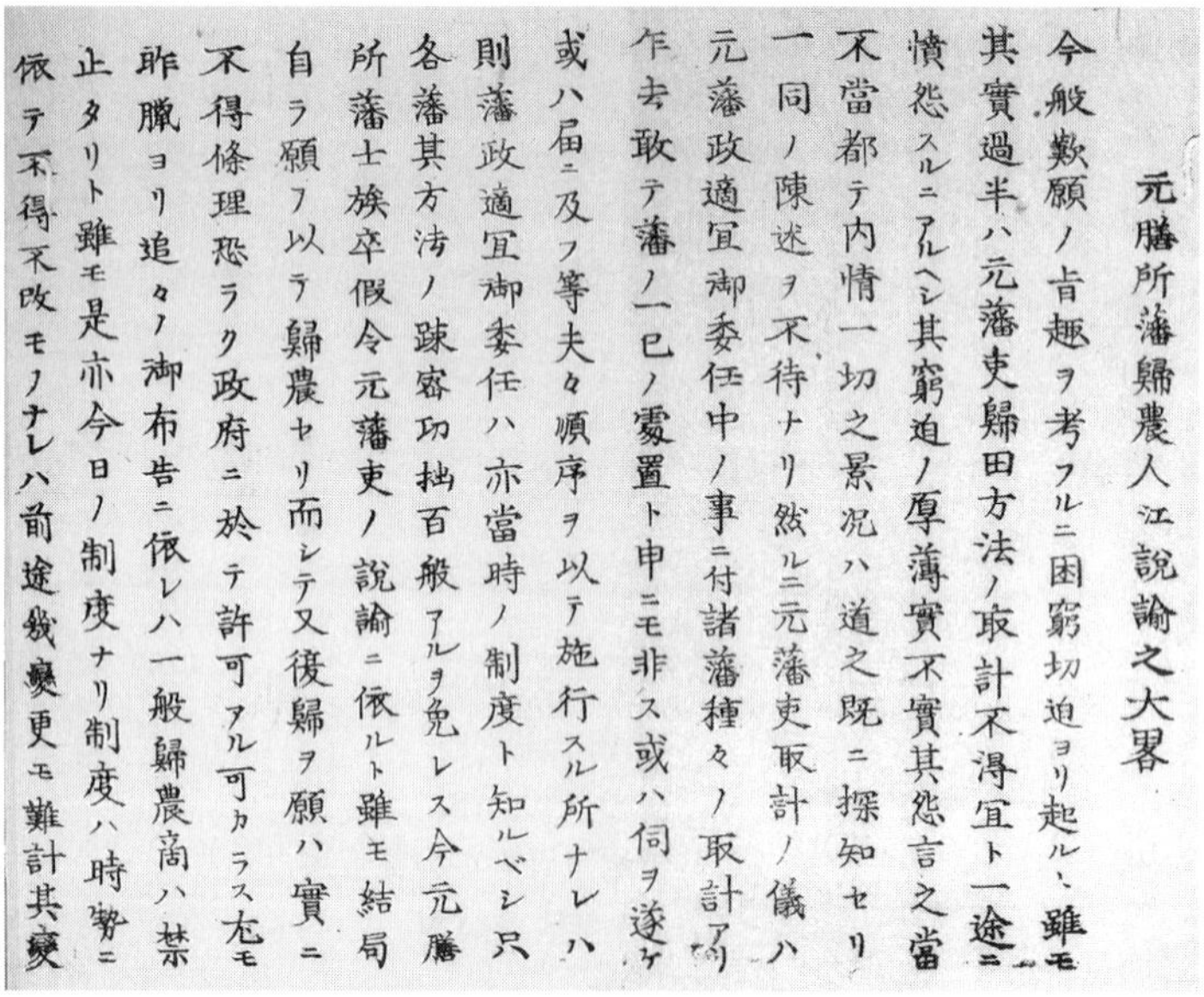
元膳所藩歸農人江説諭之大畧
今般歎願ノ旨趣ヲ考フルニ困窮切迫ヨリ起ルヽ雖モ
其實過半ハ元藩吏歸田方法ノ取計不得宜ト一途ニ
憤怨スルニアルヘシ其窮迫ノ厚薄實不實其怨言之當
不當都テ内情一切之景況ハ道之既ニ探知セリ
一同ノ陳述ヲ不待ナリ然ルニ元藩吏取計ノ儀ハ
元藩政適宜御委任中ノ事ニ付諸藩種々ノ取計アリ
乍去敢テ藩ノ一己ノ處置ト申ニモ非ス或ハ伺ヲ遂ケ
或ハ届ニ及フ等夫々順序ヲ以テ施行スル所ナレハ
則藩政適宜御委任ハ亦當時ノ制度ト知ルヘシ只
各藩其方法ノ疎密巧拙百般アルヲ免レス今元膳
所藩士族卒假令元藩吏ノ説諭ニ依ルト雖モ結局
自ラ願フ以テ歸農ヤリ而レテ又後歸ヲ願ハ實ニ
不得條理恐ラク政府ニ於テ許可アル可カラス尤モ
昨臘ヨリ追々ノ御布告ニ依レハ一般歸農商ハ禁
止タリト雖モ是亦今日ノ制度ナリ制度ハ時勢ニ
依テ不得不改モノナレハ前途幾變更モ難計其變

18　元膳所藩帰農人え説諭の大略
明治５年４月
【明い226（1）】

藩士たちの明治維新

明治三年（一八七〇）十一月、財政危機に苦しむ膳所藩では、帰田法《きでんほう》と呼ばれる禄制《ろくせい》改革が実施されました（写真17）。明治維新後に士族・卒《そつ》となった旧藩士が対象で、慰労扶持《ふち》（旧家禄）を返上して平民となれば、農業や商業のための土地・金銭を受け取ることができるというものです。申請そのものは、各自の判断に委ねられましたが、出願時期が遅くなるに従い、条件が悪くなりました。そのため、明治四年七月の廃藩時点で、士族・卒にとどまっていたのは、四〇戸余りにすぎませんでした。

ところが、明治四年十一月、膳所県が大津県に合併されてしまうと、藩財政のために士族籍を捨てた旧藩士たちは、士族籍への復帰と家禄の再給付を訴えました。

それに対して、明治五年四月、県令松田道之は、現在の士族は「天下遊民ノ巨魁《きょかい》」であると非難し、たと

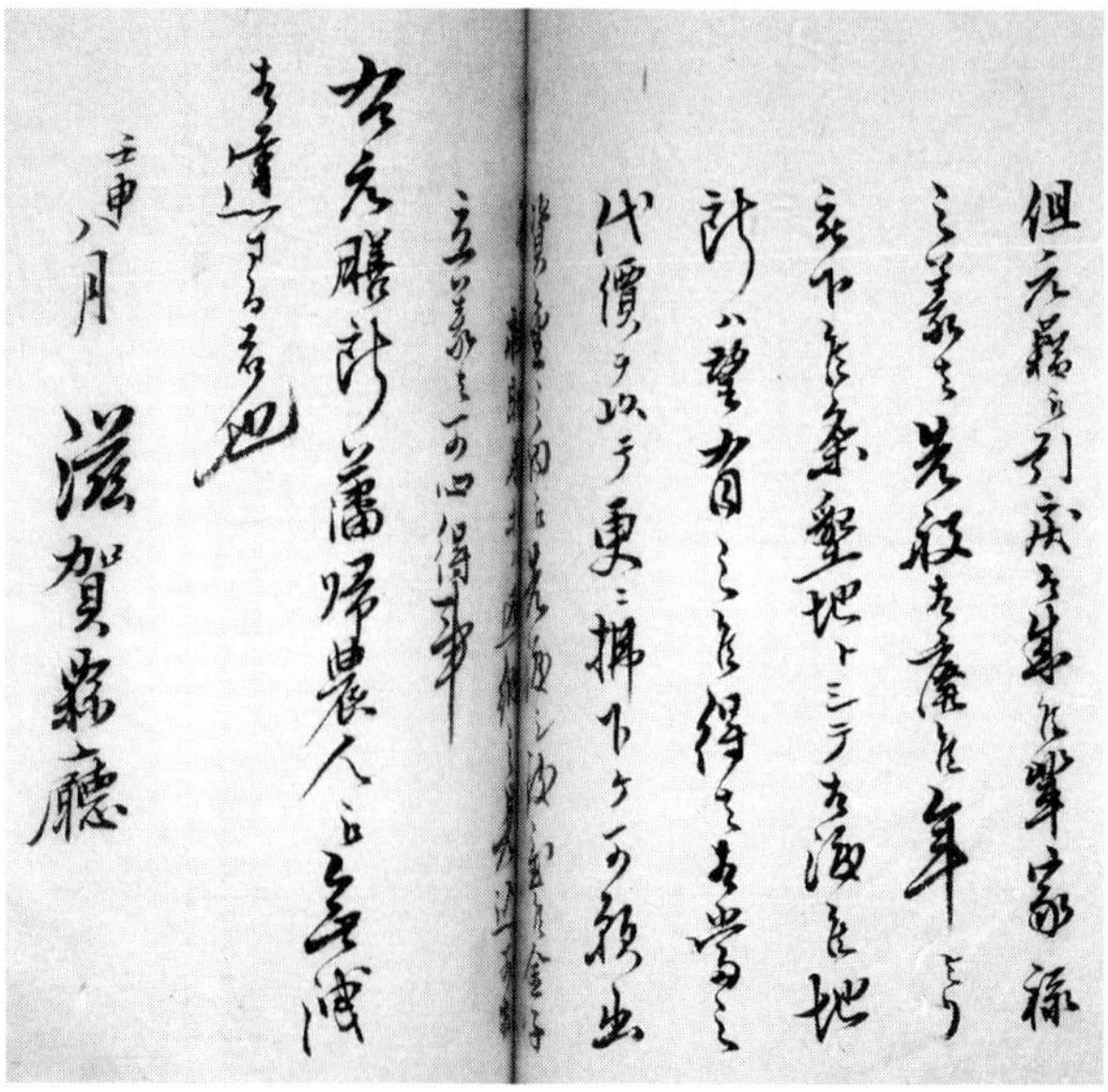

19　元膳所藩帰農人元籍引き戻しの達
明治５年８月
【明さ38－3(2)】

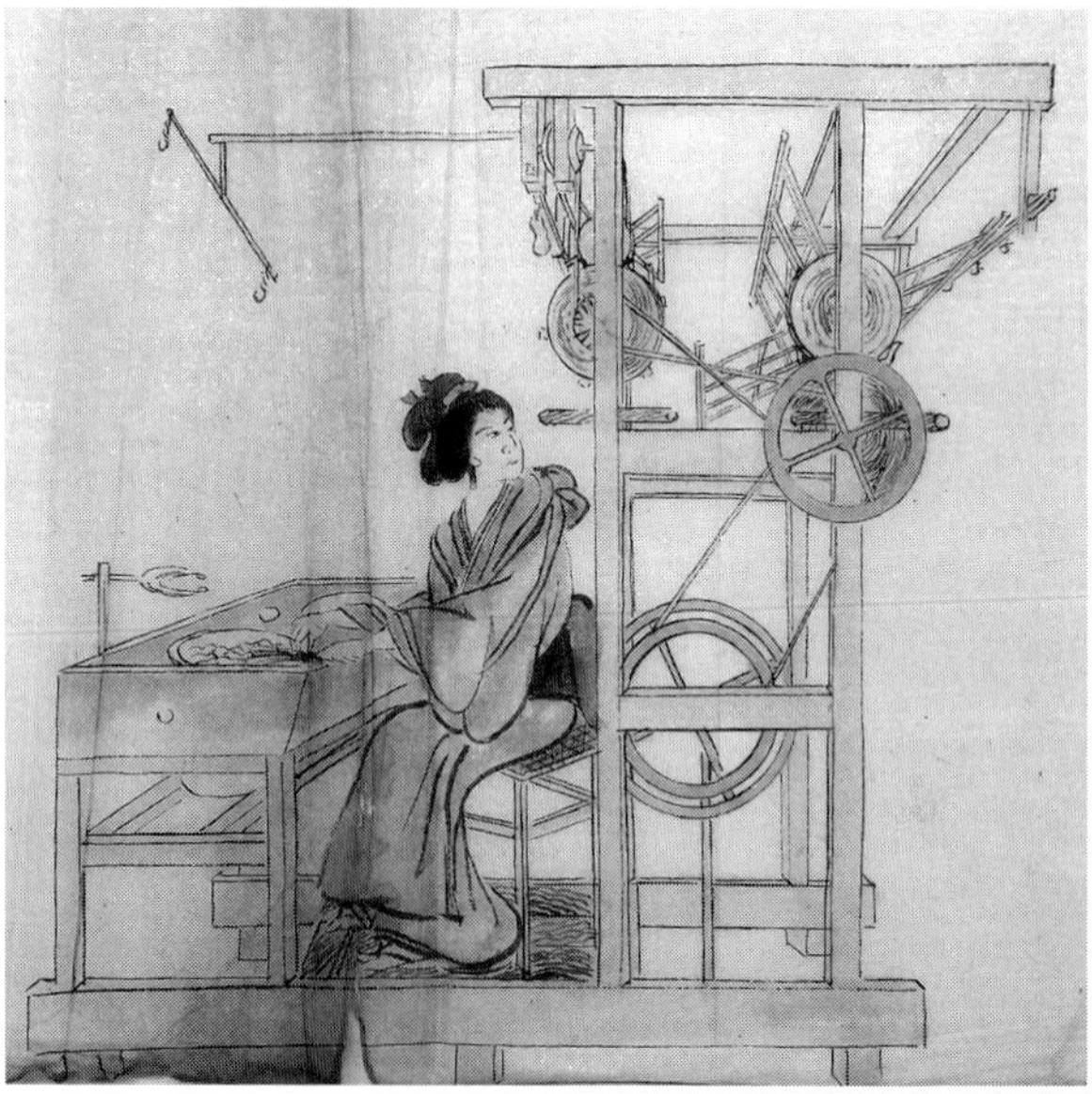

20　洋風器械の図
明治９年４月13日
【明さ100(1)】

え士族に復帰しても、恒久的な家禄は見込めないと諭《さと》しました（写真18）。また士族は単なる名称にすぎず、その「民権」については「平民ト異ルノ理ナシ」と、四民平等の観点からも批判しています。

旧膳所藩士からの度重なる請願を受け、明治五年八月、大蔵省はその内一六八人は帰農が終わっていないとして、士族籍への復帰を認めます（写真19）。ただし、残りの七〇五人は不許可となり、その後も請願が続けられることになります。彼らの復籍が認められたのは、明治九年六月のことでした。

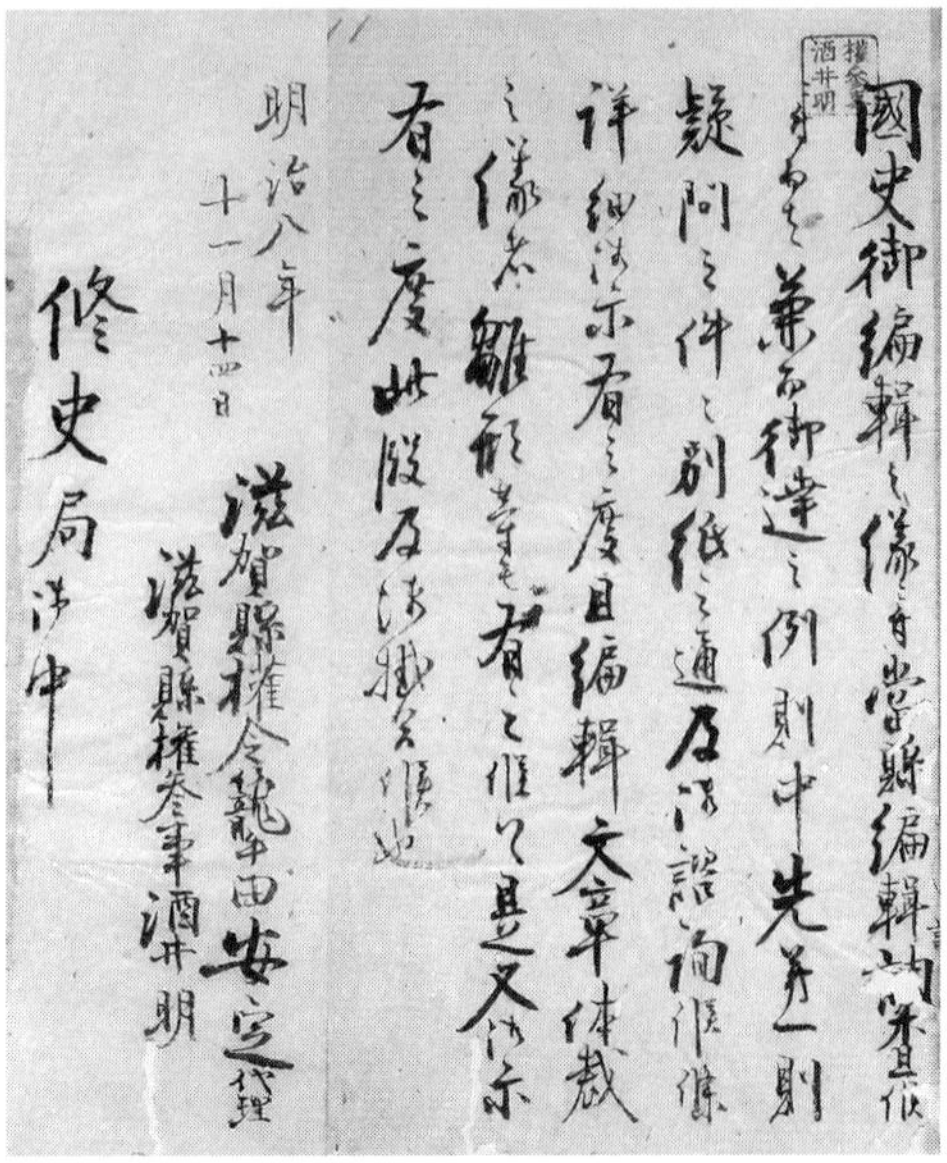

明治八年十一月十四日

滋賀縣権令籠手田安定代理
滋賀縣権参事酒井明

修史局御中

21　国史編輯の儀に付照会
明治８年11月14日
【明あ246－1（11）】

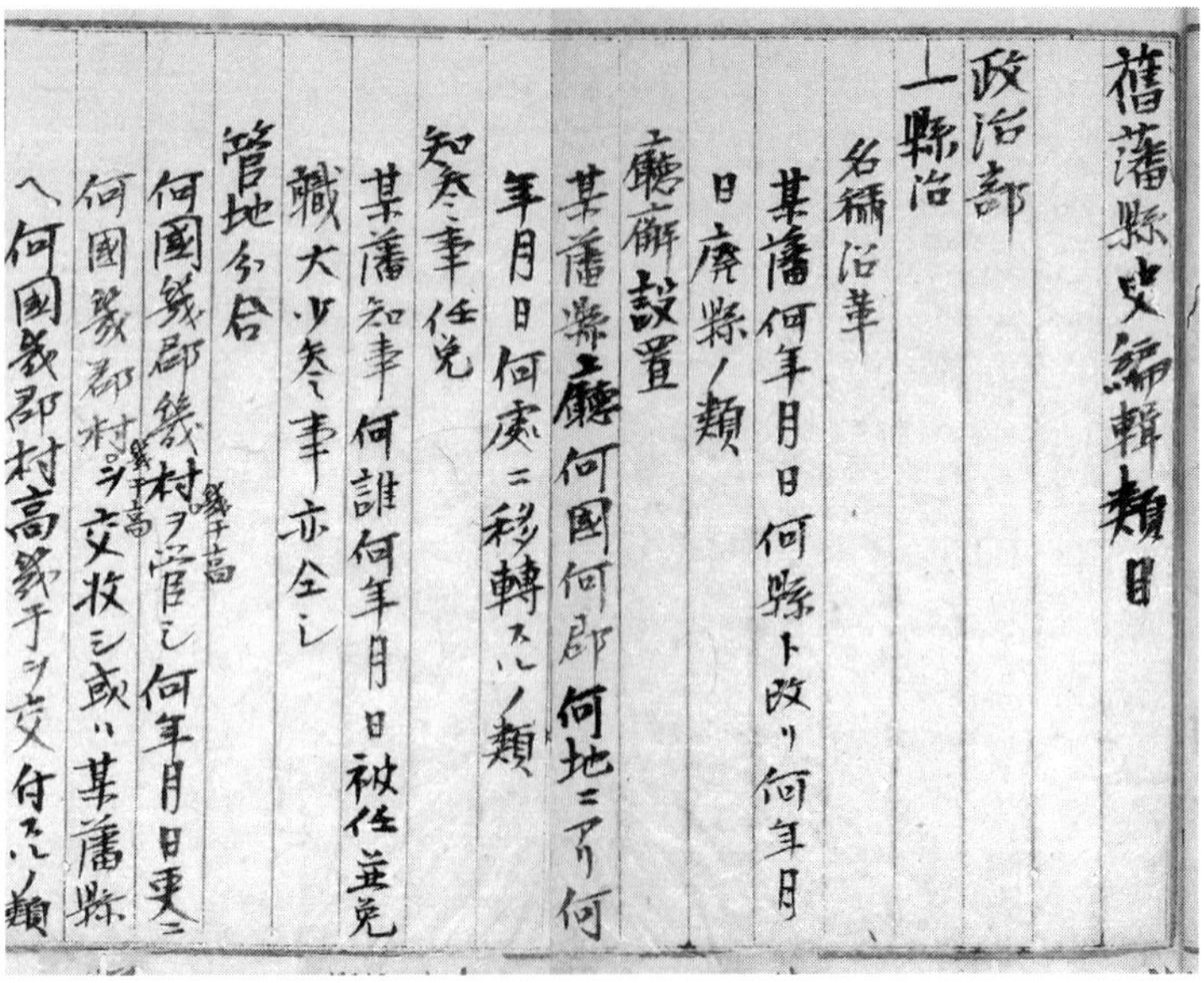

舊藩縣史編輯類目
政治部
一縣治
名稱沿革
某藩何年月日何縣ト改リ何年月日廃縣ノ類
廰廨設置
某藩縣廰何國何郡何地ニアリ何年月日何處ニ移轉スルノ類
知参事任免
某藩知事何誰何年月日被任並免職大少参事亦仝シ
管地分合
何國幾郡幾村幾千高ヲ管シ何年月日某ニ何國幾郡村幾千高ヲ交収シ或ハ某藩縣ヘ何國幾郡村高幾千ヲ交付スルノ類

22　旧藩県史編輯類目
明治10年
【明さ82－1（1）】

「史誌編輯」のはじまり

明治政府は維新直後より、六国史《りっこくし》に続く修史事業に着手します。明治七年（一八七四）十一月、太政官は国史編纂《へんさん》の材料を収集するため、維新以後の県の沿革などを取りまとめ、正院歴史課に提出するよう府県に命じました。

翌八年五月、滋賀県では庶務課に編輯掛《へんしゅうがかり》が設置され、『滋賀県史』の編纂が始まります。**写真21**は、歴史課が示した「歴史編輯例則」に関する県からの照会原案です。立庁日は、大津裁判所・大津県・滋賀県のいずれに置くかなどを確認しています。

廃藩置県前後に滋賀県（または大津県）に合併された、旧藩県史の編纂も進められ（**写真22**）、彦根・膳所《ぜぜ》・水口《みなくち》・西大路《にしおおじ》・山上《やまかみ》・宮川《みやがわ》・大溝《おおみぞ》の七藩県史が編纂されました。

県庶務課編輯掛では、修史事業とともに、地誌編纂事業も担当しました（**写真23**）。明治八年六月、太政官

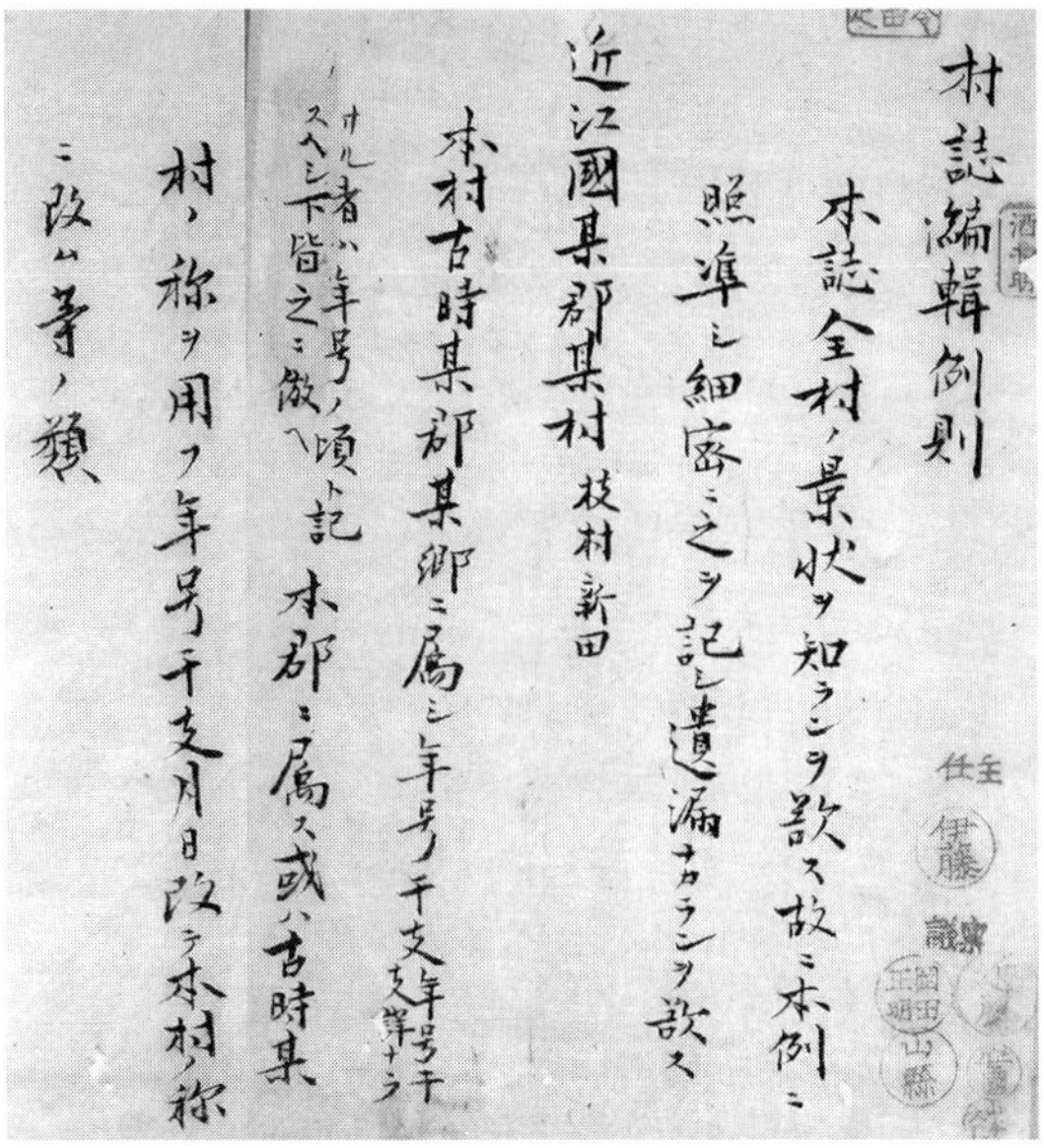

村誌編輯例則
本誌全村ノ景状ヲ知ラシヲ欲ス故ニ本例ニ照準シ細密ニ之ヲ記シ遺漏ナカラシヲ欲ス
近江國某郡某村 枝村 新田
本村古時某郡某郷ニ属シ年号ノ干支年号干支等ナラ
サル者ハ年号ノ頃ト記スヘシ下皆之ニ倣ヘ 本郡ニ属ス或ハ古時某
村ト称ヲ用フ年号干支月日改テ本村ノ称
ニ改ム等ノ類

23　村誌編輯例則
明治９年１月24日
【明か2－1(2)】

24　『滋賀県史』『滋賀郡村誌』
明治期
【資60、339】

は「皇国地誌編輯例則」を示し、各府県に郡村誌の編纂を命じました。編纂事業は、滋賀郡から着手され、編輯部（掛）による校閲《こうえつ》を経て、明治十三年より順次製本されています。

編輯掛の史誌編纂は、簿書専務（文書係）兼務の少属《しょうぞく》・伊藤紀《いとうのり》（元円満院宮家来）の下で進められました。実務を担ったのは、元水口藩漢学者の山県順《やまがたじゅん》や、『淡海《おうみ》廿四勝図記《にじゅうししょうずき》』の著書がある安国清（福岡県出身）らで、掛設置後に順次雇い入れられました。県史の編纂は、明治十七年度まで続き、第五編まで作成されました（写真24、詳細は196頁）。一方村誌は、少なくとも滋賀・野洲《やす》・甲賀《こうか》の三郡は編纂されたものの、政府の方針転換により、途中で事業が打ち切られたようです。

（大月　英雄）

1 廃仏毀釈と文化財保護

明治維新により諸制度の改革が行われ、人々の習俗、慣習が急激に変化する中で、廃仏毀釈《はいぶつきしゃく》による仏像破壊や文明開化の風潮による伝統文化の軽視により、古い文化財は散逸の危機にさらされました。そのような中で、政府は「古器旧物保存方」（明治四年）の布告を出発点として、漸次、文化財保護体制を整えていきます。そして滋賀県でも、その歴史や文化を伝える貴重な国宝が、数多く指定されていきます。

本節では、政府の文化財保護政策と滋賀県の関わりを歴史公文書を通してご紹介します。

廃仏毀釈など明治維新後の状況

大政奉還を経て、江戸幕府から政権が移った明治政府は、国学者の復古思想による「祭政一致」を政治理念とし、神道を国教化する政策を推し進めました。慶応四年（一八六八）三月二十八日に神仏分離令が発布されると、それまで庶民の生活に浸透していた仏教を排斥していこうとする動きが起こります。神祇《じんぎ》や祭祀《さいし》の興隆を目指し、神仏習合の風習を禁止しようとする廃仏毀釈運動は、そのような中で引き起こされることになりました。それまで神仏習合を受け継いできた神社では、権現や牛頭天王などといった称号の改名や、社僧の還俗《げんぞく》、梵鐘《ぼんしょう》などの仏具が取り除かれていきます。

中でもその激しい舞台となったのが、比叡山《ひえいざん》山麓の日吉社でした。日吉造りといわれる独特の建築様式が評価され、現在本殿が国宝に指定されている日吉社は、延暦寺が伝教大師最澄《でんぎょうだいしさいちょう》によって創建された後、同寺の鎮守神や山麓各村の惣氏神として崇められ、長年にわたって神仏習合の象徴となっていました。こうしたことは、真言宗などの他宗派にも見受けられることであり、決して天台宗だけの特別な形態という訳ではなかったのです。

しかし、神仏分離令が布告された数日後の四月一日、日吉社の社司たちは、日吉社神殿の鍵《かぎ》を明け渡すよう延暦寺に通告し、拒否されると神殿に乱入、貴重な仏像や経典、仏具など膨大な宝物を破壊・焼却してしまいました。

県の歴史公文書には、後に延暦寺の三執行代が提出した事件の経過を示す報告書が残されています（**写真1**）。彼らの述べるところでは、現在の西本宮である大宮の尊体こそ別状なかったものの、二宮（現・東本宮）、聖真子（現・宇佐宮）などは尊体と本地仏などがことごとく焼き捨てられ、仏具、鰐口《わにぐち》なども残らず社家へ持ち去られました。また、念仏堂も破壊されてしまいました。こうした中で延暦寺側は、騒動後の夜に高張り提灯を掲げて社域を見回るなどの厳戒態勢をとったという逸話も残されています。結局、五日に至って日吉九社の鍵は、神官た

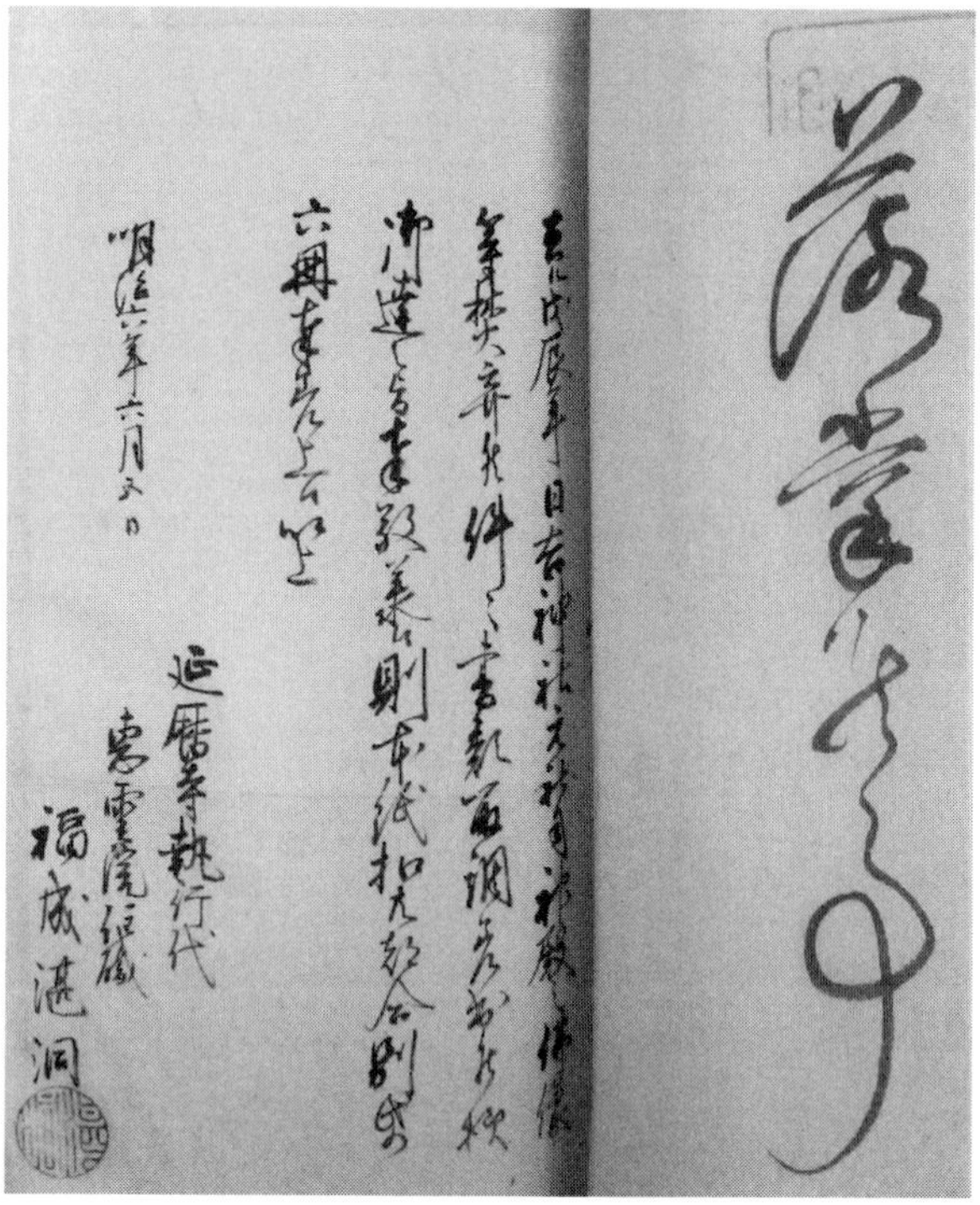

写真１　日吉社事件に付願書并手続記録抜書
明治６年６月５日
【明す18（21）】

ちに渡されます。そして「山王権現」の称号も廃止されることになり、社頭（社殿の前）の山林すべてを日吉社が管理し、地境を設定する事となりました。これらの事件は延暦寺側にとっては、まさに「偏ニ驚嘆ノ事ニ御座候」という前代未聞の出来事でした。当時、大津代官所に代わって行政を管轄していた大津裁判所においても「存知無之《これなき》趣ニ而《て》、以《もって》之《の》外《ほか》之《の》振舞」（承知していないことで、もっての外の振る舞いである）という騒動であり、後に実行者たちは処罰されることになります。

以上の報告書からは、理不尽な事件への延暦寺側の無念な思いが感じられます。しかしながら、事件以後、日吉社の管理や山王祭の執行権は、延暦寺から離れることとなったのです。

明治政府の神仏分離令を契機として、こうした廃仏毀釈の風潮は全国に広まっていきました。伝統的な文化として地域に根付いていた寺院建築（例えば経蔵など）や仏像などの仏教美術は破壊・散逸が加速され、また、江戸幕府の瓦解《がかい》による旧体制の崩壊という社会情勢も社寺の経済力を低下させ、貴重な宝物の売却・流失を招く一因になりました。

臨時全国宝物取調局と古社寺保存法の誕生

こうした貴重な文化財を守るべく、明治四年には、太政官が古器旧物保存方を布告し、文化財所有者への啓発を初めて実施します。翌明治五年には宝物調査の一環である壬申《じんしん》調査が近畿圏の古社寺や正倉院で行われました。

そして、明治二十一年九月、宮内省に臨時全国宝物取調局が設置され、滋賀県が全国で最初の調査地に選ばれます。まずは予備調査が行われ、各郡役所が宝物目録を取りまとめます。その後、本調査に入りますが、この時調査を主導したのが取調局委員長に就任した旧綾部《あやべ》藩士の文部官僚・九鬼隆一《くきりゅういち》でした。その時の県に対する内務大臣山県有朋《やまがたありとも》からの訓令が歴史公文書として残されています（写真２）。この資料によると、九鬼やその他の随行員が滋賀県を訪れた際、県も調査に協力するよう指示されています。調査団は十一月二十九日から十二月六日にかけて園城寺や石山寺など県内各地の宝物を調査分類し、優秀なものには鑑査状を交付しました。結果的に、この調査がその後の文化財保護の下地ともなり、明治三十年の古社寺保存法制定へとつながっていきます。

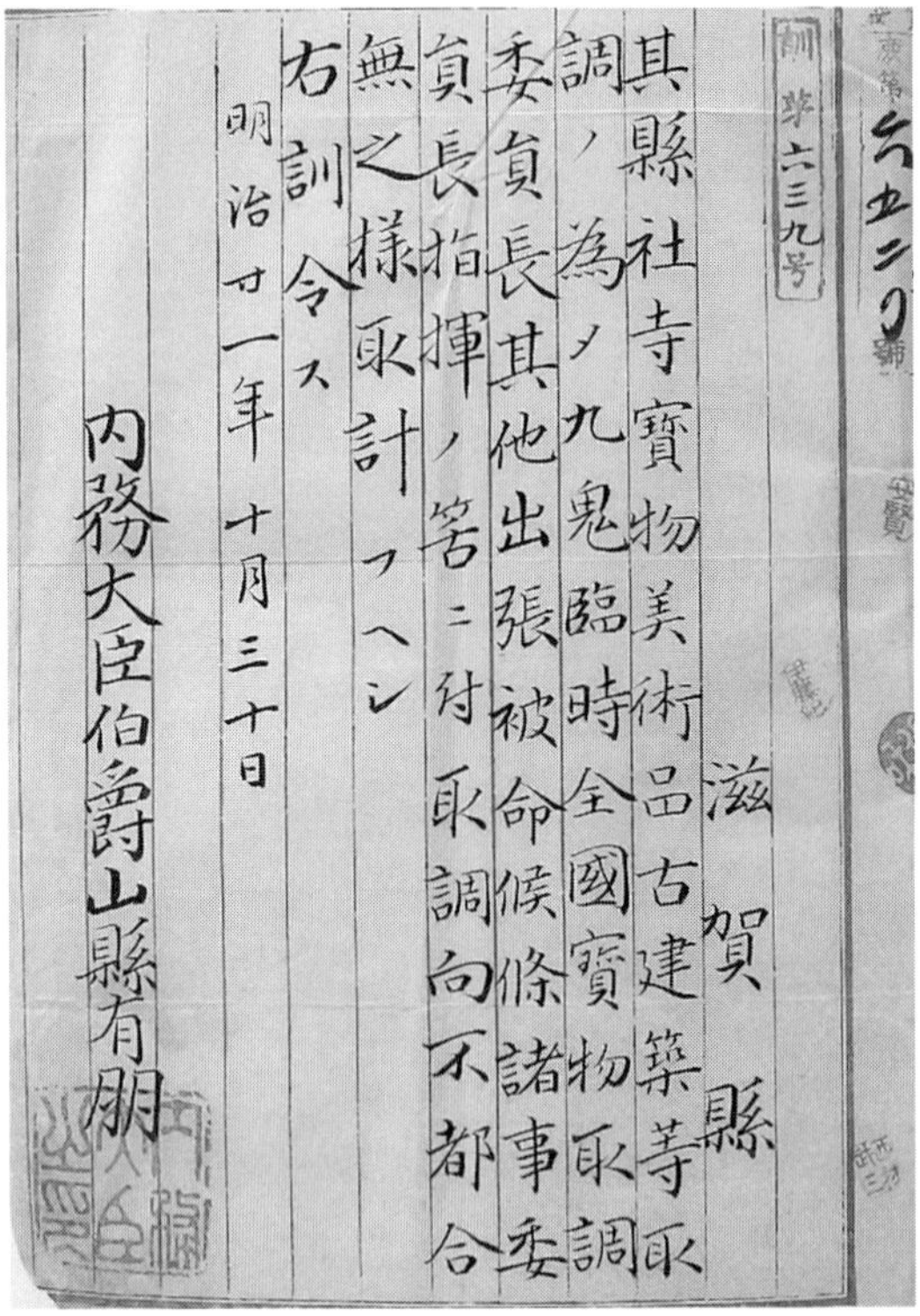
訓第六三九号

滋賀縣

其縣社寺寶物美術品古建築等取調ノ為メ九鬼臨時全國寶物取調委員長其他出張被命候條諸事委員長指揮ノ筈ニ付取調向不都合無之様取計フヘシ

右訓令ス

明治廿一年十月三十日

内務大臣伯爵山縣有朋

写真２　臨時全国宝物取調局の滋賀県内調査につき訓令
明治21年10月30日
【明せ11 (1)】

当時は、日清戦争を経て国民的自覚が高まりを見せた時期でもありました。岡倉天心《おかくらてんしん》をはじめとする識者や社寺などの関係者の運動によって、古社寺保存の機運が醸成され、明治二十九年に内務省に古社寺保存会が設置されます。そして、翌年、古社寺の建造物および宝物類の保存を目的とし、古社寺だけではその維持・修理が困難な場合に、これを補助・保存することを定めた古社寺保存法が制定されました。これは、出願に基づいて内務大臣が九鬼隆一や岡倉天心からなる古社寺保存会に諮問した上で、建築物に関しては「特別保護建造物」、絵画・彫刻や工芸品などには「国宝」の資格を認定するものでした。認定を受けた物件は処分や差し押さえが禁じられ、国宝については博物館への出陳が義務付けられます。本県は第一回目の認定においては、国宝一四件、特別保護建造物では西明寺本堂の一件が認定されています。

受け継がれていく文化財保護の精神

その後、昭和四年（一九二九）には建造物や宝物その他の重要な文化財をすべて国宝として指定するよう定めた国宝保存法が公布され、古社寺保存法により特別保護建造物または国宝として定められていた物件は、すべて国宝指定を受けたものとみなされます。これによって、城郭建築、旧大名家の所有宝物類など社寺以外の文化財も指定されることになりました。

さらに、昭和二十五年に文化財保護法が制定され、同二十七年には明治期に取り壊し寸前のところを天皇の特《とく》旨《し》によって保存された彦根城（写真３）が国宝に指定されます。時代とともに変わり行く文化や風俗の中で貴重な文化財を守り通していくためには、今後もさらなる文化財保護の環境整備など不断の努力が求められます。

（杉原　悠三）

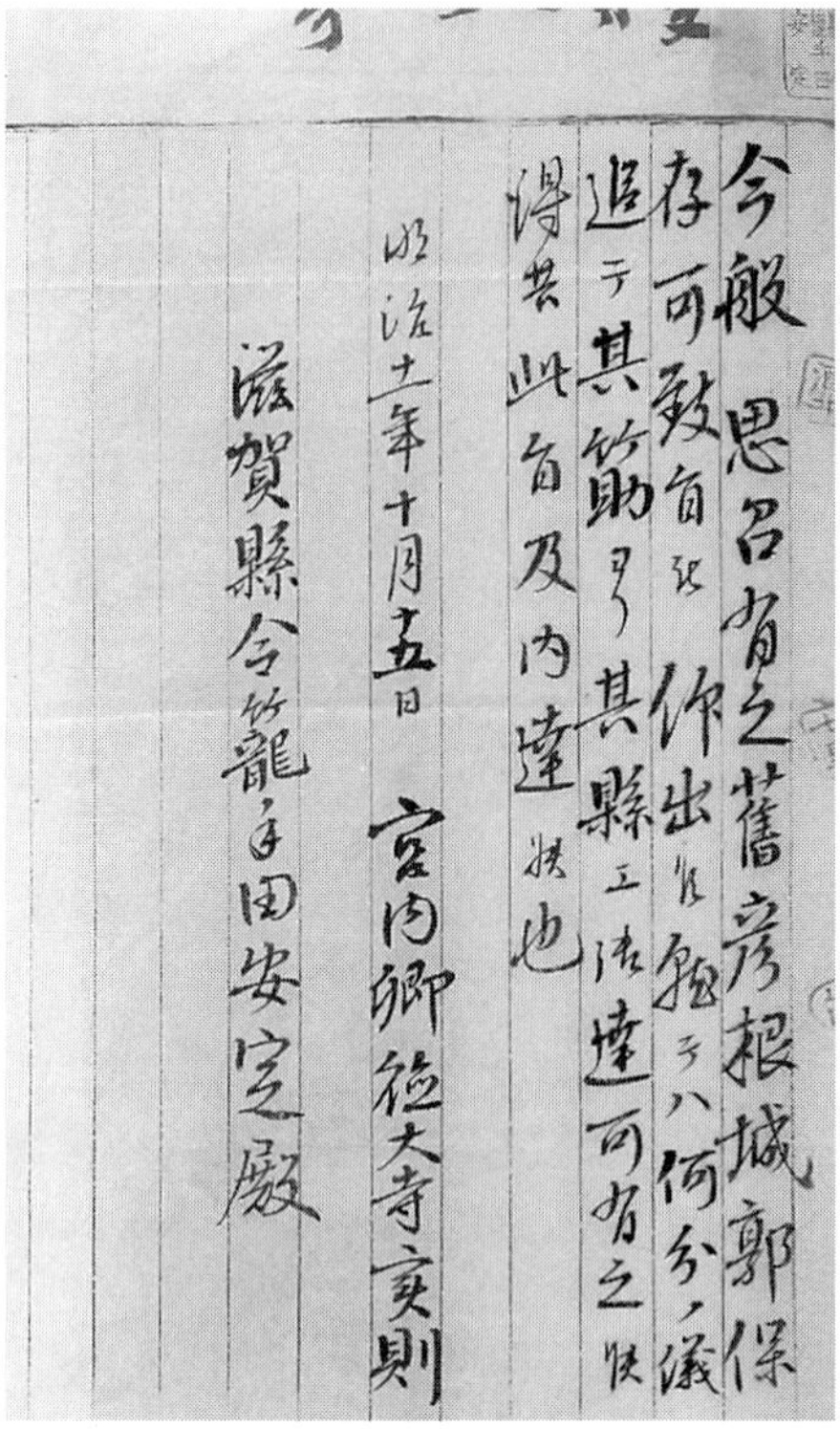
今般思召旨之舊彦根城郭保
存可致旨被　仰出候ニ付テハ何分ノ儀
追テ其筋ヨリ其縣ヘ相達可有之候
得共此旨及内達候也
明治十一年十月十五日　宮内卿徳大寺実則
滋賀縣令籠手田安定殿

写真３　旧彦根城郭保存に付き内達
明治11年10月15日
【明あ112(49)】

② 明治時代の城郭保存

現在、滋賀県内には、貴重な城郭跡が数多く存在しています。しかし、明治維新による廃藩置県などによって、城郭はそれまでの機能を失い、建築物としては「無用の長物」と化し、膳所《ぜぜ》城をはじめとしてその多くが廃城となっていきました。一方、城郭建築が存続した県内唯一の例としては彦根城が挙げられます。

本節では、湖国の城郭が明治維新後にたどった経緯をたどっていきたいと思います。

明治維新後の膳所城と彦根城

明治二年（一八六九）の版籍奉還により、膳所藩最後の藩主・本多康穣《ほんだやすしげ》は藩知事となります。そして翌年四月には、新政府に対し膳所城の廃城を願い出ました。これは、明治六年に、太政官が「廃城」と「存城」の区別を設け、「廃城」となった城郭を払い下げの対象とする以前の出来事でした。

明治期に県が作成した『滋賀県史』には、この時の廃城願いが掲載されています（**写真1**）。それによると、旧来の城郭は「無用ノ長物」であり、膳所城についてもその維持の困難さが訴えられています。湖畔の浮城という特殊な事情があるにせよ、多大な出費を強いられねばならなかった苦悩がそこには述べられています。

この本多から提出された廃城願いは、許可されました【明う149(25)】。そして翌明治四年には廃藩置県が断行され、膳所藩そのものもなくなります。

一方、彦根城も廃藩置県により、行政の要としての機能を失うことになりましたが、軍事機能としての役割は残りました。そして、兵部省、ついで陸軍省の所管として利用されていくこととなりました。しかし、明治十一年には、保存の効用が認められない城郭内の不要な建物を取り壊すことになり、天守閣については、当時の価格八〇〇円で売却することとなりました。ところが、北陸巡行中の明治天皇の特旨によって、取り壊し中止が内達され、保存されることとなります【明あ112(49)】。そして彦根城の管理は、今までどおり陸軍省が担いつつ、保存面の担当を滋賀県が担うこととなり、保存についての費用は、下賜金《かしきん》一六二四円余りを中心に賄《まかな》っていくこととなりました。

彦根城の払い下げ問題

こうして管理されていた彦根城でしたが、明治二十年代に入ると、財政上の理由によって、その管理がますます困難となっていきます。そこで特旨によって保存された彦根城を、「別段ノ方法ヲ以テ払下」ようとする動きがでてきます【明か29-2(6)】。まず、彦根城の評価額を調査することになり、犬上郡にその調査が任されました。早速、郡長の児玉春房《こだまはるふさ》は、県に対し彦根城の評価額を報告します【明か29－2⑸】。それによると、明治二十三年一月、県から彦根城の評価額について照会を受けた犬上郡は、元彦根藩士で井伊直憲《いいなおのり》の従兄弟にあたる武節貫治《ぶせつかんじ》や小西鉄三《こにしてつぞう》、渡辺鐘次郎《わたなべしょうじろう》の三名に委嘱の上、

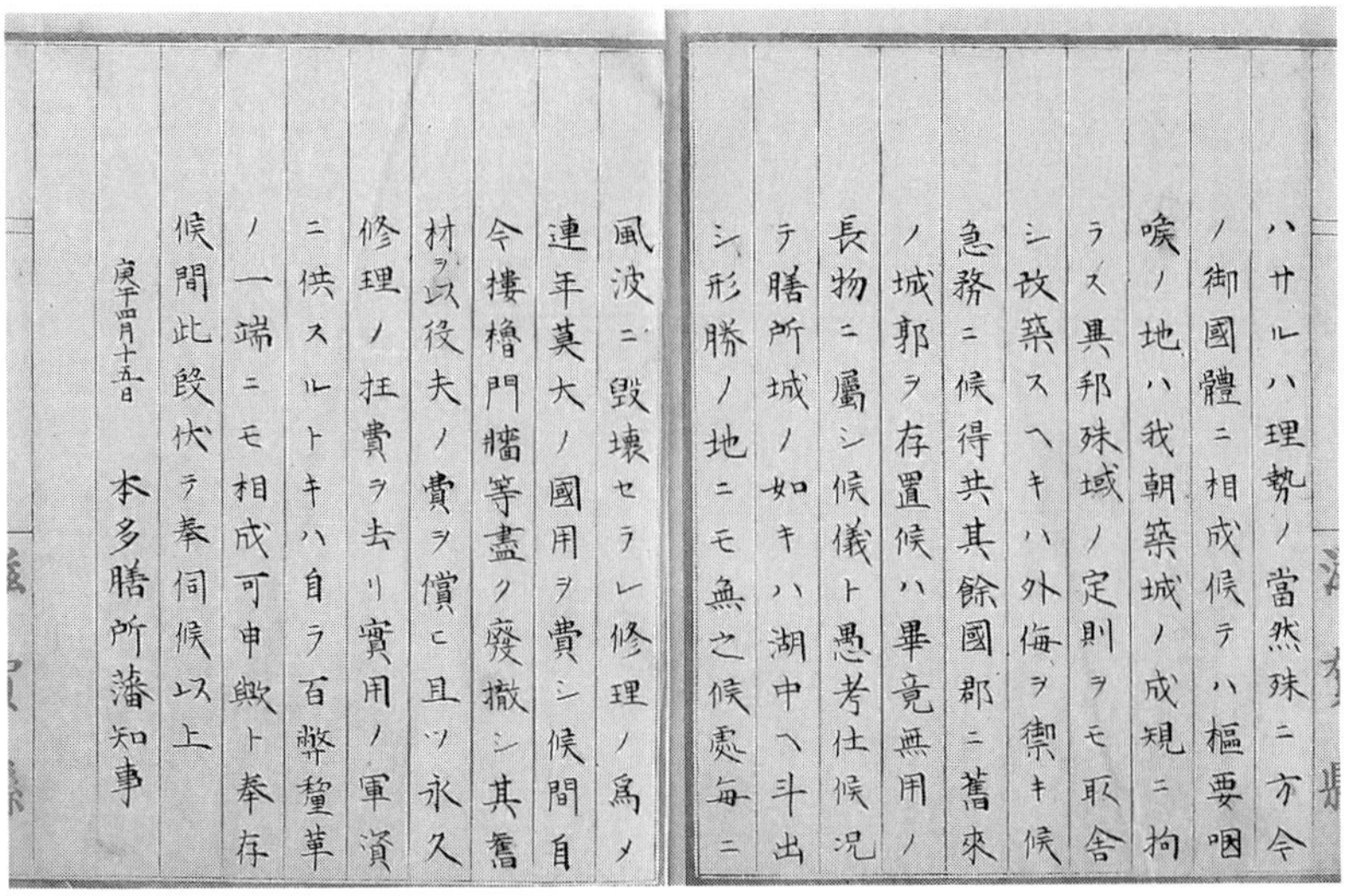
ハサルハ理勢ノ當然殊ニ方今
ノ御國體ニ相成候テハ樞要咽
喉ノ地ハ我朝築城ノ成規ニ拘
ラス異邦殊域ノ定則ヲモ取舍
シ改築スヘキハ外侮ヲ禦キ候
急務ニ候得共其餘國郡ニ舊來
ノ城郭ヲ存置候ハ畢竟無用ノ
長物ニ屬シ候儀ト愚考仕候況
テ膳所城ノ如キハ湖中ヘ斗出
シ形勝ノ地ニモ無之候處毎ニ
風波ニ毀壊セラレ修理ノ爲メ
連年莫大ノ國用ヲ費シ候間自
今樓櫓門牆等盡ク發撤シ其舊
材ヲ以役夫ノ費ヲ償ヒ且ツ永久
修理ノ枉費ヲ去リ實用ノ軍資
ニ供スルトキハ自ラ百弊釐革
ノ一端ニモ相成可申歟ト奉存
候間此段伏テ奉伺候以上
庚午四月十五日　本多膳所藩知事

写真１　本多康穣膳所城廃城願
明治３年４月15日
【資423】

彦根城の評価額を調査させます。その結果、保存費用に年四八〇円を必要とするのに対し、収入は一〇五円に留まるため、差し引き三七五円の赤字となることが判明します。

一方で、郡長の児玉は、報告の中で彦根城について、その眺望の素晴らしさと樹木が生い茂る様は、代替のきかない景勝地であり、現在の景観を保存するに留まらず、十分な修繕と一層の美観を保つべきであると主張しました。さらに児玉は、もし一個人や町が所有した場合、愛護の気持ちがあっても資力に乏しい可能性を恐れ、旧藩主家である井伊家の所有に帰すことが万全である、と県へ回答しました。

一方、井伊家や政界との折衝を通じて、彦根城の保存に関わっていた人物が中井弘《なかいひろむ》でした。中井は、明治二十二年六月、井伊家の家令堀部久勝《ほりべひさかつ》と彦根城の払い下げについて会談を行っています【明か29－2㉒】。このとき中井は、井伊家にゆかりある彦根城について、井伊家の側から払い下げの出願をするよう、堀部に言い含めたようです。堀部はその旨を、東京に住んでいた当主直憲に伝え、直憲はその意のとおり、払い下げの出願を行います。

さらに中井は、次のように示唆します。それは、彦根城は先年、明治天皇の特旨によって保存されたので、この件は陸軍省から宮内省へいったん引き継ぎ、その上で宮内省から井伊家へ払い下げとなるよう、払い下げ願書

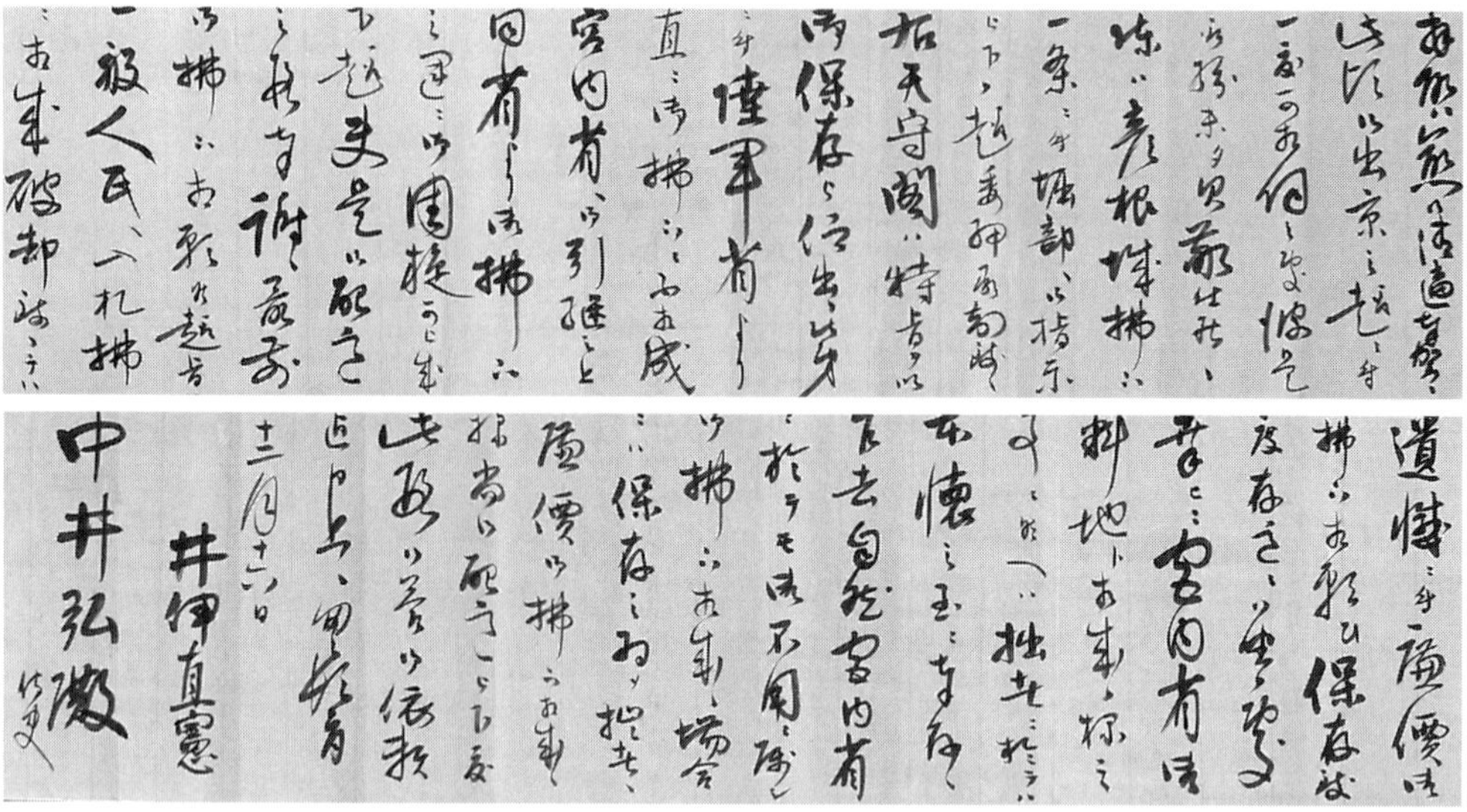

写真２　中井弘宛、井伊直憲書状
明治23年12月16日
【明か29－2(6)】

を宮内省へ回送させてはどうかということでした。

さらに明治二十三年十二月十六日付けで、直憲が中井に宛てた書状によると、直憲は、周旋してくれている中井に謝意を示すとともに、「一般人民へ入札払ニ相成、破却致候テハ遺憾ニ付、廉価《れんか》御払下相願ヒ、保存致度存意ニ御坐候処、幸ヒニ宮内省御料地ト相成候様之《の》事ニ候ヘハ、拙者ニ於テハ本懐之至ニ奉存候《ぞんじたてまつり》」と、彦根城が破却されないよう格安の払い下げを願い出たなか、結局は御料地となりそうなことに満足の意を示しています（写真２）。

こうしてひとまず、全国的に不必要と見られる城郭が陸軍省によって払い下げられていくなか、それに含まれていない彦根城は、明治二十四年二月、一旦、陸軍省から宮内省の皇宮地《こうぐうち》付属地へと編入され、彦根御料地と称されます。

しかし宮内省としても、彦根城を御料地として保有し続けたかったわけではありません。そこで中井は、同年七月、費用のかからない下賜を見越して一時的に、井伊家より拝借願いを出すようにと示唆します。しかし、直憲にとっては宮内省に編入して保存されれば結構なことだったのであり、一度はこの依頼を渋ります。

ただし結局、直憲は彦根城の拝借申請を行うことに決め、同年十月、三〇か年無料貸与《たいよ》の許可を得て保管依託を任されました。しかし、拝借したままでは所有権がないため不要物を処分することもできず、保存修繕費や管

写真３　彦根城址古写真
昭和12年
【昭こ39(6)】

理人の給料など一〇〇〇円以上がかかります。そこで井伊家は、明治二十六年五月、再度、所有権があり不要物の処分も可能な、払い下げの出願を行います【明か29-2㉒】。そしてついに、翌二十七年、明治天皇からの下賜というかたちをとり、拝借中の彦根城一切は正式に井伊家の所有物となりました。

その後五〇年を経た昭和十九年（一九四四）、彦根城は、井伊家から彦根市へ寄付され、市民に親しまれる公園としての道をたどっていきます（**写真３**）。

こうして井伊家や彦根の人々の努力によって彦根城は、日々守り継がれ、今日まで保存されてきました。そして今は、市民の願いでもある世界遺産登録を目指しています。

（杉原　悠三）

3 簿書専務の設置

令和二年（二〇二〇）四月一日、本県では滋賀県公文書等の管理に関する条例を施行し、意思決定に至るまでの過程を含めた公文書の作成義務や、歴史資料として重要な公文書（歴史公文書）を永久に保存する仕組みを整えました。

近年では、全国各地で同様の条例の制定が相次いでおり、地方でも公文書管理に対する関心は高まりつつありますが、その管理の実態はこれまであまり知られてきませんでした。

本節では、県の公文書がどのような手続きを経て、現在まで受け継がれてきたのかについて、歴史公文書を通してご紹介します。

明治時代の文書管理

本県で最初に文書事務に関わる官職が置かれたのは、明治五年（一八七二）一月のことです。同月に大津県から改称した滋賀県では、県庁の事務を庶務・聴訟・租税・出納・監察の五課に分け、文書を取り扱う部署として、庶務課に「簿書専務」を設けました【明い246‐3(1)】。発足当初の官員（職員）は、元円満院《えんまんいん》宮家士《かし》の伊《い》藤紀《とうのり》ら六人です。伊藤はその後も一貫して県の文書事務を務めた人物で、明治期の滋賀県を代表する「アーキビスト」（文書管理の専門家）として知られています。

日々作成される県の法令等（布達書）は、簿書専務の手で簿冊に綴じて管理されました。そのきっかけとなったのは、明治八年四月の太政官達だったようです。太政官では、明治六年五月に庁舎が焼失し、多くの文書が失われた経験がありました。そこで記録文書が失われれば、「後日ノ照会」ができず、事務上の困難が生じるとして、保存方法を設けて大切に保管するよう府県に求めたのです。現在、公文書館が所蔵している布達編冊は、明治七年以前は欠番が多々あり、すべての布達書が綴《と》じられていません。この時の達を受けて、新たに編綴《へんてつ》されたものと見られます。

明治十九年十二月には、簿書保存規程が制定されています（**写真1**）。すべての簿冊は重要度に応じた保存期限が明記されることとなり、第一種は永久、第二種は一〇年間、第三種は三年間と定められました。第一種の簿冊は、「県会議案原稿」「諸達訓令原議」「本県統計書」などで、現在に至るまで県庁で保存されてきたものです。その一方、第二種の「願伺書」「建言書」などや、第三種の「庁内往復書」「統計材料」などは、一定の保存期限が過ぎれば廃棄されたため、その内容を伺うことはできません。現在私たちが「歴史公文書」として利用できる文書は、当時の県官員が作成した膨大な文書のうち、ごく一部なのです。

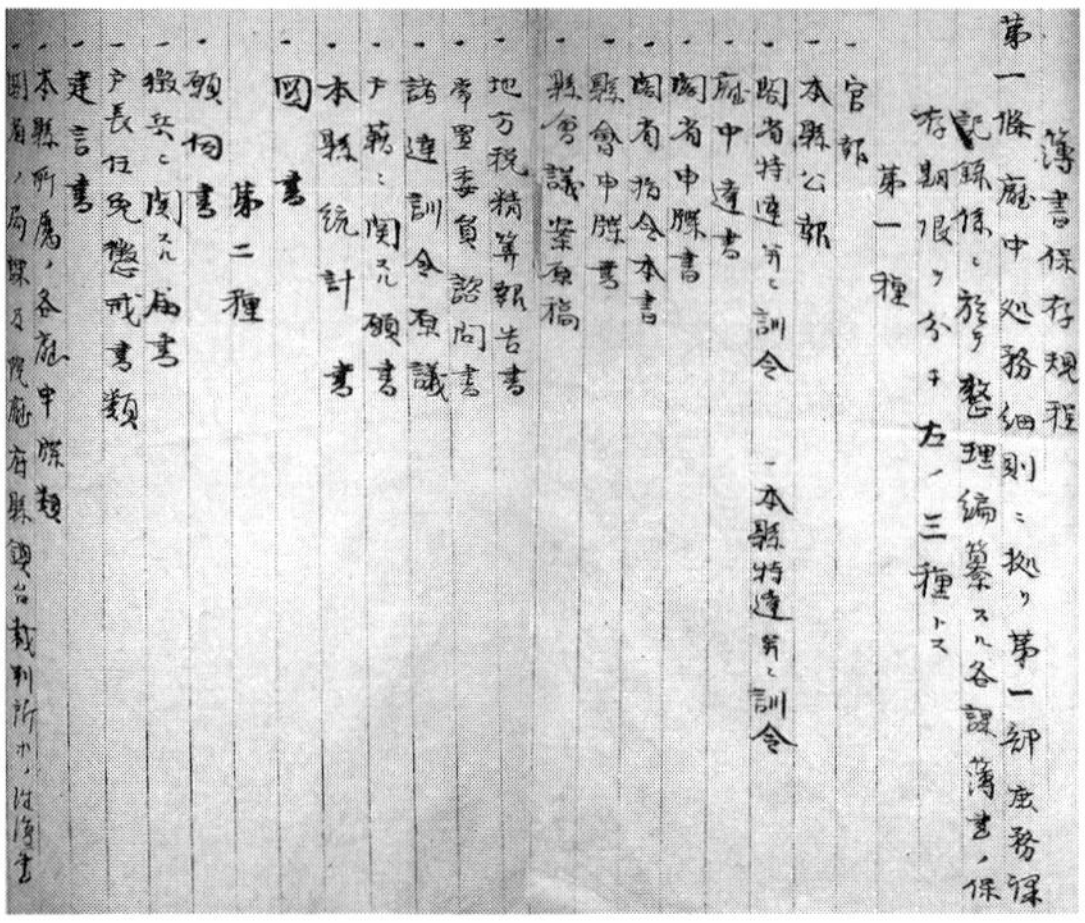

写真１　簿書保存規程
明治19年12月28日
【明い167－1(49)】

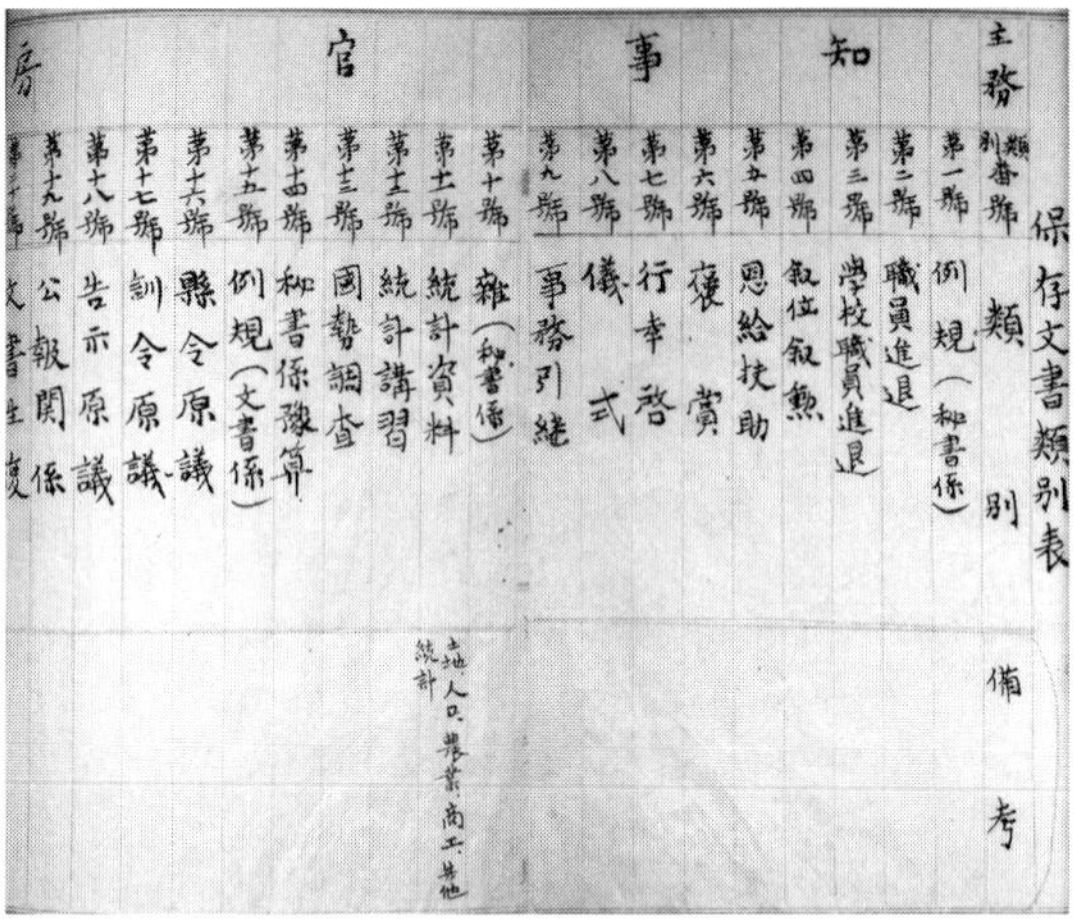

写真２　保存文書類別表
大正７年８月14日
【大お６－1(1)】

大正期の文書事務改革

このように、滋賀県では県設置直後から、文書管理の適正化に努めてきたわけですが、作成文書の肥大化にともない、明治末頃には書類を探す上で「苦難ノ点」が指摘されるようになっていました【明お63－2⒁】。そこで、明治三十九年三月、県は富山・石川・福井三県に職員を派遣し、文書事務の調査を開始します【明お63－2㊱】。そしてその翌年には、京都・大阪など一八府県に照会文を送付し、その後も数年間にわたって各府県の視察を行い、文書事務の抜本的な改革を目指しました。

明治末からの検討を踏まえ、大正七年（一九一八）八月、滋賀県は文書編纂保存規程を定めます。大きな特徴としては、各課の文書を「類別整理」して保存するという点です。その類別表では「例規」「職員進退」など文書の類別ごとに、番号が振られています（写真２）。これ以降、文書庫に引き継がれた文書は、類別ごとに文書箱に入れて保存されるようになり、文書事務の大幅な効率化が図られました。現在は一二桁《けた》で管理される文書分類番号の原型がここにあります。

もっとも、文書事務上の課題は、ハード面にもありました。県庁発足以来、滋賀県には専用の文書庫がなく、県庁三階の一室をあてていたものの、年々保存が必要な簿冊は増え続け、明治末にはすべて床上に積まれている状態となっていました。そこで、知事官房文書係（旧簿書専務）は、「簿書保存倉庫」新築費約五八三四円を、明治四十一年度予算として要求します【明お61－1(30)】。あいにく、この時点の査定は通りませんでしたが、その四年後には無事に県会で可決されました。

公文書とともに、図書類の「類別整理」も進められました。大正七年七月、各課で保管している図書や雑誌が集められ、八月二十二日、庁内図書室（旧高等官食堂）が開設されます【大お6－2(4)】。備え付けの図書目録では、「法制経済ノ部」、「文学、宗教、哲学、社会学ノ部」のように、部門ごとの整理がなされました。室内の図書はすべて文書係が管理し、閲覧の際は、同係備え付けの閲覧簿に、図書の部門や番号、氏名などを記入する必要がありました。

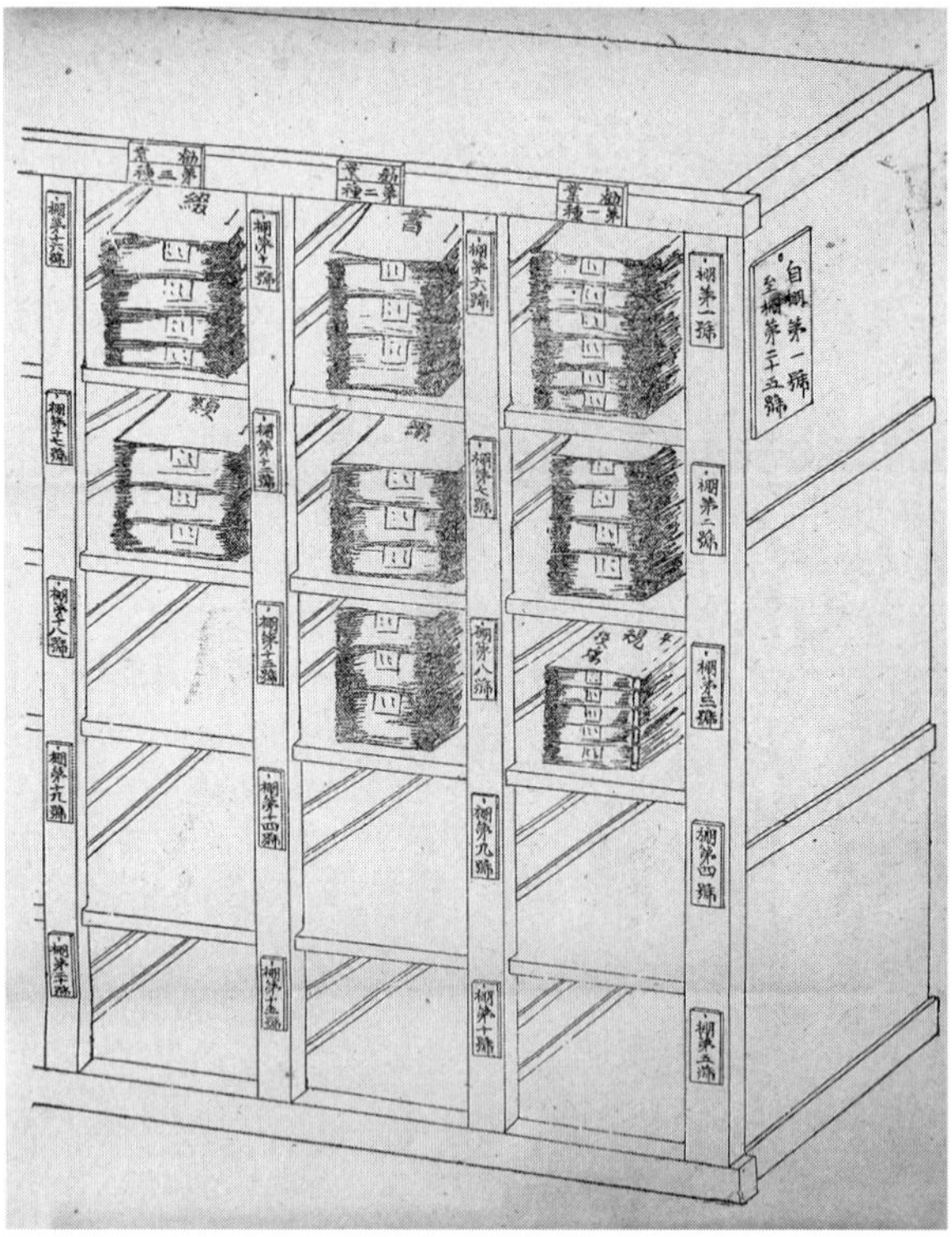

写真３　『町村役場文書整理之栞』の挿絵
大正13年９月
【明い254－2(7)】

郡町村の文書管理

県庁で進められた「類別整理」は、やがて郡や町村でも導入されました。大正九年十二月に県が制定した郡役所の文書規程では、一つの事案が完結した際は「一件書類」を取りまとめ、書類の右肩欄外に、部門（係）名、類別番号、保存種別（保存年限の種類）を記入することを定めました【大あ45(79)】。保存種別は、県と同様に永年・一〇年・三年の三種に分けられましたが、文書類別は事務の増減にともなって変動することから、適宜独自に設定するよう指示されています。

さらに、大正十年九月より、県は近年町村の調査報告が遅延しているのは、文書整理に問題があるとして、郡役所にたびたびその改善を命じています。翌十一年八月には、町村文書取扱順序を制定し、郡役所の指導で町村役場の整理状況は、漸次改善に向かったようです【明い254－2(3)】。郡ごとに町村文書分類表が作成され、「類別整理」の観点が導入されました。十三年九月には、役場の全員に、文書整理は「事務ノ基礎」をなすことを自覚させるため、『町村役場文書整理之栞《のしおり》』（写真３）を各町

写真４　神崎郡山上村役場簿冊蔵置所
大正期
【資609】

村に配布しています。
　こうして、文書事務改革に一区切りをつけた県は、大正十三年十一月、内閣書記官に文書整理の報告書を提出しています。現在、国立公文書館にこの提出書類が残されていますが、一つの県の文書整理に関する簿冊は、滋賀県のもののみのようです。この中では、明治末以来の本県における県・郡・町村における文書整理の実績を、自ら「見ルベキモノアリ」と評価しており、自信のほどをうかがうことができます。文書規程や文書庫の写真（滋賀県庁、神崎《かんざき》郡役所、蒲生《がもう》郡八幡《はちまん》町役場）も併せて送られ、主任官の視察を希望しています。
　写真４は、この頃作成された県内町村役場文書庫の写真帳に収められている一枚です。当時の保存文書は、町村によって棚に並べる方法と、箱に収める方法の二種類がありましたが、この村の場合は前者だったことがわかります。このように、県のみならず町村まで行き届いた文書整理を実践したことが、本県の高い自己評価につながったのでしょう。当時は公文書が「県民のもの」という意識は乏しかったものの、行政事務を円滑に進める上で、今と同様に欠かせないものだったのです。

（大月　英雄）

4

第二代県令籠手田安定

平成三十年（二〇一八）は、明治元年（一八六八）から満一五〇年の年に当たり、全国各地で明治維新を振り返る企画が催されました。明治時代といえば、日本全体が欧米諸国を目指した時代という印象を受けますが、地方に目を向ければ、必ずしもそうではなかったようです。

本節では儒教思想の実践という観点から、県政に携わった第二代県令・籠手田安定《こてだやすさだ》（**写真1**）の治世観を紹介してみたいと思います。

籠手田安定と明治維新

籠手田安定は、天保十一年（一八四〇）三月二十一日、平戸《ひらど》藩士桑田安親《くわたやすちか》の長男として生まれました。幼名を広太郎といい、嘉永五年（一八五二）正月、藩校維新館に入学しています。文久元年（一八六一）冬、藩主松浦《まつら》詮《あきら》の近習《きんじゅ》として召し抱えられ、源之丞《げんのじょう》と改名しました。慶応元年（一八六五）五月には、京都行きを命じられ、時局に関わる情報収集に努めました。明治維新後は、大津県で判事試補、権判事《ごんはんじ》、判事を経て、明治二年八月より同県大参事に任じられています。この頃、安定と改名し、明治六年八月頃より籠手田姓を名乗りました。

籠手田は、幕末の倒幕運動に積極的な関わりを持ちませんでしたが、それでも明治維新は「旧弊ヲ一新」する大機会と捉えていたようです（『牧民偉績』）。ただし、それは「何モ珍ラシキ事」ではなく、師匠の楠本端山《くすもとたんざん》（平戸の儒学者）より教えを受けた「明々徳ノ上ヨリ新民ト参リ可申《もうすべき》時」と受け止められていました。つまり、儒教の経書《けいしょ》『大学』に基づき、生まれつきの徳を明らかにして、人民を進歩に導くことこそ、維新変革の目標とされたのです。洋行経験のある五代才助《ごだいさいすけ》（友厚《ともあつ》）を訪問したり、福沢諭吉《ふくざわゆきち》が著した『西洋事情』を読むなど、西欧の国情には一定の関心を抱いていましたが、決して熱心な開化主義者とはいえませんでした。攘夷《じょうい》主義は、時勢を知らない「愚論」と退けつつも、「神州ノ国体」を守り、国内外の区分を立てることは急務だと、日本の国情を無視した西欧化に対しては、強い警鐘を鳴らしています。

特に籠手田が重視したものが、民心の安定でした。籠手田にとって、大切なことは「天下ノ億兆ヲ安《やすん》スル」ことであり、「民心ヲ定ムルハ本」という考えを抱いていました（『黙斎漫録』）。文明開化ばかり主張して、国内の人情を知ろうとしないのは、極寒の中で桜の花を見ようとして、無理やり人の手で花を咲かせようとするようなものだと批判しています。このように、籠手田の治世観には、「民は国之《の》本」とする儒教的な政治思想の影響が色濃く見られました。

写真1　籠手田安定の肖像
滋賀県蔵

地租改正の波紋

そのような籠手田にとって、新政府が進める近代化政策は、必ずしも肯定的に捉えられたわけではありません。その一例が、明治維新の三大改革の一つ「地租改正」です。明治六年七月、太政官は地租改正法を公布し、年の豊凶に関わらず、地価三％の地租を金納することを定めます。滋賀県では同法に基づき、同年九月より県令松田《まつだ》道之《みちゆき》の下で地価調査が進められました。明治八年三月に松田が内務省に転任すると、籠手田はこの事業を引き継ぎ、翌四月十三日、地租改正人民心得書を頒布《はんぷ》して、土地台帳や絵図などを提出するよう指示しました【明い63(61)】。同年四月二十七日、権令《ごんれい》（後の知事）に就任した籠手田は、翌年も事業を続けるつもりでいましたが、八月に太政官がその期限を翌九年に設けたことから、やむなく一年間で仕上げる計画に変更を強いられました【明う5‐1(64)】。そのため、各地の土地測量が「荷酷《かこく》ニ過クルモノ」や、誤謬《ごびゅう》が続出する事態に陥ったといいます。

しかし、ともかくも年内には土地の等級が定められ、地租の金納が義務付けられることになりました。農民たちは納税のために米を売却する必要に迫られ、その結果、大量の米が市場に出回ることになります。そのため、明治八年の米相場は、商人の思うがままとなり、平年の相場より二、三割低い価格でなければ、買い手がつかない状況となってしまいました。しかし、投げ売り同然の価

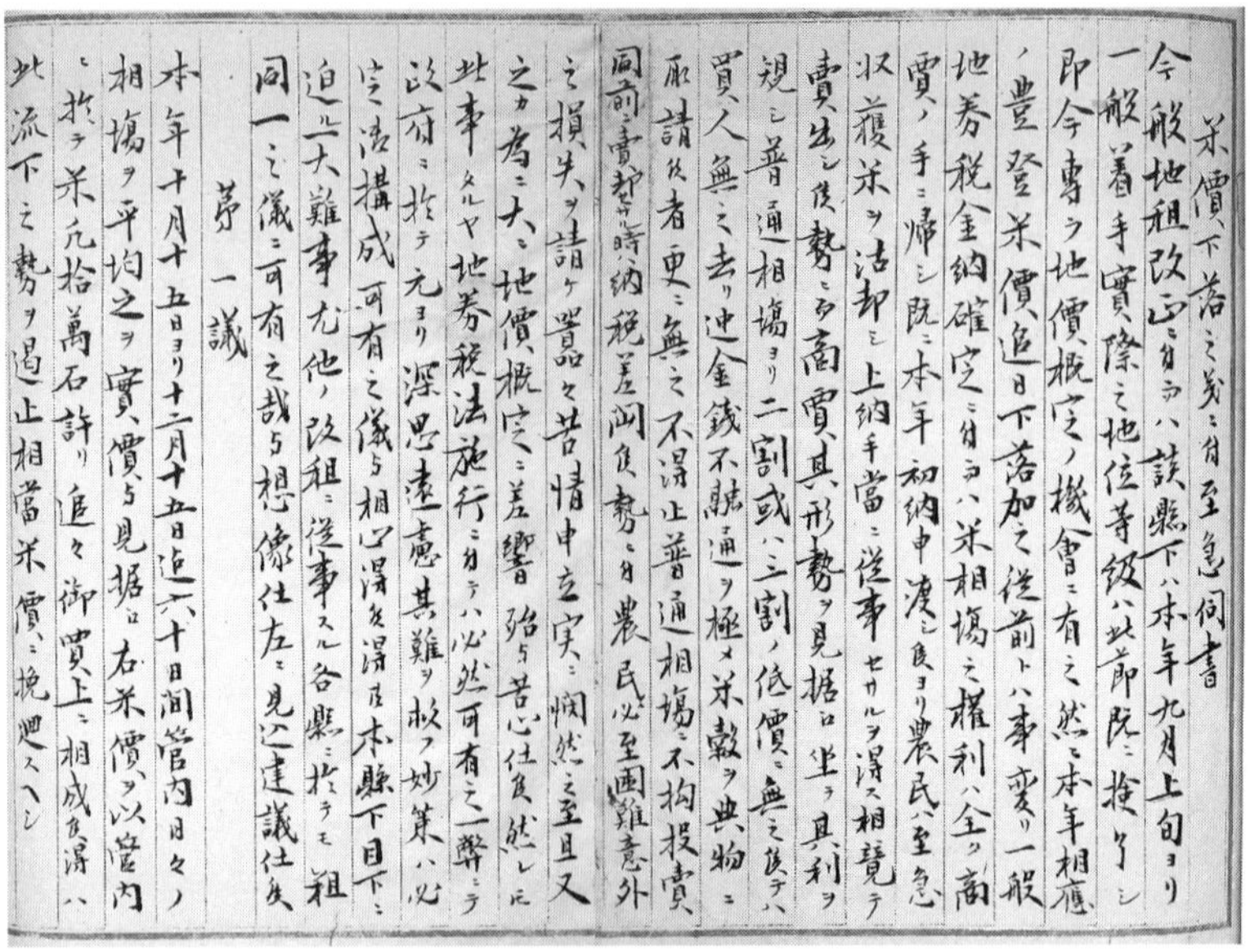
米價下落之義ニ付至急伺書
今般地租改正ニ付テハ該縣下ハ本年九月上旬ヨリ
一般着手實際之地位等級ハ此節既ニ推了シ
即今專ラ地價概定ノ機會ニ有之然ニ本年相應
ノ豊登米價追日下落加之従前トハ事変リ一般
地券税金納確定ニ付テハ米相場之權利ハ全ク商
賈ノ手ニ帰シ既ニ本年初納申渡シ候ヨリ農民ハ至急
収穫米ヲ沽却シ上納手當ニ從事セサルヲ得ス相競テ
賣出シ候勢ニテ商賈其形勢ヲ見据ヘ坐ラ其利ヲ
視ニ普通相場ヨリ二割或ハ三割ノ低價ニ無之候テハ
買入無之去リ迚金銭不融通ヲ極メ米穀ヲ典物ニ
取請候者更ニ無之不得止普通相場ニ不拘投賣
同前ニ賣却セサル時ハ納税差閊候勢ニ付農民必至困難意外
之損失ヲ請ケ囂々苦情申立實ニ憫然之至且又
之ガ為ニ大ニ地價概定ニ差響殆ト苦心仕候然レ𪜈
此事タルヤ地券税法施行ニ付テハ必然可有之一弊ニテ
政府ニ於テ元ヨリ深思遠慮其難ヲ救フ妙策ハ必
定テ措成可有之儀ト相心得候得共本縣下目下ニ
迫ル大難事尤他ノ改租ニ從事スル各縣ニ於テモ祖
同一之儀ニ可有之哉ト想像仕左ニ見込建議仕候
第一議
本年十月十五日ヨリ十二月十五日迄六十日間管内日々ノ
相場ヲ平均之ヲ實價ト見据ヘ右米價ヲ以管内
ニ於テ米凡拾萬石許リ追々御買上ニ相成候得ハ
此流下之勢ヲ遏止相當米價ニ挽廻スヘシ

写真２　米価下落の義に付至急伺書
明治８年12月23日
【明う5－1(57)】

格でも、売却しなければ納税ができないため、農民たちは大きな損失を被り、次々に苦情を県に申し立てました。そこで、十二月二十三日、籠手田は今回の事態は地租改正にともなう必然の結果だとして、地租改正事務局総裁の大久保利通《おおくぼとしみち》に対応を迫っています（写真２）。籠手田は、①米価下落を止めるために、政府が一〇万石ほど買い上げること、②人民の都合により米納を認めることという二案を献策し、特に後者は政府・人民ともに損失がない最も簡単な方法としています。

しかし、地租改正に対する籠手田の懸念は、米価の下落だけではありませんでした。地租が定額化された結果、凶年時には税負担に耐えきれない者が続出する可能性があったのです。翌九年一月十三日、籠手田は再び大久保に米納の許可を求めるとともに、凶年時の対策も強く迫っています（『黙斎漫録』）。そして同年秋には、籠手田の懸念は現実のものとなります。同年九月十六日、籠手田が大久保に提出した建議書によれば、その年は春以来数か月にわたり雨に乏しく、耕地の用水はもちろん、人民の飲料水も差支えるほどだったようです。そこで籠手田は、人民は未だ新法に慣れていないため、ただ一概に「理ヲ以テ論ス可《べか》ラサル」と事情を考慮する必要があると訴えたのです。

新たな凶年対策

このような地租改正に対する農民の不満は全国に広がり、大規模な民衆運動を引き起こしました。明治九年十一月には茨城県で真壁《まかべ》騒動、十二月には三重県などで伊勢《いせ》暴動（東海大一揆《だいいっき》）が発生しています。籠手田はこれらの騒動について、「嗚呼《ああ》、豈《あに》人民乱ヲ好マンヤ、実ニ止ムヲ得サルヲ以テナリ」と、憐れみ悲しむべき人びとだと共感を寄せています（『黙斎漫録』）。その一方で、翌十年一月八日、籠手田は大久保に再び建議書を提出し、地租の米納と凶年対策を行なわなければ、その騒動が全国に広がると警告しています。特に人民の不満が、自由民権運動の「煽動《せんどう》」と結びつきかねないと、改めて民心の安定を強く求めました。

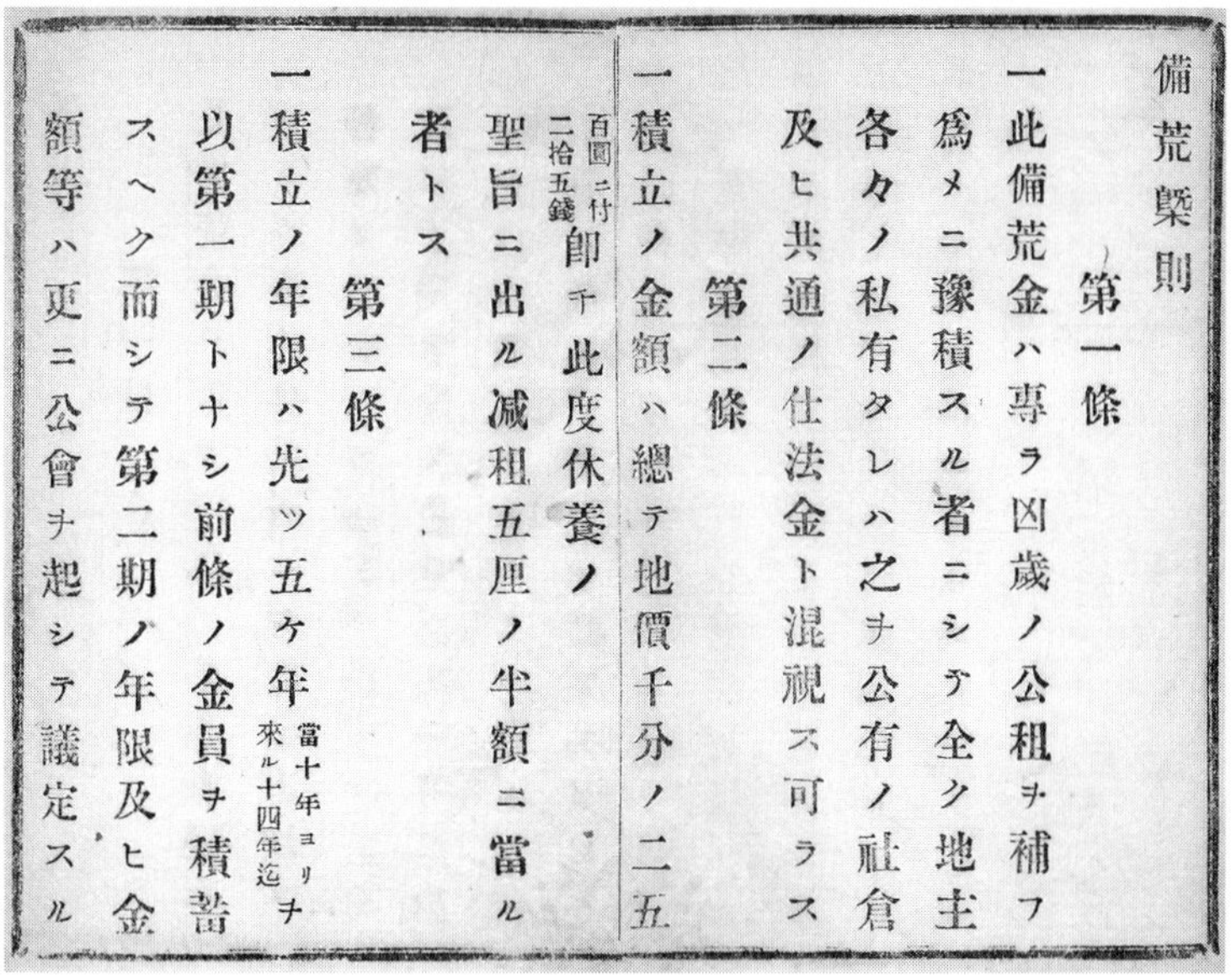

備荒槩則

第一條

一此備荒金ハ専ラ凶歳ノ公租ヲ補フ為メニ豫積スル者ニシテ全ク地主各々ノ私有タレハ之ヲ公有ノ社倉及ヒ共通ノ仕法金ト混視ス可ラス

第二條

一積立ノ金額ハ總テ地價千分ノ二五（百圓ニ付二拾五錢）卽チ此度休養ノ聖旨ニ出ル減租五厘ノ半額ニ當ル者トス

第三條

一積立ノ年限ハ先ツ五ケ年（當十年ヨリ來ル十四年迄）ヲ以第一期トナシ前條ノ金員ヲ積蓄スヘク而シテ第二期ノ年限及ヒ金額等ハ更ニ公會ヲ起シテ議定スル

写真３　備荒概則
明治10年４月６日
【明い88－2(27)】

　このような民衆運動の発生は、政府に租税額の見直しを迫ることになります。明治十年一月四日、地租が地価の三％から二・五％に引き下げられることになりました。籠手田はこの減税を契機として、新たな凶年対策の仕組みづくりに着手します。同年二月六日、「臨時県会」（臨時区長会議）を開催し、自ら議長となって、積立額やその方法などを議論させました【明う68‐1⑯】。その結果、減租〇・五％の半額（〇・二五％）の積み立てが決議され、同年四月、その具体的運用を定めた備荒概則が県より布達されました（写真３）。この時の備荒金は、毎年順調に積み立てられ、明治十五年には、県全体の積立額が六五万七一九二円三一銭に達することになります（明治十一年五月、籠手田は県令に昇任）。

　このように、明治政府が推し進めた近代化政策は、地域社会に深刻な矛盾をもたらすものでもありました。その一方、明治維新を機に儒教的理想を実現しようと考えた籠手田は、人民の負担軽減を求める建言を行ったり、独自の凶年対策に取り組みました。日本中を巻き込んだ明治維新の意味は、当時を生きる人びとにとっても、さまざまに解釈されていたようです。

（大月　英雄）

⑤ 近江商人と近江米

かつて滋賀県は、「近江国」と呼ばれ、現在でも近江商人や近江米の名は、全国によく知られています。しかし、今日では高い評価を受ける「近江」の名も、明治維新直後には、厳しい批判にさらされたことがありました。本節では、知られざる「近江」の毀誉褒貶《きよほうへん》の歴史をご紹介したいと思います。

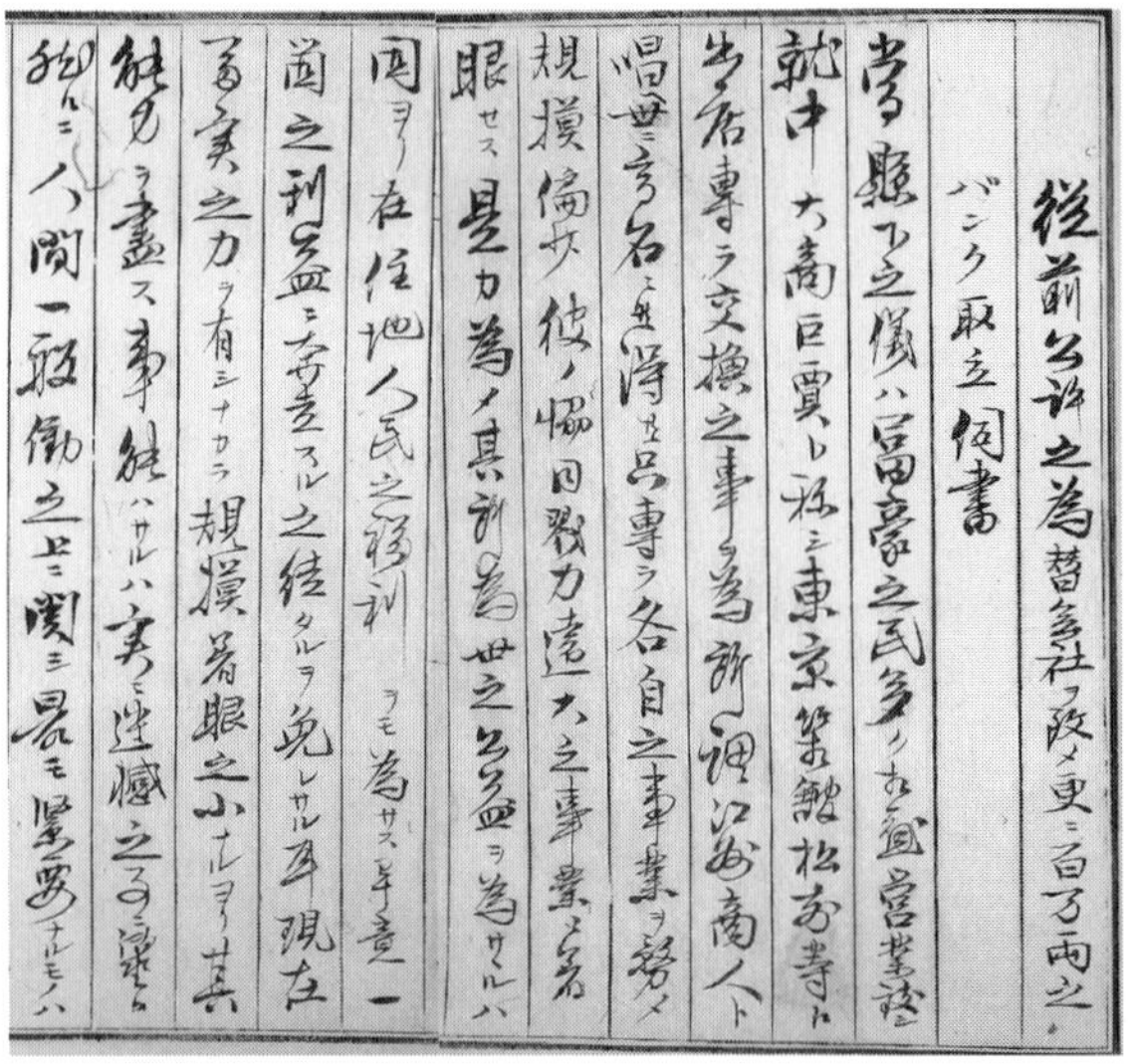

写真1　江州バンク設立伺書
明治5年4月
【明う155(33)】

近江商人と地域社会

明治維新直後より、滋賀県の近代化を推し進めるために必要とされたものが、新たな産業を興すための多額の資金でした。明治五年（一八七二）四月、県令松田道之らは、県下初の銀行「江州《ごうしゅう》バンク」の設立について大蔵省に伺い出ています（**写真1**）。松田らは、県内には「富豪之《の》民」が多く、東京・箱館《はこだて》（函館）・松前などに出店して交易をなす「江州商人」が世に名高いものの、各自の事業に専念しているだけだと批判します。彼らは公益事業をなさないのはもちろん、住民の福利にも貢献せず、「一個之利益」に奔走《ほんそう》しているというのです。

松田らは、人間の働きにとって最も重要であるのは「財本」だとして、その「財本」を流通するには、「バンク」より善いものはないと、従来から設立されていた為替会社をもとに一〇〇万両を積み立て、県内人民の福利を図りたいと伺い出ました。それに対し大蔵省は、同年五月、近日中に会社の一般法が発令されるので、それまでは従来の扱いにとどめるよう指示しています。

さらに明治八年三月、松田は内務省に「勧業之儀ニ付伺書」を提出しています【明う21(98)】。この伺書でも、滋賀県は風土や土壌に恵まれて富豪も多いが、商家は出稼ぎが多く、自国に向けて事業を興す者が少ないとして、政府の勧業費援助を求めています。このように、「他国稼ぎ」を生業とする近江商人は、明治初期の県当局にとってはもどかしい存在だったのです。

　しかし実際には、近江商人たちは、県内の動向に無関心だったわけではないようです。能登川《のとがわ》商人の阿部《あべ》市郎《いちろ》兵衛《べえ》は、長きにわたって窮民《きゅうみん》救助に尽力していた人物で、明治四年の春に皇室より銀杯《ぎんぱい》三器を下賜《かし》されています。その後阿部は、さらに一〇〇〇両を県庁に寄付したため、

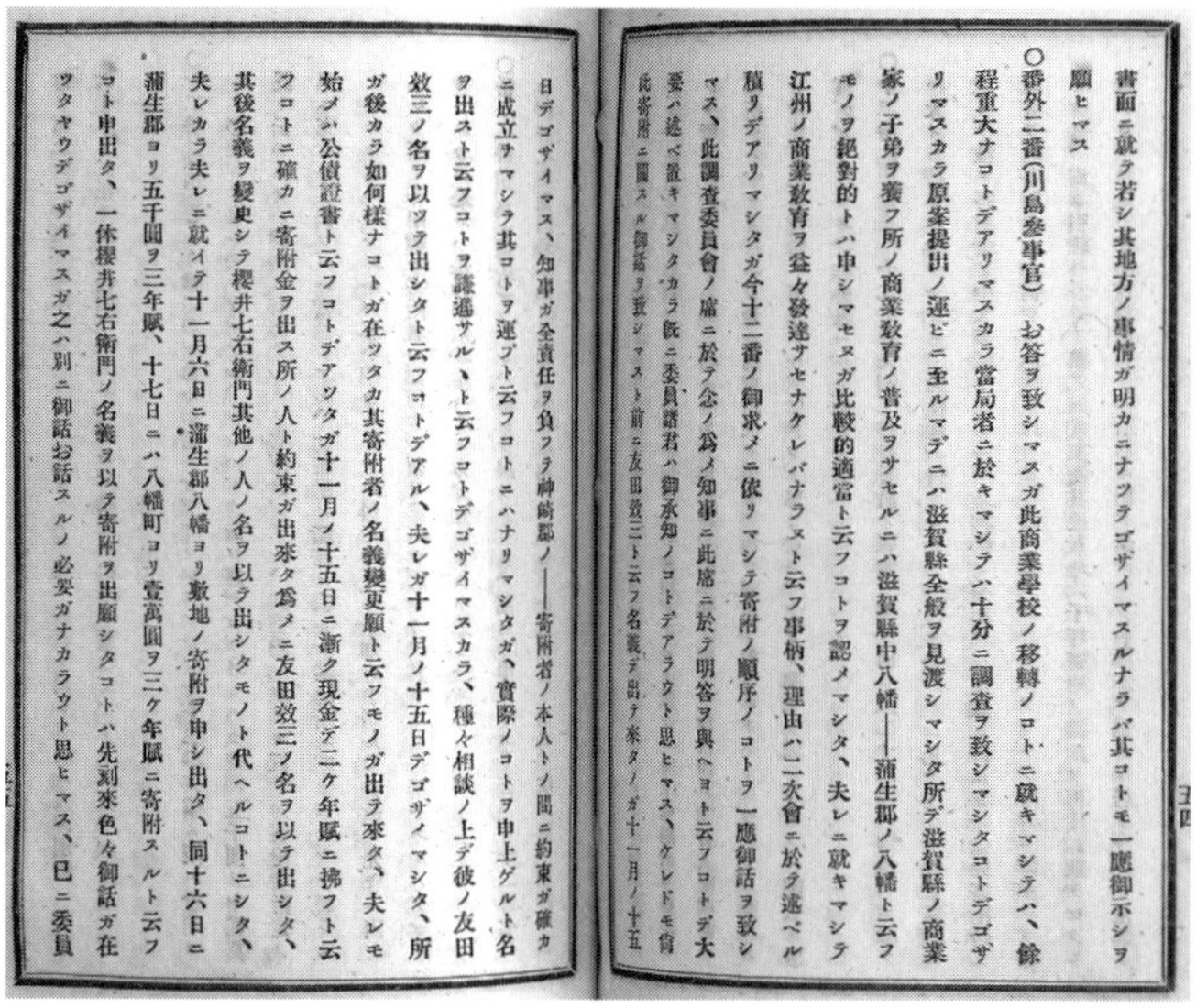
書面ニ就テ若シ其地方ノ事情ガ明カニナツテゴザイマスルナラバ其コトモ一應御示シヲ願ヒマス
○番外二番(川島參事官)　お答ヲ致シマスガ此商業學校ノ移轉ノコトニ就キマシテハ、餘程重大ナコトデアリマスカラ當局者ニ於キマシテハ十分ニ調査ヲ致シマシタコトデゴザリマスカラ原案提出ノ運ビニ至ルマデニハ滋賀縣全般ヲ見渡シマシタ所デ滋賀縣ノ商業家ノ子弟ヲ養フ所ノ商業教育ノ普及ヲサセルニハ滋賀縣中八幡――蒲生郡ノ八幡ト云フモノヲ絶對的トハ申シマセヌガ比較的適當ト云フコトヲ認メマシタ、夫レニ就キマシテ江州ノ商業教育ヲ益々發達サセナケレバナラヌト云フ事柄、理由ハ二次會ニ於テ述ベル積リデアリマシタガ今十二番ノ御求メニ依リマシテ寄附ノ順序ノコトヲ一應御話ヲ致シマス、此調査委員會ノ席ニ於テ念ノ爲メ知事ニ此席ニ於テ明答ヲ與ヘヨト云フコトデ大要ハ述ベ置キマシタカラ既ニ委員諸君ハ御承知ノコトデアラウト思ヒマス、ケレドモ尙此寄附ニ關スル御話ヲ致シマスト前ニ友田教三ト云フ名義デ出テ來タノガ十一月ノ十五日デゴザイマス、知事ガ全責任ヲ負フテ神崎郡ノ――寄附者ノ本人トノ間ニ約束ガ確カニ成立サマシテ其コトヲ運ブト云フコトニハナリマシタガ、實際ノコトヲ申上ゲルト名ヲ出スト云フコトヲ謙遜サルヽト云フコトデゴザイマスカラ、種々相談ノ上デ彼ノ友田教三ノ名ヲ以ツテ出シタト云フコトデアル、夫レガ十一月ノ十五日デゴザイマシタ、所ガ後カラ如何様ナコトガ在ツタカ其寄附者ノ名義變更願ト云フモノガ出テ來タ、夫レモ始メハ公債證書ト云フコトデアツタガ十一月ノ十五日ニ漸ク現金デ二ケ年賦ニ拂フト云フコトニ確カニ寄附金ヲ出ス所ノ人ト約束ガ出來タ爲メニ友田教三ノ名ヲ以テ出シタ、其後名義ヲ變更シテ櫻井七右衛門其他ノ人ノ名ヲ以テ出シタモノト代ヘルコトニシタ、夫レカラ夫レニ就イテ十一月六日ニ蒲生郡八幡ヨリ敷地ノ寄附ヲ申シ出タ、同十六日ニ蒲生郡ヨリ五千圓ヲ三年賦、十七日ニハ八幡町ヨリ壹萬圓ヲ三ケ年賦ニ寄附スルト云フコト申出タ、一体櫻井七右衛門ノ名義ヲ以テ寄附ヲ出願シタコトハ先刻來色々御話ガ在ツタヤウデゴザイマスガ之ハ別ニ御話スルノ必要ガナカラウト思ヒマス、巳ニ委員

写真２　商業学校移転の議論
明治31年12月22日
『県会日誌』滋賀県蔵

大津県権知事の朽木綱徳《くつきつなのり》は、この資金を元手に「管下人民ノ事ノ為ニスルノ策」を立てることに決めました【明い30・2㊾】。

　明治四年十一月、新たに大津県令として赴任した松田道之も、その志に感銘を受け、その事業を引き継ぐことにしました。翌五年四月、さらに事業規模を拡大して、窮民授産を目的とした半官半民の結社「勧業社」を発足させます。その設立費用として、松田自ら一五〇〇両を出資したほか、有力な近江商人たちもその出資者となりました。阿部に加えて、日野商人である正野玄三《しょうのげんぞう》（五〇〇両）や中井源左衛門《なかいげんざえもん》（七〇〇両）なども、多額の資金を同社に提供しています。

　また、近江商人は教育にも力を入れていました。伝統的に近江商人は、信頼のおける近江出身者を雇用し、ゆくゆく別家（暖簾《のれん》分け）の設立を想定した丁稚《でっち》奉公人を育成する仕組みをもっていました。しかし明治十九年三月には、近代的産業振興のため実業教育の必要性が説かれるようになり、県令中井弘の主導で滋賀県商業学校が設立されます。その運営が軌道に乗り、校舎改築の要望が高まると、神崎郡と蒲生郡（八幡《はちまん》町）で激しい誘致運動が展開されるようになりました（**写真2**）。

　最終的に県会で八幡町への移転が決まり、明治三十四年四月、八幡町に隣接した蒲生郡宇津呂《うつろ》村（現・近江八幡市）に校舎が建てられました。同年六月に滋賀県立商業学校と改称し、明治四十一年には滋賀県立八幡商業学

校となります。多数の優秀な経営者を輩出したことで、「近江商人の士官学校」とも呼ばれました。身近な近江商人系企業の活躍は、「立身出世」を目指す県内の若者の向学心に大きな刺激を与えていったのです。

近江米の挑戦

続いて、近江米についてご紹介しましょう。江戸時代より近江米は、品質がよく、乾燥・調製・俵装《ひょうそう》（俵《たわら》詰め）も完全であったことから、その名声は広く世間に知られていました。当時の租税（年貢）は米納であったため、どの藩も厳格な規制を設けて、その米質を確保していました。米蔵はすべて大津に置かれ、同地の米商を通じて京都に運ばれました。その米は京都の「御備米《おそなえまい》」と呼ばれ、京都以外への販売が禁じられていたものの、その評価の高さから十分な需要があったようです。

しかし明治八年の地租改正を契機として、その名声は地に落ちることになります。租税がすべて金納になったことから、米質の規制が弛緩《しかん》し、小粒で粗悪な米が広がっていったのです。乾燥・調製は不十分なままで、俵装も濫造《らんぞう》に流れました。一重俵《いちじゅうひょう》で堅縄が用いられなかったため、揚げ卸しの際には、こぼれ落ちる米も少なくありませんでした。そのため貧困者が米商の門前や船着場に集まり、塵取《ちりと》りや手箒《てぼうき》で散在する米をかき集める光景さえ見られたようです【明て54⑹⑹】。この急速な米質低下の背景には、農民たちの市場観念の希薄さがあげられます。彼らは米質の善し悪しが価格に反映されているとは考えず、単に偶然的なものととらえていました。そのため収穫量のみを気にして、品質などはお構いなしだったのです。

明治十五年に東京上野で開催された共進会（品評会）では、県内から一六五二人が出品しましたが、受賞したのは一割に満たず、近江国は「中等部ノ上品」という評価にとどまりました【明た32⑻⑷】。甲賀郡を除けば、調製・乾燥が不十分で、その改善は「近江国人民ノ急務」だと指摘されています。同会では「江州の掃《は》き寄《よ》せ米」と酷評されたともいわれ、米質に自信をもっていた県内の生産者に大きな衝撃を与えました。

そこで県当局は、明治十七年五月に農事規約例を公布し、乾燥の期間や調製の方法などを郡村ごとに守らせようとします（写真3）。

しかし罰則・強制規定はなく、その「改良心」は地域によりさまざまだったようです。速やかに規約を設けて実績を上げた村があった一方、規約を設けず他人を非難するばかりで実行に至らなかった村もありました。

また県内の米商が米質改良に関心を示さず、むしろ農家を煽動《せんどう》して妨害していたことも、農事規約が守られない大きな要因でした。そのため県の勧業委員は、農商ともに一つの組合規約のもとで米質改良に努める必要性を説き、明治二十一年七月、全国でも例外的に制裁規定をもった米質改良組合が結成されます【大ふ7⑵⑻】。勧業

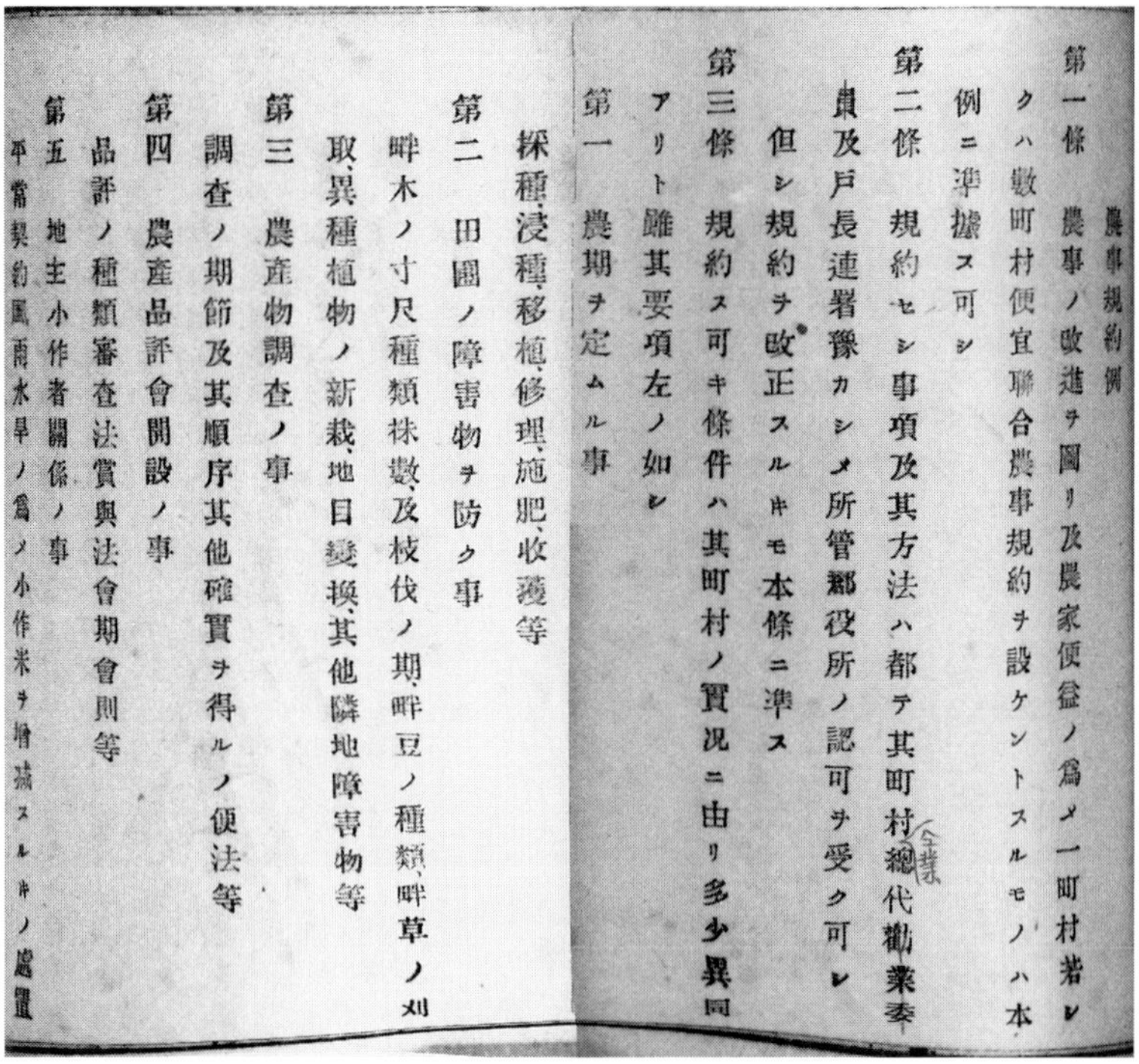

農事規約例
第一條　農事ノ改進ヲ圖リ及農家便益ノ爲メ一町村若シクハ數町村便宜聯合農事規約ヲ設ケントスルモノハ本例ニ準據ス可シ
第二條　規約セシ事項及其方法ハ都テ其町村總代勸業委員及戸長連署豫カシメ所管郡役所ノ認可ヲ受ク可シ
但シ規約ヲ改正スルトキモ本條ニ準ス
第三條　規約ス可キ條件ハ其町村ノ實況ニ由リ多少異同アリト雖其要項左ノ如シ
第一　農期ヲ定ムル事
採種、浸種、移植、修理、施肥、收穫等
第二　田圃ノ障害物ヲ防ク事
畔木ノ寸尺種類株數、及枝伐ノ期、畔豆ノ種類、畔草ノ刈取、異種植物ノ新栽、地目變換、其他隣地障害物等
第三　農産物調査ノ事
調査ノ期節及其順序其他確實ヲ得ルノ便法等
第四　農産品評會開設ノ事
品評ノ種類審査法賞與法會期會則等
第五　地主小作者關係ノ事
平常契約風雨水旱ノ爲メ小作米ヲ增減スルトキノ處置

写真３　農事規約例
明治17年５月８日
【明い144（51）】

委員の提案で設立された同組合には、他県から規約書の請求や視察員の派遣が相次ぎ、その後全国で同様の組合が生まれました。

　このような取り組みの結果、明治二十八年に開催された第四回内国勧業博覧会では、米質改良組合が表彰の栄誉を受けます。さらに明治三十年の関西府県連合共進会では、大粒で品質良好のものが多いのは、他府県の遠く及ばないところだとして、近江米が「本会ノ出品中ニ冠タリ」との評価を受けました。かつて「掃き寄せ米」と評された近江米は、その名誉を十分に回復したといえるでしょう。現在まで続く「近江」ブランドも、関係者の並々ならぬ努力なしには保つことができなかったのです。

（大月　英雄）

第2章　文明開化と滋賀県——明治十一〜二十一年

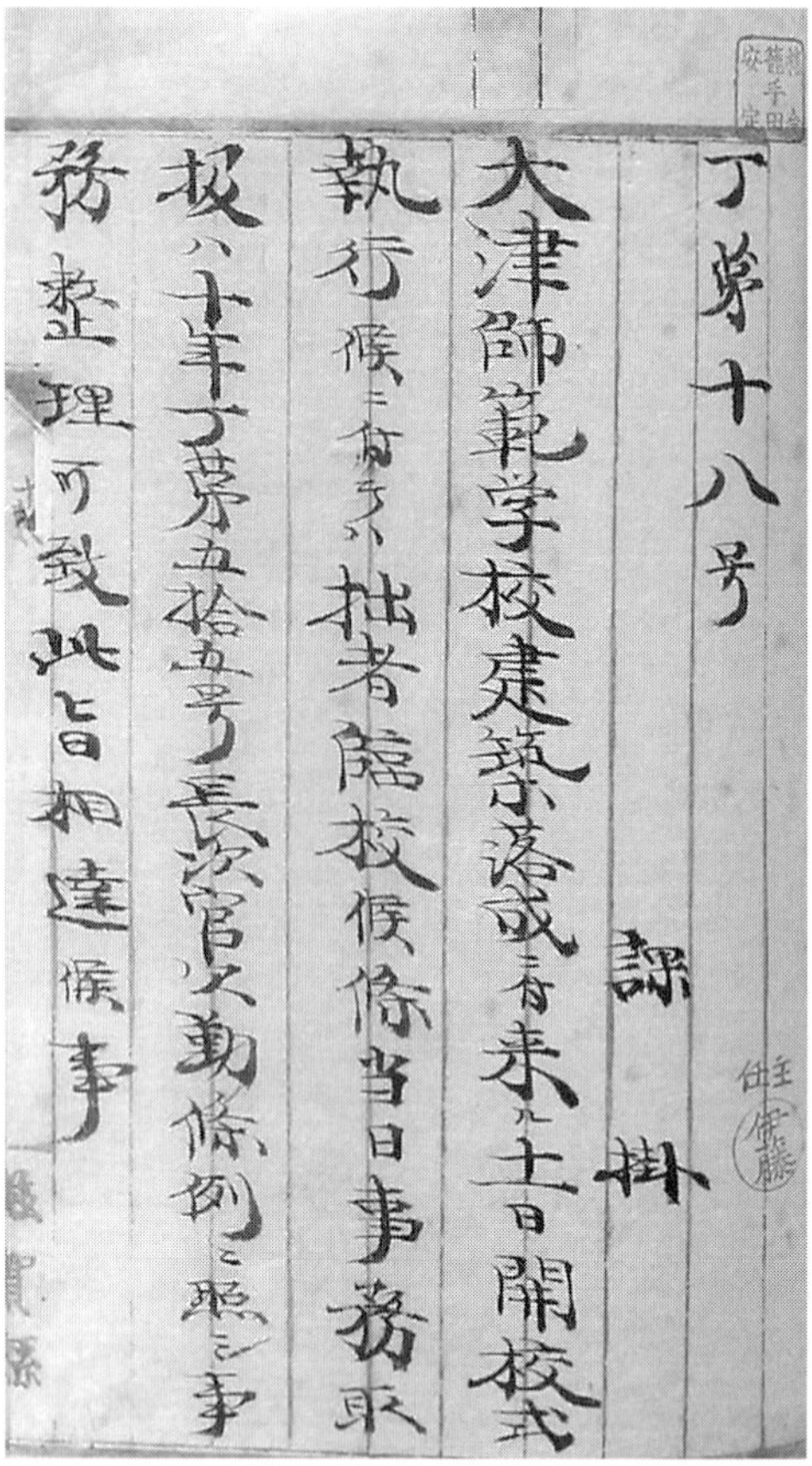
丁第十八号　課　掛
大津師範学校建築落成ニ付来ル十一日開校式執行候ニ付テハ拙者臨校候条当日事務取扱ハ十年丁第五拾五号長次官出勤条例ニ照シ事務整理可致此旨相達候事

1　大津師範学校建築落成に付、布達
明治11年3月7日
【明い102－5(18)】

教員養成のはじまり

明治十年代に入ると、学校教育の充実が求められるようになり、それを指導する教師の育成も急務でした。明治七年（一八七四）に初めて教員養成機関として設立された大津仮伝習所を皮切りに幾度かの変遷を経て設立されたのが、大津師範学校でした。同校は、東本願寺《ひがしほんがんじ》別院に校舎を新築して設立された、教授法の伝達講習と小学校教員養成の両面を行っていた学校です。県権令籠手田安定が明治十一年三月十一日、開校式に臨みました（写真1）。

ところでこの師範学校には、書籍縦覧所《じゅうらんしょ》もありました。明治十二年五月に設立された当施設は、一般に公開・貸出が行われた、現在の図書館に当たるものです（写真2）。貸出

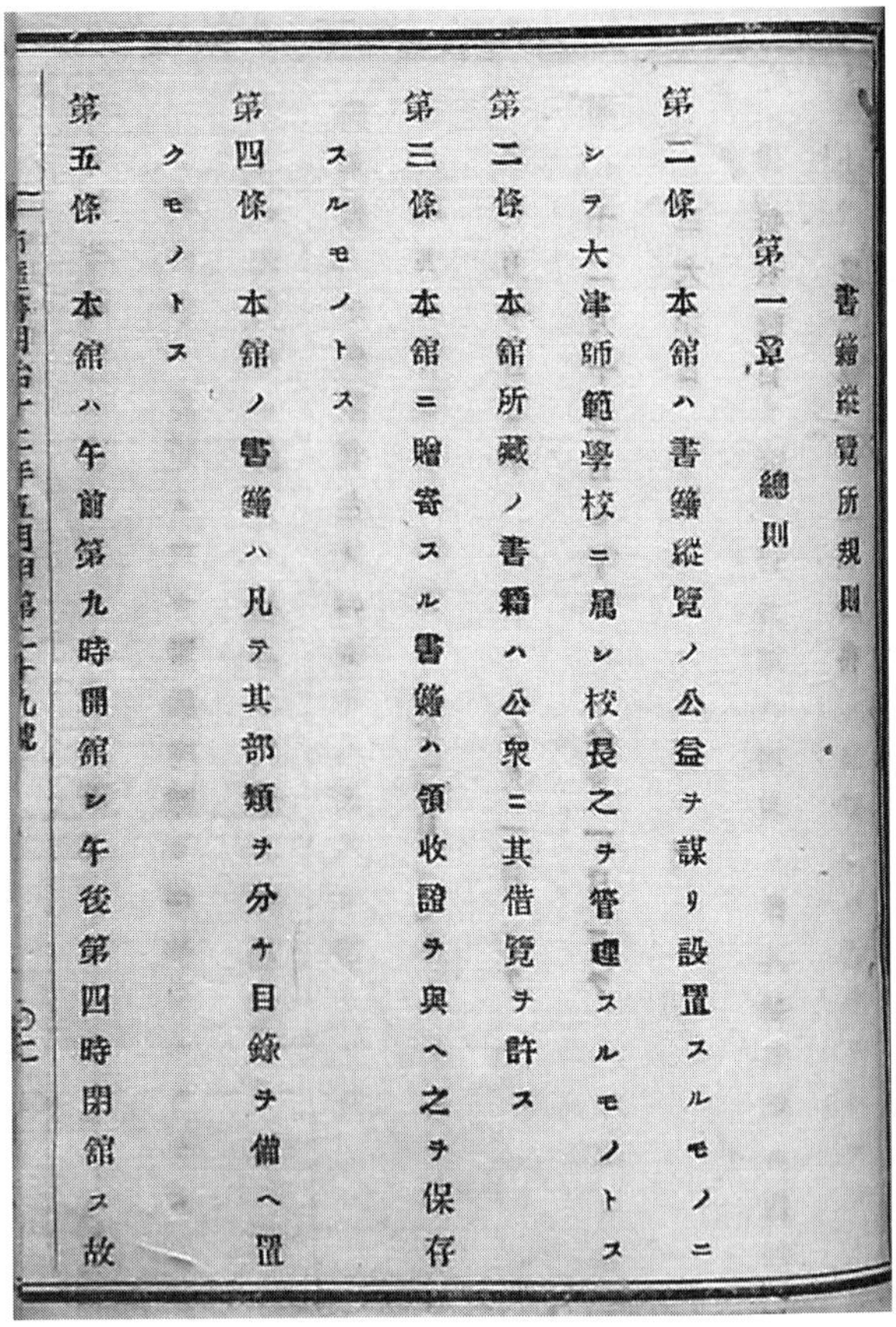
書籍縦覧所規則

第一章 總則

第一條 本館ハ書籍縦覧ノ公益ヲ謀リ設置スルモノニシテ大津師範學校ニ屬シ校長之ヲ管理スルモノトス

第二條 本館所藏ノ書籍ハ公衆ニ其借覧ヲ許ス

第三條 本館ニ贈寄スル書籍ハ領收證ヲ與ヘ之ヲ保存スルモノトス

第四條 本館ノ書籍ハ凡テ其部類ヲ分ケ目録ヲ備ヘ置クモノトス

第五條 本館ハ午前第九時開館シ午後第四時閉館ス故

2　書籍縦覧所規則
明治12年5月12日
【明い107(175)】

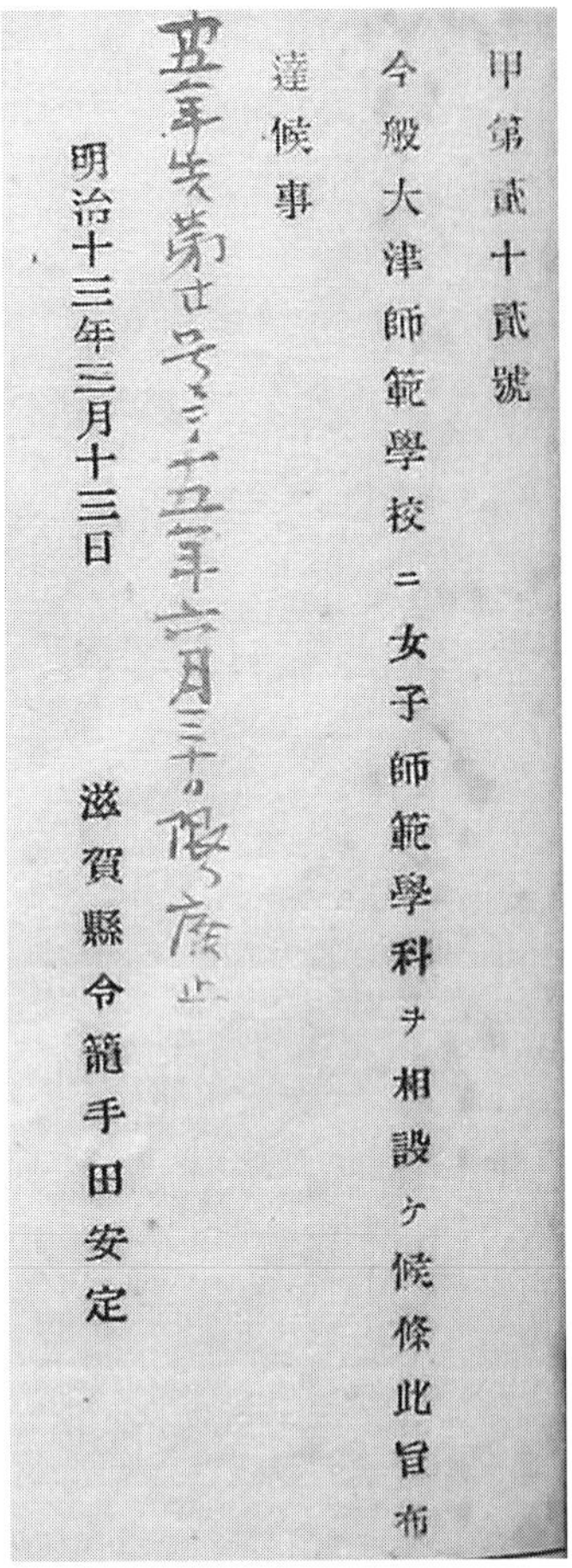
甲第貳十貳號

今般大津師範學校ニ女子師範學科ヲ相設ケ候條此旨布達候事

明治十三年三月十三日

滋賀縣令籠手田安定

3　大津師範学校に女子師範学科開設
明治13年3月13日
【明い112(22)】

希望者は、自己の姓名を記したうえで本を借り受けることが可能でした。破損した時の弁償額も細かく定められており、貴重書の場合は一円以下となっていました。

また女子就学率上昇のため女子教員の必要性も高まります。女子は男子に比べると就学率が低く、その改善のため小学校に裁縫《さいほう》科設置の動きが出てきました。その教員養成のため、明治十三年三月に設けられた女子師範学科では、一二名の生徒が裁縫や調理、洗濯、習字などを学んだようです。

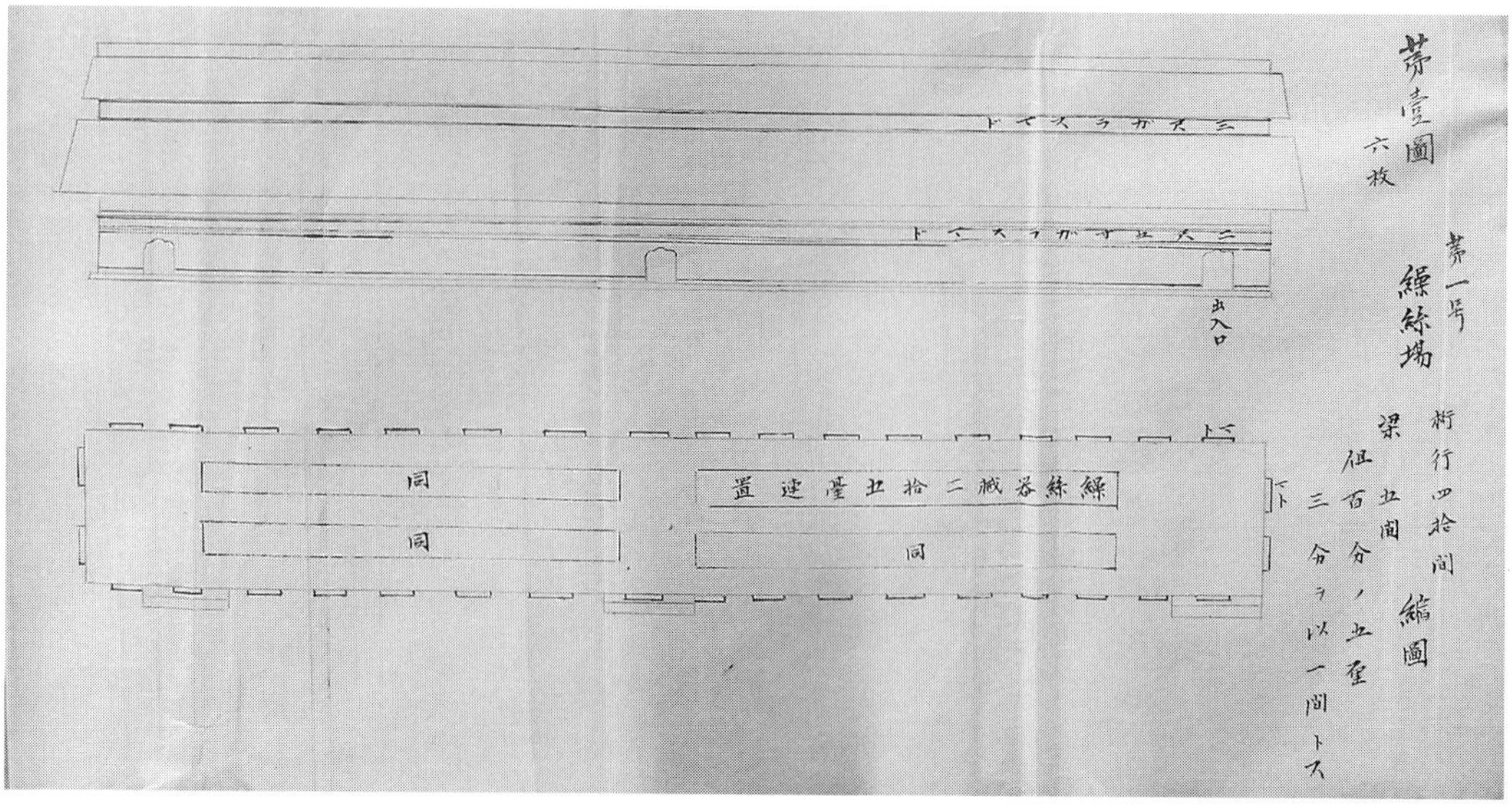

4　繰糸場縮図
明治９年４月
【明さ100（1）】

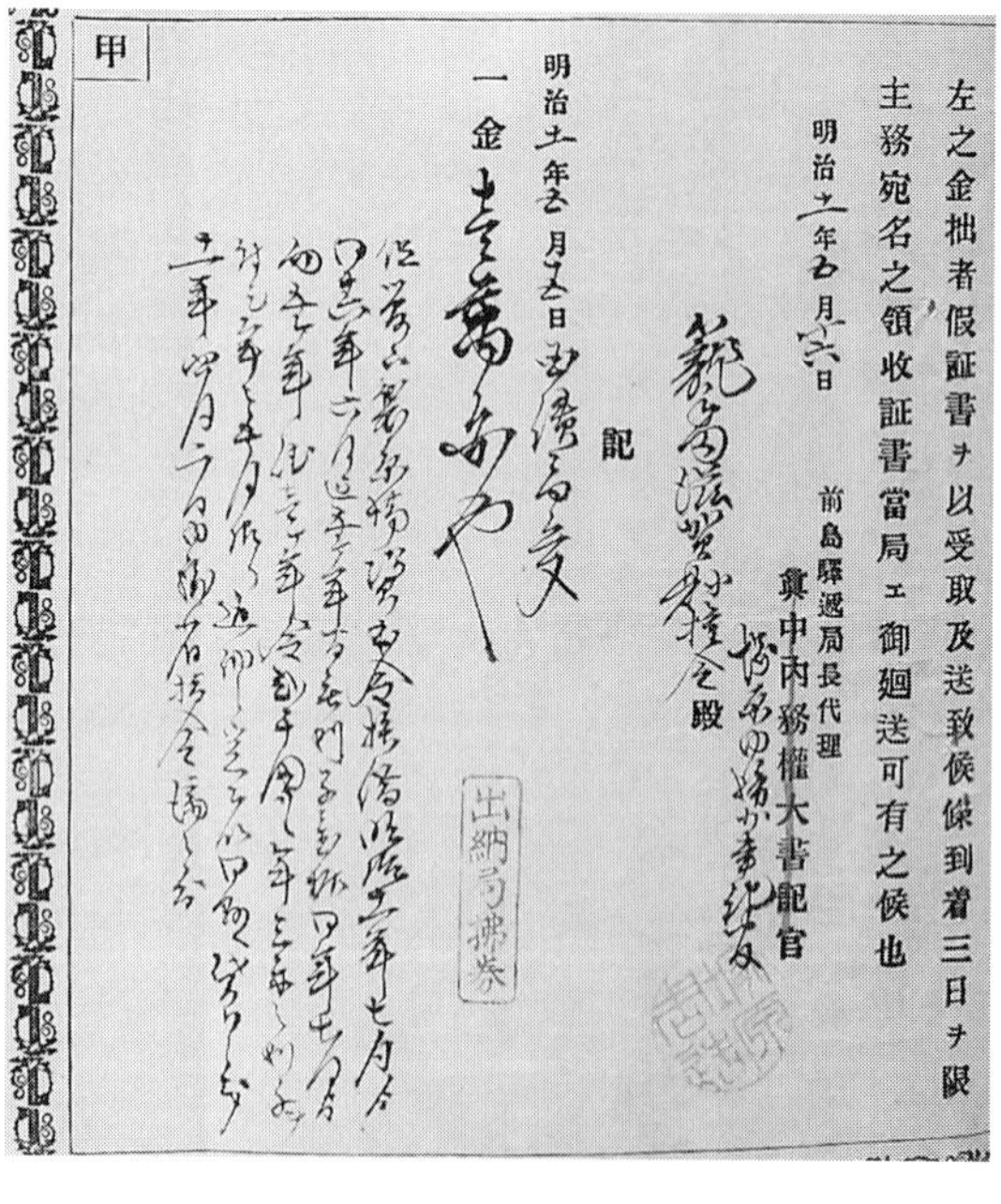
甲

左之金拙者假証書ヲ以受取及送致候條到着三日ヲ限
主務宛名之領收証書當局ヱ御廻送可有之候也

明治十一年五月十六日

前島驛遞局長代理
驛遞中内務權大書記官

殿

記

一金

明治十一年五月十五日

出納司掛券

5　領収証書（管下製糸場資本金借入）
明治11年５月
【明さ101（2）】

彦根製糸場の開業

産業の面では、彦根製糸場が造られます。この製糸場は、当初、彦根士族武節貫治《ぶせつかんじ》らの設置の動きがありましたが（写真4）、最終的には県が設置することとなり、明治十一年（一八七八）六月十六日に開業式を迎えました。働き手が不足する富岡製糸場で修行を積んだ工女たちが彦根に帰り、関西では数少ない器械製糸場として、士族授産と殖産興業の一翼を担いました。

彦根製糸場の操業当初は、地所買い上げ費用をはじめ建物費・器械費・雇用人給与など多くの費用が必要となりました。その額は九五五四円にも上り、県勧業課の保管金から支出がなされました。原料となる繭の購入資金については、内務省に請願し拝借金一万円を得ることで乗り切っています（写真5）。

その後、民間に払い下げられますが明治三十五年に閉鎖されます。し

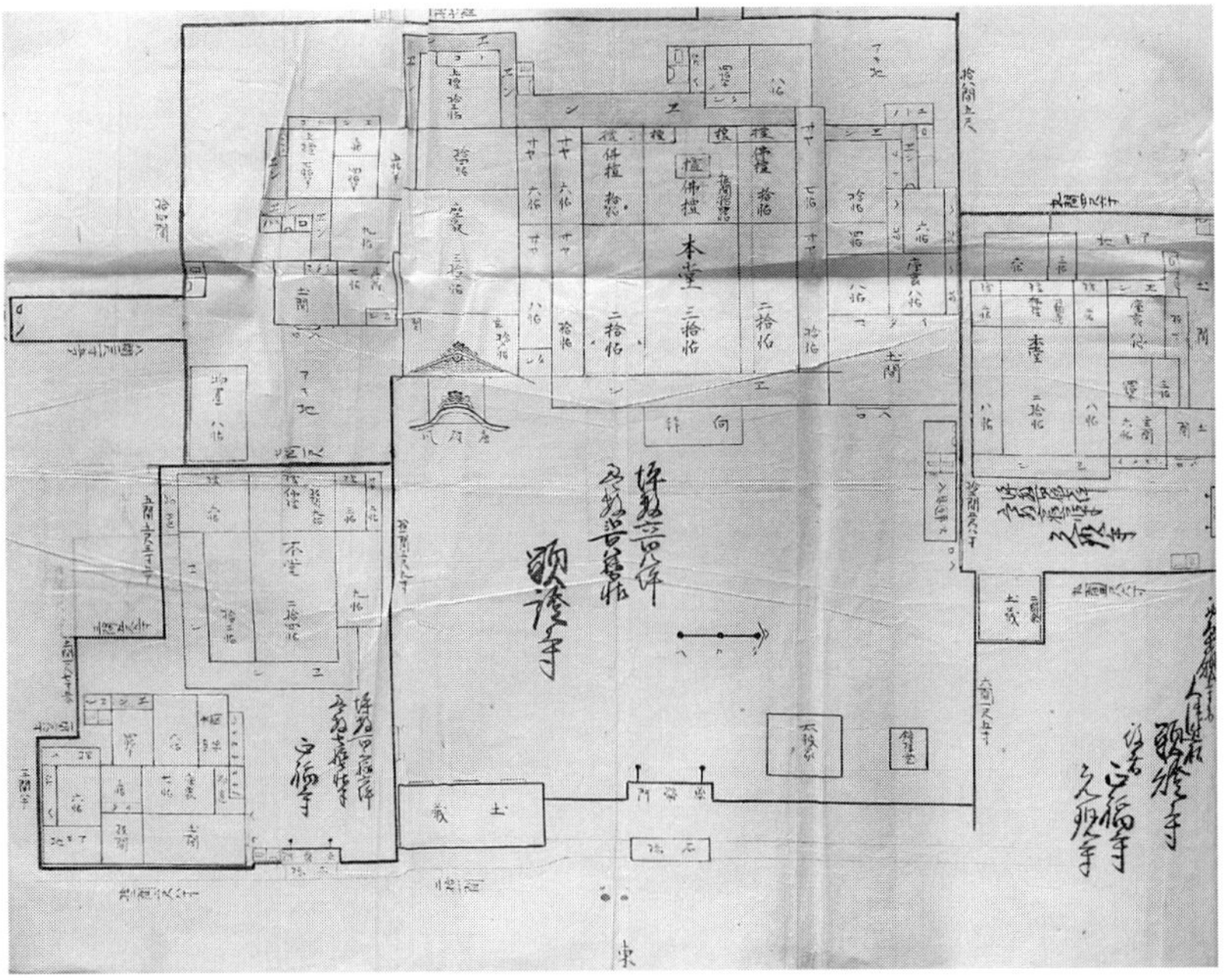

6　第一回県会開催地、顕証寺図面
明治５年頃
【明す443－2(3)】

何郡

郡町村名	族	姓名	年齢
何村	平民	何某	何年
何郡何村	士族	何某	何年
何郡何村	平民	何某	何年何ヶ月
何村	士族	何某	何年何ヶ月
何村	平民	何某	何年何ヶ月

右當郡縣會議員投票仕候也

明治十二年一月何日　何郡何町村　何族　撰擧人　何某 印

7　県会議員選挙投票心得
明治11年12月５日
【明い97(74)】

かし、この彦根製糸場は県内各地の製糸業に大きな影響を与えました（詳細は58頁参照）。

最初の県会開催

明治十二年に入り、初めての県会が実施されます。その舞台となったのが、顕証寺《けんしょうじ》でした（写真６）。顕証寺は、大津南町札《ふだ》の辻《つじ》（現・大津市）にあり、六一四八坪の敷地がありました。明治十二年二月八日から始められた県会議員選挙の会場でもあります。また明治二年一月に円満院へ移転する前、大津県庁舎としても利用されていました。

県会議員選挙は、二月八日の滋賀郡を皮切りに、各郡で開催されました。総員六四名の議員が、満二五歳以上・地租一〇円以上納入などの条件を満たした有資格者から選ばれます。その内訳は、一定の地租納入者という資格要件のため、都市部より郡部が圧倒的に多い状況でした。

当選した県会議員は県令（後の知

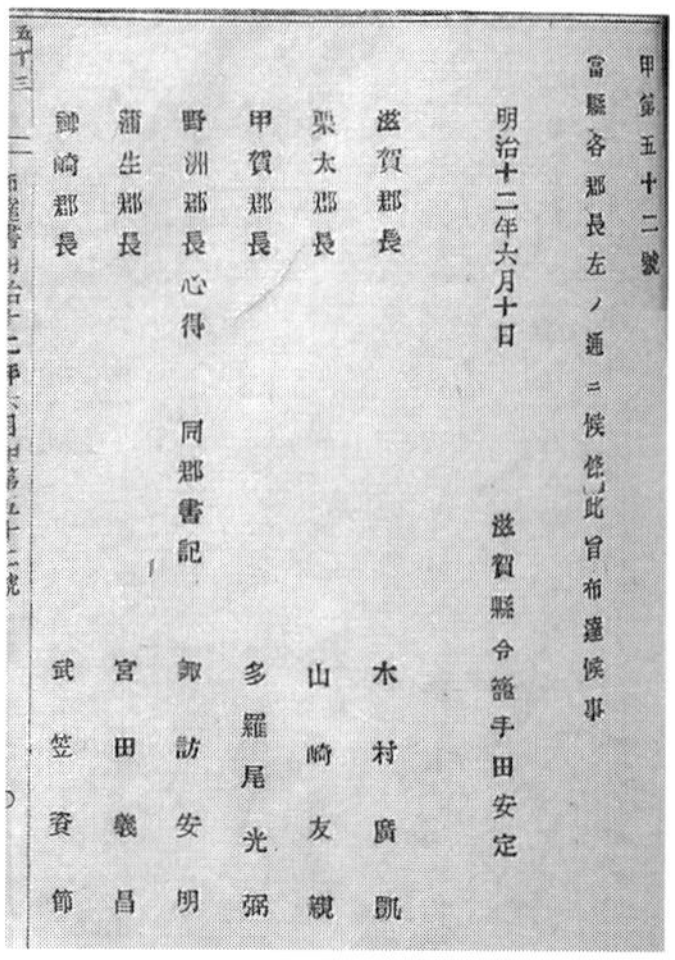
甲第五十二號
當縣各郡長左ノ通ニ候條此旨布達候事
明治十二年六月十日　滋賀縣令籠手田安定
滋賀郡長　木村廣凱
栗太郡長　山崎友親
甲賀郡長　多羅尾光弼
野洲郡長心得　同郡書記　諏訪安明
蒲生郡長　宮田義昌
神崎郡長　武笠資節

10　**郡長被命の件**
明治12年６月10日
【明い105（52）】

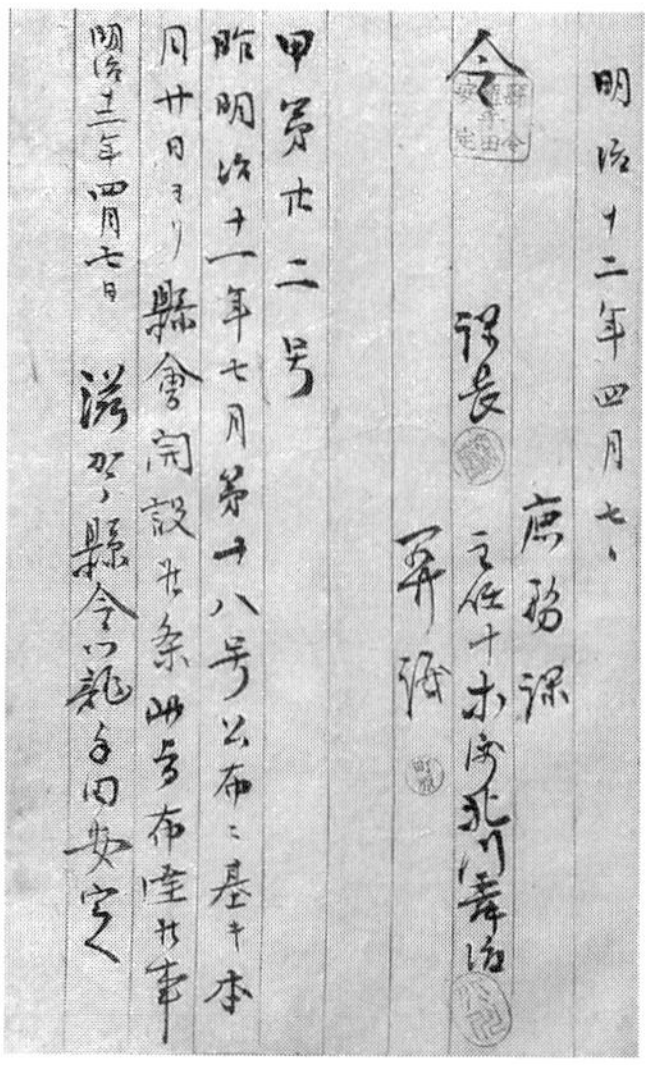
明治十二年四月七日
庶務課
甲第七十二号
昨明治十一年七月第十八号公布ニ基キ本月廿日ヨリ縣會開設候条此旨布達候事
明治十二年四月七日　滋賀縣令籠手田安定

8　**県会開設の布告**
明治12年４月７日
【明い104（22）】

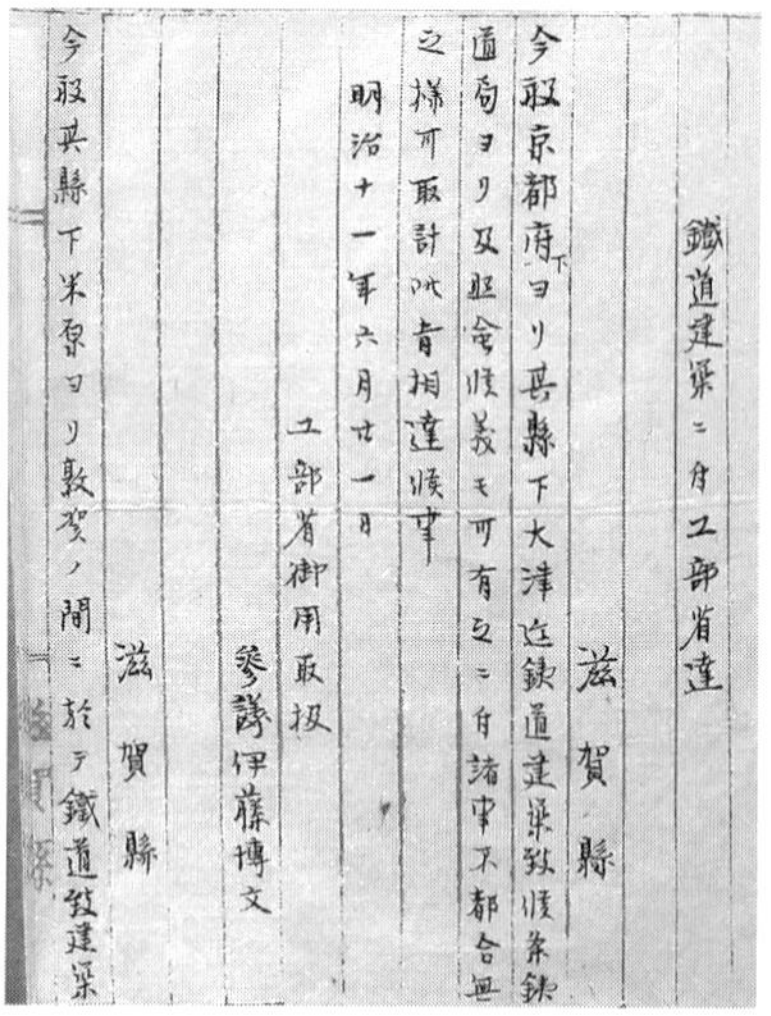
鐵道建築ニ付工部省達
滋賀縣
今般京都府下ヨリ当縣下大津迄鉄道建築致候条鉄道局ヨリ及照会候義モ可有之ニ付諸事不都合無之様可取計此旨相達候事
明治十一年六月廿一日
工部省御用取扱　参議伊藤博文
滋賀縣
今般当縣下米原ヨリ敦賀ノ間ニ於テ鐵道敷建築

11　**工部省より京都・大津間鉄道建築に付達**
明治11年６月21日
【明と3－4（1）】

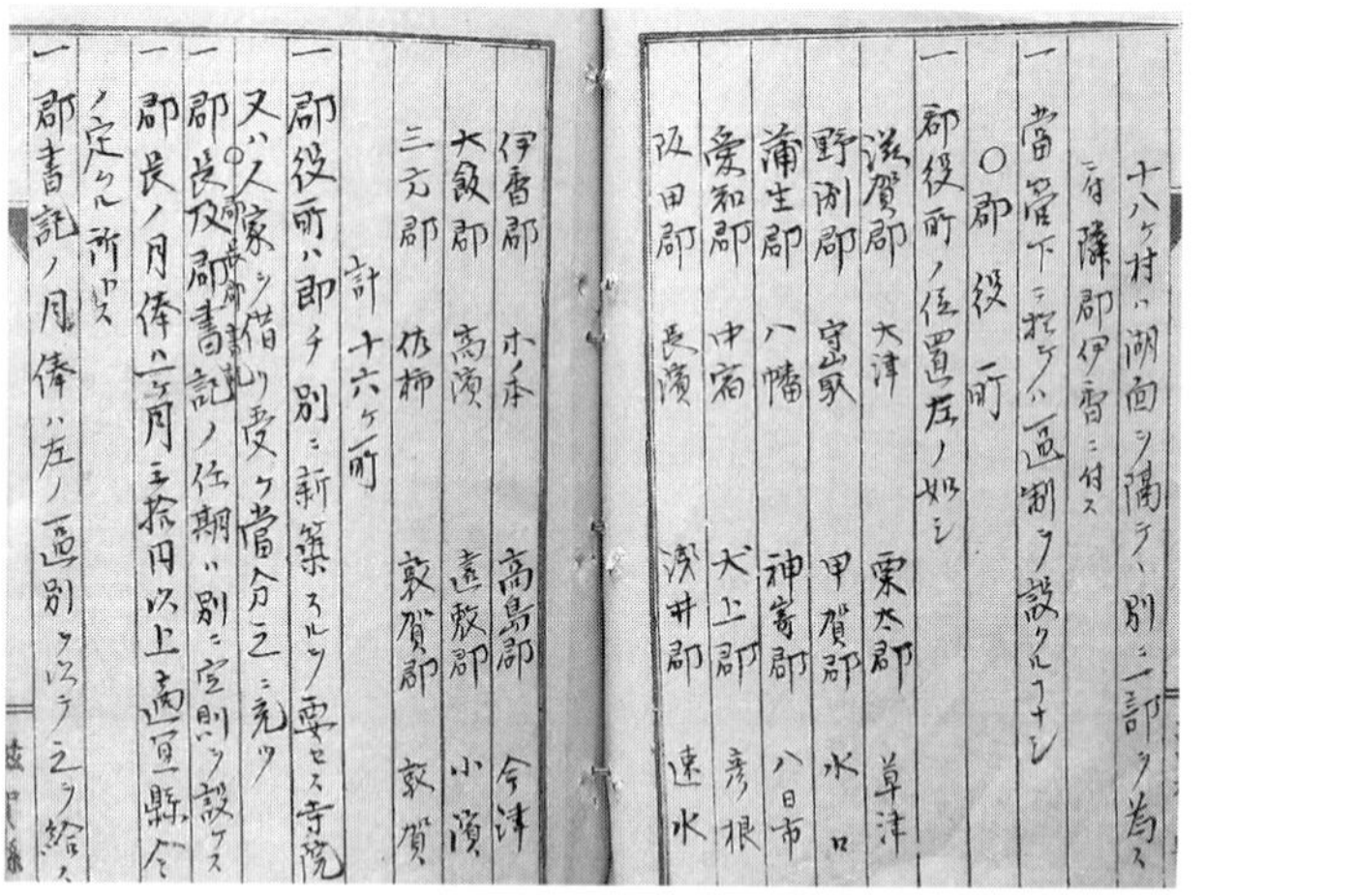
○郡役所
一 郡役所ノ位置左ノ如シ
滋賀郡 大津　栗太郡 草津
野洲郡　甲賀郡 水口
蒲生郡 八幡　神崎郡 八日市
愛知郡 中宿　犬上郡 彦根
坂田郡 長濱　浅井郡 速水
伊香郡 木本　高島郡 今津
計十六ヶ所

9　**郡区編制に関する条例**
明治12年２月14日
【明き1－2（5）】

事）籠手田安定に召集され、顕証寺において議会開場式に臨みました。県会運営の未熟さを考慮した籠手田から二日間にわたり、議事運営の講習を受けたといいます。当時の県会は、審議の範囲が地方税をもって施行する事業に限定されており、また官尊民卑《かんそんみんぴ》の風潮が強かったことが、その特徴でした。

さらに、明治十一年に公布された郡区町村編制法を受け、同年には「郡制」（郡長制）も始まっています。滋賀県では新たに一六郡が設置されました（写真9）。郡長は県令によって任命され、俸給は地方税から支出されました。神崎郡長として名の見える武笠資節《むかさしせつ》は、犬上郡選出の県会議員として初代県会議長も務めた人物です（写真10）。一方、町村の指導者である戸長に関しては、町内に不動産を有する満二〇歳以上の男子という条件を満たす有資格者から、民選によって選ばれました。

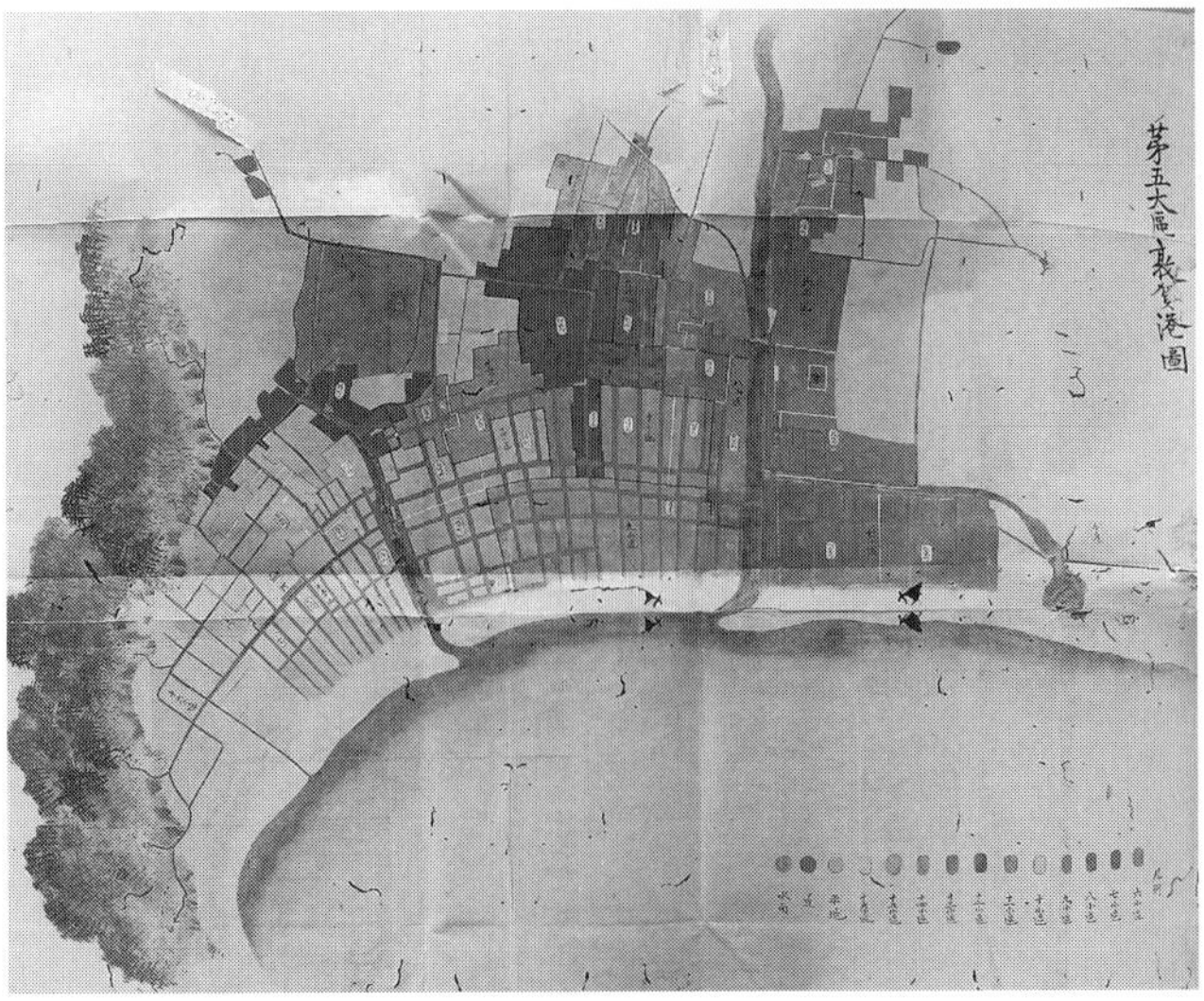

14　敦賀港の図
明治10年頃
【明す535（4）】

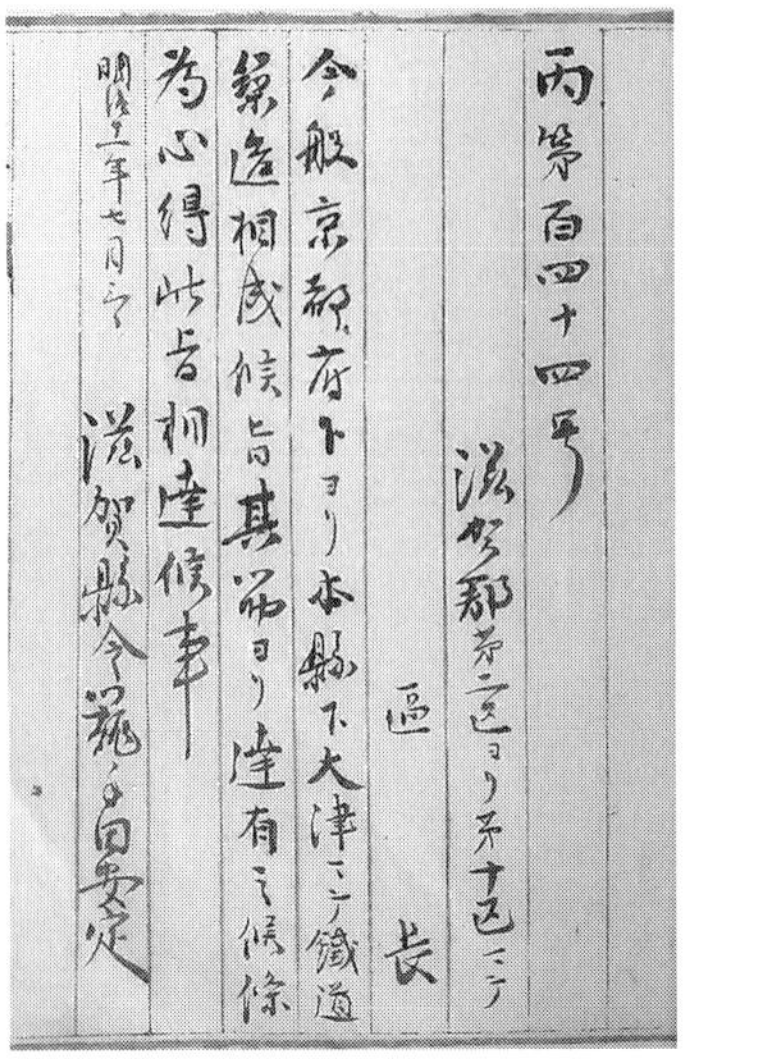

丙第百四十四号
滋賀郡第二区ヨリ第十区ニテ
区長
今般京都府下ヨリ本県下大津ニテ鉄道
築造相成候旨其筋ヨリ達有之候条
為心得此旨相達候事
明治十一年七月三日　滋賀県令籠手田安定

12　京都・大津間鉄道築造に付、布達
明治11年7月3日
【明い99（3）】

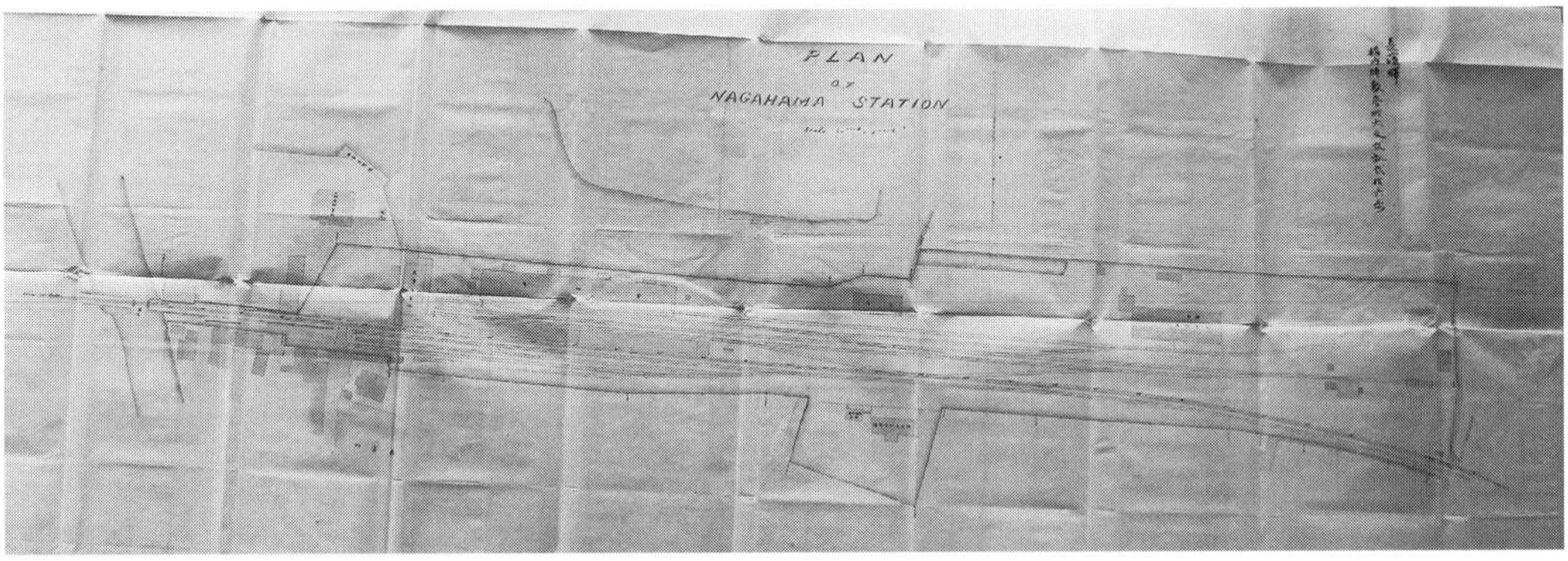

13　長浜駅構内図
明治20～30年代
【明と24－1（14）】

鉄道路線の誕生

時は少しさかのぼり、明治十一年（一八七八）六月、工部省からの通達があり京都・大津間の鉄道建築工事が八月に起工されます（写真11）。十月から着工した工事の最大の難所は、逢坂山《おうさかやま》のトンネル工事でした。そこで、鉄道頭である井上勝《いのうえまさる》が自ら技師長となり工事に臨みます。井上のもと、工技生養成所卒業生を中心とした工事は、初めて日本人のみで成功を収めました。その結果、以降の鉄道建設は、欧米人の指導の手を離れていくことになります。

また、現在も残されている当時の建造物として、旧長浜駅舎があります（写真13）。旧長浜駅は、明治十五年に竣工した本格的な洋風建築でした。現在は本館のみが残されていますが、駅舎本館としては日本最古の遺構として知られています。建築史上・交通史上の重要性を評価され、昭和三十三年、第一回鉄道記念物に

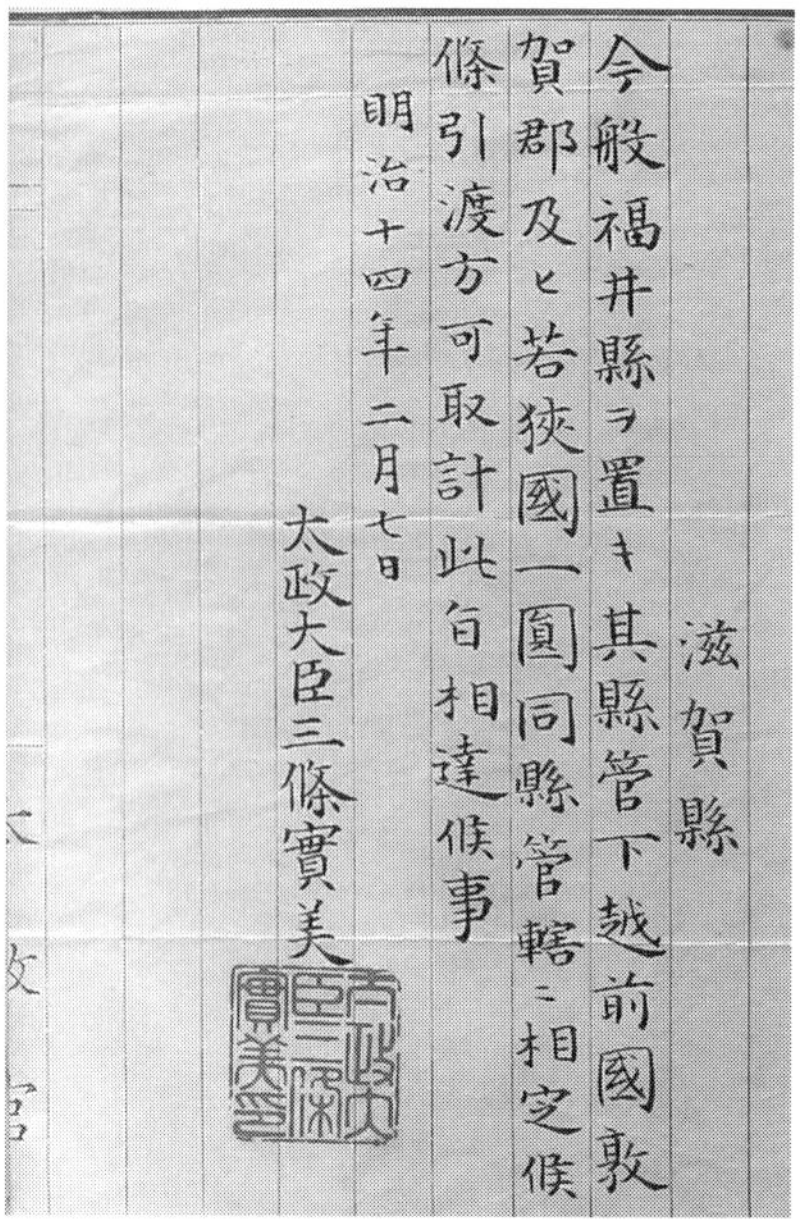

滋賀縣

今般福井縣ヲ置キ其縣管下越前國敦賀郡及ヒ若狹國一圓同縣管轄ニ相定候條引渡方可取計此旨相達候事

明治十四年二月七日

太政大臣三條實美

15　福井県分置の通達
明治14年２月７日
【明あ156（87）】

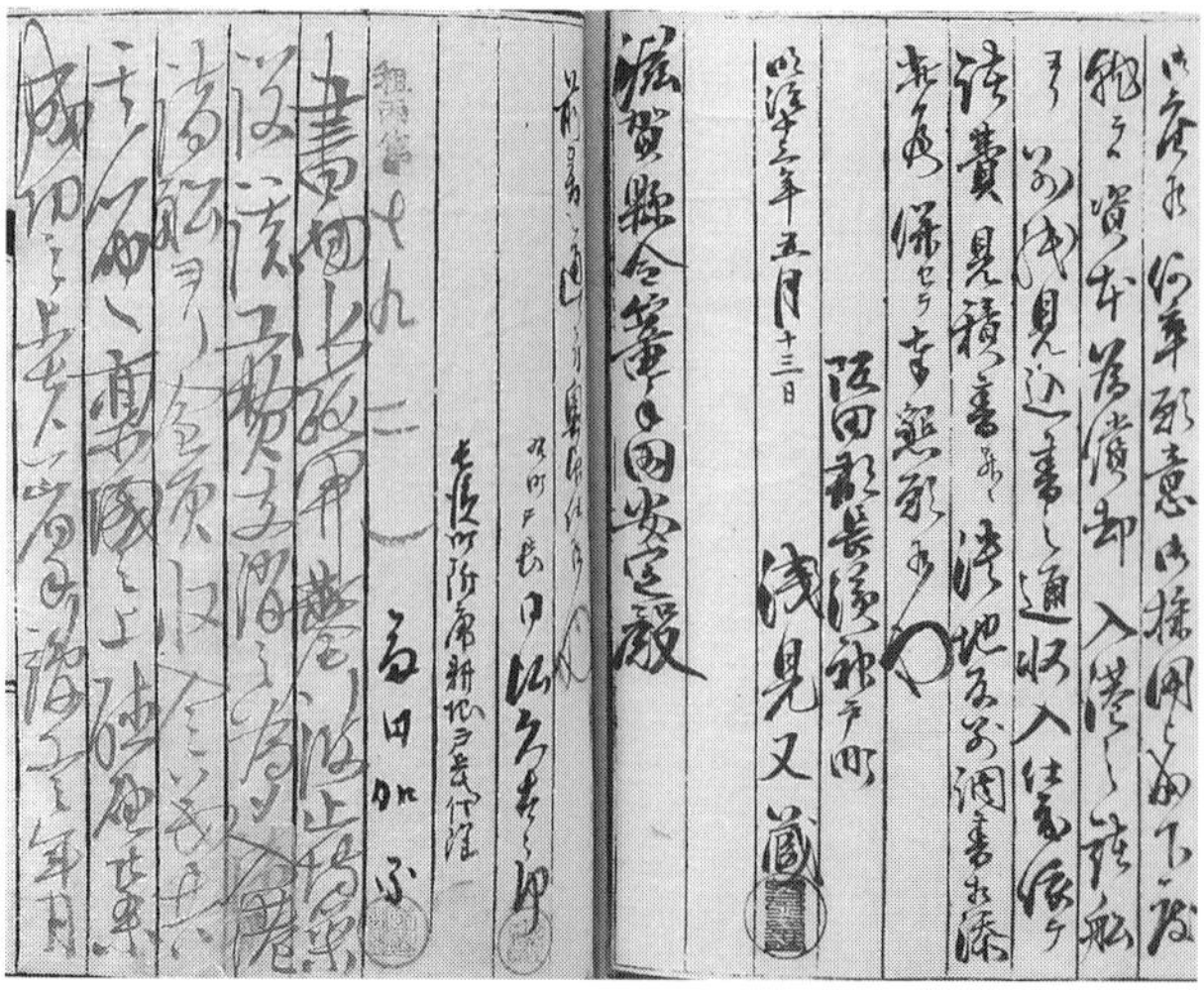

17　長浜港水路開通願書
明治13年５月13日
【明ぬ121－２（1）】

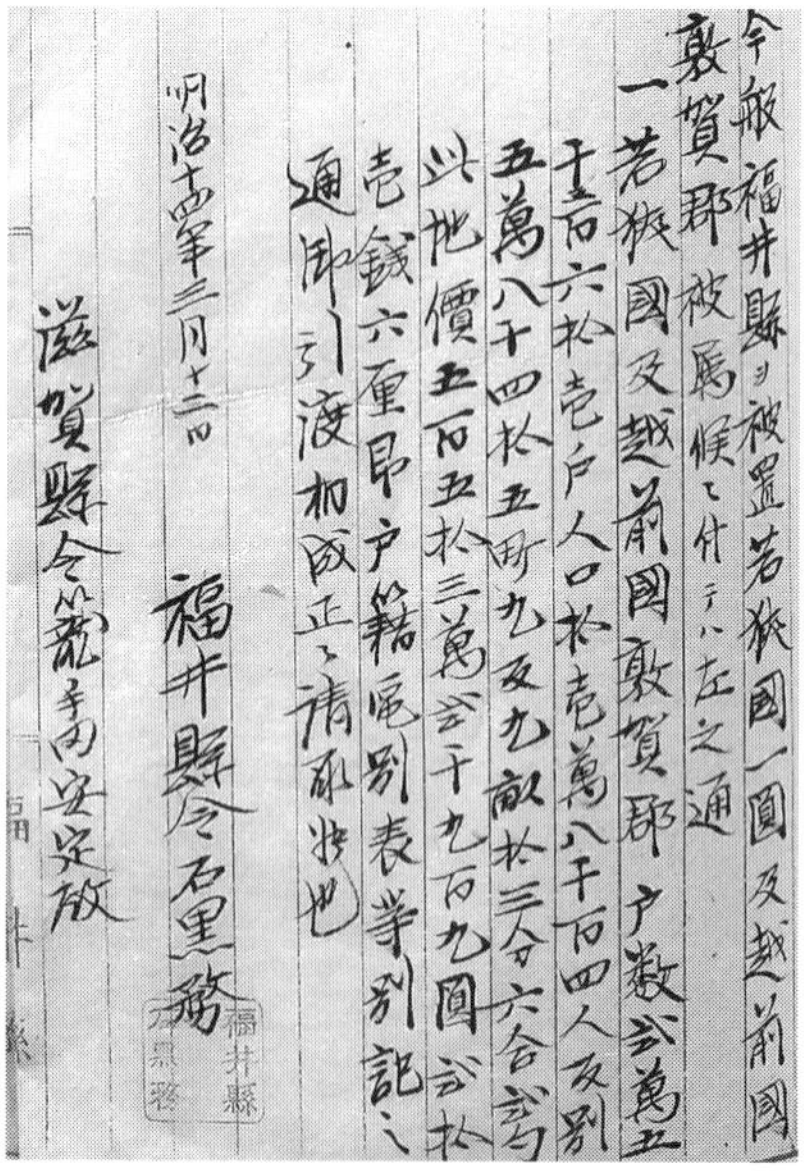

16　福井県より滋賀県へ土地人民請取書
明治14年３月12日
【明お66－２（4）】

指定されています。

　ところで、長浜より北の天然の良港がある敦賀《つるが》や若狭は、現在は福井県となっていますが、写真14が作成された明治十年頃は滋賀県に属していました。ところが明治十四年（一八八一）、太政官の指令により、滋賀県から越前国敦賀郡と若狭国が分離し、福井県へと変更されました（写真15）。

　これにより戸数二万五〇〇〇戸余り、人口一一万八〇〇〇人余りが滋賀県から福井県に転じています（写真16）。この時以降、県の形が変わることはなく現在の滋賀県が確定しました。

田川カルバートの建設

　土木事業によるインフラ整備も、この時期盛んに行われています。実業家として著名な浅見又蔵《あさみまたぞう》が長浜港の改修を目的として、水路の開通を請願したり（写真17）、天井川として知られる草津川の隧道《ずいどう》工事が県民よ

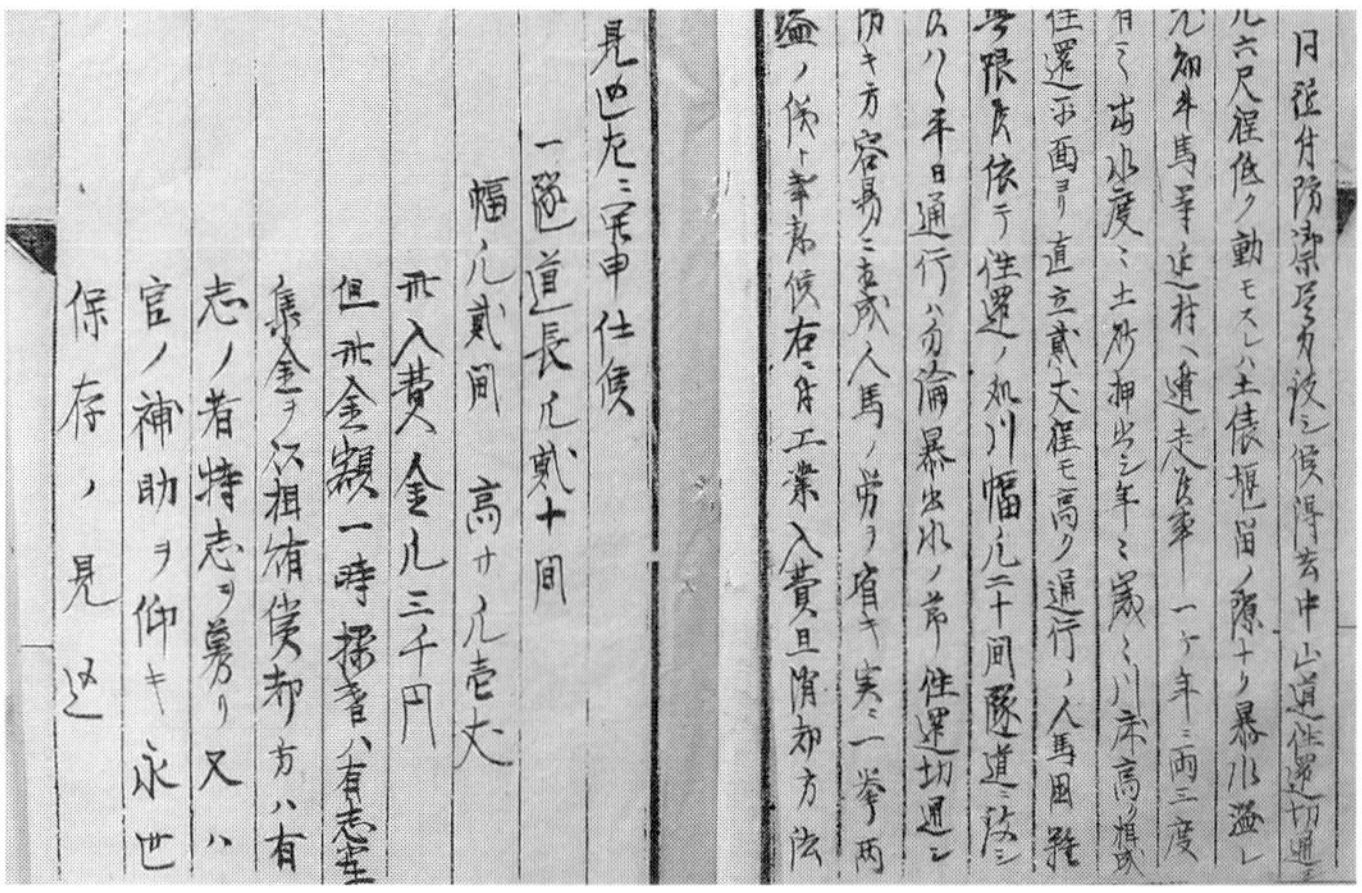

18　中山道往還隧道建築願書
明治13年４月17日
【明な337（1）】

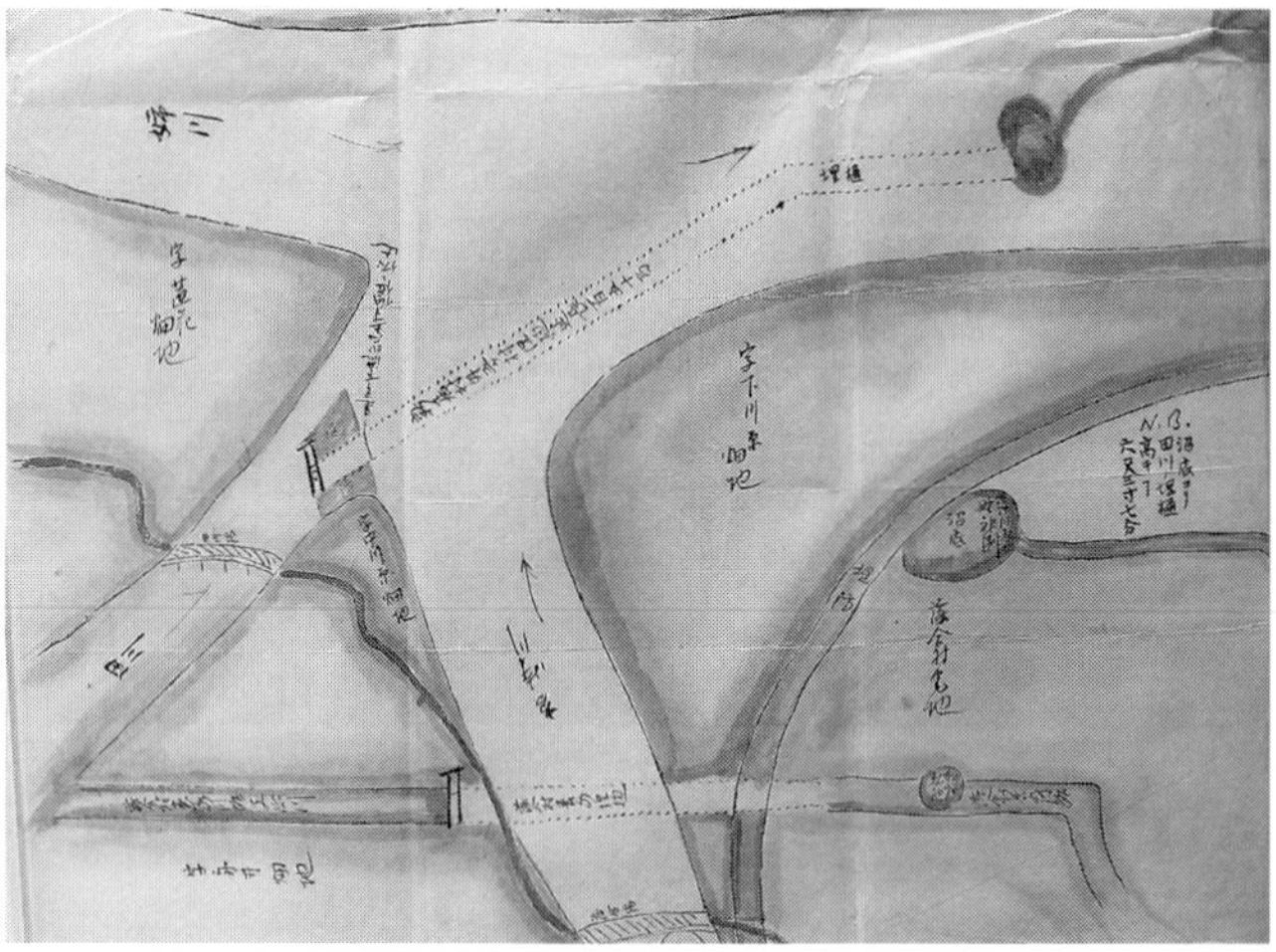

20　田川コルベルト付近絵図
明治27年１月
【明ぬ139（73）】

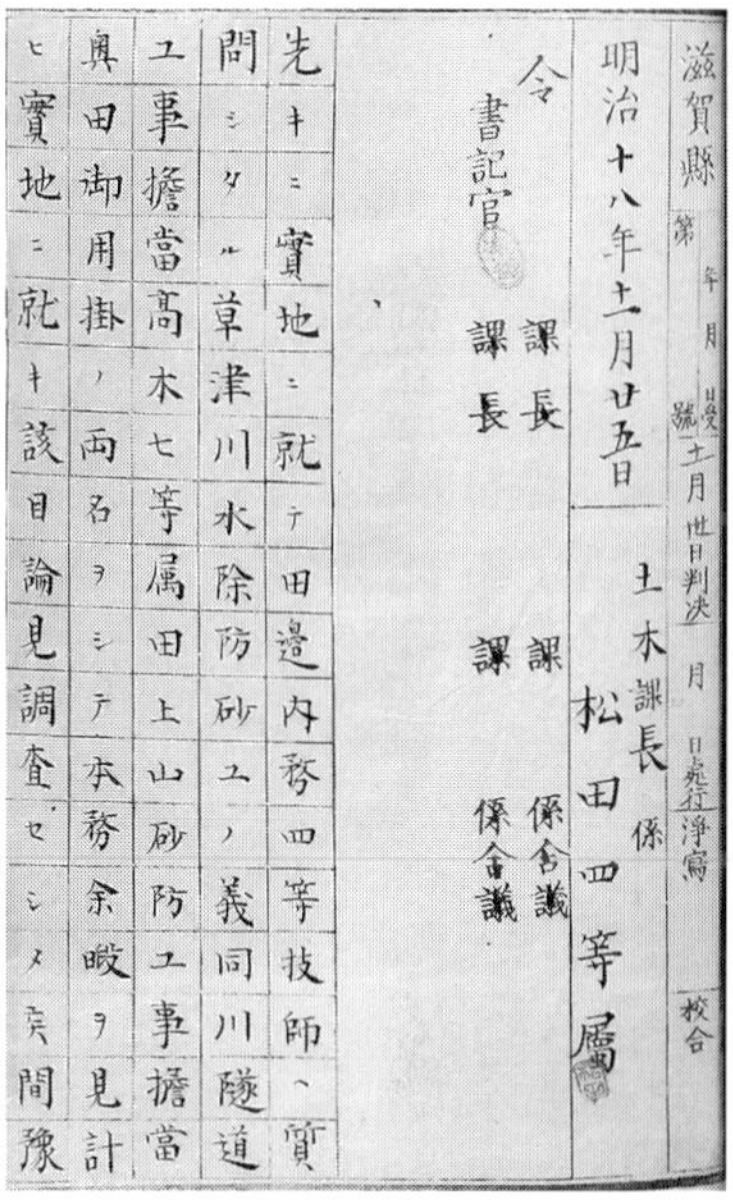

19　草津川隧道工事目論見調査の件
明治18年11月25日
【明う108（82）】

り願い出されるなど（写真18）、その機運が高まりを見せました。明治十八年、県は実地調査を行い、草津川隧道に着手します（写真19）。
　こうした工事の中でも著名なのが、長浜市の田川《たがわ》カルバートです（写真20）。長年、水害に悩まされていた月ケ瀬《つきがせ》・田《た》・酢《す》・唐国《からくに》の各村を救うため、県令籠手田安定は煉瓦《れんが》製カルバート（地下水路）の工事に乗り出し、明治十七年六月に完成を迎えます。その後、その功績に感謝した村民が建てた祠《ほこら》に籠手田は今も祀《まつ》られています。

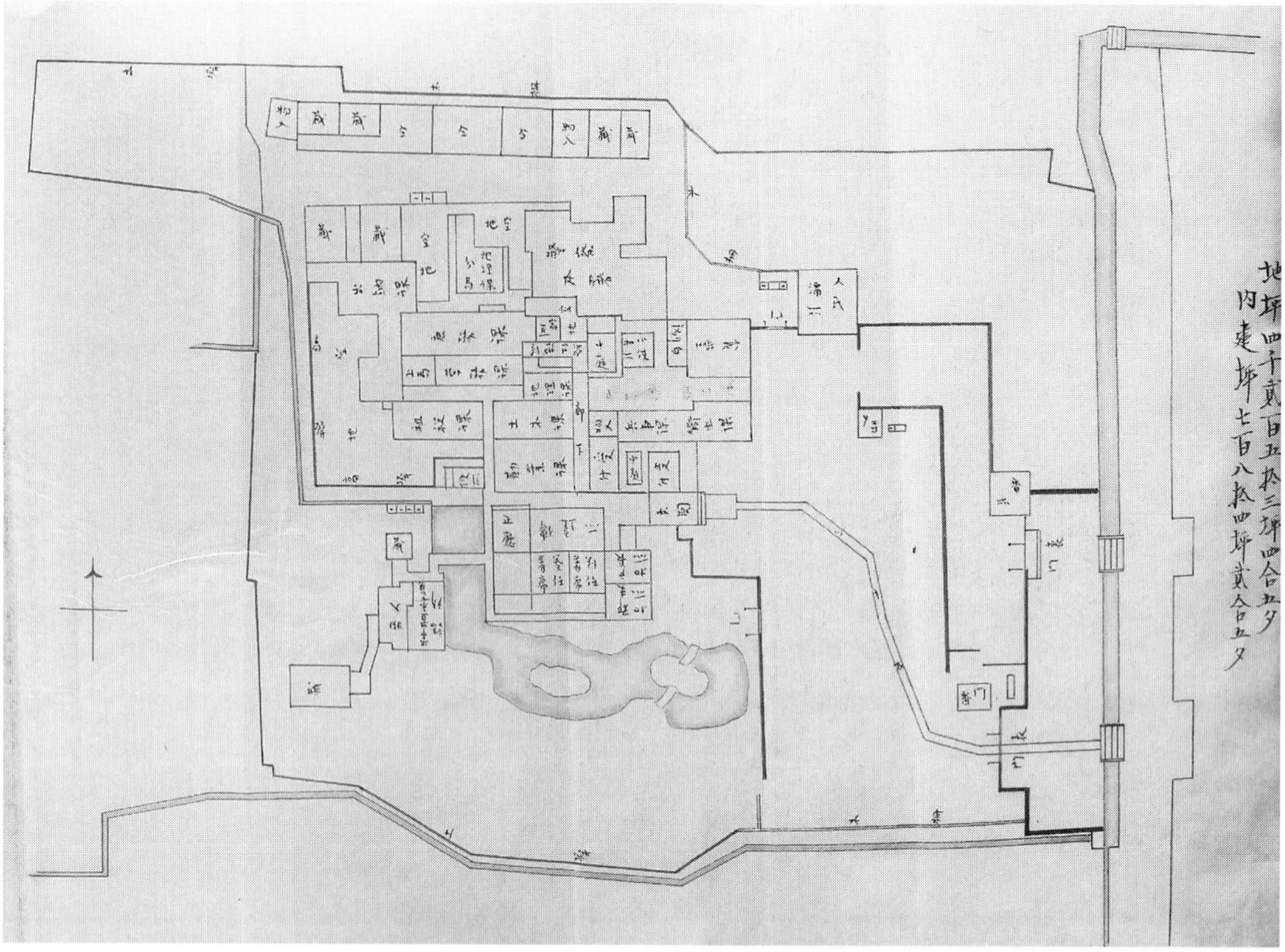

21　円満院当時の滋賀県庁舎の図
明治16年10月
【明う136－1(16)】

新庁舎の完成

県政の舞台であった県庁舎は、手狭な円満院（写真21）から現在地（滋賀郡東浦村）へと場所を移し、明治十九年（一八八六）七月に起工、同二十一年六月二十五日に開庁式を迎えました（写真23）。この新庁舎建設を推進したのが、明治十七年から籠手田にかわって第三代知事に就任した中井弘《なかいひろむ》です（写真22）。中井は西郷隆盛や大久保利通と同じく薩摩藩出身で、土佐の坂本龍馬らの勧めにより英国に留学した経歴を持つ幕末の志士でした。ちなみに「鹿鳴館《ろくめいかん》」の名付け親としても知られています。

その中井が推進した新しい県庁舎は、各地の官舎建設に関わった技師、小原益知《おはらますとも》の手により設計され、イングリッシュ・ルネサンス様式を採用した、府県庁舎としては全国二例目の煉瓦《れんが》造建築でした。行政庁部分と県会議事堂とが一体的に建設されていて、中央上部にいただく大きな三

告示第三十九号
本縣廳舍新築竣工ニ付本月廿五日移轉式執行
同廿八日移轉ス
明治廿一年六月五日
滋賀縣知事　中井弘

23　本県庁舎新築移転式通知
明治21年6月5日
【明い177－1(16)】

22　中井弘の肖像
滋賀県蔵

24　旧庁舎柱頭

角破風《はふ》とともに中央部と両翼が突出する構成でした（口絵「旧県庁舎航空写真」参照）。その後、昭和十二年に改築のため取り壊されますが、二階の正庁は新庁舎の塔屋内に移され、柱頭の一部は現庁舎の中庭に残されています（写真24）。

（杉原　悠三）

①彦根製糸場と工女たち

平成二十六年（二〇一四）六月二十一日、群馬県の「富岡製糸場と絹産業遺産群」が世界文化遺産に登録されることが決まりました。日本の製糸業の発展に大きな影響を与えたことで知られる同工場ですが、実は滋賀県の工業化にとっても大変関わりの深い施設でもあります。本節では、公文書館が所蔵する歴史公文書の紹介を通じて、滋賀県における近代的製糸業の黎明期《れいめいき》を振り返ってみたいと思います。

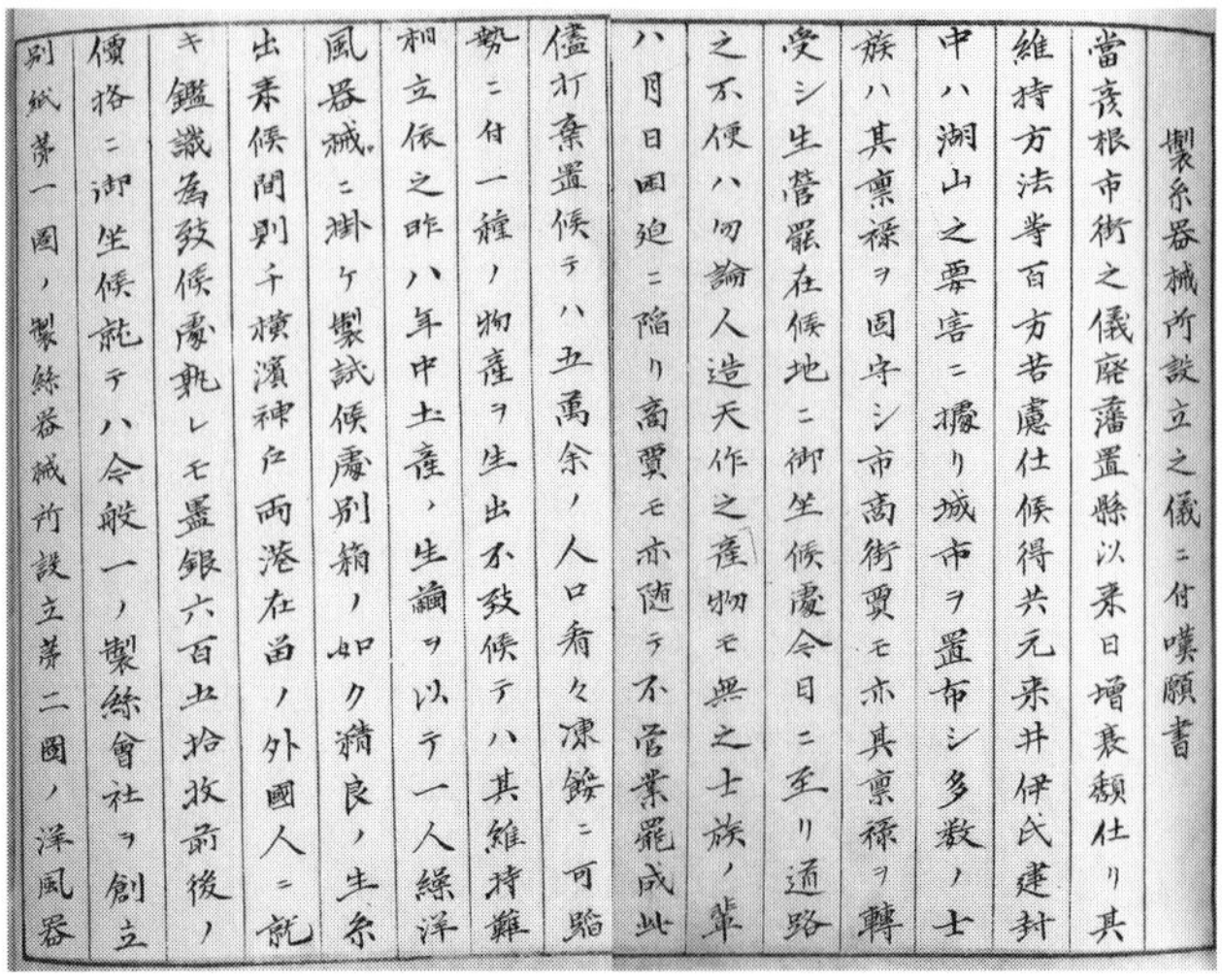
製糸器械所設立之儀ニ付嘆願書
當彦根市街之儀廃藩置縣以来日増衰頽仕リ其
維持方法等百方苦慮仕候得共元来井伊氏建封
中ハ湖山之要害ニ據リ城市ヲ置布シ多数ノ士
族ハ其禀禄ヲ固守シ市商街賈モ亦其禀禄ヲ轉
受シ生営罷在候地ニ御坐候處今日ニ至リ通路
之不便ハ勿論人造天作之産物モ無之士族ノ輩
ハ日日困迫ニ陥リ商賈モ亦随テ不営業罷成此
儘打棄置候テハ五萬余ノ人口看々凍餒ニ可[illegible]
勢ニ付一種ノ物産ヲ生出不致候テハ其維持難
相立依之昨八年中土産ノ生繭ヲ以テ一人繰洋
風器械ニ掛ケ製試候處別箱ノ如ク精良ノ生糸
出来候間則チ横濱神戸両港在留ノ外國人ニ就
キ鑑識為致候處孰レモ墨銀六百五拾枚前後ノ
價格ニ御坐候就テハ今般一ノ製絲會社ヲ創立
別紙第一圖ノ製絲器械所設立第二圖ノ洋風器

写真１　製糸器械所設立の儀に付嘆願書
明治９年４月13日【明さ100⑴】

困窮する彦根士族

滋賀県における近代的製糸業は、明治維新後に職を失った旧武士層のための「士族授産」を目的として始まりました。明治六年（一八七三）十二月二十七日、太政官は家禄奉還《かろく》規則を公布し、希望する士族に秩禄《ちつろく》（華族・士族に与えられた俸禄《ほうろく》）を奉還させる代わりに、現金と秩禄公債を下賜することを定めました【明あ40⑴⑴⑼】。この施策は、士族たちを新たな産業に就かせる名目で始められたものですが、実際にはうまくいかなかったようです。明治八年三月二十四日に、県参事籠手田安定《こてだやすさだ》が内務省に提出した上申書によると、滋賀県下で下賜された資金の多くは借金の返済に充てられ、就業に用いられたのは三割に達しませんでした【明あ95・3⑹】。さらに借金に充てることができたのも上層士族に過ぎず、ことごとく散財した者も少なくなかったようです。

「近江国第一之都会《の》」であった彦根も例にもれず、廃藩後の士族たちは生計を立てることができず、衰退の一途をたどっていました【明さ100⑴】。そのようななか、彦根を再生させるための新たな産業として着目されたのが製糸業でした。当時新政府は、明治五年に官営模範工場・富岡製糸場を設立し、全国から工女を募集していました。同工場に勤めていた韮塚直次郎《にらつかなおじろう》と彦根士族の娘である妻峯《みね》の呼びかけもあり、明治八年頃より彦根からも多数の士族の子女が派遣されることになります。滋賀県からの入所者は、判明する明治九～十七年の間でも全国最多の五八一名にも上り、全工女の三分の一を占めるほどでした。しかし慣れない土地での寄宿舎生活と重労働により、二一名（そのうち二〇歳以下は一〇名）が亡くなり、彦根再生の「原資」としては重い犠牲となりました。

写真２　洋風器械の図
写真１の添付資料
【明さ100（1）】

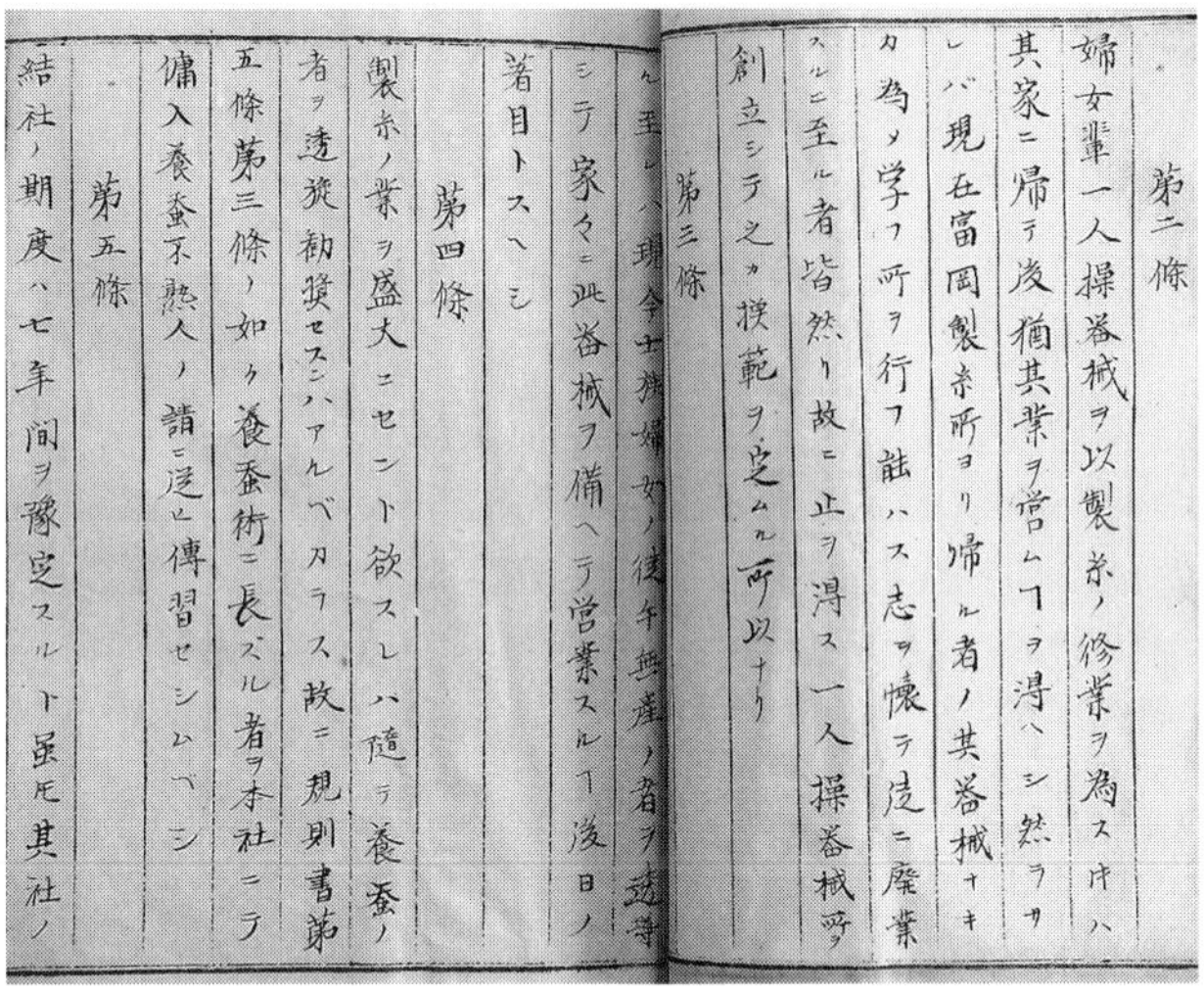

第二條
婦女輩一人操器械ヲ以製糸ノ修業ヲ為ス件ハ
其家ニ帰テ後猶其業ヲ営ムヿヲ得ヘシ然ラサ
レハ現在富岡製糸所ヨリ帰ル者ノ其器械ナキ
カ為メ学フ所ヲ行フ能ハス志ヲ懐テ徒ニ廃業
スルニ至ル者皆然リ故ニ止ヲ得ス一人操器械ヲ
創立シテ之カ模範ヲ定ムル所以ナリ
第三條
至レハ現今士族婦女ノ徒手無産ノ者ヲ迹等
シテ家々ニ此器械ヲ備ヘテ営業スルヿ後日ノ
著目トスヘシ
第四條
製糸ノ業ヲ盛大ニセント欲スレハ随テ養蚕ノ
者ヲ透旋勧奨セスンハアルヘカラス故ニ規則書第
五條第三條ノ如ク養蚕術ニ長スル者ヲ本社ニテ
傭入養蚕不熟人ノ請ニ從ヒ傳習セシムヘシ
第五條
結社ノ期度ハ七年間ヲ豫定スルト雖モ其社ノ

写真３　彦根製糸所規則書
明治９年７月29日
【明さ100（1）】

製糸所設立の試み

一方、明治八年には、彦根でも洋風器械を用いた生糸の試験製造が始められ、作られた生糸は横浜・神戸在留の外国人から高い評価を得るようになります。明治九年四月十三日、これに自信を得た彦根士族武節貫治《ぶせつかんじ》と磯崎芳樹《いそざきよしき》は県権令《ごんれい》に「製糸器械所設立之儀に付嘆願書」を提出します（**写真１・２**）。「製糸器械所」設立に必要な資本金のうち、一万円を旧彦根藩主井伊直憲《いいなおのり》より借り受け、一万六〇〇〇円を社中協力金として拠出するので、残る三万円を内務省勧業寮より借り受けたいと訴えました。県としても異存はなく、四月二十一日には籠手田権令より内務省に資金拝借を求める進達書が出されています。

これを受けて勧業頭松方正義は、同年六月十三日、創立趣意書や社則、予算書など、会社経営に関する詳しい規約を提出するよう県に通達を出します。そして七月二十九日、再び武節・磯崎より「彦根製糸所規則書」が提出されます（**写真３**）。同規則書には「現在富岡製糸所ヨリ帰ル者ノ其器械ナキカ為メ学フ所ヲ行フ能《あた》ハス」と、彦根製糸所の設立は、富岡帰りの子女の高い技術を生かす道であることが示されています。新政府の国策に沿った事業であることが強調されたのです。このように周到に準備された規則書でしたが、県当局はその中に記された一人の人物に注目し、製糸所設立に対して強い警戒心を抱くようになります。

その人物とは、大音《おおと》龍《りゅう》太郎《たろう》という彦根製糸社が置かれる予定地の家屋敷地所有者でした。大音は伊香郡大音《おおと》村の郷士の生まれで、京都で勤王運動に参加後、岩鼻県（上野・武蔵国）知事、彦根藩大参事などを経て、当時は大蔵省に出仕していた人物です【大え67⑻】。厳しい統治を行ったことで知られ、知事時代は世直し一揆に関与した博徒《ばくと》を大量に処刑し、政府に更迭《こうてつ》させられたという経歴を持っていました。明治八年一月に設立された民権結社「彦根義社」（後に集義社と改名）の発起人にも名を連ねていました。そのような曰《いわ》く付《つ》きの人物が関与していることを知った当局は、「多少与論《たしょうよろん》も可有之《これあるべき》」ため、八月七日に彦根出庁を通じて現地の様子を探らせます。そして八月十二日には彦根出庁から、大音は「聊人望《いささかじんぼう》不宜《よろしからず》」、恐らく入社したり、資金を融通する者はいないだろう、永続的な事業となる見込みはないと報告がなされています。過去には入社希望者もいたようですが、会社設立の認可が下りたら、大音が東京より帰郷する手筈《てはず》となっていることを知って、入社を断ったこともあったようです。この報告書に対して、権大属《ごんだいぞく》宮田義昌は「甚如何敷様《はなはだいかがわしきさま》」と書き記しています。

しかしいくつかの懸念点があるとはいえ、士族授産を重視した籠手田権令は、ともかくも九月二十一日に武節らが作成した規則書に県の見解を添えて松方に提出します。十二月六日には、籠手田は内務省勧業寮に出仕する速水堅曹《はやみけんそう》に会い、「滋賀県製糸所建築ノ根源」について相談しています（速水堅曹「履歴抜粋」）。このように製糸所設立に向け、着々と準備が進められていた折、明治十年二月に西南戦争が勃発《ぼっぱつ》します。大音龍太郎ら彦根士族数名も、西郷軍に通じたとの嫌疑を受け、官憲に拘束されることになります。こうして彦根士族による製糸所設立の道は絶たれてしまうのです。

県営製糸場への転換

しかし製糸所設立に強い意欲を持ち始めていた籠手田権令は、その構想を諦《あきら》めませんでした。明治十年五月十七日には、籠手田より「製糸所建設之儀ニ付伺」が内務省に提出されます【明さ77－1㊸】。彦根製糸所は、今まで富裕の者を勧誘して民設を考えていたが、緊急を要する事業のため、これを中止すると「抑圧怨嗟《よくあつえんさ》ノ嘆《なげき》」が大きい。そこでひとまず官設にして、後に士族たちに払い下げて継続させることにしたい。その際、県税一万円で製糸所を建設するので、繭購入資金として三万円の借入れを請願したいと訴えたのです。政府も西南戦争に危機感を抱いたのか、この請願は成功し、翌年には内務省より一万円の貸下金の許可が下りています。

こうした紆余曲折《うよきょくせつ》を経て、明治十年十月、県営として設立されることになった「彦根製糸場」は、元家老宇津木家の下屋敷跡（犬上郡平田村）に起工され、翌十一年四月二日に竣工《しゅんこう》されます。六月十六日には無事に開業式を迎えることができました（写真4）。

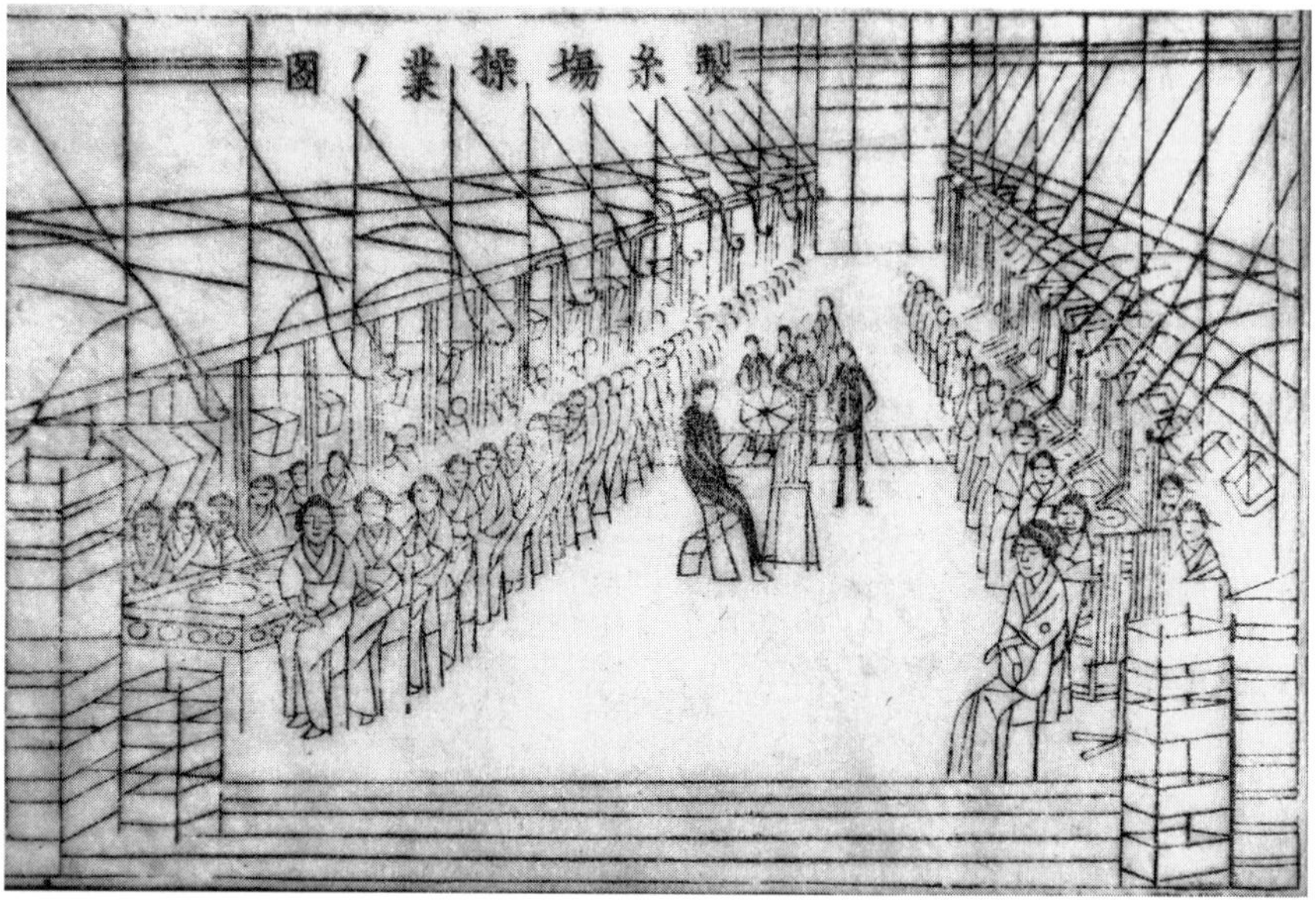

写真４　製糸場操業の図
明治14年１月
『犬上郡誌』【資389】

彦根製糸場の設立にともない、その後は湖東地域で器械製糸場の設立が相次ぎます。明治十六年七月には彦根金亀《こんき》町に塚本製糸場、十九年八月には犬上郡高宮村に馬場製糸場、二十年七月には彦根西馬場《にしばんば》町に山中製糸場が設立されます。工場設立の際には、彦根製糸場の工場長中居《なかい》忠蔵《ちゅうぞう》の指導を受けたり、同工場の工女たちを教師としたところも少なくなかったようです。まさに彦根製糸場は、湖東地域の模範工場としての役割を果たしていたのです。

明治十九年には彦根製糸場も、籠手田の構想どおり井《い》伊《い》直憲《なおのり》の弟智二郎《ともじろう》（直咸《なおとも》）に払下げられることになります。全国的な糸価の暴落や火災、職員の不正などが重なり、明治三十五年には閉鎖を強いられますが、すでに彦根の地に新たな産業を興すという当初の役割は果たしたといえるでしょう。

（大月　英雄）

② 実現しなかった鉄道路線

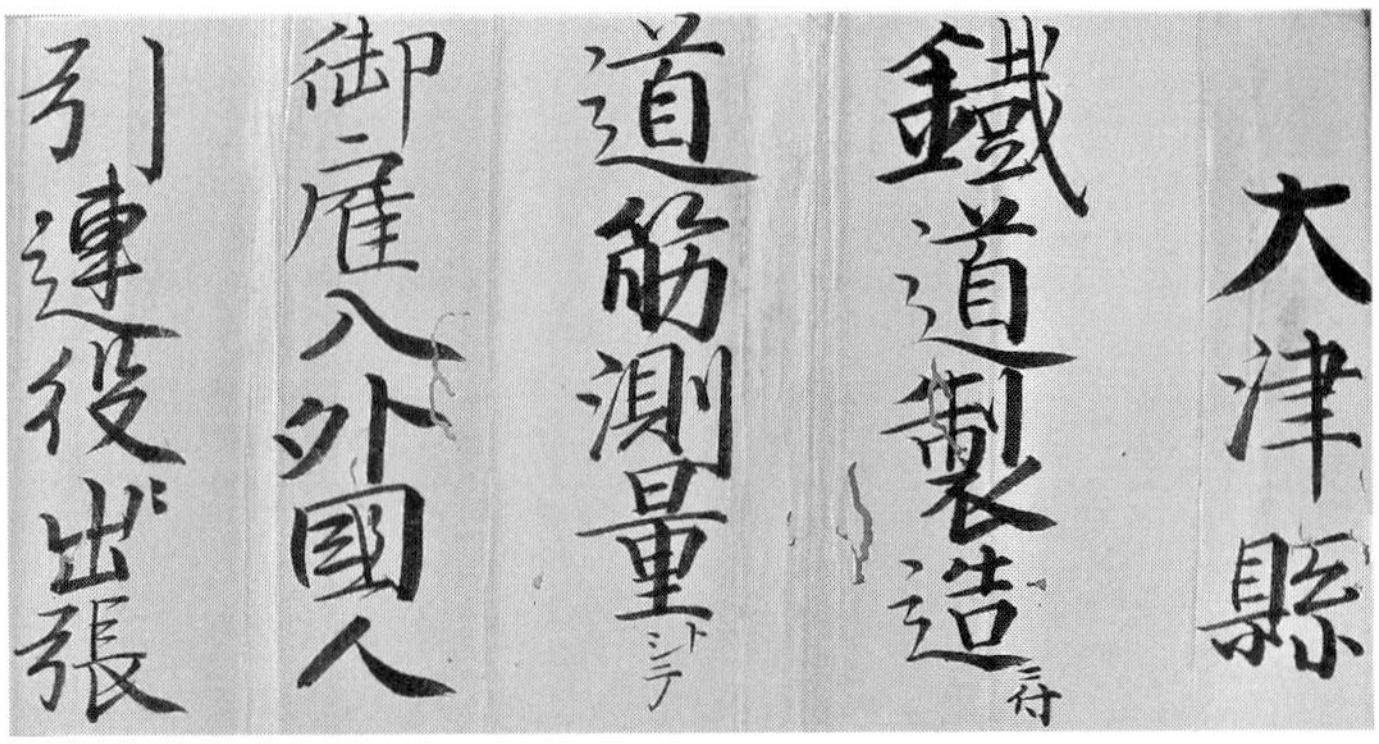

大津縣
鐵道製造ニ付
道筋測量シテ
御雇入外國人
引連役出張

写真1　鉄道製造に付、測量として御雇外国人共出張の件達
明治3年6月　【明う151(16)】

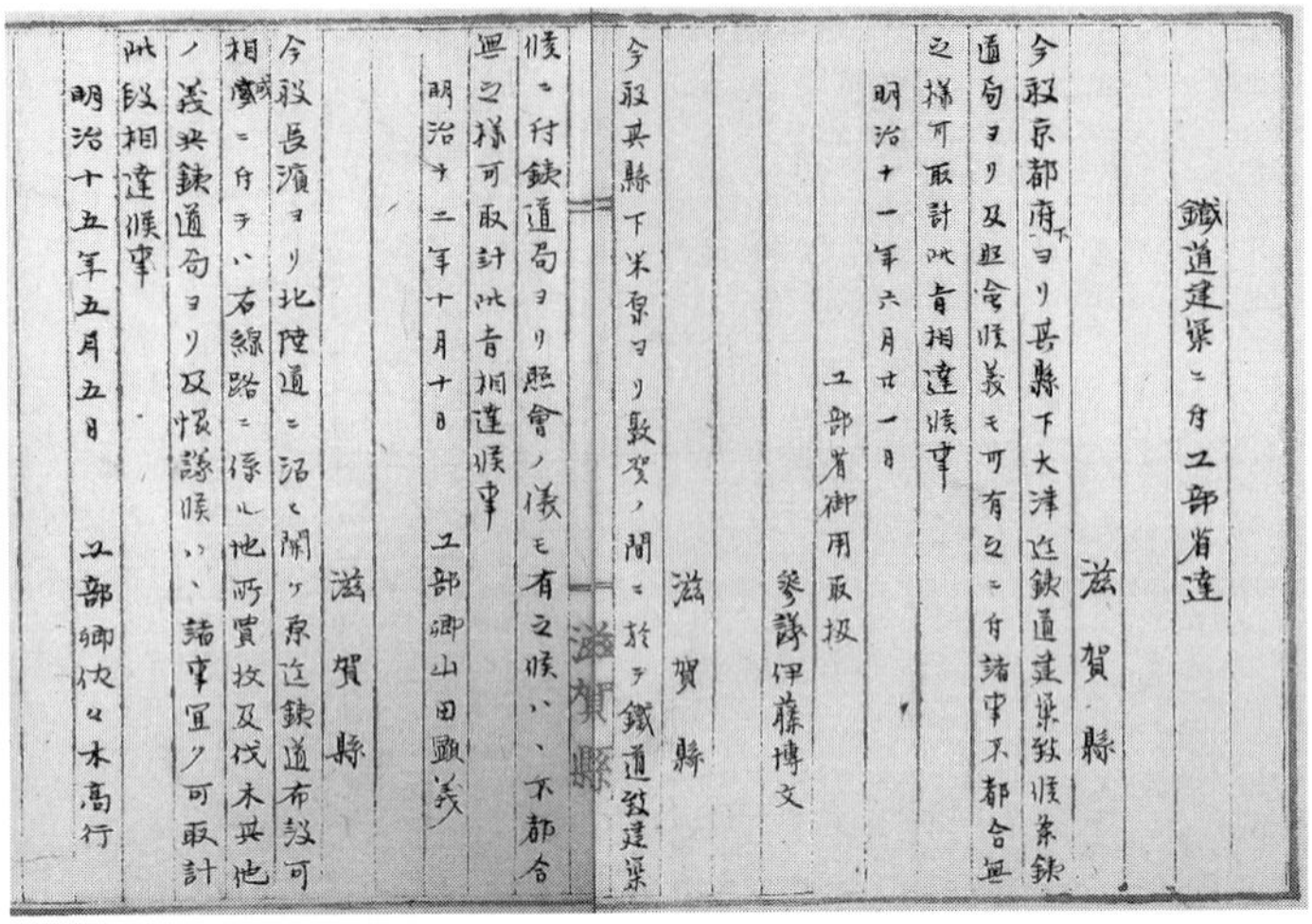

鐵道建築ニ付工部省達

滋賀縣

今般京都府下ヨリ其縣下大津迄鉄道建築致候条鉄道局ヨリ及照会候義モ可有之ニ付諸事不都合無之様可取計此旨相達候事

明治十一年六月廿一日

工部省御用取扱
参議伊藤博文

滋賀縣

今般其縣下米原ヨリ敦賀ノ間ニ於テ鉄道敷建築候ニ付鉄道局ヨリ照會ノ儀モ有之候ハヽ不都合無之様可取計此旨相達候事

明治十二年十月十日

工部卿山田顕義

滋賀縣

今般長濱ヨリ北陸道ニ沿ヒ関ヶ原迄鉄道布設可相成ニ付テハ右線路ニ係ル地所買收及伐木其他ノ義共鉄道局ヨリ及照會候ハヽ諸事宜ク可取計此段相達候事

明治十五年五月五日

工部卿佐々木高行

写真2　鉄道建築に付、工部省達
【明と3－4(1)】

日本で鉄道の敷設《ふせつ》が正式に決定されたのは、明治二年（一八六九）十一月十日のことです。東京・京都間の幹線と、東京・横浜間、琵琶湖附近・敦賀間、京都・神戸間の支線を敷設するというものでした。明治三年（一八七〇）六月には、大津県（滋賀県の前身）に測量のため「御雇入外国人」を引き連れて出張する旨の通達が出されています（**写真1**）。滋賀県での鉄道敷設の幕開けです。

本節では、東海道線全通までの鉄道敷設の流れを追いながら、その中でどのような鉄道路線が構想されていたのかをたどってみたいと思います。

鉄道敷設のはじまり

明治十一年六月二十一日付で、大津・京都間鉄道敷設の工部省達が出され、いよいよ鉄道敷設が始まりました（**写真2右**）。そして、逢坂《おうさか》山トンネルが完成して大津・京都間が全通し、明治十三年七月、開業式が行われました。すでに明治七年五月に大阪・神戸間で鉄道が開業、さらに東へと延伸し、明治十年二月には京都まで開業していました。大津・京都間の全通によって、大津から神戸まで鉄道で結ばれたのです。

大津・京都間の路線は、現在の路線とは大きく異なっていました。京都から現在のＪＲ奈良線を通って南下、稲荷《いなり》山の南側を迂回《うかい》し、山科《やましな》地区を北東方向に横切り、大津市大谷《おおたに》町から同逢坂へと至る逢坂山トンネルを経て

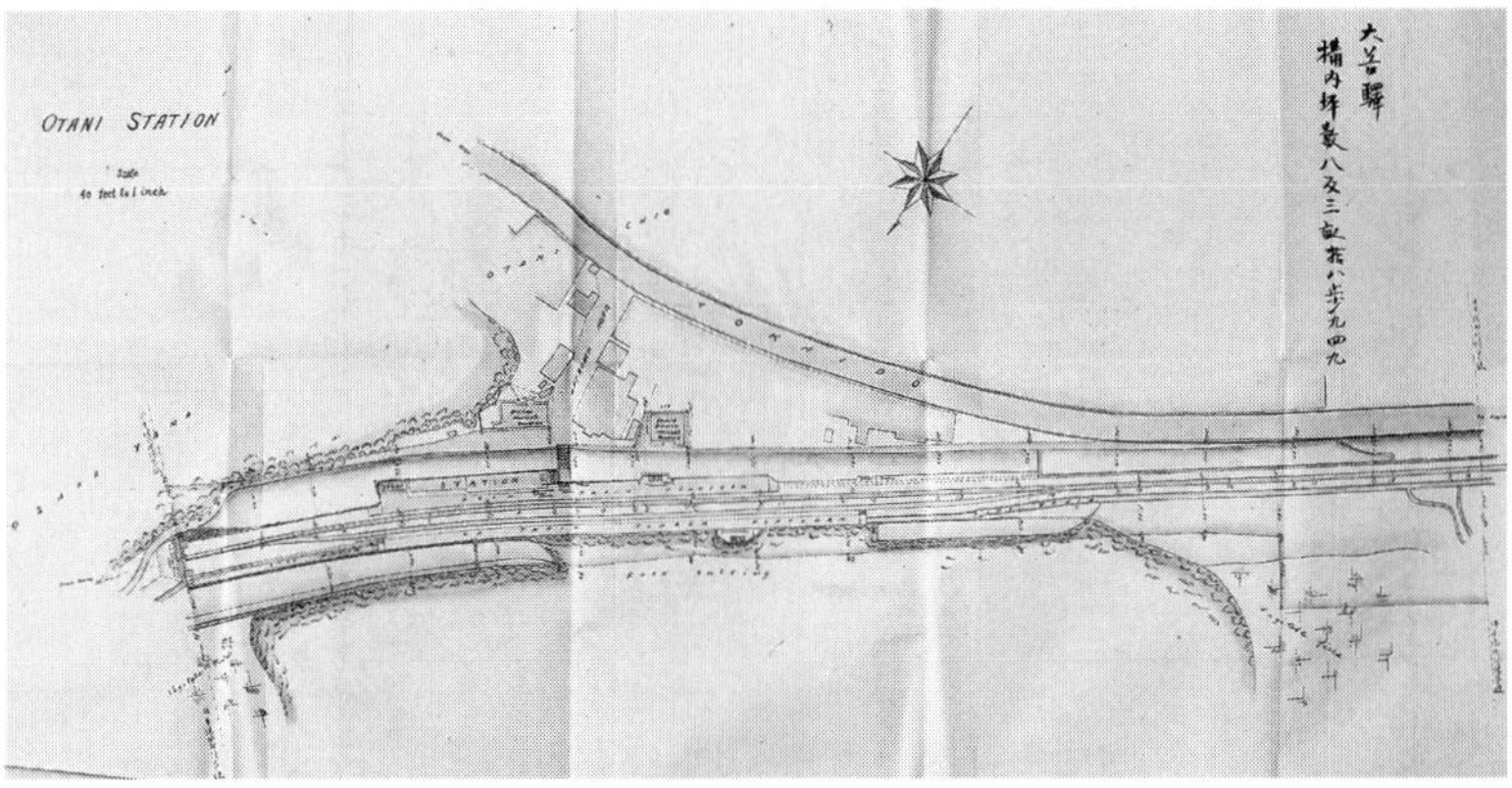

写真３　大谷駅構内図
【明と24－1(7)】
下は一部拡大

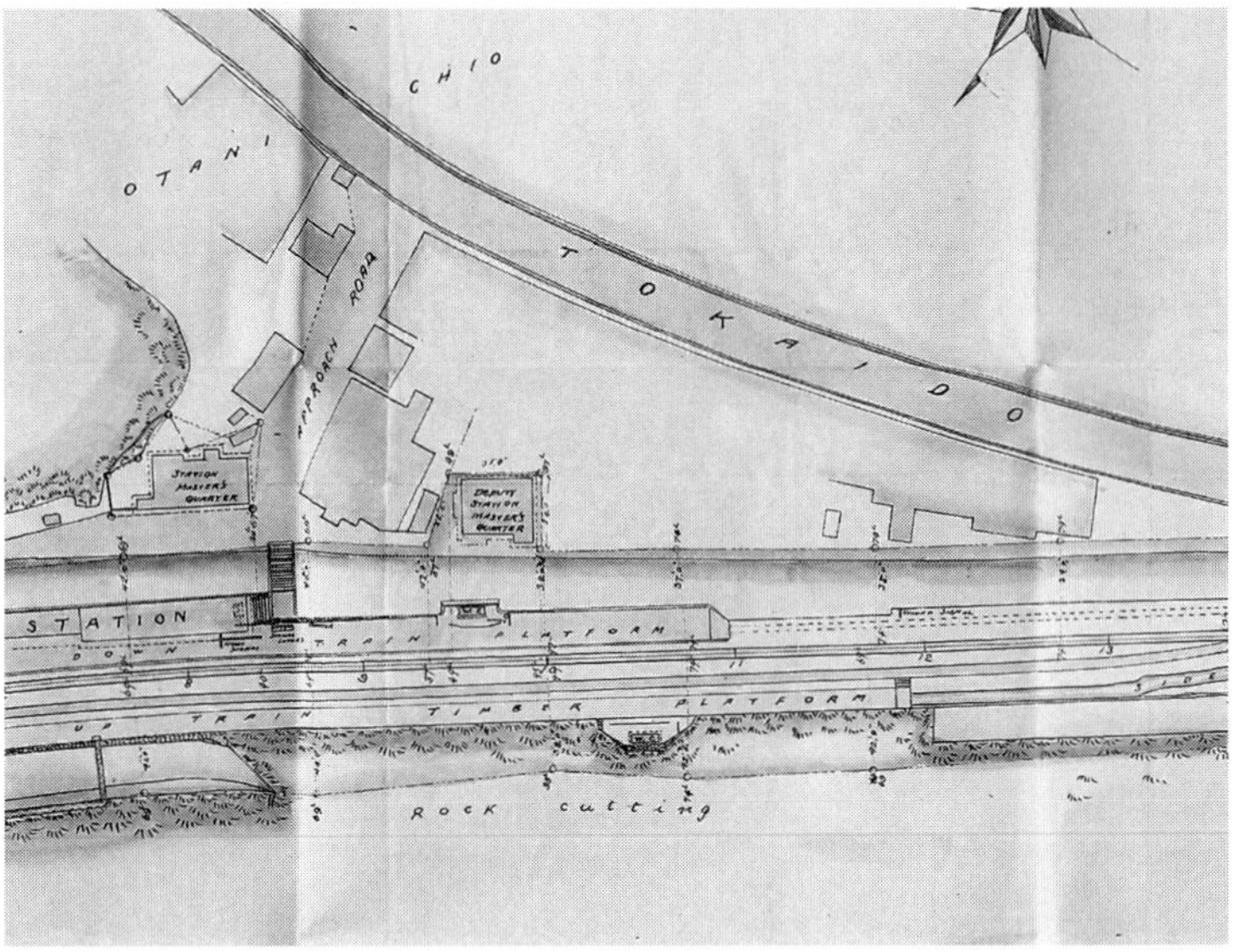

馬場《ばば》停車場（現・膳所《ぜぜ》駅）に到着。そこからスイッチバックで大津乗車場（現・びわ湖浜大津《はまおおつ》駅）へと向かっていました。東海道線の付け替えによって、現在の路線へと変更されたのは大正十年（一九二一）のことです。この路線変更にともなって逢坂山トンネルは、トンネル西口近くに存在した大谷駅とともに廃止されています（**写真3**）。また、現在の大津駅はこの路線変更の時に設置されたものです。

一方、琵琶湖付近から敦賀への路線ですが、明治十二年十月十日付で米原・敦賀間鉄道敷設の工部省達が出されています（**写真2中央**）。敦賀は古くからの日本海側の要港で、敦賀で水揚げされた北海道や北陸地方からの物産が琵琶湖を経て京阪地方へと輸送されていました。この時の政府の構想は、敦賀から塩津《しおつ》を経て米原まで鉄道を敷設するというものでしたが、それに対して滋賀県から鉄道路線変更についての上申書が出されます（**写真4**）。十一月十七日付で滋賀県大書記官酒井明《さかいあきら》（県令代理）が、右大臣岩倉具視《いわくらともみ》へと提出した上申書がそれです。

琵琶湖水運活用を国に上申

上申書は、①鉄道を敷設するのは敦賀から塩津《しおつ》までとし、塩津・米原間の敷設を延期すること、②彦根から米原を経て大垣まで速やかに鉄道を敷設すること、の二点にまとめることができます。それぞれの理由も見てみましょう。

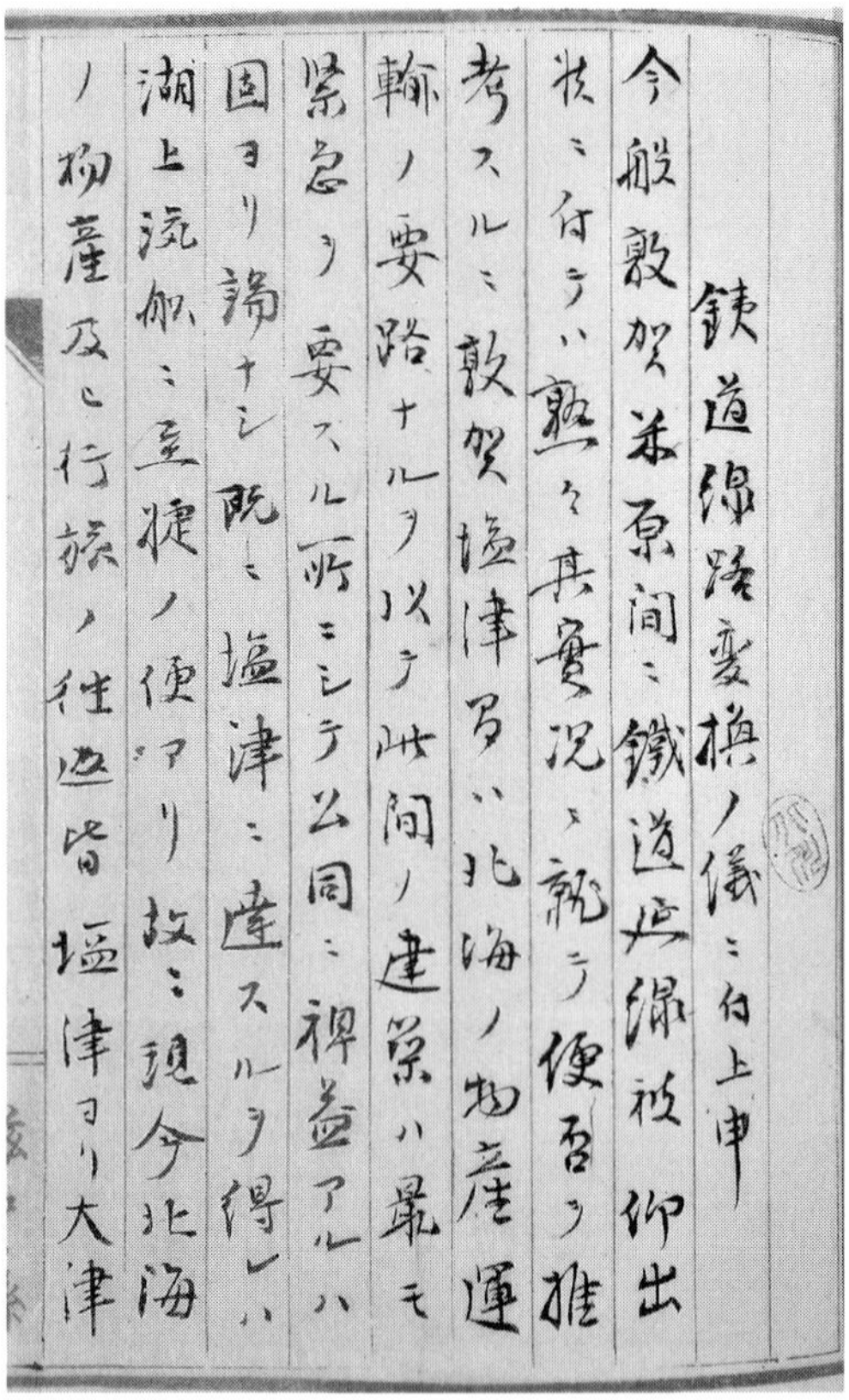

鉄道線路変換ノ儀ニ付上申
今般敦賀米原間ニ鐵道延線被仰出候ニ付テハ熟々其實況ヲ観テ便否ヲ推考スルニ敦賀塩津ヨリハ北海ノ物産運輸ノ要路ナルヲ以テ此間ノ建築ハ最モ緊急ヲ要スル所ニシテ公同ニ裨益アルハ固ヨリ論ナシ既ニ塩津ニ達スルヲ得レハ湖上流船ニ直捷ノ便アリ故ニ現今北海ノ物産及ヒ行旅ノ往返皆塩津ヨリ大津

写真４　鉄道線路変換の儀に付上申
明治12年11月
【明お76－5(24)】

まず、①の理由としてあげられているのは、敦賀からの物産や旅客は多くが塩津から大津へと船で移動しているということです。塩津から米原まで鉄道を敷設しても、大津へは遠回りとなるため利用者が見込めないとしています。今後米原から鉄道を延伸し、敦賀から神戸までを鉄道で結ぶとしても、滋賀県は琵琶湖という「太湖《たいこ》ヲ擁《よう》シ天然水運ノ便ヲ有」しているので、現時点で莫大《ばくだい》な金額を費やして鉄道を建築するのは「緩急ノ宜キヲ得タルモノニ非ス」と結論付けています。

「即今ノ急務」ではない塩津・米原間の鉄道敷設の代わりに②が提案されているのですが、その理由としてあげられているのは、大垣からの路線は美濃《みの》・伊勢《いせ》・尾張《おわり》・三河《みかわ》などの各地方から京阪地方へと物資を運搬する要道であるということです。しかし、伊勢の桑名《くわな》から大垣《おおがき》までは水運の便があるものの、大垣・米原の約九里の陸路は不便であると述べ、この大垣・米原間への鉄道敷設を進言しています。さらに米原港について、琵琶湖からは川と内湖を経なければならないため、鉄道建設後に運輸量が増加すれば船舶の航行が困難になるであろうと予測し、米原から彦根まで路線を延ばすように勧めています。彦根の松原港は、堀を浚《さら》うと容易に汽船が出入りできる上に、彦根は米原よりも「戸口稠密《ちゅうみつ》、諸般ノ便利尠《すくな》カラス」という場所だからです。また、廃藩置県後の彦根の衰退も、鉄道を敷設すれば「旧態ヲ挽回《ばんかい》スル幸福ヲ得」るであろうことも理由にあげています。

つまり、滋賀県の鉄道路線構想とは、「北ハ敦賀ヨリ塩津マテ、東ハ大垣ヨリ彦根マテ鉄路ニ拠ツテ陸運ヲ駚《はや》クシ、天然水運ノ便ニ拠テ西南大津ニ航シ、東南北ノ三面水陸相連絡」させることで「運輸自在」にするというものだったのです。長い歴史を持つ琵琶湖水運を最大限に活用して速やかに大垣へも路線を延ばし、敦賀や大垣からの大津への交通の利便性を高めたいというものでした。

しかし、滋賀県の上申書は、結局採用されることはありませんでした。米原・敦賀間鉄道は、経由地を塩津から柳ヶ瀬《やながせ》へ、起点を米原から長浜へと計画を修正の上、長浜・敦賀間鉄道として工事が進められます。この路線は、柳ヶ瀬トンネルの区間を除き明治十五年三月に開通しました。五月からは太湖汽船会社が長浜・大津間の湖上運輸を担っています。一方、滋賀県が希望した東への路線については、その直後の五月五日付で長浜・関ヶ原《せきがはら》間鉄道敷設の工部省達が出され(写真2左)、明治十七年四月には柳ヶ瀬トンネルも完成し長浜・敦賀間が全通、太湖汽船は日本初の鉄道連絡船となります。さらに翌五月には長浜・関ヶ原間鉄道が大垣まで延伸されます。上申書提出から四年余りの年月が経っていました。

こうして見ると、敦賀・大垣へ鉄道を敷設するという構想は同じでも、滋賀県が琵琶湖水運を活用することで敦賀からの路線を短縮し、代わりに大垣までの路線を即座に建設することを希望したのに対し、国は敦賀からの路線と大垣・関ヶ原からの路線を長浜に集約することを優先したということができるでしょう。将来的に鉄道だけで各地を結ぼうとしていた国は、鉄道路線を相互に連絡させるという全体構想をあくまで優先したのです。

長浜から大津までの湖上運輸を担っていた太湖汽船会社ですが、明治二十二年七月、湖東に鉄道が敷設されて東海道線が全通し、わずか五年余りで鉄道連絡船としての活躍を終えました。また、長浜・関ヶ原間の路線は米原・関ヶ原を結ぶ路線に付け替えられ、明治三十二年十二月に正式に廃止されました。東海道線全通により、大津・長浜は水陸連絡の拠点としての地位を失い、さらに長浜は敦賀へと向かう路線の駅の一つに過ぎなくなってしまいました。

東海道線の全通は、交通の利便性を飛躍的に向上させました。しかし、それは琵琶湖水運など、近代以前から連綿と受け継がれてきた交通網が衰退していくことでもあったのです。

(石堂 詩乃)

③「海があった時代」の終焉

明治時代は、政治・経済・文化などあらゆる分野で、日本社会が急速に近代化した時期でした。

このような近代滋賀県の基盤が形成されはじめた時期の県令が、籠手田安定でした。本節では、明治十四年（一八八一）に籠手田が直面した福井県分置問題について見ていきたいと思います。

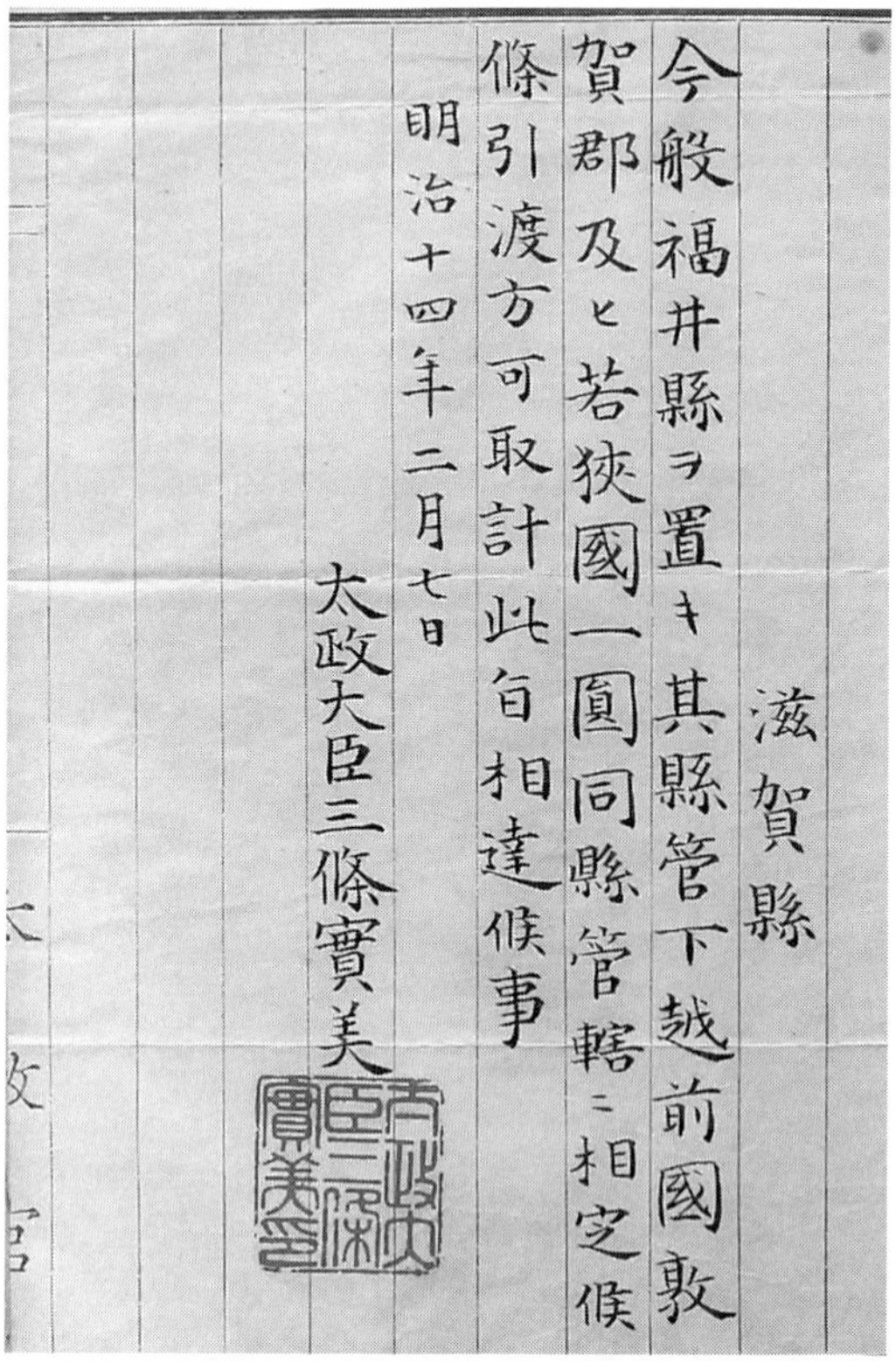

滋賀縣

今般福井縣ヲ置キ其縣管下越前國敦賀郡及ヒ若狭國一圓同縣管轄ニ相定候條引渡方可取計此旨相達候事

明治十四年二月七日

太政大臣三條實美

写真１　福井県分置の通達
明治14年２月７日
【明あ156(87)】

国からの指令

明治十四年、籠手田が滋賀県令として県政の主導を取り始めて五年の歳月が経った頃、県の将来を変える大きな問題が立ち上がります。それは太政官から出された二月七日付けの福井県分置の通達でした（**写真１**）。これは、県内の敦賀《つるが》・大飯《おおい》・遠敷《おにゅう》・三方《みかた》の四郡を、新しく設置する福井県へ編入するというものでした。元来、これらの四郡は、明治九年に廃止された敦賀県から滋賀県へと編入されていたものです。その結果、滋賀県は、北陸道で琵琶湖水運と連結する交通の要所・敦賀港を県内に有し、日本海に隣接していました【明す535(4)】。この「日本海への道」を失うことは、滋賀県にとっても大きな影響が生まれることになります。

この頃、こうした県同士の統合・分割は全国的にも例のないことではありませんでした。明治二十一年に現在の形に近い一庁三府四三県になるまでは、富山県と福井県の一部が石川県に、奈良県が大阪府に、また、鳥取県が島根県に所属していた時期があるなど、県そのものの形が次第に整えられていく過渡期にありました。ただし、組み入れられる地域に居住する住民にとっては受ける利害にさまざまな影響が生じてくるのです。

現在、この問題に対して籠手田の心情がうかがえる資料が、県の歴史公文書として残っています（**写真２**）。その「若越四郡分割建言添書」で籠手田は、「別ニ福井

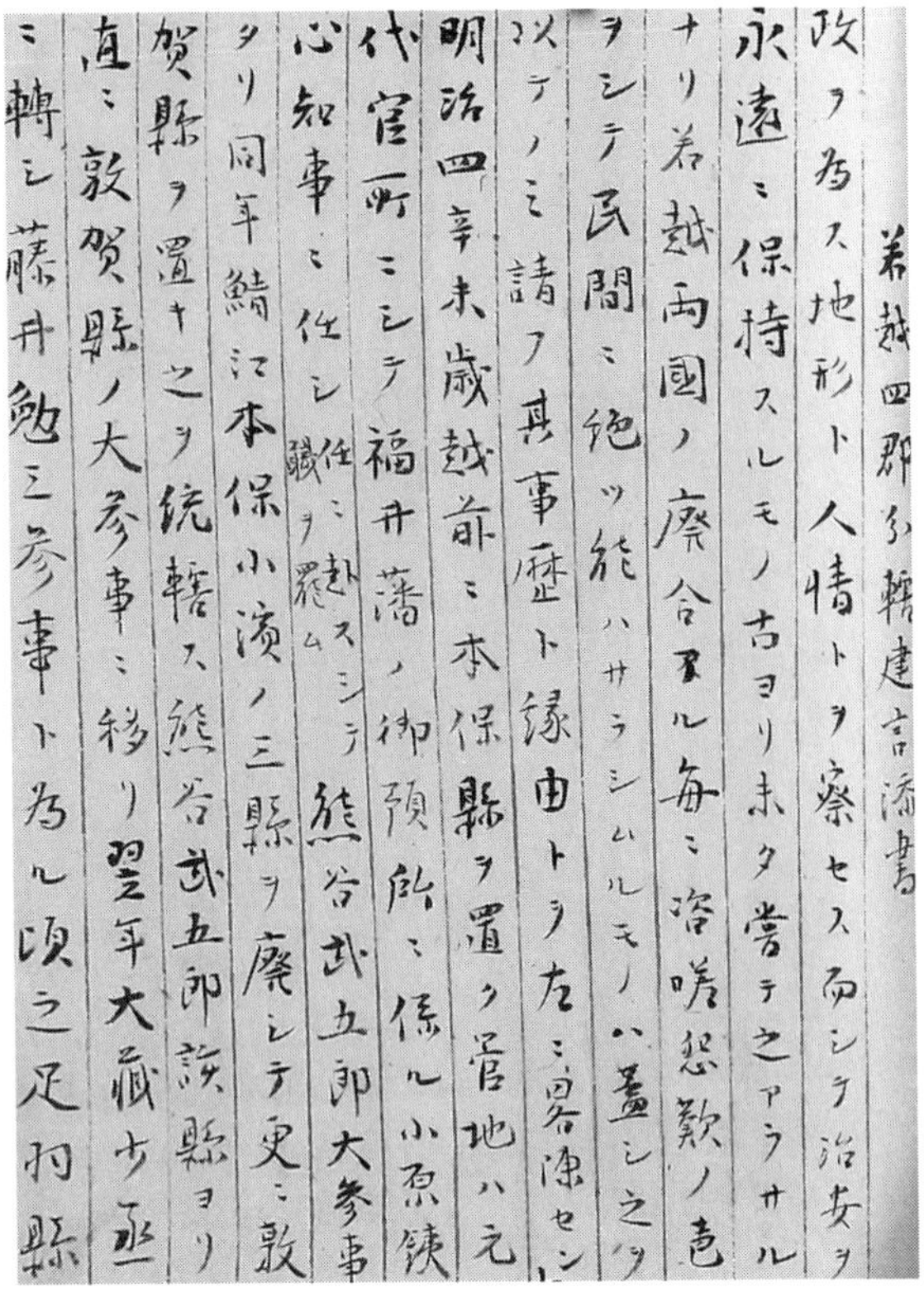
若越四郡分轄建言添書
政ヲ為ス地形ト人情トヲ察セス而シテ治安ヲ
永遠ニ保持スルモノ古ヨリ未タ嘗テ之アラサル
ナリ若越両国ノ廃合アル毎ニ咨嗟怨歎ノ声
ヲシテ民間ニ絶ツ能ハサラシムルモノハ蓋シ之ヲ
以テノミ請フ其事歴ト縁由トヲ左ニ略陳セン
明治四年辛未歳越前ニ本保縣ヲ置ク管地ハ元
代官所ニシテ福井藩ノ御預所ニ係ル小原鉄
心知事ニ任シ任ニ赴スシテ職ヲ罷ム熊谷武五郎大参事
タリ同年鯖江本保小濱ノ三縣ヲ廃シテ更ニ敦
賀縣ヲ置キ之ヲ統轄ス熊谷武五郎該縣ヨリ
直ニ敦賀縣ノ大参事ニ移リ翌年大蔵少丞
ニ轉シ藤井勉三参事ト為ル頃之足羽縣

写真２　若越四郡分割建言添書
明治14年３月12日
【明お76－5(31)】

県ヲ置ク。尤モ至当ノ処置ト云ハサルヘカラス」と福井県を設置すること自体には理解を示しています。籠手田は幕末の時期を平戸藩探索方として京で過ごしており、明治政府の要人となった当時の諸藩志士と繋《つな》がりがありました。今回の福井県分置に関しても籠手田は、かつて土佐藩出身の志士であった内務少《しょう》輔《ふ》土方久元《ひじかたひさもと》と書簡のやり取りを行うなど、明治政府の内情も察知していました。明治政府としては、奨励する殖産興業を軌道に乗せるため福井地方（嶺北《れいほく》）と敦賀地方（嶺南）が一つの行政区となり、両県にまたがる北陸街道を整備して欲しい、という意図があったのです。

しかし籠手田は、「固《もと》ヨリ人事ノ争フヘカラサル天然ノ地域アリテ存ス。況ンヤ人情風俗ノ異ナルアリ。置庁ノ敦賀タルト福井タルトヲ問ハス、決シテ嶺南ト嶺北トヲ併セテ以テ、一統治ニ帰スヘカラサルナリ」（元来、人間の手ではどうしようもない天然の地域がある。まして人情、風俗にも違いがある。県庁を置くことは、敦賀であろうと福井であろうとを問わず、決して嶺南地方と嶺北地方を一緒にして一つの統治下にするべきではない）と主張し、敦賀と若狭の四郡を福井県に編入する案に反対の意志を示しています。そして籠手田がこのように反対する理由を読み取れる資料が、明治十四年二月、太政大臣三条実美《さんじょうさねとみ》に宛てた七か条にわたる「若狭国及ヒ越前敦賀郡ヲ以テ福井県ニ合併セシム可ラサルノ議」です（**写真３**）。

籠手田の主張

ここで籠手田のいう主張を要約すると、①敦賀港と滋賀県が密着して分割することができない関係なのに対し、敦賀郡と越前地方は隔絶・疎遠であること、②若狭地方と滋賀県庁の距離における利便性、③道路が直結する若狭小浜と近江今津を分割することの愚、④若狭地方が福井県となることによる人民の不便、⑤計画中である敦賀―武生間の車道建設が頓挫《とんざ》することの恐れ、⑥一体化することのできた近江・敦賀・若狭経済圏を分割してしまう愚、⑦六年間に及び近江・敦賀・若狭地域の人民とともに遂行してきた行政を分割することで生じる民衆の動揺、といったものでした。この建議書の末尾に籠手田は次のように記し、太政官に訴えます。「土地分割合併ハ政府ノ特権ニシテ人民ノ便否ハ敢テ問フ所ニアラスト。嗚呼《ああ》、暴ナル哉」と。

この籠手田の言葉には、人民の利便性を考慮してこその政府や政治であり、特権的に行使できる権力だからこそ乱暴に使ってはならない、という現在にも通じる施政の態度が、強くにじみ出ています。

しかしながら、こうした籠手田の建言も、聞き届けられることはありませんでした。結局、政府の指令どおりに敦賀・大飯・遠敷・三方の四郡は新設された福井県に組み入れられます。新しい福井県令石黒務《いしぐろつとむ》からは「土地人民請取書」が手渡され、戸籍区別帳や地券台帳、社寺明細帳などの重要書類が引き継がれました【明お66－2(4)】。ちなみに「土地人民請取書」によると、若狭国及び越前敦賀郡の戸数は二万五〇六一戸、人口は一一万八一〇四人に及びました。

こうして五年間にわたる滋賀県に「海があった時代」は終わりを告げました。その後籠手田は、三年後の明治

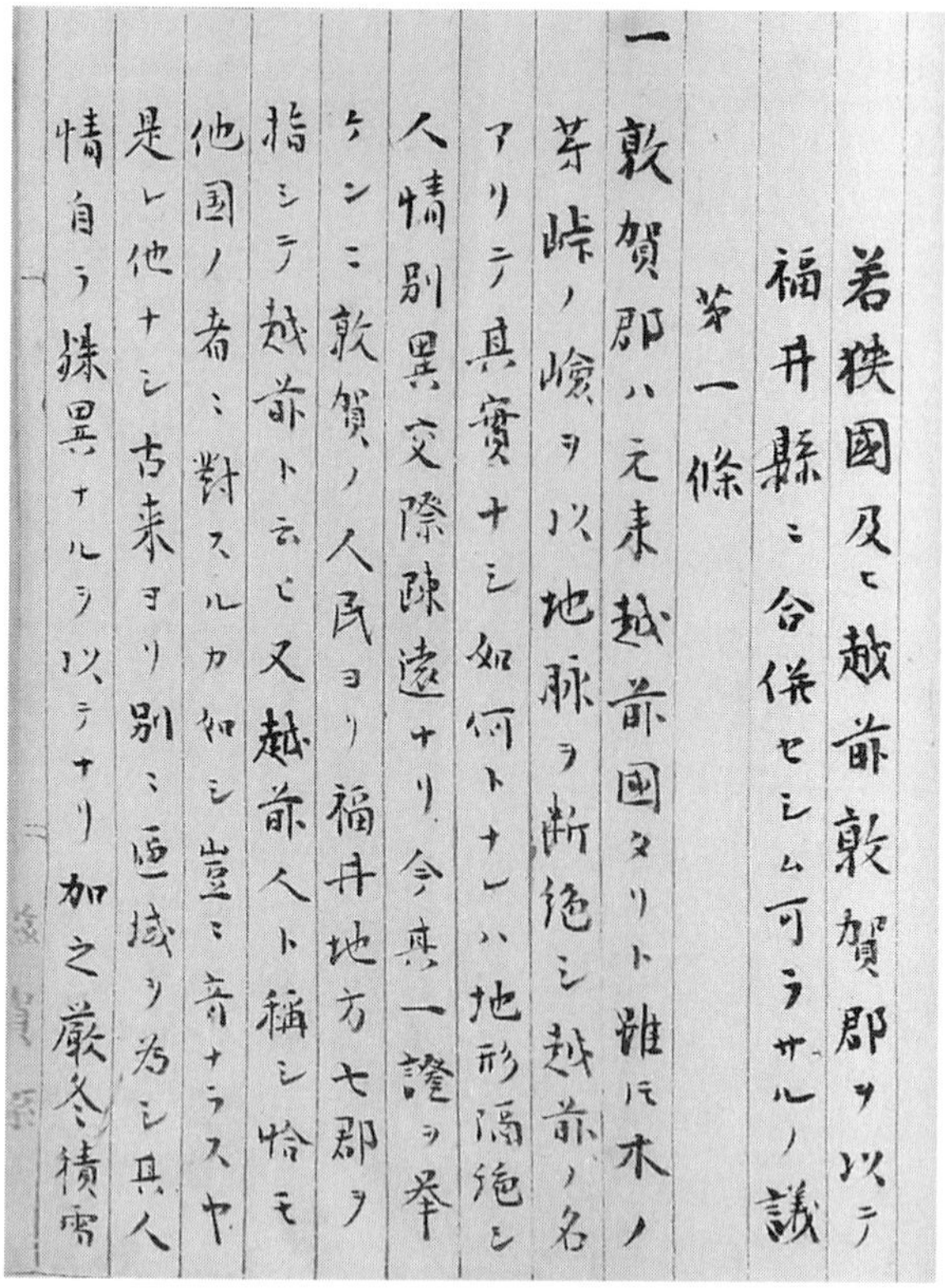

若狭國及ヒ越前敦賀郡ヲ以テ
福井縣ニ合併セシム可ラサルノ議
第一條
一 敦賀郡ハ元来越前国タリト雖トモ木ノ
芽峠ノ嶮ヲ以テ地脈ヲ断絶シ越前ノ名
アリテ其實ナシ如何トナレハ地形隔絶シ
人情別異交際疎遠ナリ今其一證ヲ挙
ケンニ敦賀ノ人民ヨリ福井地方七郡ヲ
指シテ越前ト云ヒ又越前人ト稱シ恰モ
他国ノ者ニ對スルカ如シ豈ニ啻ナラスヤ
是レ他ナシ古来ヨリ別ニ一域ヲ為シ其人
情自ラ殊異ナルヲ以テナリ加之厳冬積雪

写真３ 若狭国及び越前敦賀郡を以て福井県に合併せしむ可らさるの議
明治14年３月12日
【明お76－5(31)】

十七年、滋賀県令から元老院議官へと転任し、代わって工部大書記官の中《なか》井《い》弘《ひろむ》が第三代滋賀県令となりました（写真4）。

その後も籠手田は各県の県令を歴任した後、その手腕を求められ、明治二十九年大越《おおごし》亨《とおる》知事の急逝により混迷する滋賀県の知事に再度就任します。二度にわたって籠手田が残した功績は、今も滋賀県の礎として各所で活かされています。

（杉原　悠三）

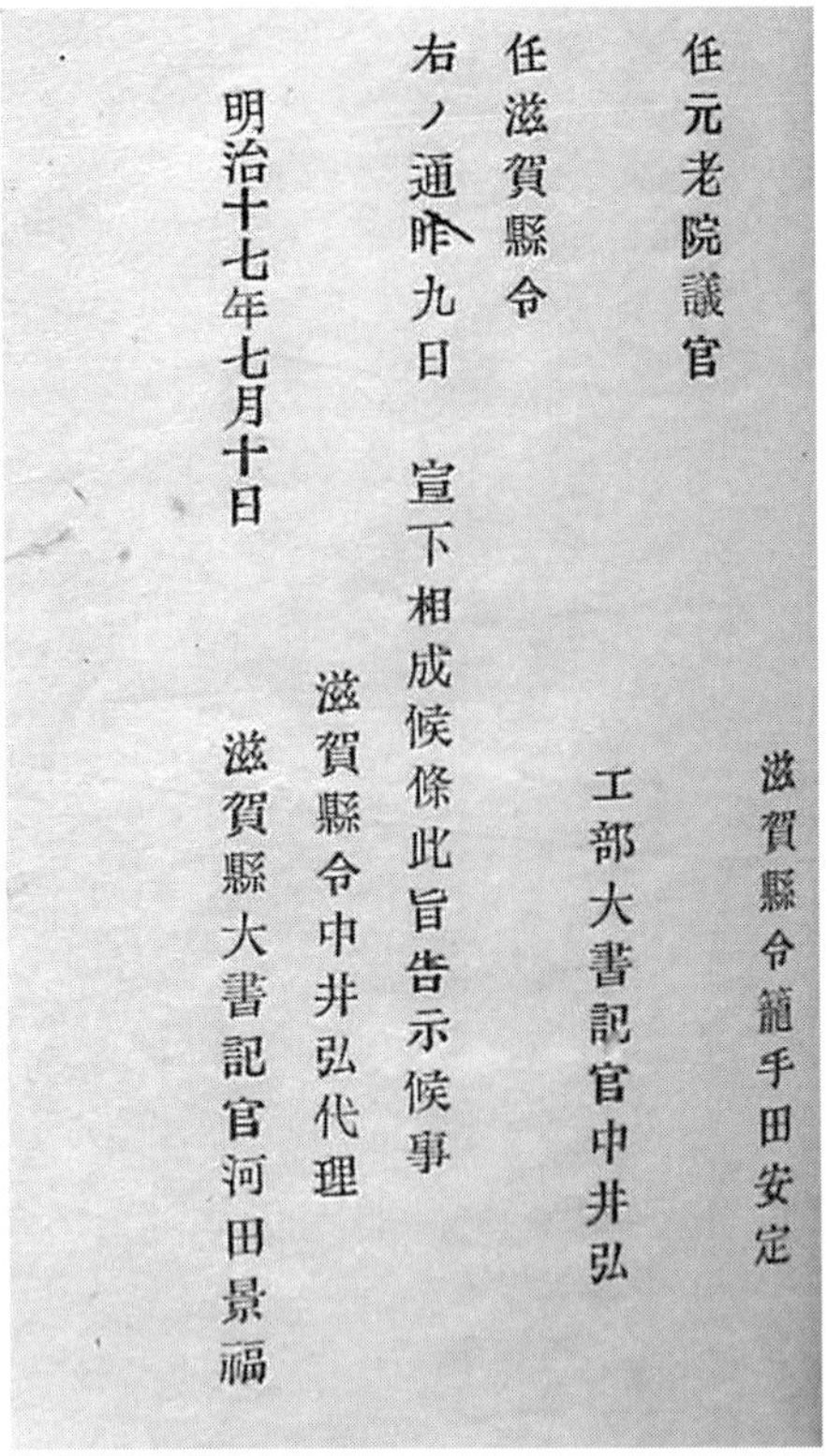

滋賀縣令籠手田安定
任元老院議官
工部大書記官中井弘
任滋賀縣令
右ノ通昨九日　宣下相成候條此旨告示候事
滋賀縣令中井弘代理
明治十七年七月十日
滋賀縣大書記官河田景福

写真4　中井弘滋賀県令任命通知書
明治17年7月10日
【明い153－1(71)】

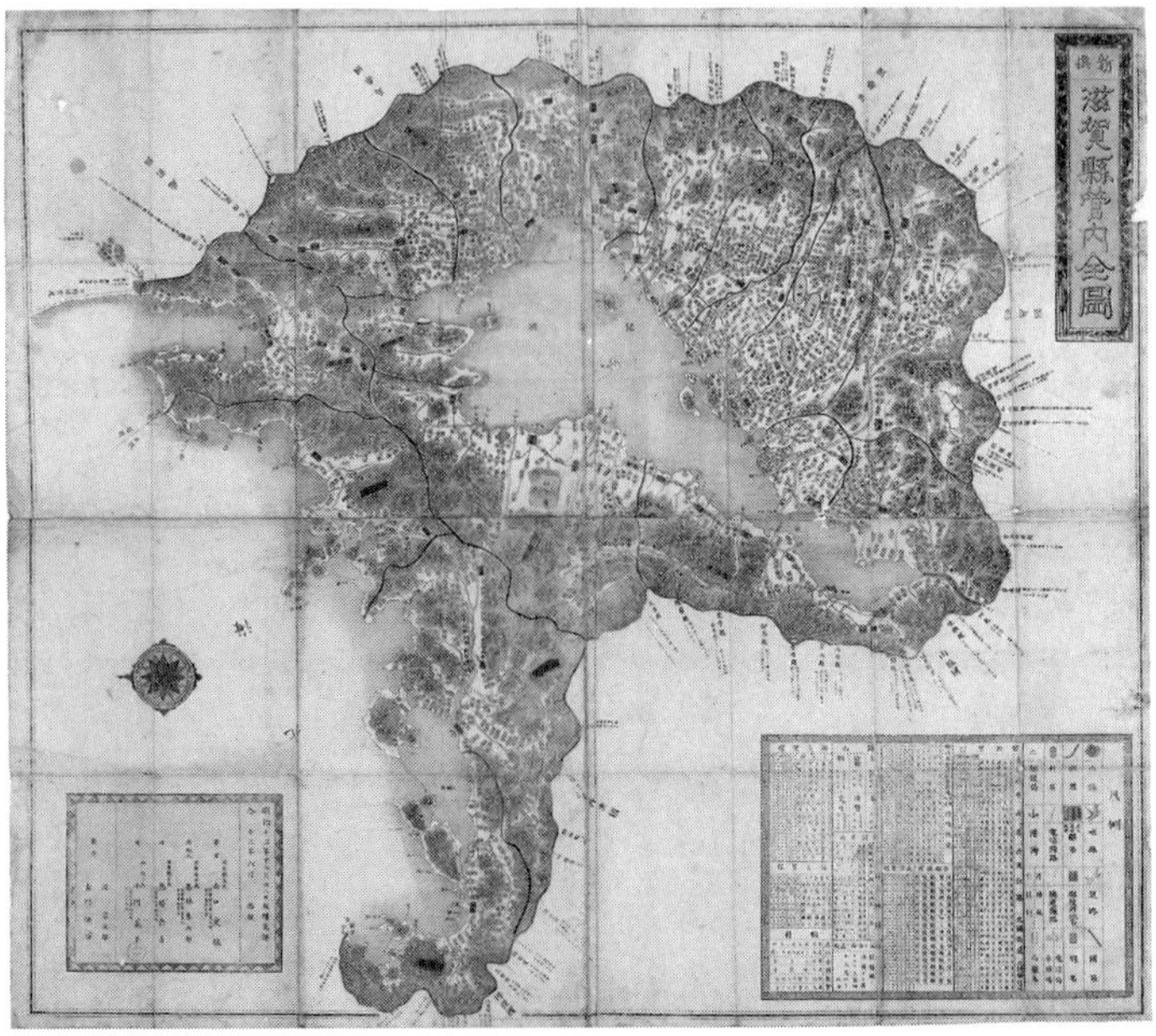

写真5　滋賀県に「海があった時代」の地図
明治13年6月
滋賀県立図書館蔵

④ 秘密文書が語る自由民権

平成二十五年（二〇一三）十二月六日、国会で成立した「特定秘密の保護に関する法律」（秘密保護法）は、国が作成した公文書の秘密保全と公開手続きをめぐって、大きな国民的議論を呼びました。その争点の一つには、同法で指定された秘密文書が、国民の知らないところで勝手に廃棄されるのではないかという、国民の知る権利に関わる問題がありました。

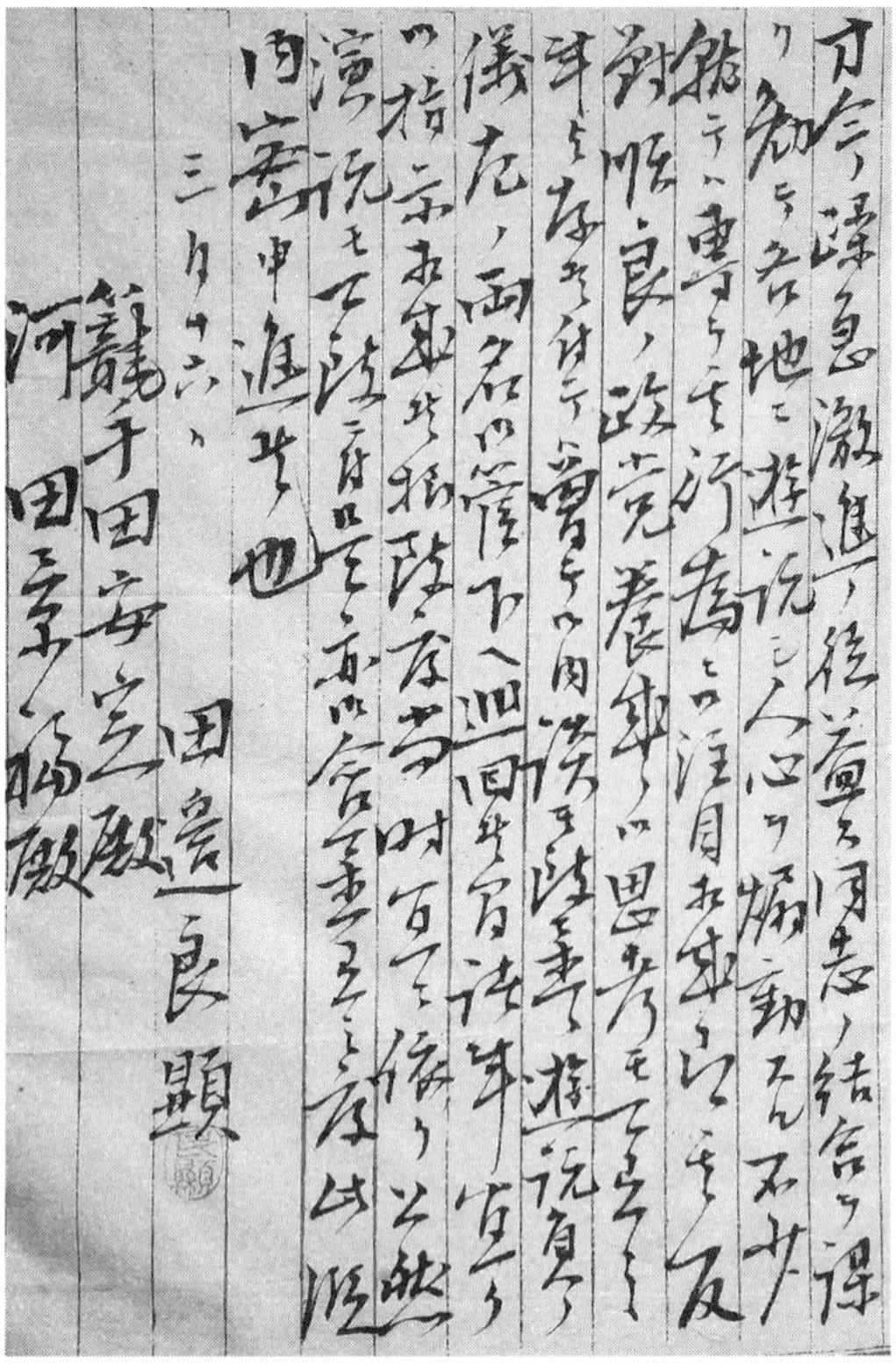

写真1　親書①「東洋新報社員の派遣」
明治15年3月16日
【明う152(14)】

秘密文書にはさまざまな種類があり、公文書館にも「内密書類」と記されたいくつかの文書が残されています。本節では、そのような過去の秘密文書を紐解くことで、後世に同文書が残されることの意味について考えてみたいと思います。

明治十五年の秘密文書

本節でご紹介する秘密文書は、内務省警保局長・田辺《たなべ》良顕《よしあき》から、県令籠手田安定に宛てた四通の親書です【明う152⑭】。いずれも明治十五年（一八八二）に作成されたもので、日付は①三月十六日、②四月二十七日、③五月二日、④五月十七日と、二か月間にわたってやりとりがなされています。その内容は、当時全国で高まりつつあった自由民権運動の対策に関わるものでした。

親書①では、反民権を掲げる遊説員の派遣を伝えています（写真1）。田辺によれば、この頃「躁急《そうきゅう》激進ノ徒」がますます結合を深め、各地を遊説して人心を「煽《せん》動《どう》」していたようです。前年の明治十四年十月には、板《いた》垣《がき》退助《たいすけ》を総理（党首）とする自由党が結成されていました。田辺はそれに対抗する「反対順良ノ政党」を養成することを企てたのです。田辺が念頭においていたのは、同十五年三月十三日に結成されたばかりの立憲帝政党の存在でした。同党は『東京日日新聞』の福地源一郎《ふくちげんいちろう》、『明治日報』の丸山作楽《まるやまさくら》、『東洋新報』の水野寅次郎《みずのとらじろう》が設立した政党で、政府に近い立場から活動を開始していました。田辺は同党に近い東洋新報社員二名の県内派遣を伝え、籠手田には、彼らに適切な指示を出すとともに、時折行われる演説の際には「御含置《おふくみおく》」よう求めています。この親書は、作成から二か月後の五月十四日に、遊説員が自ら県庁に持参しています。

籠手田もまた、当時世間に広まっていた「自主自由ノ論」を苦々しく感じていたようです。明治十一年二月、政府に提出した地方実況に関する報告書のなかで、「自己ノ恣意《しい》ヲ逞《たくまし》フスル」ものだと非難しています【明お76-5(21)】。特にその隆盛が、学者による教育や各自が読書で学んだ結果ではなく、代言人（弁護士）や書生など

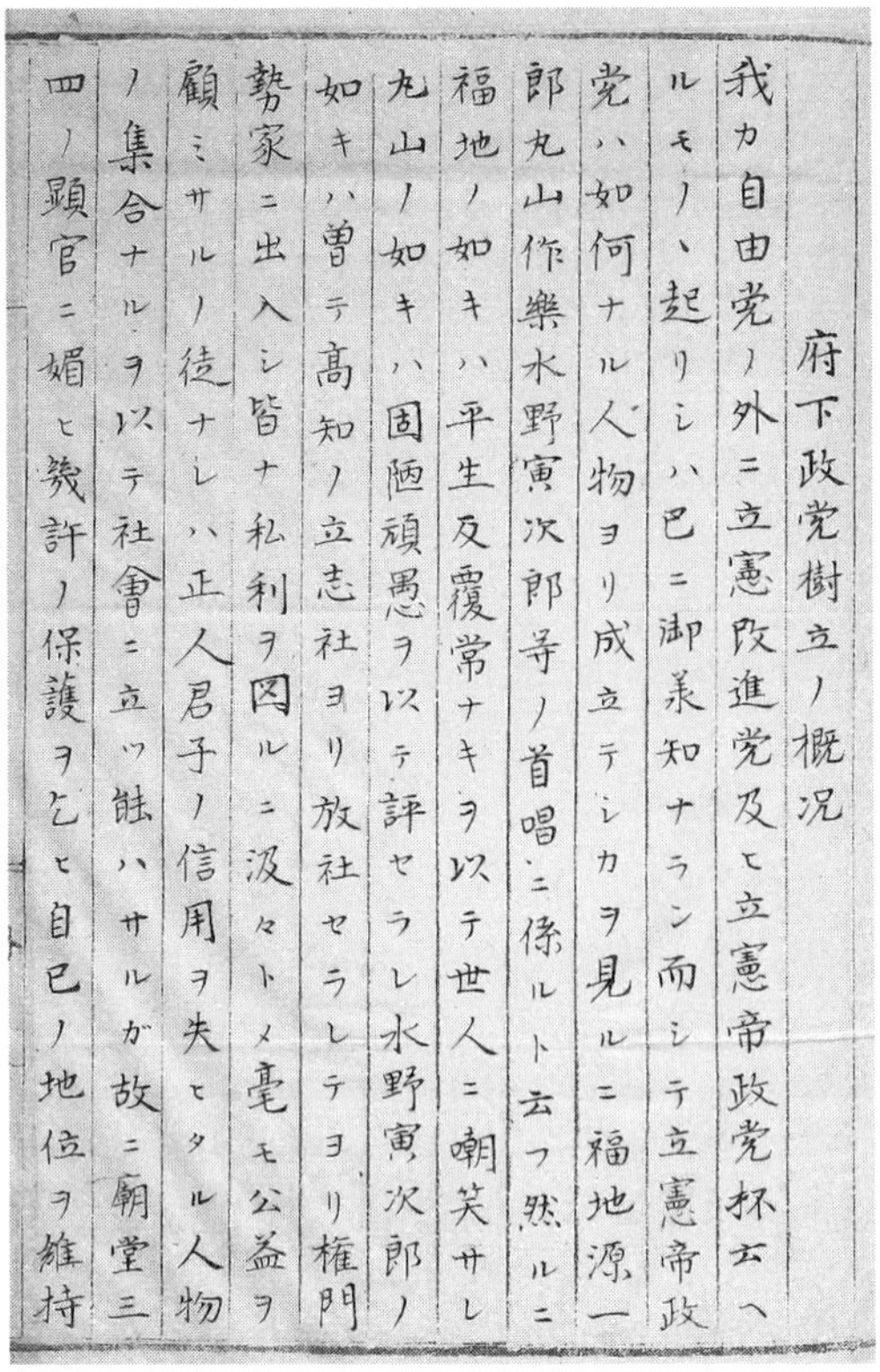
府下政党樹立ノ概況
我カ自由党ノ外ニ立憲改進党及ヒ立憲帝政党杯云ヘルモノハ起リシハ已ニ御承知ナランヽ而シテ立憲帝政党ハ如何ナル人物ヨリ成立テシカヲ見ルニ福地源一郎丸山作楽水野寅次郎等ノ首唱ニ係ルト云フ然ルニ福地ノ如キハ平生反覆常ナキヲ以テ世人ニ嘲笑サレ丸山ノ如キハ固陋頑愚ヲ以テ評セラレ水野寅次郎ノ如キハ曽テ高知ノ立志社ヨリ放社セラレテヨリ権門勢家ニ出入シ皆ナ私利ヲ図ルニ汲々トメ毫モ公益ヲ顧ミサルノ徒ナレハ正人君子ノ信用ヲ失ヒタル人物ノ集合ナルヲ以テ社会ニ立ツ能ハサルカ故ニ廟堂三四ノ顕官ニ媚ヒ幾許ノ保護ヲ乞ヒ自己ノ地位ヲ維持

写真2　親書②「自由党の探偵書」
明治15年4月27日
【明う152(14)】

の「眩惑《げんわく》」の影響であった点も許せなかったようです。当時湖南地域では、大津の代言人・酒井有《さかいゆう》らにより大津自由党が結成されていました。田辺からの申し出は、渡りに船だったといえるでしょう。

その一方、親書②（五月一日到着）の自由党に関する探偵書によれば、同党も帝政党に対する一定の警戒心を抱いていたようです（**写真2**）。同党は帝政党を「御用政党」と罵《ののし》り、そのような党派に加わる者は、私利私欲にまみれた小人物か、天下の大勢を知らない頑固爺《おやじ》だと酷評しています。しかしそのような政党でも、遊説員が各地に派遣されれば、我が党の進路を妨害する恐れがあると警告していました。田辺が企てた遊説員の派遣は、地方の政治状況に一定の緊張感を与えたものと思われます。

板垣退助の遭難

しかしそのような折、想定外の事件が勃発《ぼっぱつ》することになります。明治十五年四月六日、岐阜県で遊説中の板垣退助が暴漢に襲われたのです（**写真3**）。親書③（五月十日到着）の自由党に関する探知書は、板垣遭難後の同党の動向を記しています。同書によれば、凶変以来同党の勢力は、かえって活気づいていたようです。同党はこの「好機」に乗じ、更なる団結を図ろうと考えました。秘密裏に印刷した檄文《げきぶん》を各地に運び込み、人心を奮い立たせようと計画したのです。さらに同年三月には九州改進

写真３　板垣君遭難之図
高知県立自由民権記念館蔵

党、四月には立憲改進党が結成されており、両党と連携を図ることも確認されています。両党とは、差異や嫌悪感はありつつも、凶変に直面した今日の非常事態においては、彼らとも大同団結が求められるとされたのです。

ちなみにこの時、東浅井《ひがしあざい》郡上野《うわの》村の平民・伏木《ふしき》孝内は、長身の槍《やり》を担いで岐阜まで駆け付けたといいます。伏木は明治十三年四月、県内で初めて愛国社大会に参加した人物で、自宅に自由党の看板を掲げ、湖北地域を地盤に滋賀県自由党を結成していました。

その後、傷の癒《い》えた板垣は、同志とともに四月十五日に岐阜を立ち、大阪に向かいました。翌十六日には彦根に到着し、地元の党員との大懇親会が開催されています（『立憲政友会滋賀県支部党誌』）。この懇親会は、当初八日に予定されていましたが、板垣の遭難を受けて延期されたものです（『江越日報』）。従来一郡や一部落にとどまっていた県内の民権派を集結させ、県全体の団結を図るために設けられました。十七日に琵琶湖を通過する際には、「自由万歳」と記した巨大な旗が汽船に掲げられるなど、板垣一行は大いに歓迎されたようです。

翌五月一日、大阪では酒税引下げを求めるために、酒屋会議が企画されていました。同集会は、自由党の植木《うえき》枝盛《えもり》が全国の酒造業者に参加を呼びかけたもので、この時植木は、板垣に同行していました。同集会は、四月二十七日、大阪府知事により禁止されますが、五月四日に淀《よど》川に浮かべた船で密会し、十日に改めて祇園《ぎおん》で開催

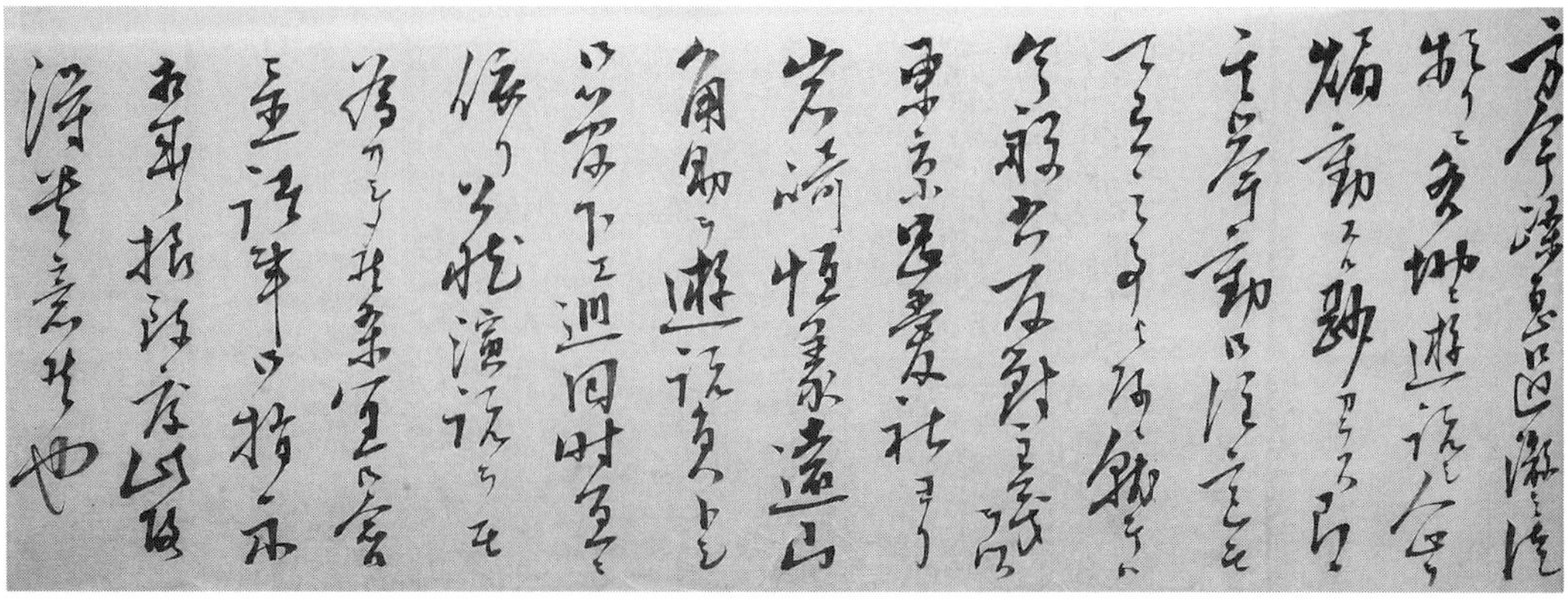

写真４　親書④「忠愛社員の派遣」
明治15年５月17日
【明う152（14）】

されました。籠手田県令は、四月二十四日に同集会が「国安ヲ妨害」するものだとして、県内の酒造業者が参加しないよう郡長に注意を促しています【明い96-２⒄】。しかし同集会で起草された酒税軽減歎願書《たんがんしょ》には、彦根の酒造家・中村吉太郎が名を連ねており、県内からの参加を止めることはできなかったようです。

さらなる遊説員の派遣

このように勢いづく民権派の動きを受けて、親書④（到着日不明）で田辺は、さらなる遊説員の増員を伝えています（写真４）。今回は『明治日報』を発刊する忠愛社の社員二名が派遣されました。二度にわたる遊説員の影響は、どの程度のものであったかは不明です。しかし田辺が民権運動に対する「反対順良ノ政党」として期待した立憲帝政党は、翌十六年九月に、早くも解散の憂き目にあっています。片や自由党は、一度は解党するも、明治二十三年一月に再結成を果たします。同年七月の第一回衆議院選挙では、一三〇議席を獲得して第一党となりました。当初政府は、政党からの影響を排除しようと「超然主義」を掲げましたが、議会の多数派を無視することはできず、次第に政党との妥協を迫られていきました。

以上のように、今回取り上げた「内密書類」四通からは、滋賀県を舞台とする政府と民権派のせめぎ合いの一端をうかがうことができます。県の公文書と異なり、民間の政党に関する文書は、後世に残りにくいものです。そのため政府側からの視点とはいえ、これらの秘密書類の存在は、当時の自由民権運動の実態に迫る貴重な手がかりとなるのです。

（大月　英雄）

⑤ 彦根城外堀の養魚場

現在、マザーレイクと称される琵琶湖は、日本最大の面積をほこる湖であるとともに、美しい景観や貴重な固有種を有する、県民のみならず国民全体の財産ともいうべきものです。また近年では、琵琶湖再生法の成立や日本遺産に「琵琶湖とその水辺景観」が登録されたことに象徴されるように、琵琶湖のさまざまな価値も再認識されつつあります。

ただ、これらの貴重な資源を守り、豊かな琵琶湖を維持していくためには、さまざまな努力が必要です。その一例として、明治期には彦根城の堀で養殖事業が行われていました。一体、明治期の人びとはどのように水産資源の維持に取り組んでいたのでしょうか。本節では、その養殖事業の足跡をたどってみました。

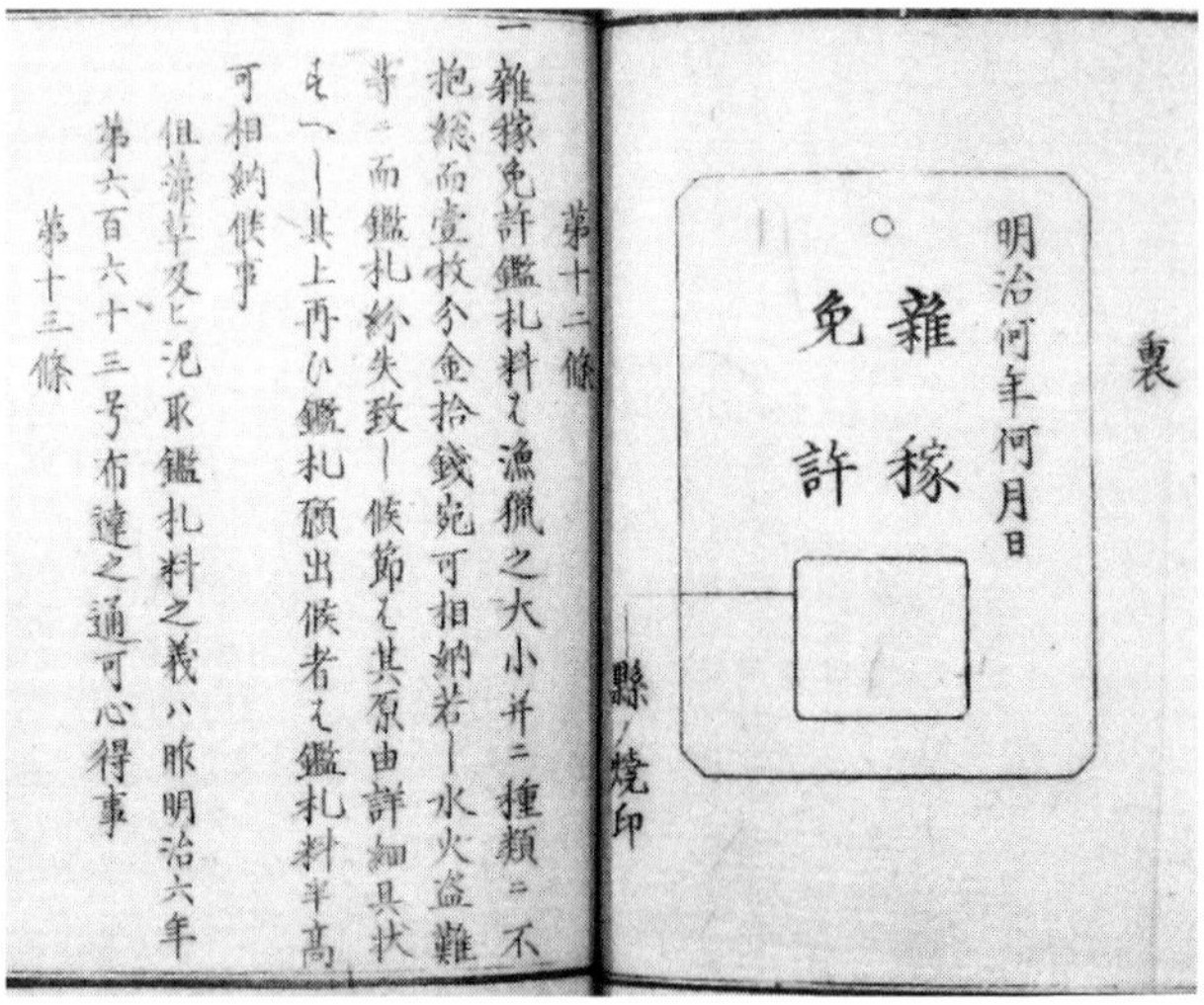

写真１　湖川諸漁猟藻草及ひ泥取規則并税則
明治７年６月17日
【明う48（–）】

湖上の漁業

琵琶湖での漁業の始まりは、縄文時代といわれています。平安時代（十一世紀後半）には、とりわけ下賀茂《しもがも》社（下鴨神社）の御厨《みくりや》となった堅田《かたた》の漁師たちが琵琶湖の漁場を拡大していきます。その後、彼らの漁労は、時の権力者である信長や秀吉、家康らによって保障されます。一方で湖上には、社寺領内での殺生禁断、藩主の遊漁地として入漁を禁じている場所なども存在し、また定置網禁止などによる資源保護とも絡むなど、さまざまな規制が存在していました。

明治時代になると、琵琶湖の漁業は新しい局面を迎えます。江戸時代までは、諸藩がそれぞれの政策で琵琶湖における漁業を統制していましたが、近江国全体にわたる規制はありませんでした。そこで、明治七年（一八七四）、初代県令松田道之《まつだみちゆき》は「湖川諸猟藻草及ヒ泥取規則并税則」（**写真1**）を発布し、統一的な保護政策に乗り出します。

しかし、魞《えり》漁などによる乱獲は反対意見なども強く、なかなか全面禁止とまではいかなかったようです。

新たな養殖事業への道

こうした状況に対応するため、漁種の保護や増殖を目的として、琵琶湖の流域で次々と養殖事業が始められます。明治十一年には現在の醒井養鱒場《さめがいようそんじょう》につながる県営施設が坂田郡枝折《しおり》村に設置され、さらに、明治十七年九月に県が湖川漁魚採藻取締規則を発布して、連合水産区を設けたことにより近江水産組合ができ、鯉《こい》・鱒《ます》・鰻《うなぎ》などの魚苗《ぎょびょう》放流や養魚場での鯉魚養成が進められていきます。

彦根では、彦根城の外堀を利用して養殖事業を興そうとする動きもはじまりました。その端緒は、『彦根市史』では明治二十四年とされ、彦根町の宇津木三四郎《うつぎさんしろう》と久保《くぼ》田八郎《たはちろう》の両名が、鯉の養殖事業を企図し、借用を願い出ていたようです。同書によると、宇津木と久保田のほか二名の保証人の連名により、県知事岩崎小二郎《いわさきこじろう》に官有地の拝借願いが提出されています。彼らは、外堀のある中島町と尾末《おすえ》町で五か年の約束で拝借料を払った上で養魚・漁獲を行うこととし、初年は大和《やまと》鯉を三万尾、二年目以降は一万尾を養殖する計画が記されています。しかしこの資料だけでは、拝借願いが受理され、計画が実行されたか否かは定かではありません。

残されていた資料

一方、当館には、明治十九年に作成された「堀池継続貸下の義伺」という資料（写真2）が残されています。この資料は先述の宇津木三四郎と岡本義三郎《おかもとぎさぶろう》の両名が提出した願い出を、県大書記官河田景福《かわたかげとみ》が、内務大臣山県《やまがた》有朋《ありとも》に取り次いだ文書であり、中島町の新堀池を継続借用したい、というものです。資料中では、その目的は養魚のためとされ、明治十四年一月から五か年の計画で借用していた堀を、さらに明治二十三年までの五年間継続したい、というものでした。そしてその返答として、

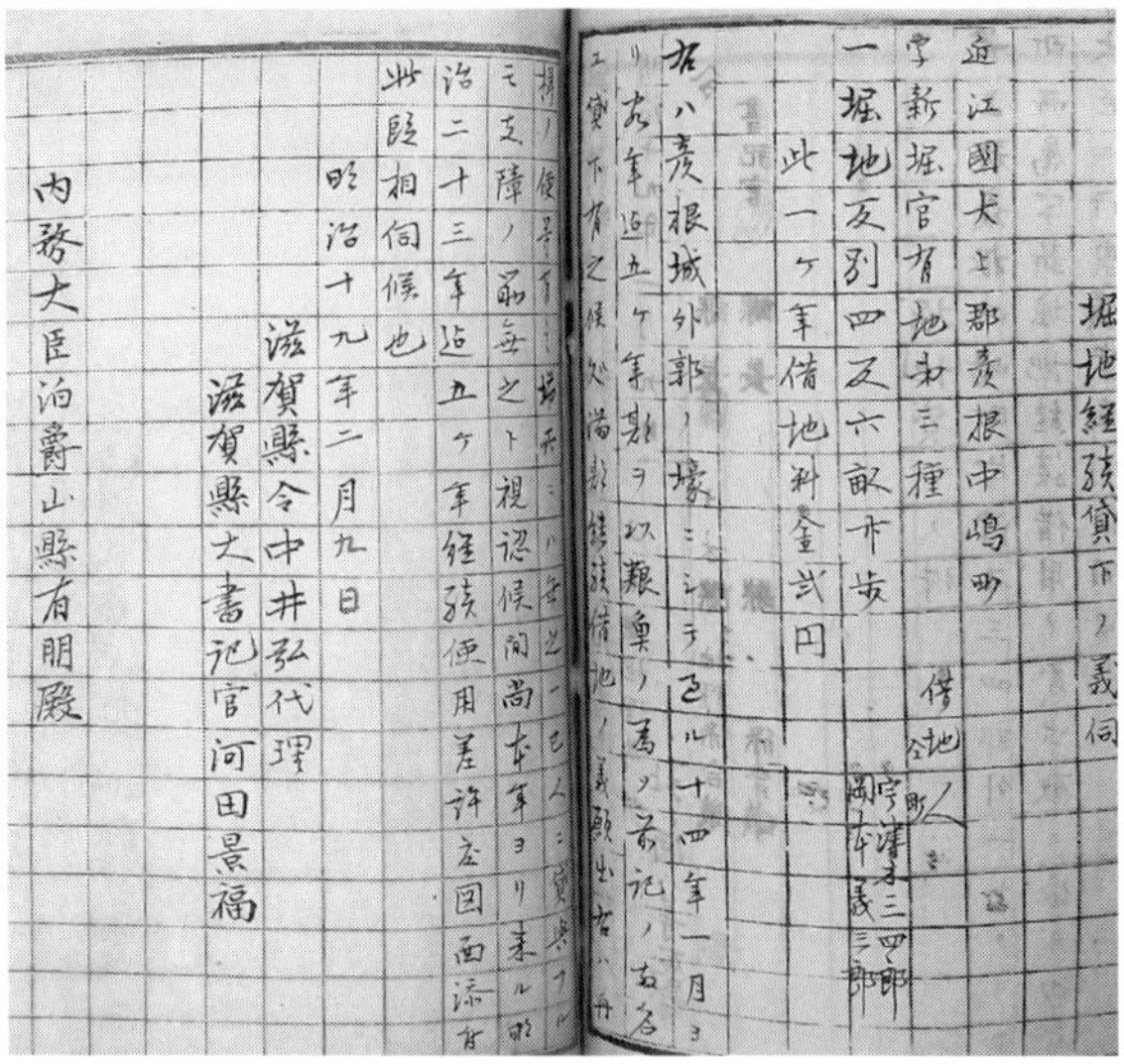

写真２　堀池継続貸下の義伺
明治19年２月９日
【明な278－2(27)】

「書面伺之《の》趣聞届候事」という山県有朋の署名が朱筆されています。この資料によれば、『彦根市史』の記述をさかのぼること一〇年前には、彦根城の外堀が実際に養魚の目的で民間に貸し出されていたようです。

また、明治三十三年には、湯本源蔵《ゆもとげんぞう》という別人から外堀の公有水面許可願いと添付図面が提出されています。そして翌三十四年に河島醇《かわしまあつし》知事が認可した下付書も残されており、こちらも彦根城外堀を個人に貸与したことを示す確実な資料の一つと考えられます【明な175⑿】。湯本から提出された御願書には、当時の彦根城の状況がうかがわれる記述とともに、その目的が記されています。それによると、堀は雑草が繁茂し、「塵芥《じんかい》等ヲ投棄スルヲ以テ不清潔」な状態だったそうです。彼らはこれを打ち捨てたままにはできず、「雑草ハ勿論《もちろん》塵芥等を取除キ養魚ヲ培養シ其収益ヲシテ十分清潔」にすることを申し出ました。そして大和鯉を毎年二万尾養殖しつつ、三年目からは一万尾を収穫することによって、支出二一二円（鯉代と用具、人足代）、収入八〇〇円、収益は差引き五八八円と見積もっています。

明治三十三年には、近江水産組合が養鯉場《ようりじょう》とその施設を県に寄付したことをきっかけに、稚魚の育成・放流事業や淡水魚介類についての基礎的調査研究を担う県水産試験場が犬上郡福満《ふくみつ》村（現・彦根市）に設置されました。また『滋賀県水産試験場要覧　八十年のあゆみ』によると、水産組合は明治三十九年四月に、先に述べた彦根城外堀を借り入れ、鯉苗《りびょう》養成地（七五四〇坪）としています。そして、二年後の明治四十一年には規模を拡張し、外堀すべて（一万五九二八坪）を区画して彦根養魚場を新設しました。この彦根養魚場は、昭和四十一年に廃止されるまで、長らく養魚の発展普及の基礎を担います。

受け継いでいく共有財産

このような明治期の養殖事業の興隆は、その後の琵琶湖の漁業に大きな変化をもたらしました。明治四十二年には、動物学者の石川千代松《いしかわちよまつ》が滋賀県水産試験場で小鮎《こあゆ》の飼育に成功、琵琶湖のみならず全国の河川に放流する道を開きます。琵琶湖の漁業は、もはや天然の資源のみならず、水産試験場による採卵や育成、各地の漁業組合連合会が行う放流によるところが大きくなっていったのでした（写真3）。

しかし、できる限り乱獲を防ぎつつ、なりわいを維持していくという基本の理念は、どの時代も変わりありません。太古より続く恵み豊かな琵琶湖を守り、未来の人びとに受け継いでいく営みが今日も続いています。

（杉原　悠三）

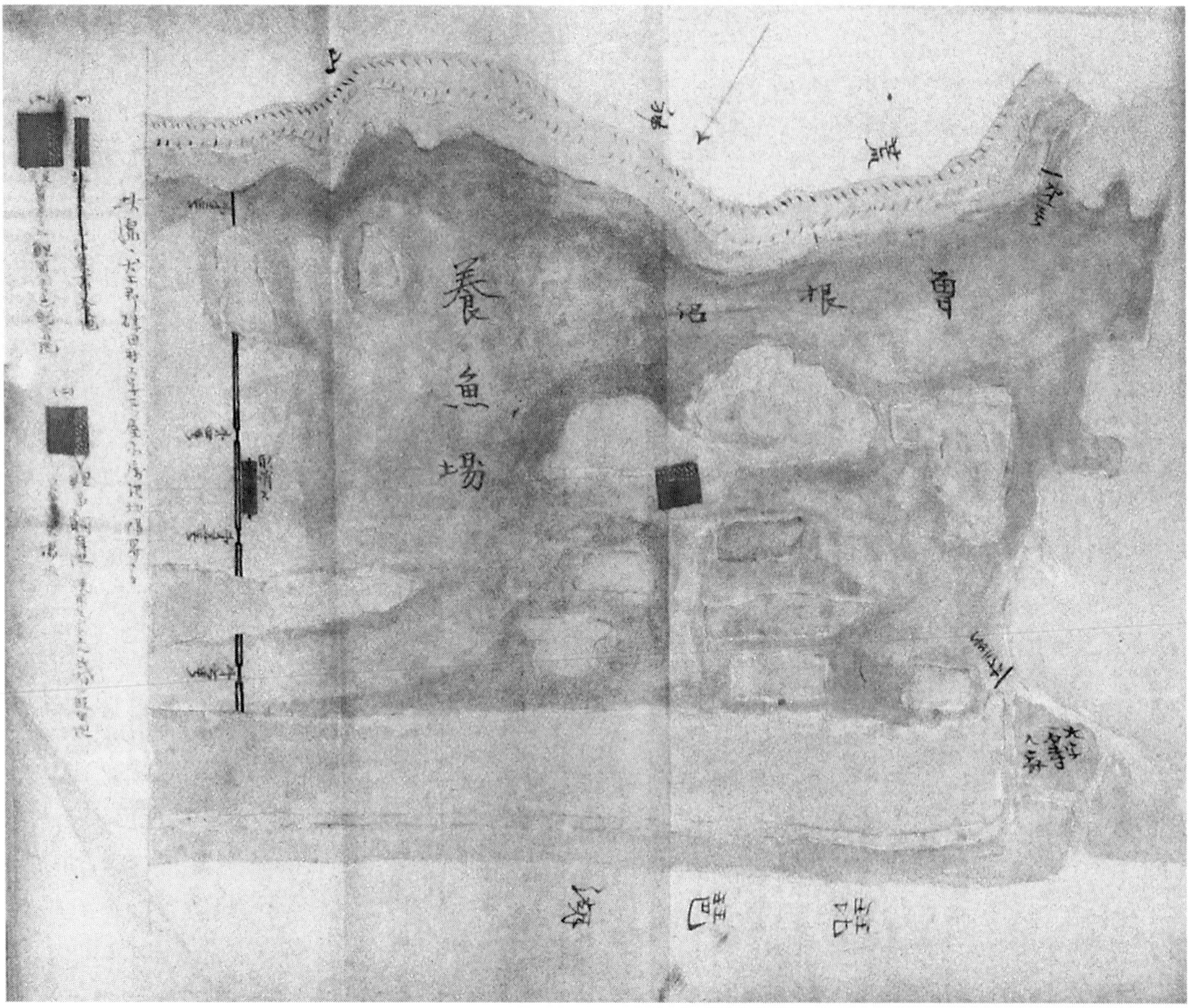

写真３　工作物施設申請書（愛知郡漁業組合の養魚場）
明治45年５月
【明な199(6)】

第3章　白熱する滋賀県会――明治二十二～二十六年

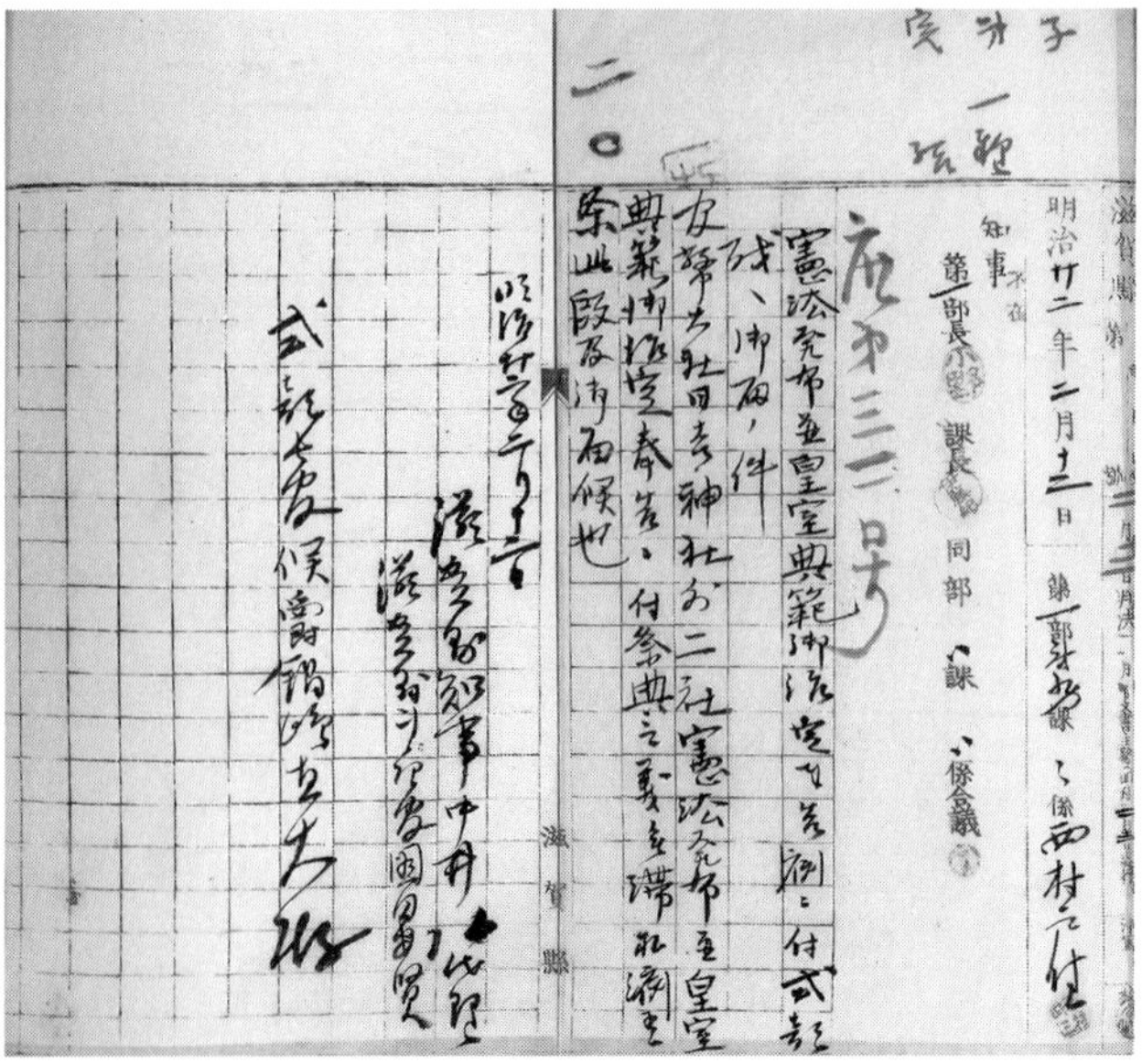

1　憲法発布奉告の件
明治22年２月12日
【明う117(20)】

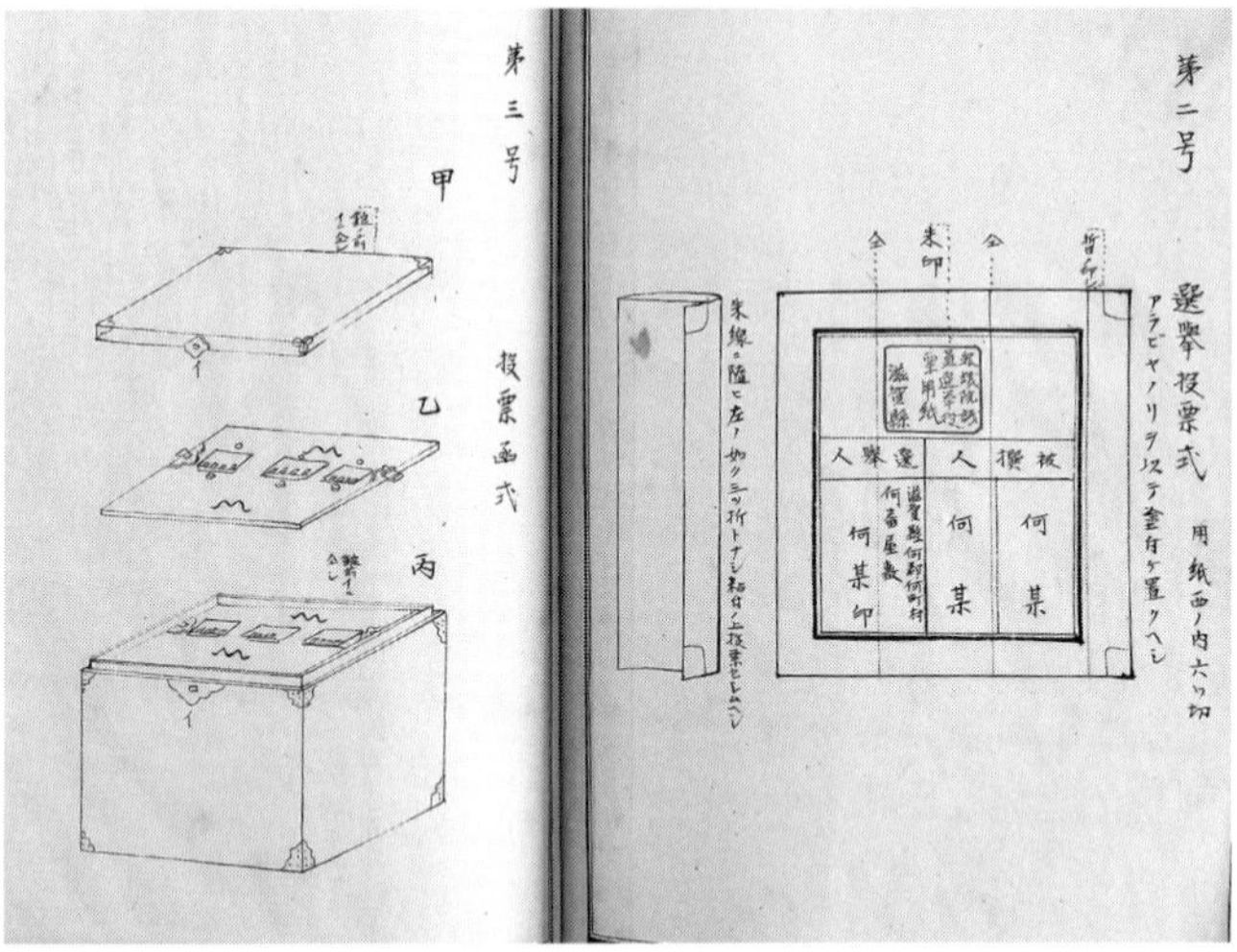

2　衆議院議員選挙投票用紙と投票箱
明治23年２月
【明き33－1(5)】

地方制度の確立

明治二十二年（一八八九）二月十一日、大日本帝国憲法が発布され、全国が祝賀ムードに包まれました。

帝国憲法では、日本の議会制度についても定められました。帝国議会は貴族院と衆議院とで構成され、国民は初めて、政治的な意思を国の法律や予算に反映させる手段を得たのです。しかし、選挙の対象は衆議院議員のみで、選挙権も二五歳以上の直接国税一五円以上を納める男性のみに与えられたため、一般民衆のほとんどが排除されました。有権者は人口の一％ほどに過ぎず、まだまだ国民の意思が十分に反映される体制は整っていなかったようです。とはいえ、日本初の帝国議会開設（明治二十三年十一月）に向け、第一回衆議

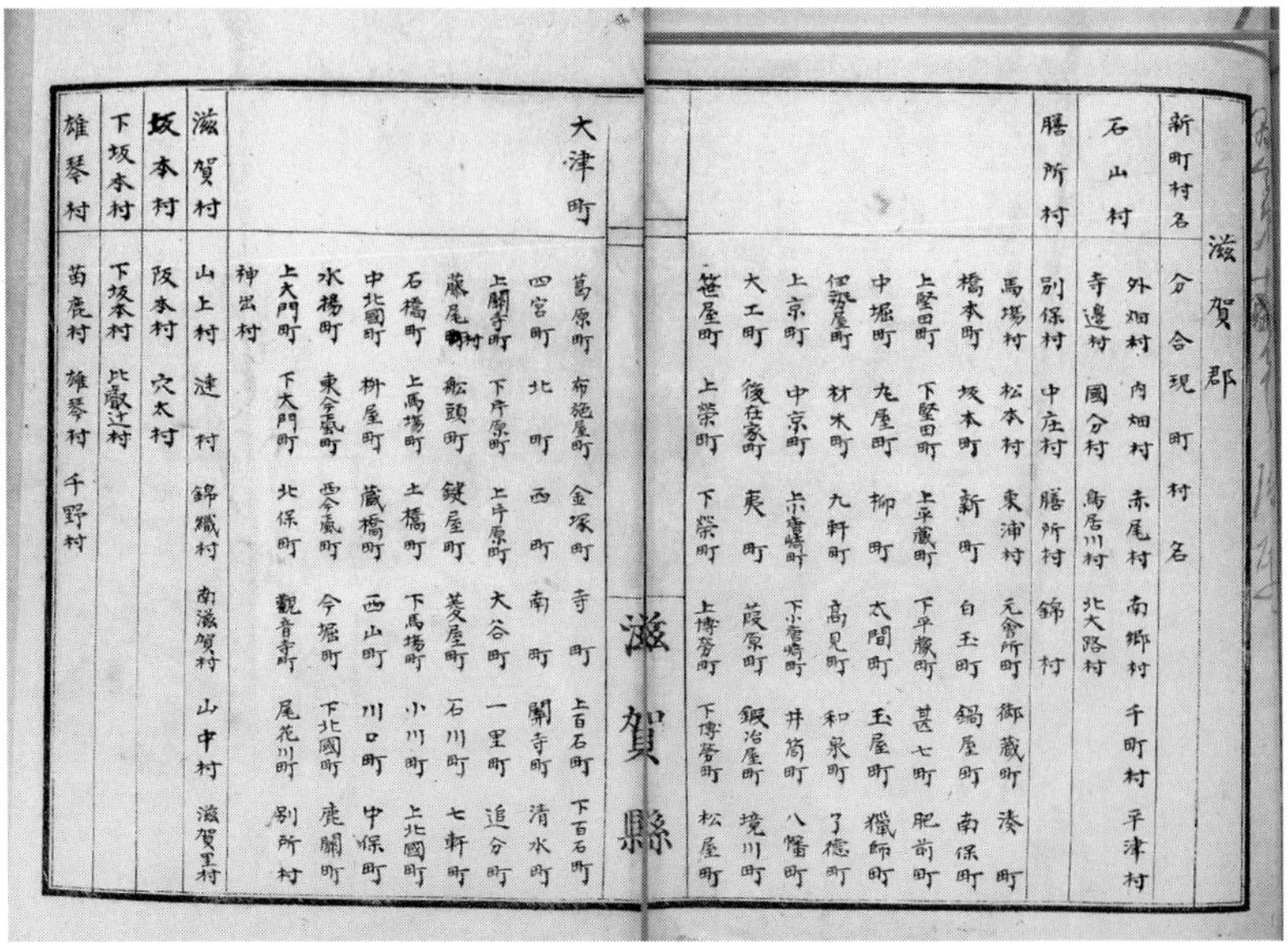

3　町村分合表
明治22年２月19日
【明こ69－7(7)】

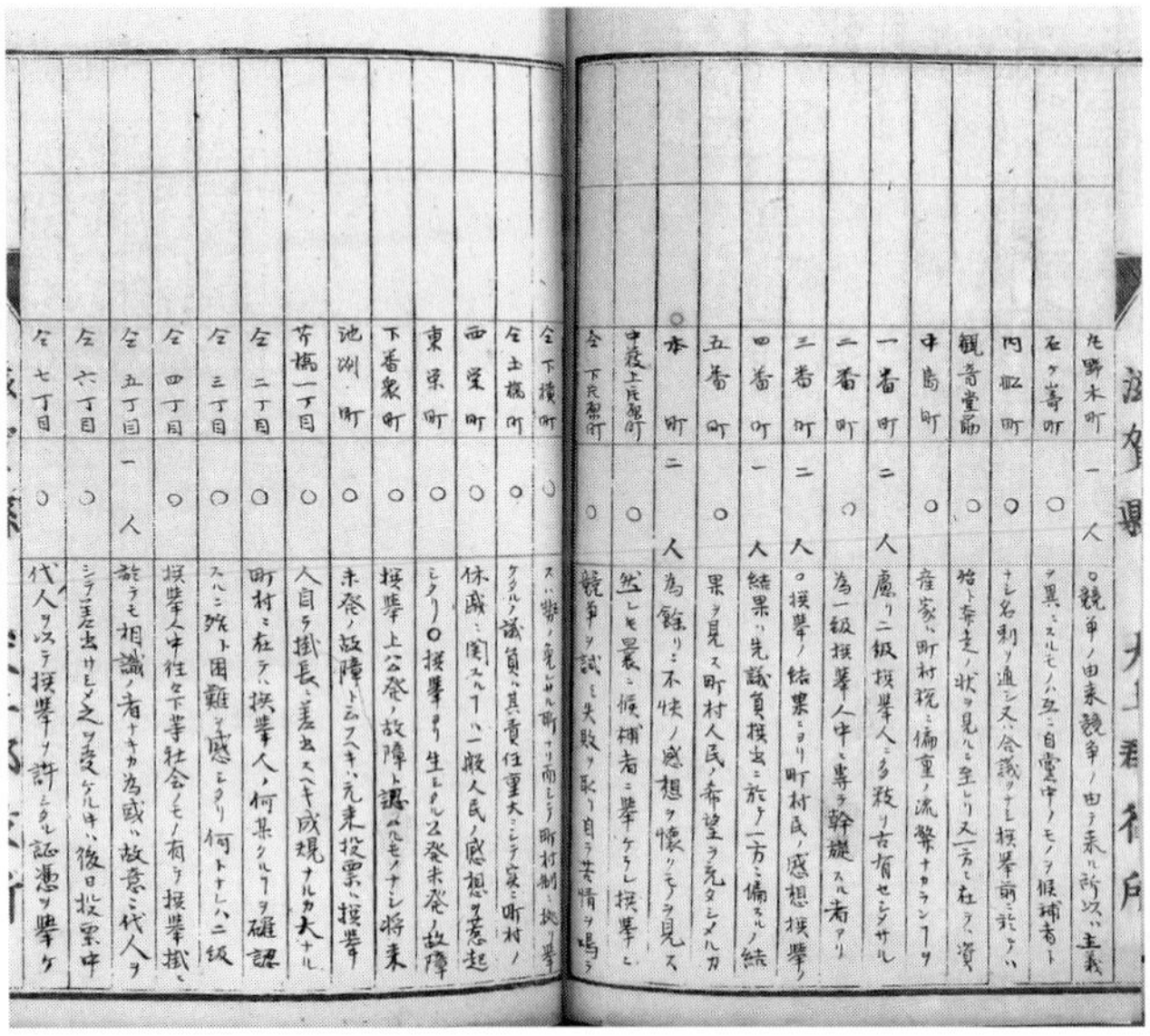

4　町村会選挙実況報告（犬上郡彦根町）
明治22年５月17日
【明こ136(85)】

院選挙が全国で行われ、滋賀県でも「選挙事務取扱規則」（写真2はその一部）に基づく選挙の末、五名の議員が選出されました。

　また、憲法の発布とともに、地方制度の整備も進められました。その一環として、明治二十一年には市制・町村制が、また同二十三年には郡制・府県制が公布されました。政府は、資産のある有力者を優遇する形で地方に自治を与えつつ、こうした制度を通じて中央の統制を地方に及ぼそうとしたのです。

　滋賀県では、明治二十二年二月十九日に、同年四月一日以降町村制を施行する旨と、合併後の新町村の区域、名称が通知されました（写真3）。しかし、市制、郡制、府県制の施行は明治三十一年まで持ち越されました。

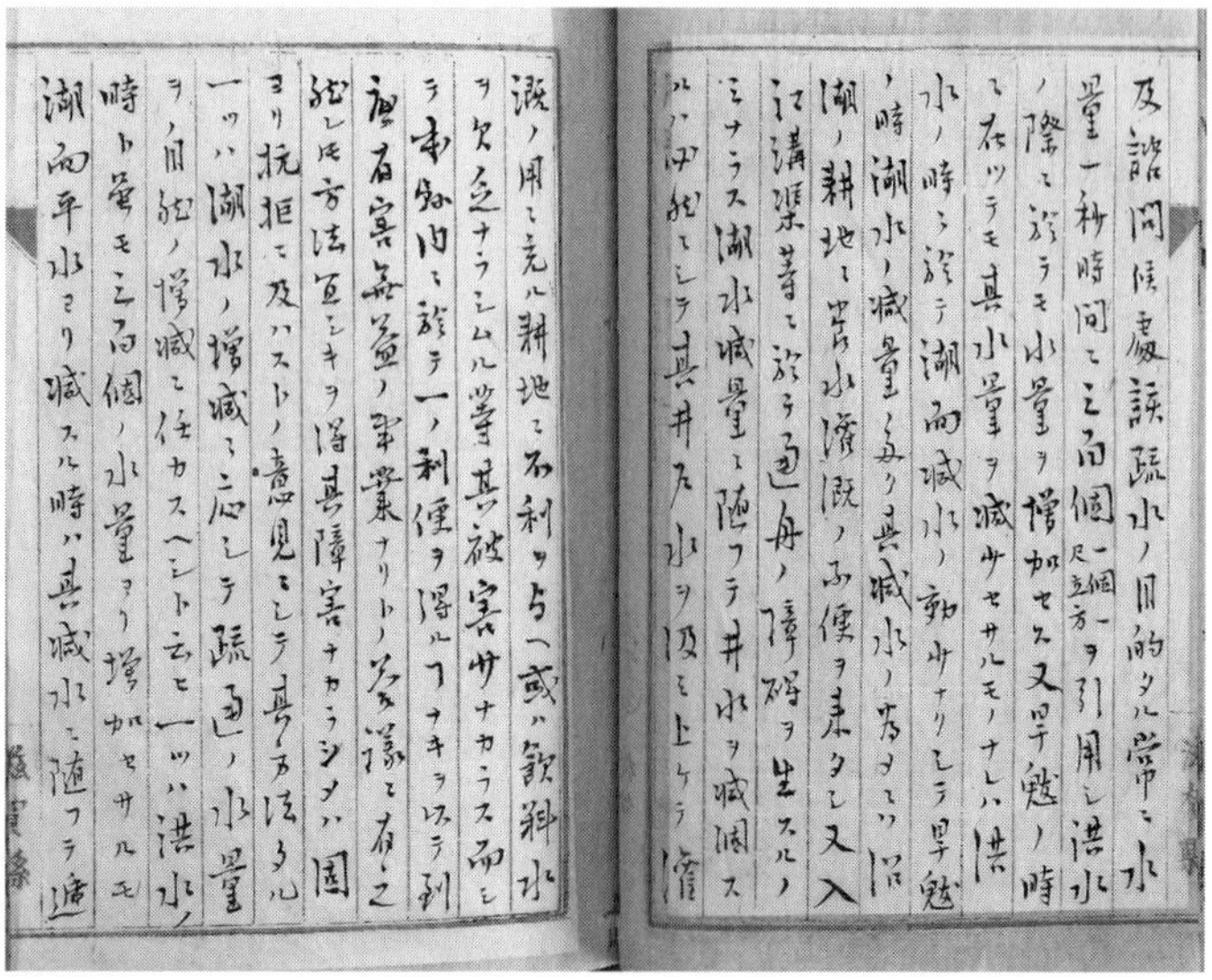

5　琵琶湖疏水の儀に付上申
明治17年3月19日
【明ね33(17)】

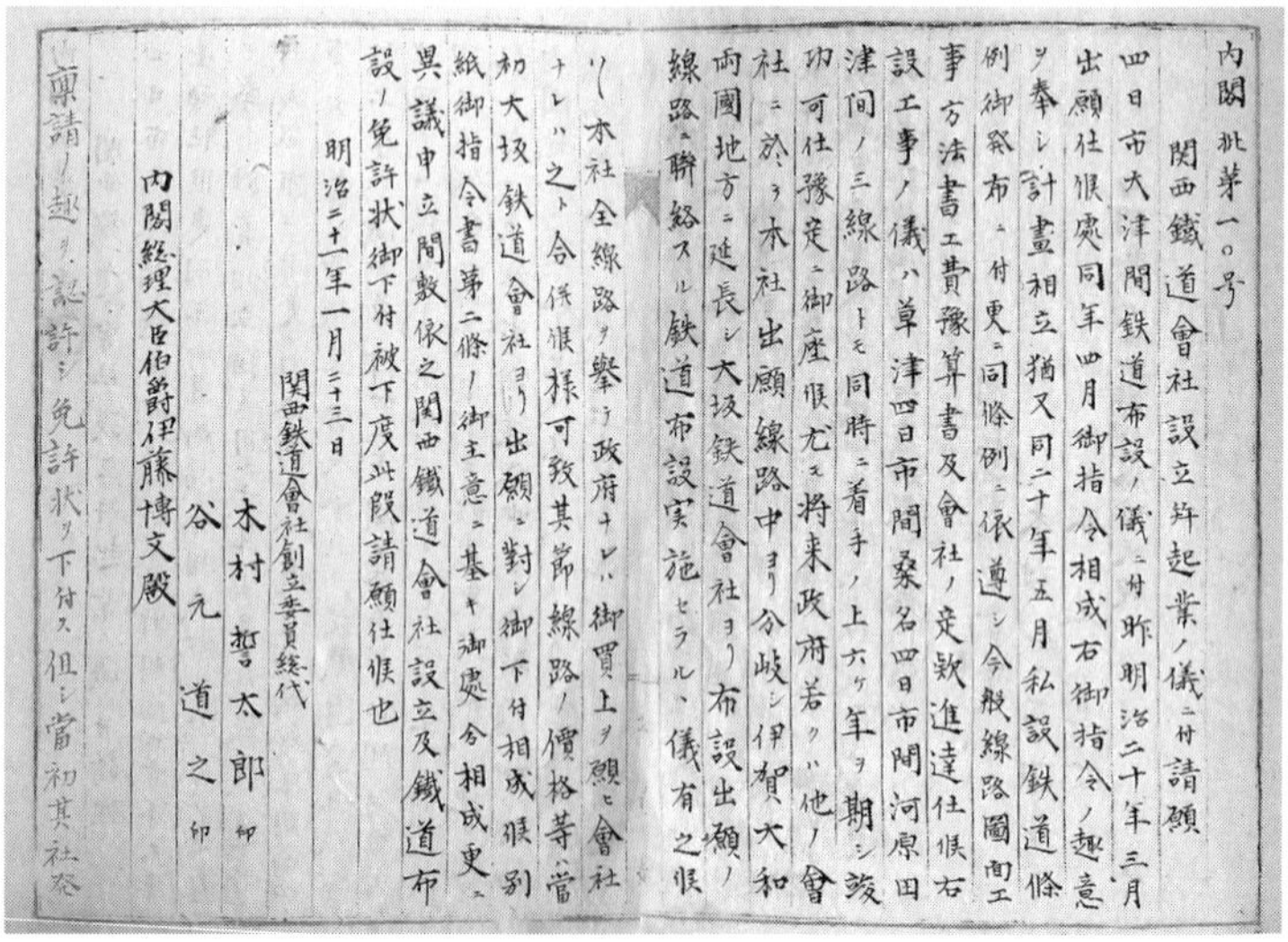

6　関西鉄道会社設立
并起業請願
明治21年1月23日
【明と51－3(3)】

インフラの近代化

明治十六年（一八八三）、京都府より琵琶湖疏水開削《かいさく》計画が提案されます。これは、琵琶湖の水を常時一定量、京都府へ流すための水路を作る計画でした。滋賀県は「到底有害無益ノ事業」と開削には批判的でしたが（**写真5**）、結局、明治十八年には工事が始められ、同二十三年三月に琵琶湖疏水は完成しました。

写真6は、関西鉄道の設立請願書です。明治二十二年、これまでは湖上汽船により連絡していた大津・長浜間とJR草津線の前身・関西鉄道がともに開通し、県内の交通は益々発展していきます。

写真7は、瀬田川治水に関する資料です。古くからの懸念事項であるこの問題は、明治四十一年の瀬田川（淀川）改修工事完成により一旦落着します。しかしそれまでの道のりは厳しく、明治二十年代の岩崎知事（同二十三年）、大越知事（同二十五年）

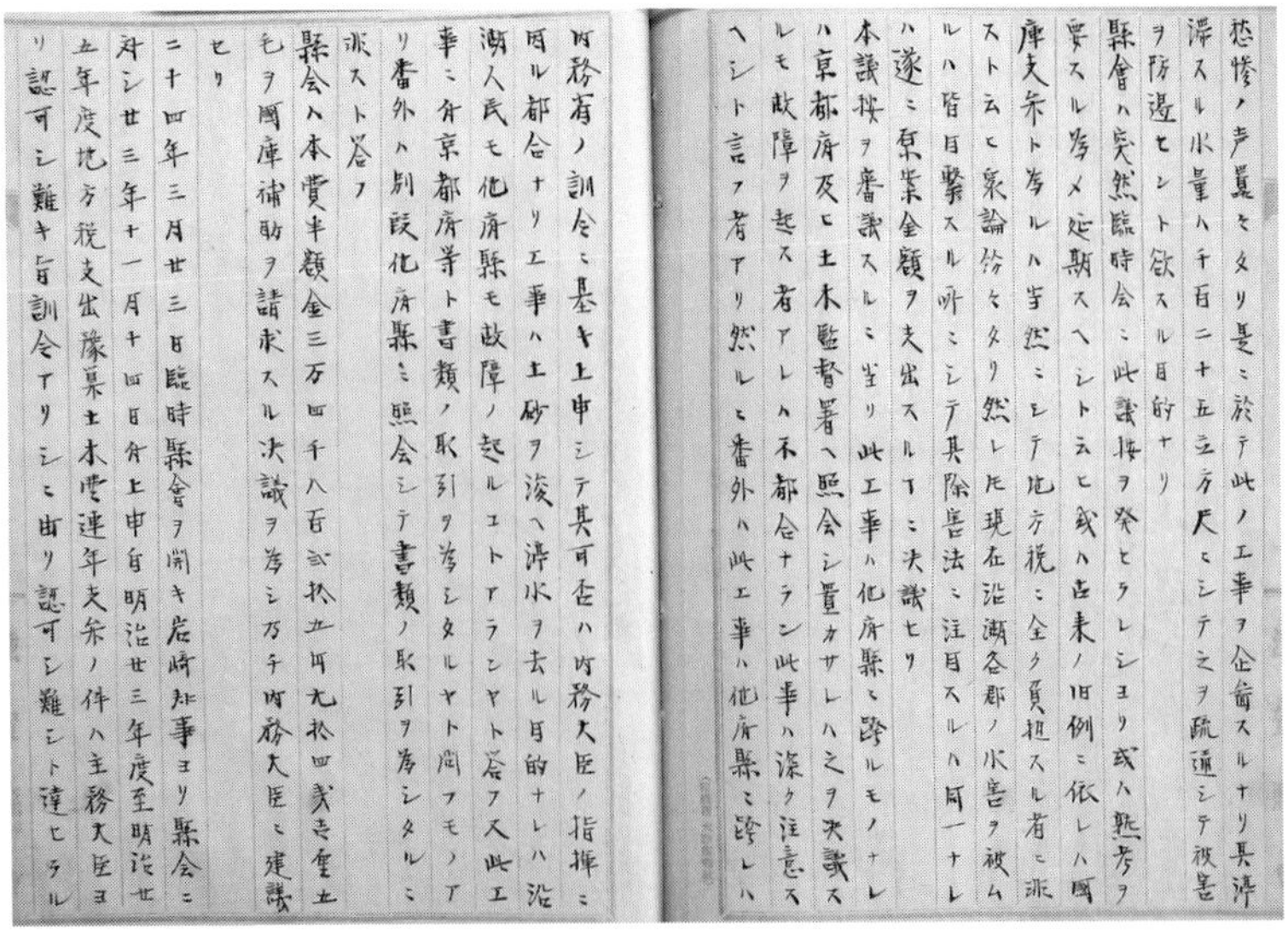

悲惨ノ声囂々タリ是ニ於テ此ノ工事ヲ企画スルナリ其停滞スル水量ハ千百二十五立方尺ニシテ之ヲ疏通シテ被害ヲ防遏セント欲スル目的ナリ
県会ハ突然臨時会ニ此議按ヲ発セラレシヨリ或ハ熟考ヲ要スル為メ延期スヘシト云ヒ或ハ古来ノ旧例ニ依レハ国庫支弁ト為ルハ当然ニシテ地方税ニ全ク負担スル者ニ非スト云ヒ衆論紛々タリ然レ圧現在沿湖各郡ノ水害ヲ被ムルハ皆目撃スル所ニシテ其除害法ニ注目スルハ同一ナレハ遂ニ原案全額ヲ支出スル事ニ決議セリ
本議按ヲ審議スルニ当リ此工事ハ他府県ニ跨ルモノナレハ京都府及ヒ土木監督署ヘ照会シ置カサレハ之ヲ決議スルモ故障ヲ起ス者アレハ不都合ナラン此事ハ深ク注意スヘシト言フ者アリ然ルニ番外ハ此工事ハ他府県ニ跨レハ内務省ノ訓令ニ基キ上申シテ其可否ハ内務大臣ノ指揮ニ因ル都合ナリ工事ハ土砂ヲ浚ヘ滞水ヲ去ル目的ナレハ沿湖人民モ他府県モ故障ノ起ルコトアランヤト答フ又此工事ニ付京都府等ト書類ノ取引ヲ為シタルヤト問フモノアリ番外ハ別段他府県ニ照会シテ書類ノ取引ヲ為シタルニ非スト答フ
県会ハ本費半額金三万四千八百弐拾五円九拾四銭壱厘五毛ヲ国庫補助ヲ請求スル決議ヲ為シ乃チ内務大臣ニ建議セリ
二十四年三月廿三日臨時県会ヲ開キ岩崎知事ヨリ県会ニ対シ廿三年十一月十四日付上申旨明治廿三年度至明治廿五年度地方税支出豫募土木費連年支弁ノ件ハ主務大臣ヨリ認可シ難キ旨訓令アリシニ由リ認可シ難シト達セラル

7　**瀬田川浚渫の件**
明治期
【資31】

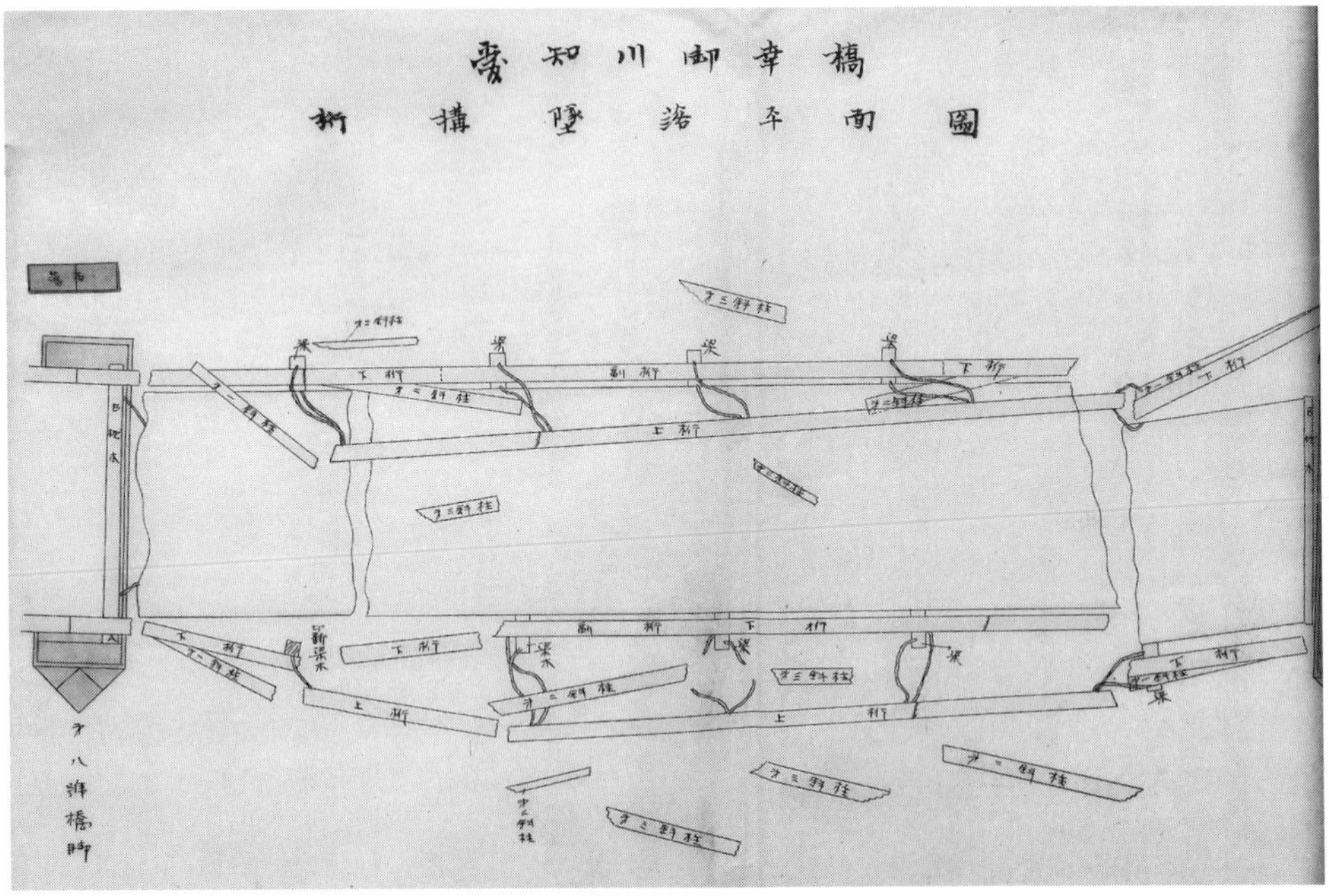

8　**御幸橋破損箇所の図面**
明治24年10月26日
【明に20(19)】

による内務大臣への工事請願は、いずれも大阪や京都の反対により不認可と判断されています。とはいえ、大越知事の請願に対しては、道馬ヶ《どうまが》島《しま》付近のみの浚渫について、県会承認の上での許可が但し書き付で下り、瀬田川治水に向けた一歩を踏み出すことができたのです（詳細は106頁）。

写真8は、明治二十四年十月二十四日の橋渡式中に墜落した愛知《えち》川御幸《みゆき》橋に関する資料のうち、橋の破損箇所を示した絵図です。墜落の原因については県会でも議論が行われ、知事をはじめ設計者や監督者などの責任が問われました。

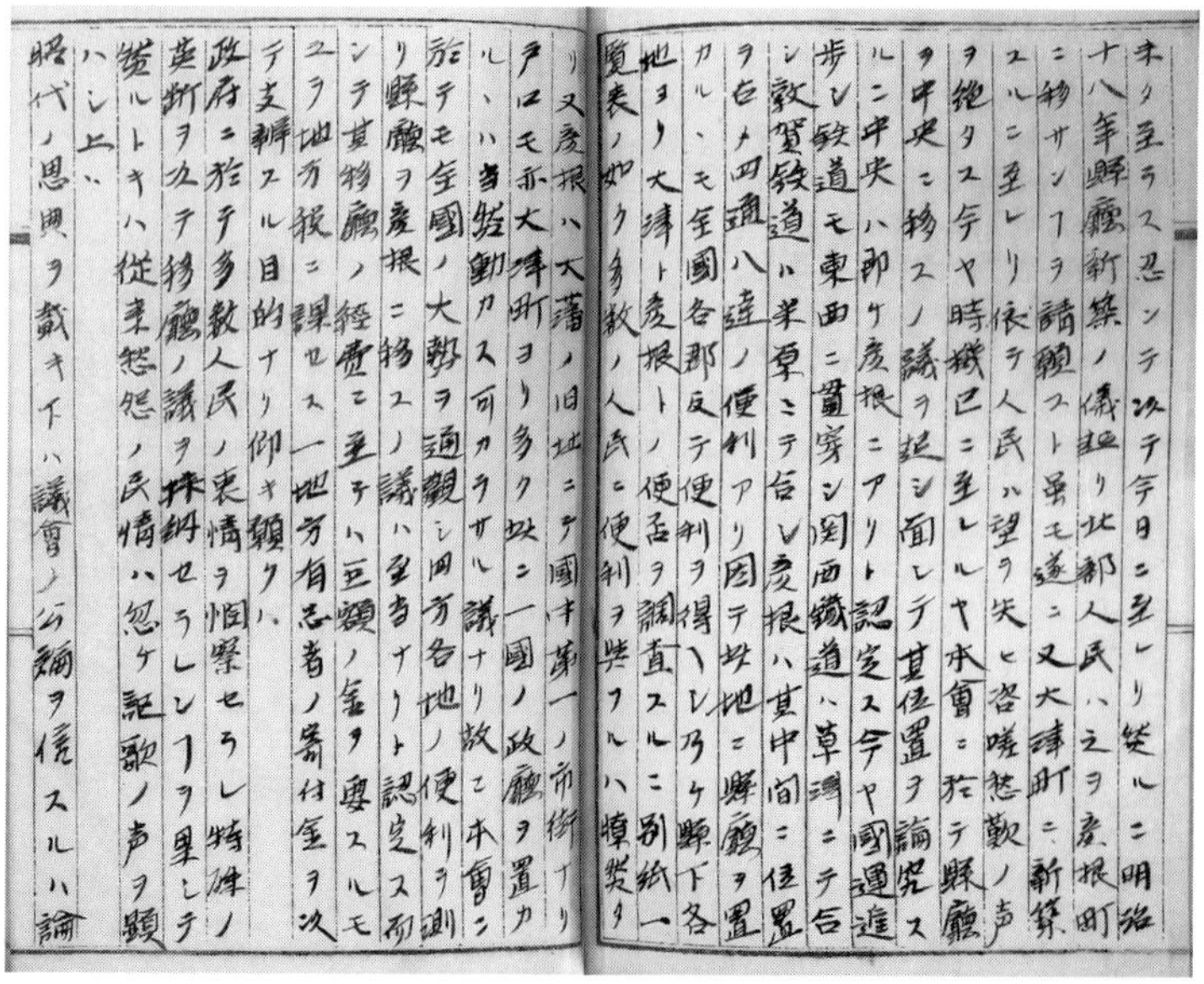

9　県庁を彦根町に移すの建議
明治24年12月16日
【明き2－2（4）】

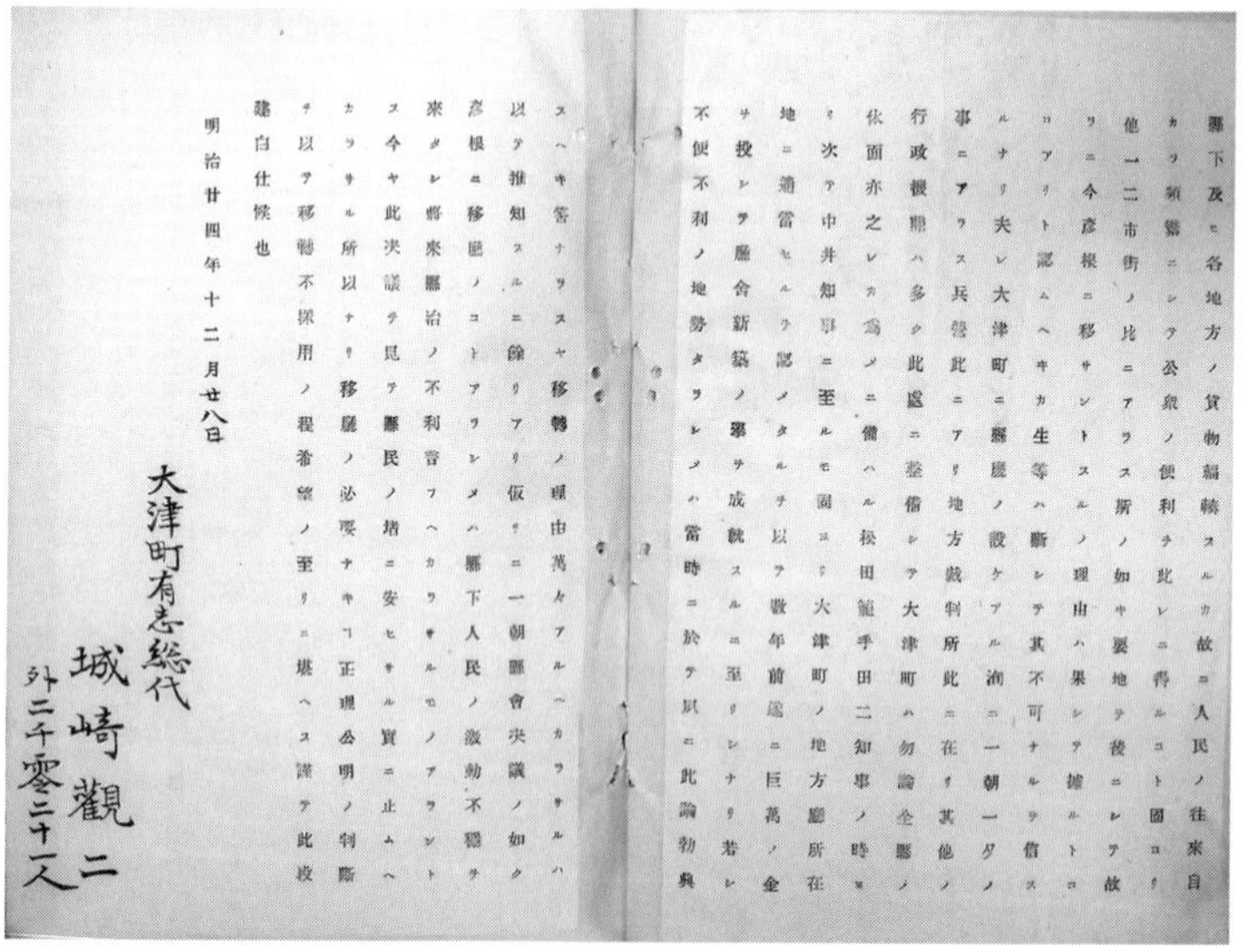
明治廿四年十二月廿八日
建白仕候也
大津町有志総代
城崎観二
外二千零二十一人

10　県庁彦根町移転決議に付建白書
明治24年12月28日
【明お49（2）】

白熱する滋賀県会

前述の瀬田川浚渫《しゅんせつ》問題や御幸橋墜落事件でも、県会は「衆論紛々タル」状況であったようですが、まだまだ議題は尽きません。

◇県庁移転騒動◇

新県庁舎完成から間もない明治二十四年（一八九一）十二月の通常県会において、唐突に提出された彦根町への県庁移転建議が可決されました（写真9）。以降、県庁移転をめぐる議論が始まり、大津町をはじめとする三七〇一人から移転反対建白書が提出されるなど（写真10）、県民を巻き込んだ大論争へと発展します。警察官まで動員されたこの論争は、同月二十二日の臨時県会において「建議の取り消し」が可決、見かねた大越知事により県会中止が命ぜられるまでに至ります。翌月に県会が再開すると、今度は「建議取り消しの取り消し」が可決されますが、県

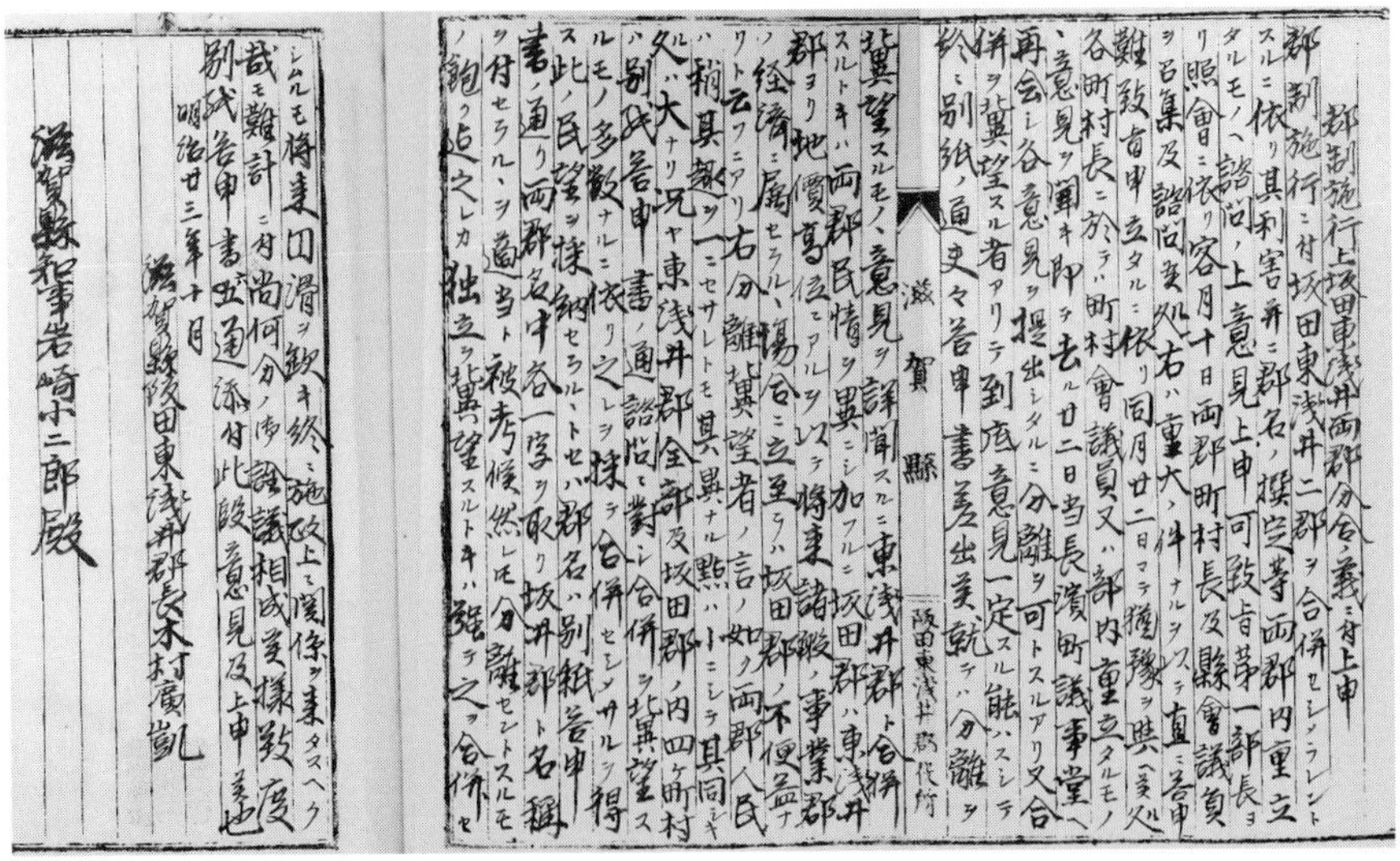

11　坂田・東浅井両郡分合の義に付上申
明治23年10月
【明ふ59－1(2)】

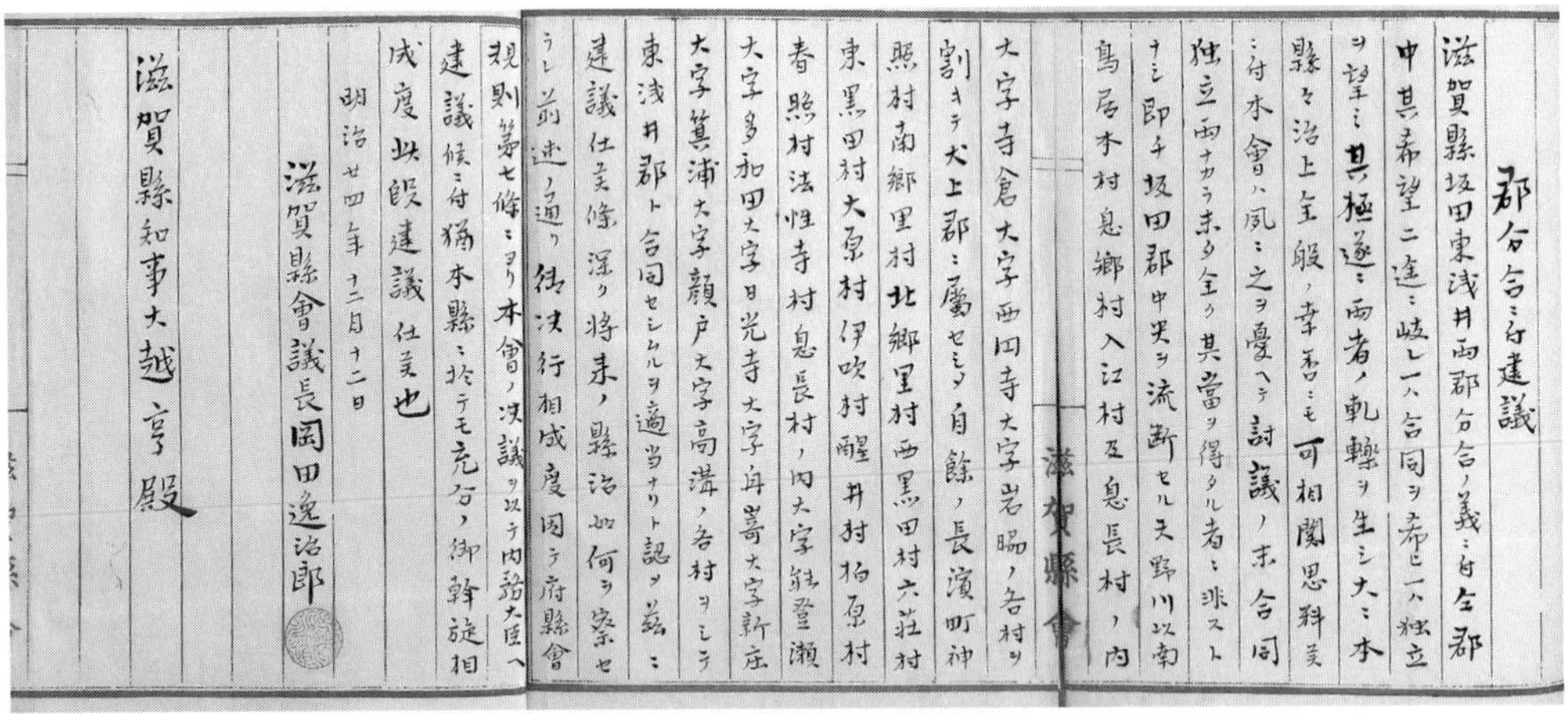

12　郡分合に付建議
明治24年12月12日
【明き16(32)】

会の解散によりこの問題はうやむやのまま終わりを迎えます（詳細は98頁）。

◇郡分合問題◇

明治二十三年制定の郡制を県下に施行するため、滋賀県では郡分合に関する調査が進められていました。これまで一つの行政区として成り立っていた坂田《さかた》・東浅井《ひがしあざい》郡では、多数派の合併継続を採る旨が郡長より県に報告されます（写真11）。しかし、その後も分離派、合併派は互いに主張を譲らず、岩崎知事は合併をしても「到底協和結合ノ望ミナキ」と、郡分離を内務大臣に上申します【明こ166－3(1)】。

すると今度はこのことを耳にした合併派が激昂《げっこう》し、ますます両者の対立は激しくなります。その後、この問題は岩崎知事の転任、次いで就任した沖守固《おきもりかた》知事の罷免《ひめん》、渡辺千秋《わたなべちあき》知事の転任により、大越知事に引き継がれます。

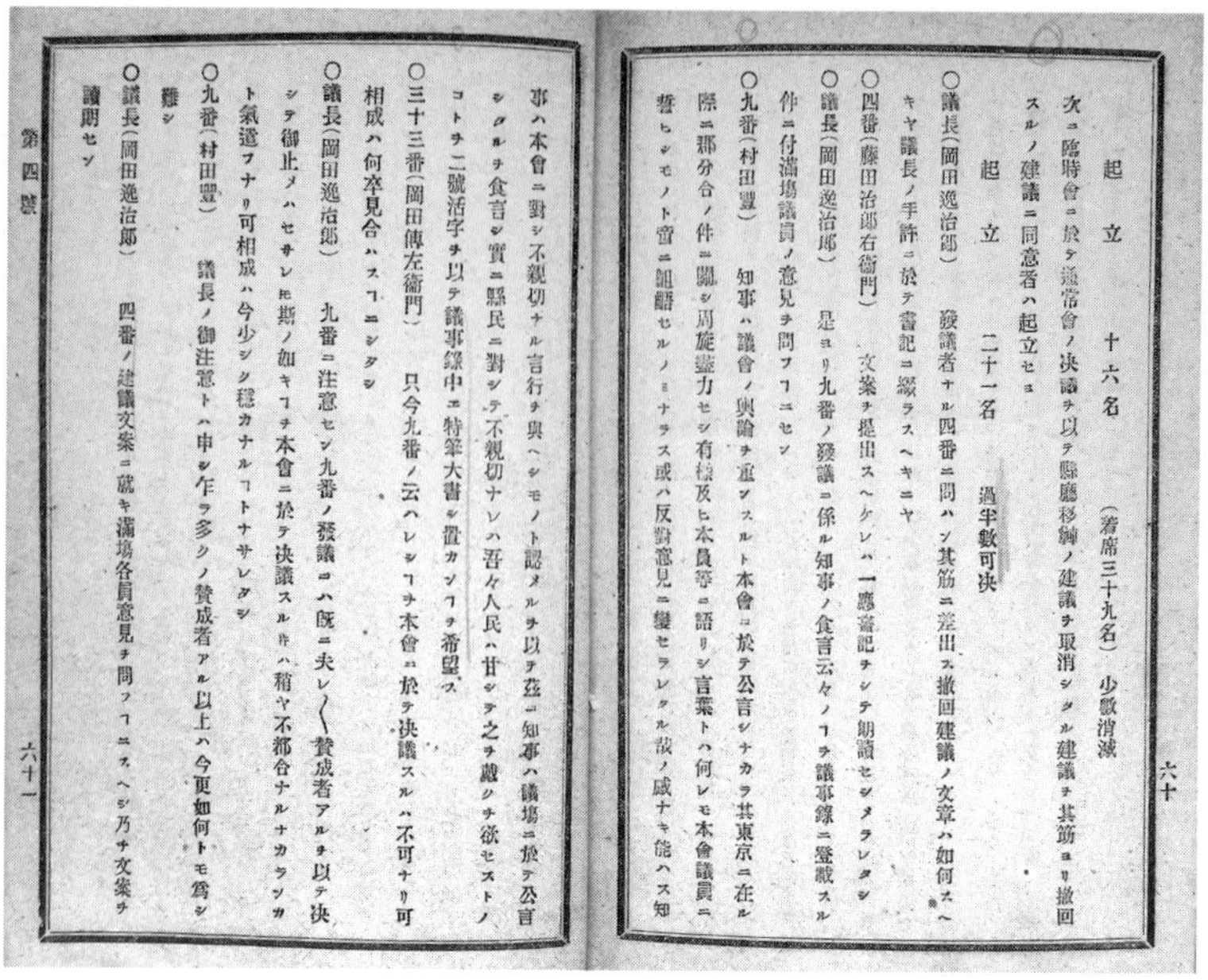
六十

起立　十六名　（着席三十九名）少數消滅

次ニ臨時會ニ於テ通常會ノ決議ヲ以テ縣廳移轉ノ建議ヲ取消シタル建議ヲ其筋ヨリ撤回スルノ建議ニ同意者ハ起立セヨ

起立　二十一名　過半數可決

○議長（岡田逸治郎）　發議者ナル四番ニ問ハン其筋ニ差出ス撤回建議ノ文章ハ如何スヘキヤ議長ノ手許ニ於テ書記ニ綴ラスヘキニヤ

○四番（藤田治郎右衛門）　文案ヲ提出スヘケレハ一應書記ヲシテ朗讀セシメラレタシ

○議長（岡田逸治郎）　是ヨリ九番ノ發議ニ係ル知事ノ食言云々ノヿヲ議事錄ニ登載スル件ニ付滿場議員ノ意見ヲ問フヿニセン

○九番（村田豐）　知事ハ議會ノ輿論ヲ重ンスルト本會ニ於テ公言シナカラ其東京ニ在ル際ニ郡分合ノ件ニ關シ周旋盡力セシ有樣及ヒ本員等ニ語リシ言葉トハ何レモ本會議員ニ誓ヒシモノト實ニ齟齬セルノミナラス或ハ反對意見ニ變セラレタル故ノ感ナキ能ハス知事ハ本會ニ對シ不親切ナル言行ヲ與ヘシモノト認メルヲ以テ茲ニ知事ハ議場ニ於テ公言シタルヲ食言シ實ニ縣民ニ對シテ不親切ナレハ吾々人民ハ甘シテ之ヲ蔵クヲ欲セストノコトヲ二號活字ヲ以テ議事錄中ニ特筆大書シ置カンヿヲ希望ス

○三十三番（岡田傳左衛門）　只今九番ノ云ヘレシヿヲ本會ニ於テ決議スルハ不可ナリ可相成ハ何卒見合ハスヿニシタシ

○議長（岡田逸治郎）　九番ニ注意セン九番ノ發議ニハ既ニ夫レ〳〵贊成者アルヲ以テ決シテ御止メハセサレ𪜈斯ノ如キヿヲ本會ニ於テ決議スル件ハ稍ヤ不都合ナルナカランカト氣遣フナリ可相成ハ今少シク穩カナルヿトナサレタシ

○九番（村田豐）　議長ノ御注意トハ申シ乍ラ多クノ贊成者アル以上ハ今更如何トモ爲シ難シ

○議長（岡田逸治郎）　四番ノ建議文案ニ就キ滿場各員意見ヲ問フヿニスヘシ乃チ文案ヲ朗讀セン

第四號　六十一

13　知事不信任議案
明治25年1月6日
『県会日誌』滋賀県蔵

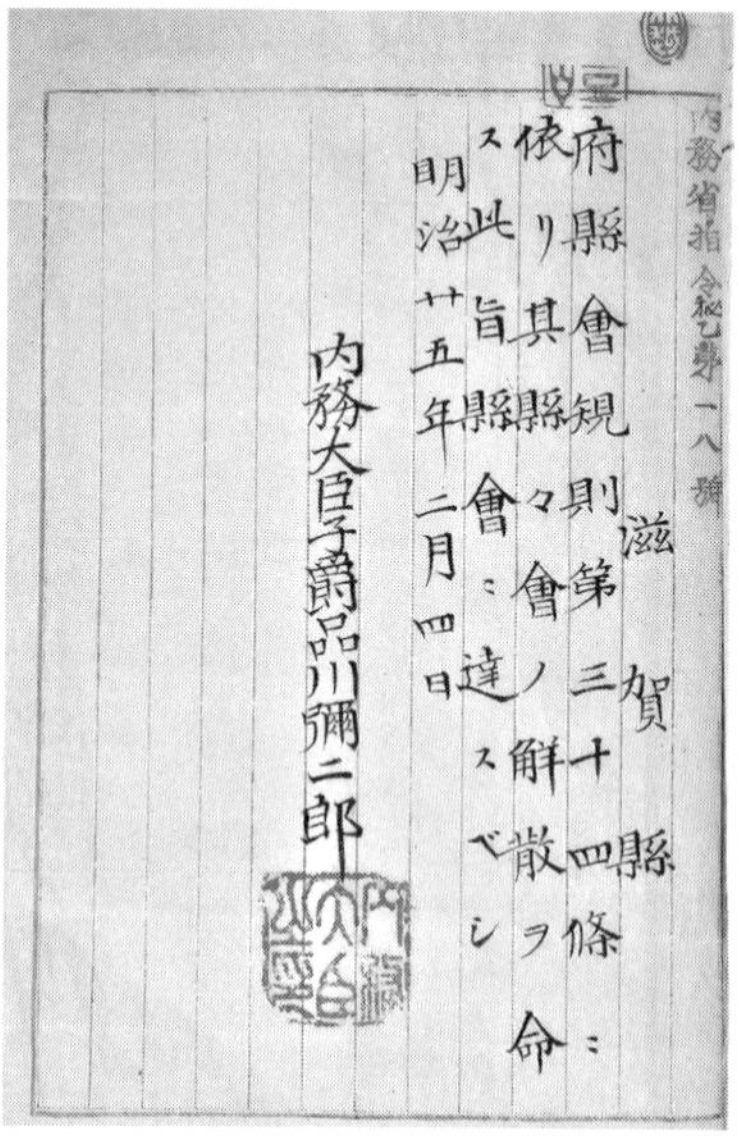
内務省指令秘乙第一八號

滋賀縣

府縣會規則第三十四條ニ依リ其縣々會ノ解散ヲ命ス

此旨縣會ニ達スベシ

明治廿五年二月四日

内務大臣子爵品川彌二郎

14　県会解散命令
明治25年2月4日
【明き19(15)】

県会では、その解決策として坂田郡を流れる天野川《あまの》で分離し、北部を東浅井郡、南部を犬上《いぬかみ》郡に合併する建議が提出され、議決されました（写真12）。この建議を内務大臣へ建議する際の斡旋《あっせん》を求められた大越知事は、県会の意見を重んじると明言します。

しかし実地調査の結果、大越知事は天野川での分離が現実的ではないことを悟り、県会の建議は不可能であると断言してしまいます。結局、知事の協力を得られなかった事もあり、天野川での分離は認められず県会は大いに憤慨しました【明き2-2(4)】（詳細は102頁）。

◇県会解散を命ず◇

先の瀬田川浚渫問題や、御幸橋墜落事件などにより、県会は大越知事への不信感を募らせていました。郡分合問題でも、県会の意見を重んずると明言したにもかかわらずそれを無視したとして、県会は、これが知

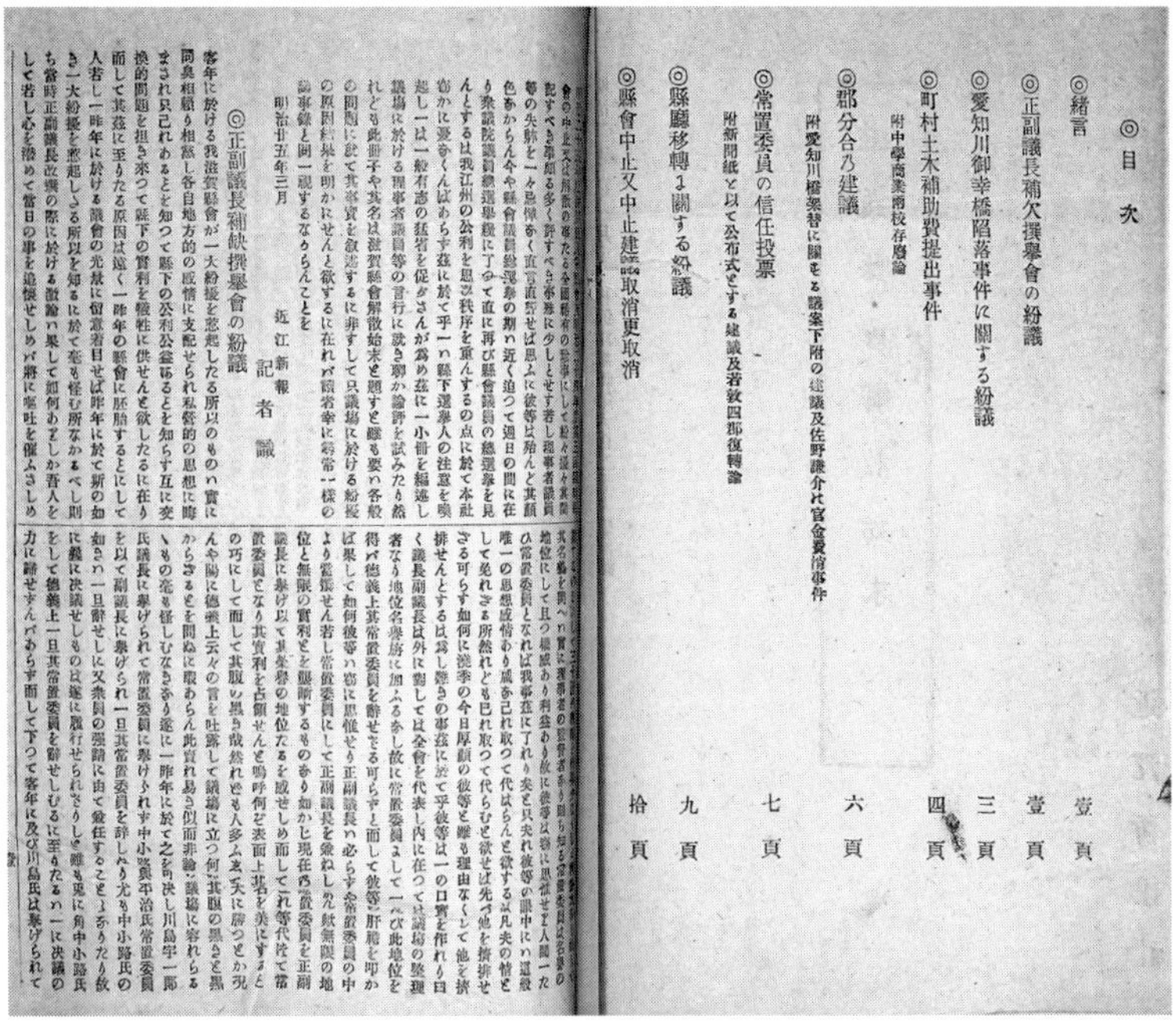

◎目次

◎正副議長補缺撰擧會の紛議

明治廿五年三月 近江新報記者識

15　滋賀県会解散始末
明治25年3月15日
【明お52(40)】

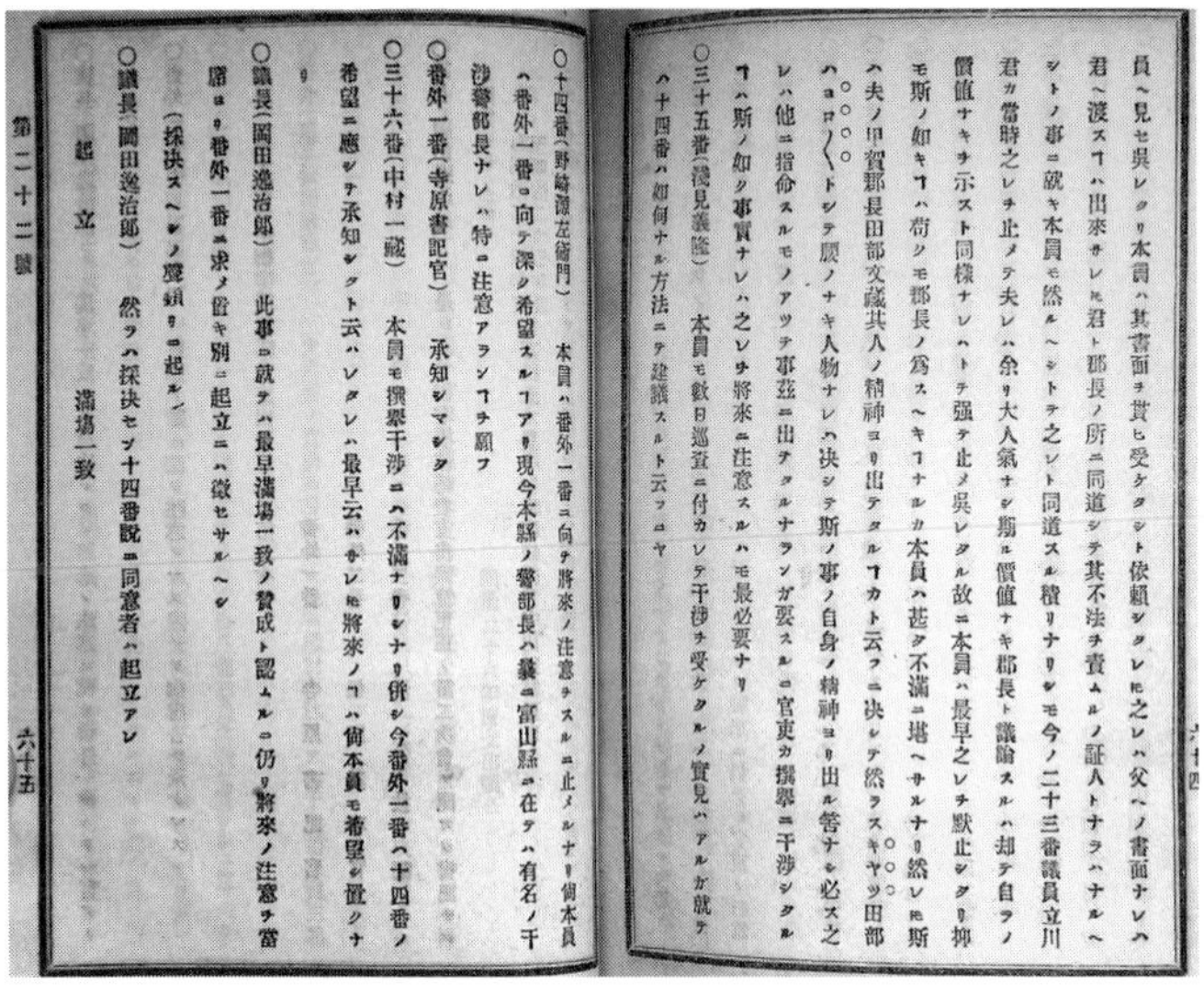

第二十二號

六十四

六十五

16　大越知事選挙干渉の議論
明治25年12月23日
『県会日誌』滋賀県蔵

事の「食言《しょくげん》(嘘)」であると日誌に「特筆大書」する建議を可決します(写真13)。

この不信任決議を受けた大越知事は、「国ノ安寧ヲ妨害スル」事態として直ちに県会中止を命じました。同時に、「硬派」を名乗る派閥が他の議員を恐喝し議決を操作していると内務大臣に報告し、県会の解散を求めました。内務大臣はこれを聞き入れ、明治二十五年二月四日、ここに、県会史上「前代未聞」の県会解散命令が下されたのです(写真14)。

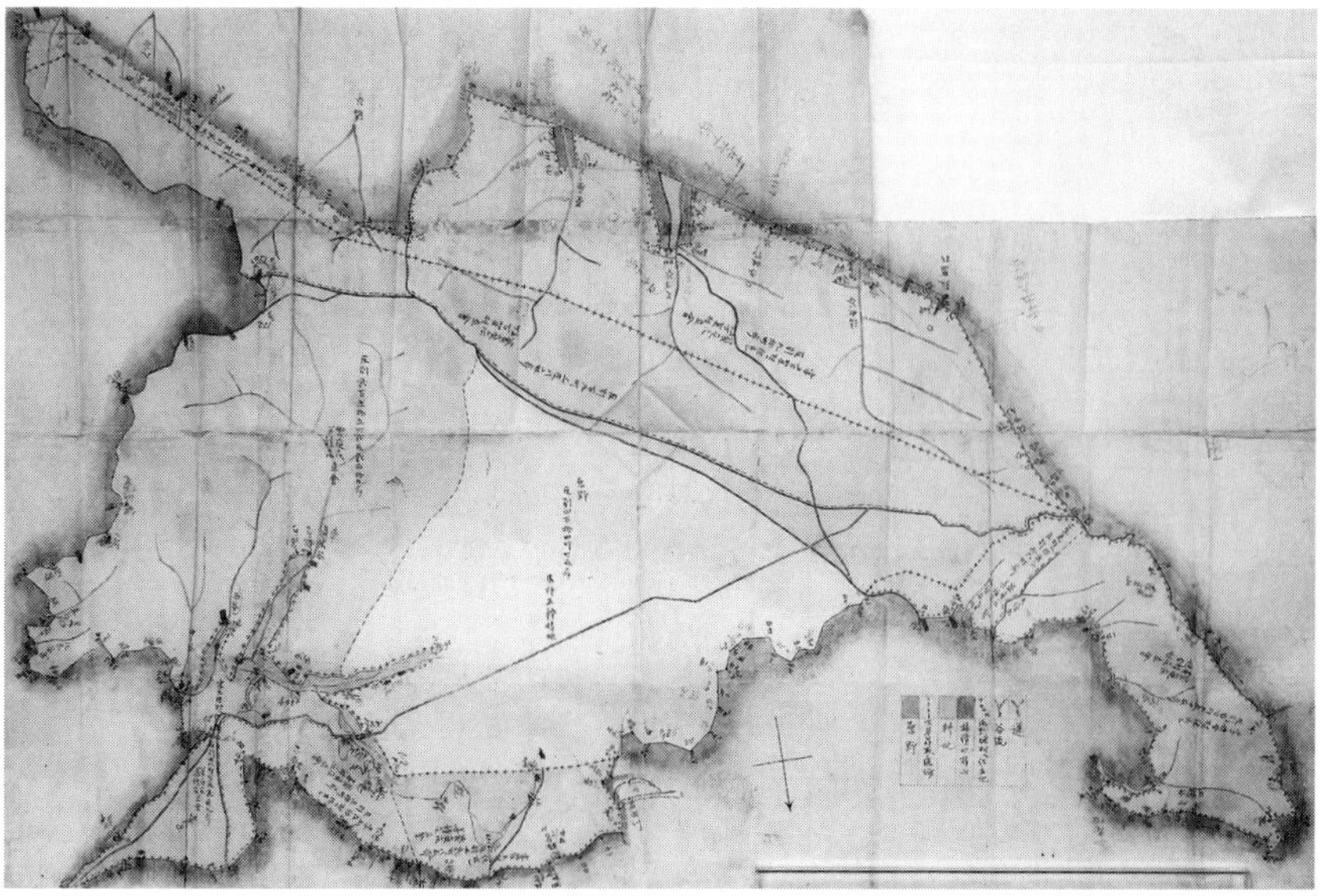

17　饗庭野買収地図面
明治22年７月10日
【明ひ3（13）】

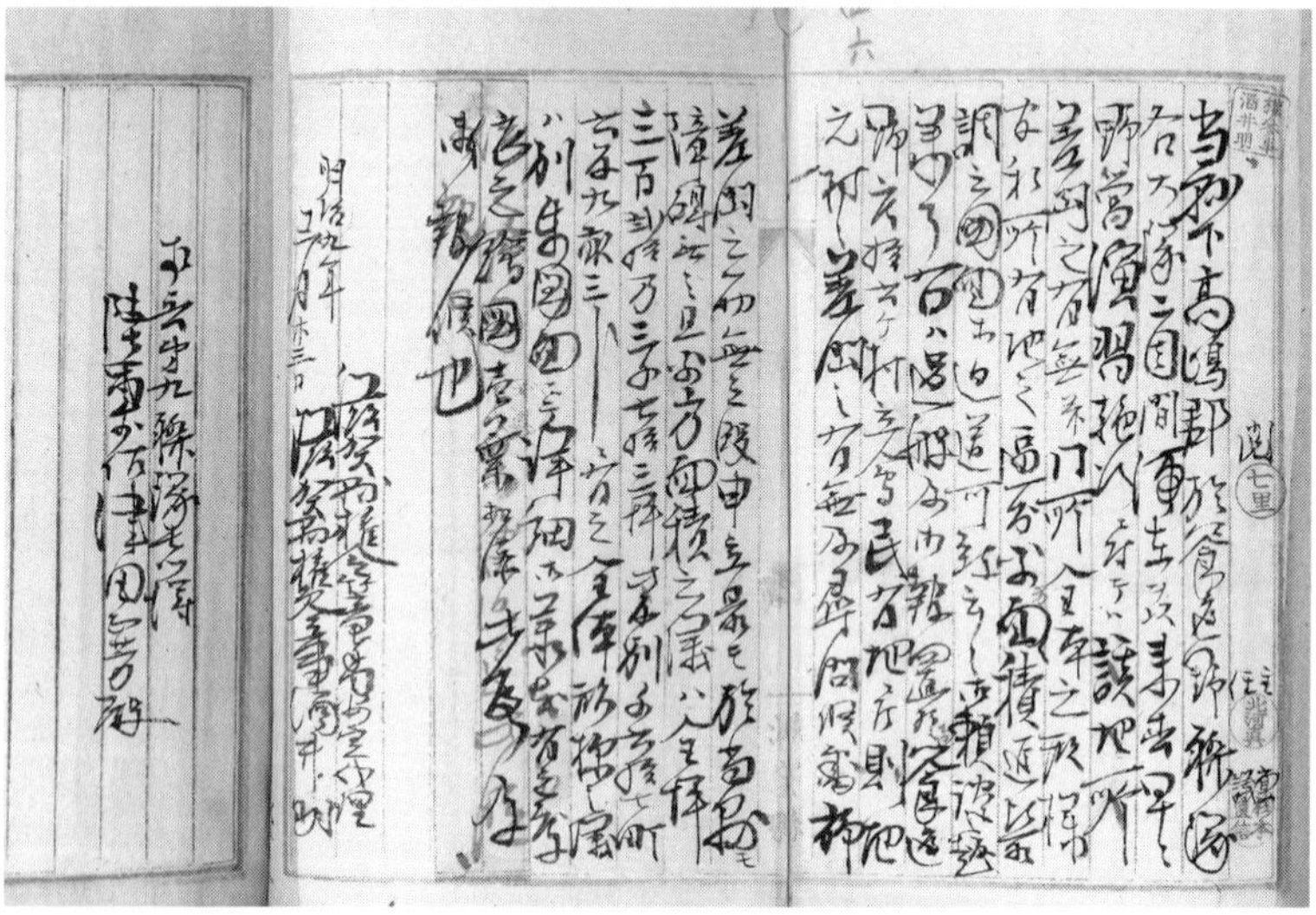

18　野営演習実施の件
明治９年12月23日
【明か27（46）】

饗庭野陸軍演習場の設置

明治二十二年（一八八九）、現在でも自衛隊の演習場として利用されている高島郡饗庭野《あいばの》（現・高島市）が陸軍の演習場として買収されます。買収前、この土地を所有していたのは周辺の村々と井上馨《いのうえかおる》の従者・木村正《きむらまさ》幹《もと》（写真17）でした。

饗庭野は近世（江戸時代）から周辺住民の草刈り場として利用されてきました。その一方で、広大な土地が軍事演習に適するとして、明治九年の野営演習（写真18）をはじめ、たびたび陸軍による演習にも使用されてきました。

また、開墾地としても注目されており、明治九年には井上が開拓のための土地を購入しています（写真19）。井上による開拓は実現しませんでしたが、それからおよそ一〇年が経ち、再び開拓計画が起こり、土地の購入を申し入れる者が現れました。

そこで郡長は、明治十九年に付近

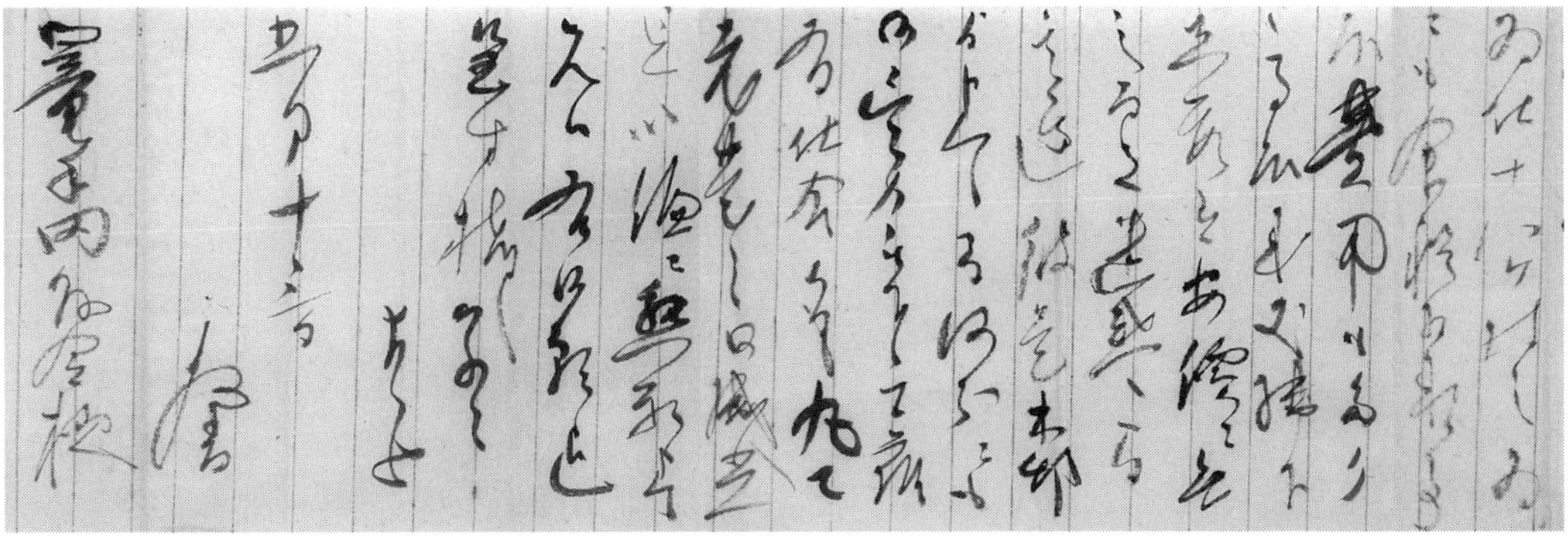

19　饗庭野開拓に関する井上馨の書状
明治９年５月13日
【明な309（2）】

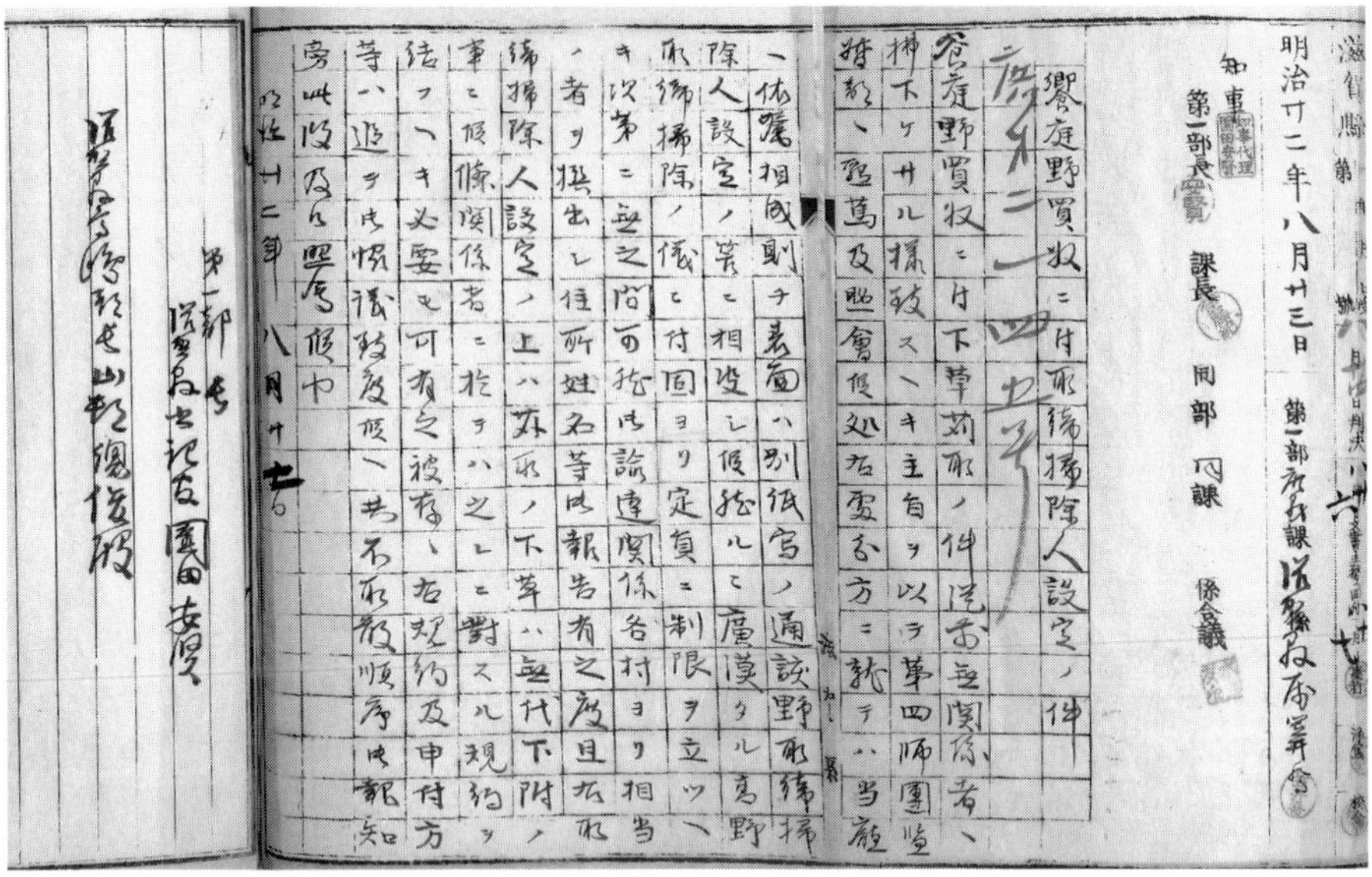

20　取締掃除人設定の件
明治22年８月27日
【明ひ3（10）】

の道路が改修され往来が便利になり、今後も開発が見込まれるので、まだ開拓が計画中で実現していない内に、軍事演習に必要な土地を陸軍が買い上げておくように知事に提案します。その際、下草《したくさ》刈り取りの権利を周辺住民に与えることで、土地の買収もうまくいくのではないかと推測しています。

実際には、この草刈りの権利をめぐり衝突が起こってしまいます。その解決策として県が提示したのが、取締掃除人《そうじにん》の設定（写真20）です。従来下草を刈り取っていた周辺住民を取締掃除人に任命し、彼らにその業務上で刈り取った下草を無料で払下げることで決着しました。

21　ロシア皇太子ニコライ・ギリシャ王子ゲオルギオスの肖像写真
明治24年
【資564】

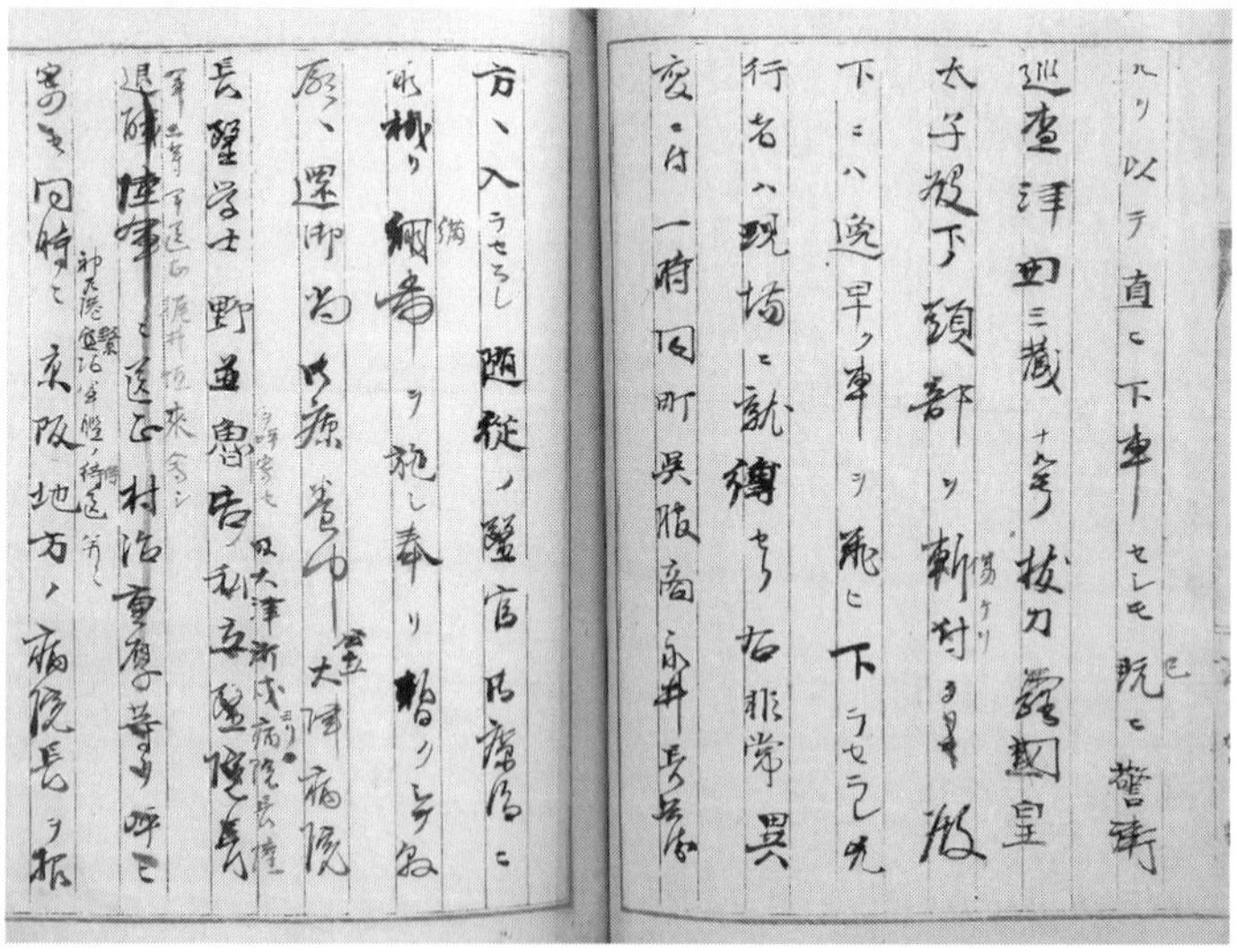

ナリ以テ直ニ下車セシモ既ニ
巡査津田三蔵抜刀露国皇
太子殿下頭部ヲ斬付ケ奉リ殿
下ニハ逸早ク車ヲ飛ヒ下ラセラレ
行者ハ現場ニ就縛セリ始非常ノ異
変ニ付一時同町呉服商永井長左衛門
方ヘ入ラセラレ随従ノ医官ニ於テ療治ニ

22　露国皇太子遭難の報告
明治24年５月11日
【明か23(3)】

大津事件

明治二十四年（一八九一）五月十一日、ロシア皇太子ニコライ（写真21右側の人物）は、京都から人力車で滋賀を訪れました。滋賀県ではニコライの来訪を待ちわび、食事や装飾、警備など万全の準備にあたっていました。しかし、この日、県内のみならず日本中を騒がせる大事件が起こるのです。

写真22の遭難の報告には、当日のニコライの行動が記されています。一行は、園城寺《おんじょうじ》を訪れた後、疏水沿いを人力車で移動し、三保ヶ崎《みほがさき》から湖上汽船で唐崎《からさき》へ渡りました。到着後、神社参拝や漁業見学をし、再び汽船に乗り込み大津へ戻ると、新築間もない県庁を訪れています。県庁での昼食後、人力車で大津京町通りを通過中に事件が起こります（写真23）。沿道警備にあたっていた津田三蔵《ださんぞう》巡査が、突然ニコライの頭部を切りつけたのです。津田はその場

23　事件現場の図
明治24～26年頃
【明え217（13）】

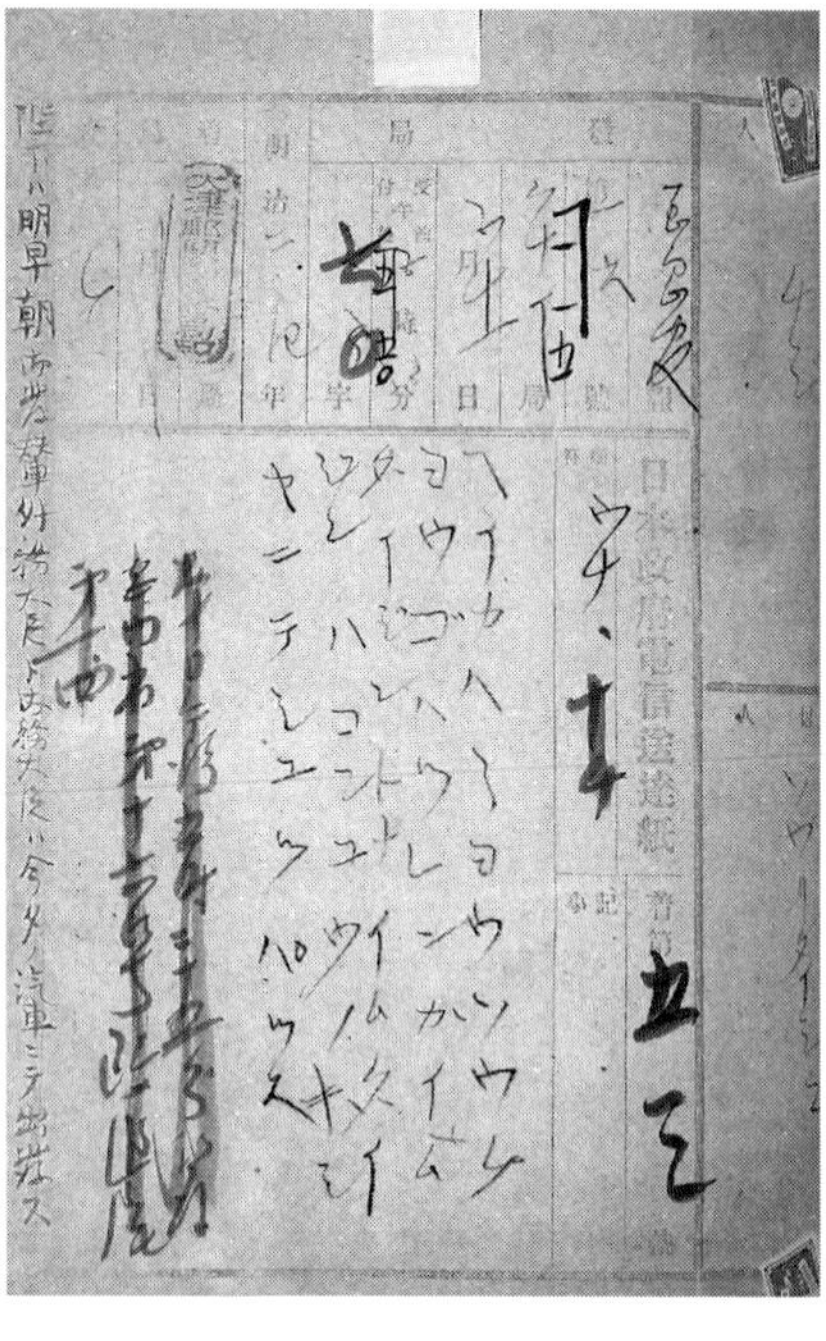

24　天皇訪問を知らせる電報
明治24年５月11日
【明か24－4（1）】

で取り押さえられ、ニコライは近くの呉服商店で手当を受け、再び県庁に戻った後、京都の宿泊先へと帰りました。

　この大事件は、電報ですぐに政府へも伝えられました。一報を受けた内務・外務両大臣は当日中に東京を発ち、明朝には明治天皇も汽車に乗り込み、ニコライ滞在の京都へ向かいます（写真24）。日本のトップらの素早い対応からも、当時の人々にとっていかに大きな出来事であったかがうかがえます。

　なお、津田の裁判では、滋賀県会議長も務めた谷澤龍蔵《たにざわりゅうぞう》が弁護にあたっています。

（岡本 和己）

1 皇室と近江の幸

日本最大の湖・琵琶湖を有し、かつ山々に囲まれた滋賀県では、古来独自の食文化が形成されてきました。これまで来県した皇室の方々も、湖国ならではの食を楽しんだことでしょう。本節では、皇室ゆかりの近江の幸をご紹介します。

琵琶湖の名魚・ヒガイに舌鼓

ヒガイという魚をご存じでしょうか。琵琶湖固有の魚で、漢字では「鰉」と書きます。実は、この漢字の誕生には、明治天皇と滋賀県が深く関係しているのです。

今では滅多にお目にかかれないヒガイですが、当時はそれほど珍しいものでもなかったようで、滋賀郡本堅田《ほんかたた》村（現・大津市）や同郡鳥居川《とりいがわ》村（現・大津市）、栗太《くりた》郡橋本村（現・大津市）、蒲生《がもう》郡沖ノ島《おきのしま》村（現・近江八幡市）などで獲られていました。明治十七年（一八八四）の「漁業調査表」【明く9-4】によると、ヒガイを獲る主な漁法は小糸網《こいとあみ》漁（刺し網漁：湖中に帯状の網を設置し、来遊する魚を編み目に絡ませて獲る漁法）や釣竿《つりざお》で、漁期は春から秋です。しかし、当時はヒガイに漢字はなく、調査表にもカタカナで表記されています。

ヒガイの漢字が誕生したきっかけが、明治二十三年の明治天皇の来県です。このとき、明治天皇は琵琶湖疏水の開通式と新築の県庁舎の見学のために滋賀県を訪れ、県庁で昼食をとりました。天皇はこの際、磯田清《いそだせい》右衛門《えもん》が献上したヒガイを食したといいます。ヒガイは当時、「湖魚中最モ名魚」として第三回内国勧業博覧会にも出品されるような、本県が誇る魚でした【明て51(91)】。残念ながら、本県には天皇が食した献立表はないものの、随行者のものが残っています。これによると、親王や大臣らは一円相当の食事で、ヒガイが焼き魚として出されました（写真1）。また、その他の随行者には七〇銭の食事が出され、ここでもヒガイが献立に組み込まれています。当時の献立表には、「鯛《たい》」や「鱒《ます》」などが漢字で表記される中、魚介類ではヒガイだけがカタカナであることがみてとれます。

明治天皇はこのときのヒガイをたいそう気に入ったようで、これ以来たびたびヒガイを取り寄せました。侍従を瀬田まで遣わし、ヒガイを獲る様子を見てくるよう命じたこともあるようです。明治二十九年、磯田は当時の籠手田知事に、ヒガイに漢字がないので魚偏に皇と書いてヒガイと読むことにしてはどうかと進言しました。籠手田はこれに賛同し、以来「鰉」という字が用いられることになったようです。

御料食材を調達せよ！

大正六年（一九一七）十一月、滋賀県彦根町で陸軍特

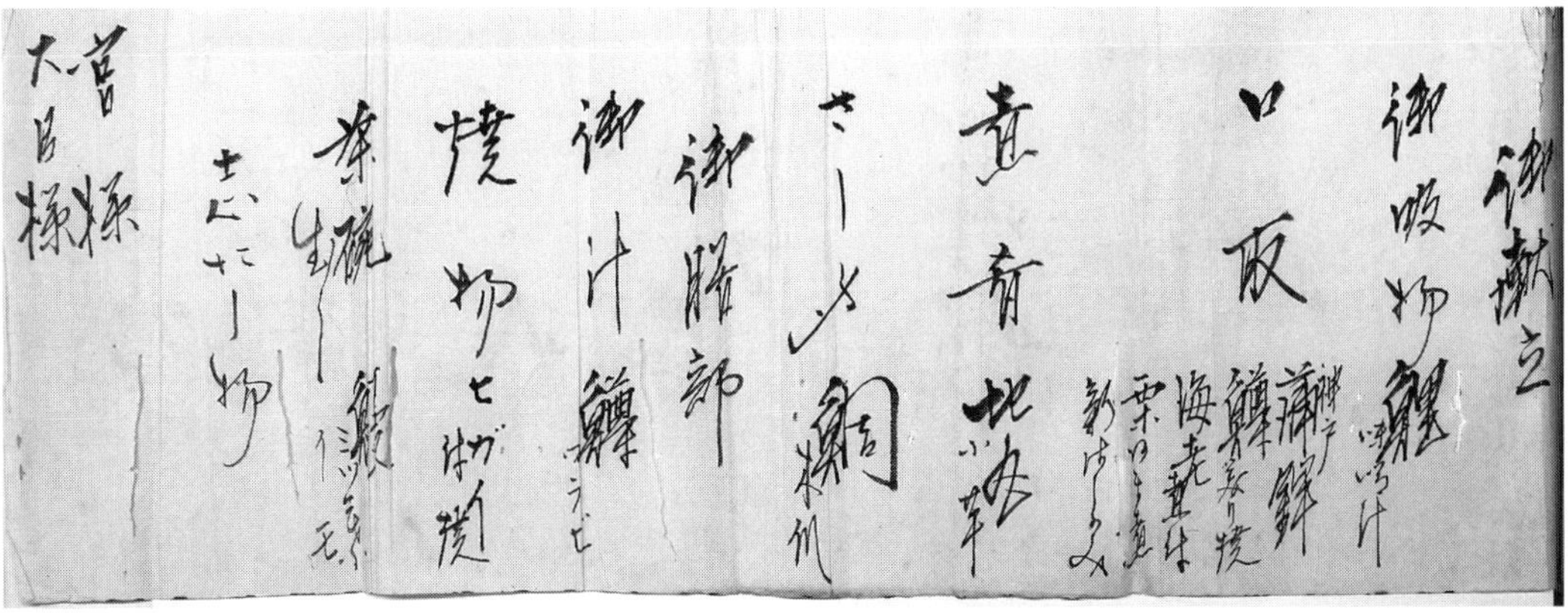

写真1　献立表（ヒガイ）
明治23年
【明か4－2(42)】

別大演習が行われ、大正天皇は十三日から六日間、滋賀県に滞在することとなりました。そこで県では、新鮮な多くの食料を期間中滞りなく調達する必要が生じ、あらかじめ宮内省大膳《だいぜん》寮《りょう》（食事や餐宴を担当していた部署）と調整を行うとともに、予定献立の内示も受け、調達の準備にあたりました【資510】。

蔬菜《そさい》（野菜）類は、県立農事試験場に温室を設置し、清浄な肥料を用いて栽培しました。肉鶏卵類は、犬上《いぬかみ》郡農会に調達を命じました。それを受けて農会では高宮《たかみや》町の農場鶏舎に大修繕を加え、期間中調達した卵は計二四〇個にも及びます。琵琶湖産の魚類・鳥類は、県立水産試験場および琵琶湖水産物販売購買組合が調達にあたりました。約二〇種類の魚類が集められ、このうちから毎日四、五種類を選んで調理しました【大か8-1(7)】。また、滋賀の地酒「七《しち》本鎗《ほんやり》」二ダースも、冨田八郎《とみたはちろう》から納品されています。冨田は、「七本鎗」の改良を図った人物で、彼の努力により同酒は宮内省御用達とまでになりました【大え67(47)】。

戦後の食糧難が続く昭和二十六年（一九五一）、昭和天皇が二日間かけて滋賀県を巡幸しました。天皇は十五日の夕食、翌十六日の朝食、昼食（弁当）を県内でとっています。和食は楽々園《らくらくえん》、洋食は琵琶湖ホテルの料理長が担当しました。琵琶湖ホテルは、外国人向けに昭和九年に開業したホテルで、内装は洋式、食事も洋食が提供されていました。

天皇の食事に用いる食材は、献立が決められてから県の資材部食糧係が調達にあたりました。調達の方針は、①すべて県内産のものとする、②特産的意義を有し、かつ生鮮度の高いものを用いるといったもので、数量は天皇一人分としています。といっても、昔の毒見にあたる「おしつけ」やスタッフの試食分なども含めて数人分調理していたようで、食材も多めに用意されました。例えば、鰻《うなぎ》の蒲焼《かばや》き（夕食）用には鰻が一〇尾提供されています。

このような方針のもと食糧調達は進められましたが、途中、問題が発生します。なんと、決定した献立で必要とされたセロリが県下で栽培されていなかったのです。やむを得ず献立の変更まで考えたようですが、このことを知った大津キャンプ司令官が米軍農場で栽培していたセロリ（五株）の提供を、カリフラワー（五個）、ホウレ

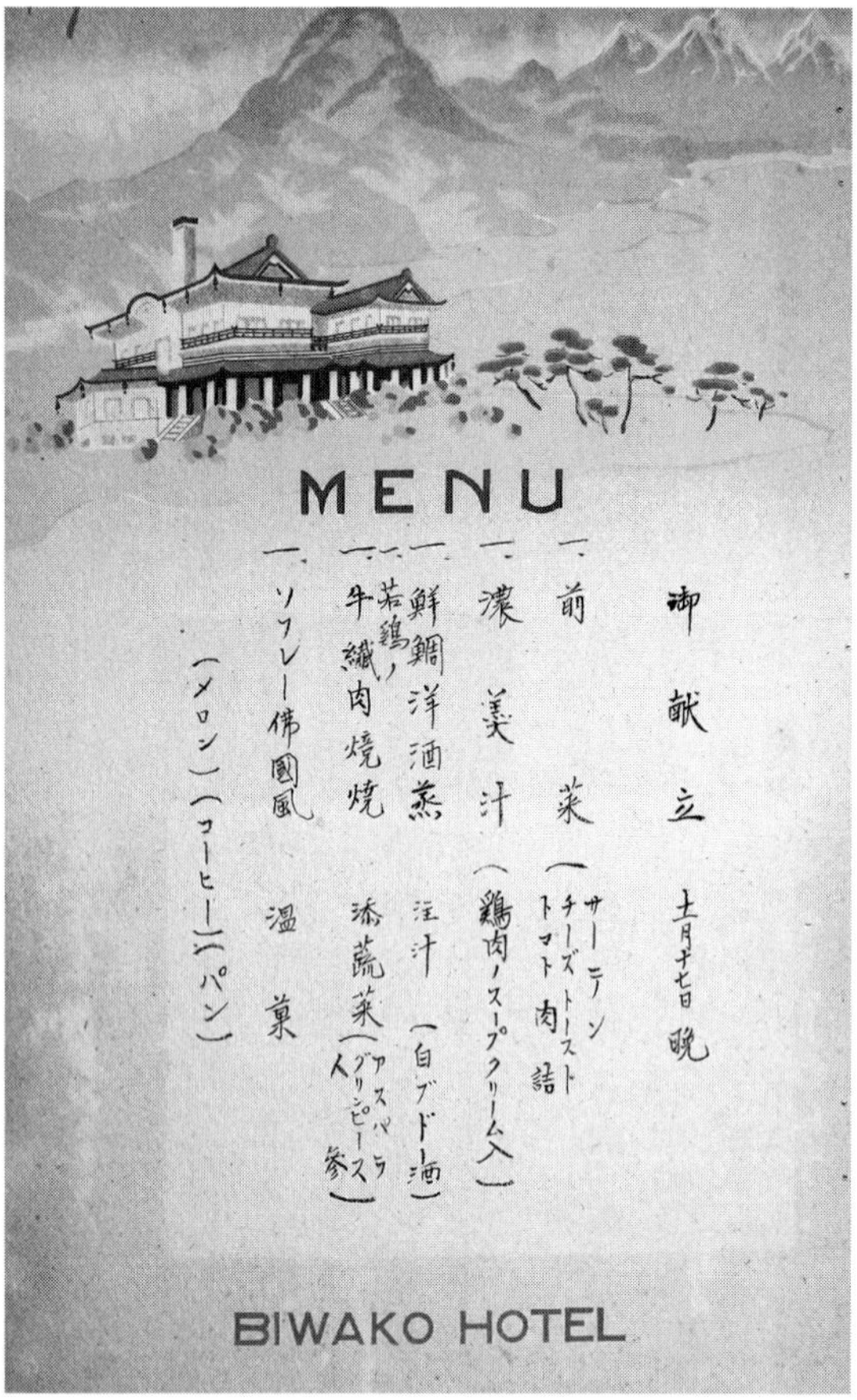

写真２　琵琶湖ホテル献立表
昭和17年11月17日
【昭か25－2(14)】

ン草（一貫＝三・七五キログラム）とともに申し出ました。これにより、無事セロリも入手できたのでした。

また、米は近江米の渡舟《わたりぶね》という品種で田上《たなかみ》産のものに決定しました。提供者である上田上《かみたなかみ》村長はその栄誉に感激し、米粒を一粒ずつ選別するなど心を込めて調達にあたりました。天皇は渡舟を「殊《こと》の外《ほか》お気に召されてか御平常の倍近くも御召上りになられた」ようです【昭01-14】。

養鱒場で味わう絶品鱒ずくし

高松宮宣仁親王《たかまつのみやのぶひとしんのう》は、本県にもっともよく訪れた皇室の一人です。昭和十三年以降たびたび来県しており、食事に関する記録も詳細に残されています。

昭和十六年十一月十九日に来県した際には、「県民ニ迷惑ヲカケヌヤウニ」と気遣い、食事も一般のものと同じ七分搗《しちぶづ》きに麦を混ぜたものを希望しました。昼食の折詰弁当には、ヒガイの照り焼きをはじめ、子持ちフナの飴煮《あめに》、アユの時雨煮《しぐれに》、海老と近江蕪《かぶ》の煮物など、地元の魚や野菜を用いたものが詰められました【昭か25-1(1)・(4)】。琵琶湖ホテルで洋食コース料理がふるまわれたこともあります（**写真2**）。

親王来県時の食事で特に興味深いのが、昭和十七年の醒井養鱒場《さめがいようそんじょう》での食事です。醒井養鱒場は、明治十一年に県営として創立された日本最古の養鱒場で、各府県の養鱒場の手本にもなっています。釣場や水族館をも備えた

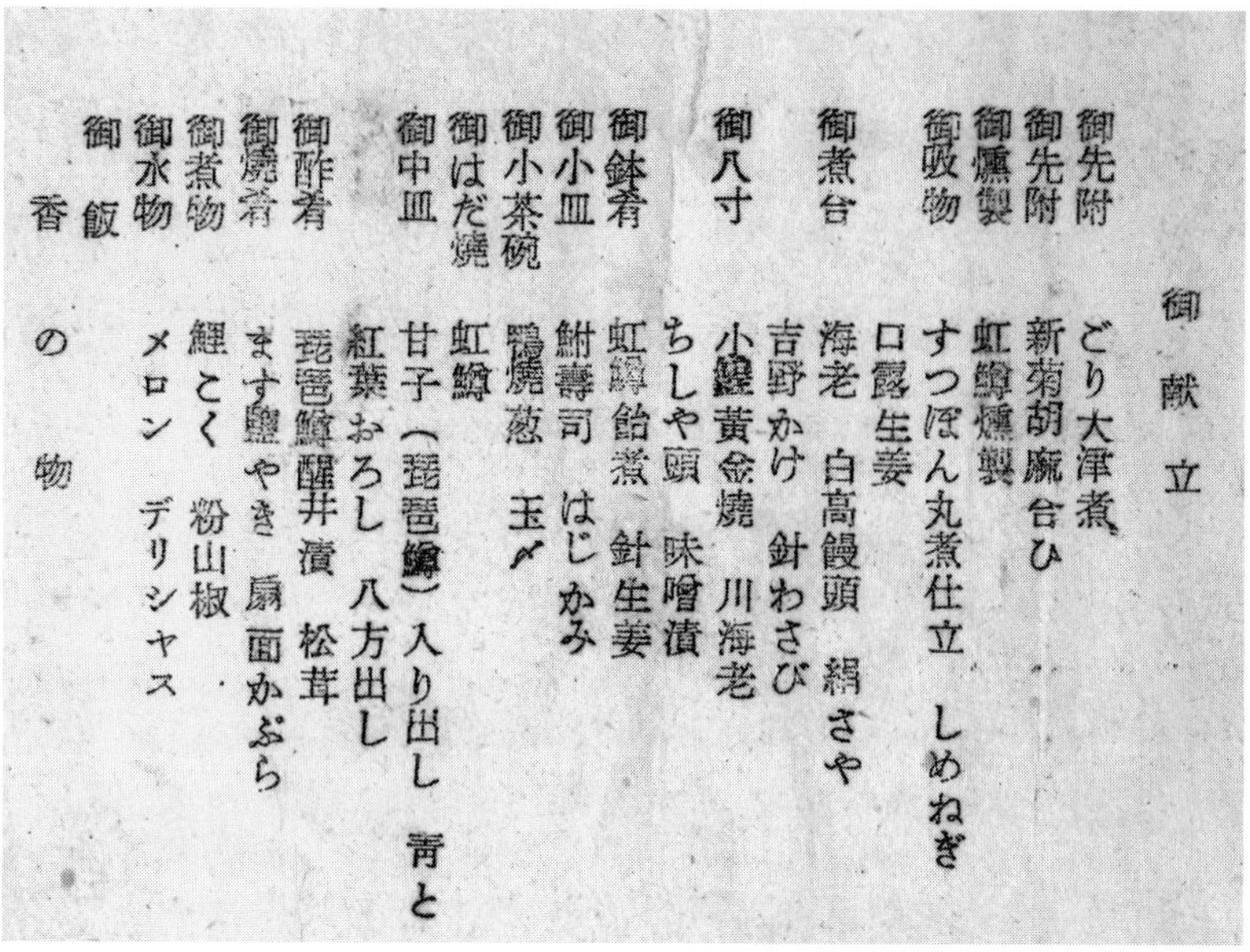
御献立

御先附
御先附
御燻製
御吸物
御煮台
御八寸
御鉢肴
御小皿
御小茶碗
御はだ焼
御中皿
御酢肴
御焼肴
御煮物
御水物
御飯
御香の物

ごり大津煮
新菊胡麻台ひ
虹鱒燻製
すつぽん丸煮仕立　しめねぎ
口露生姜
海老　白高饅頭　絹さや
吉野かけ　針わさび
小鱸黄金焼　川海老
ちしや頭　味噌漬
虹鱒飴煮　針生姜
鮒寿司　はじかみ
鴨焼葱　玉〆
虹鱒
甘子（琵琶鱒）入り出し　青と
紅葉おろし　八方出し
琵琶鱒醒井漬　松茸
ます塩やき　扇面かぶら
鯉こく　粉山椒
メロン　デリシャス

写真３　醒井養鱒場夕食献立表
昭和17年11月18日
【昭か26(1)】

総面積二〇万四二〇〇平方メートルの場内では、当時ニジマスとカワマスの二種類約二万尾が育てられていました【昭か25‐2(5)】。

施設の完備と規模の大きさ、水の合理的利用においては世界にも誇れるといわれた本養鱒場には、たびたび皇室が視察に訪れています。昭和十七年来場時の高松宮親王はその場で夕食をとりました。その献立は、ニジマス燻製《くんせい》、同飴煮、同はだ焼、甘子《あまご》（ビワマス）の入り出し、ビワマスの醒井漬といった、マスをふんだんに用いた養鱒場ならではのものになっています（写真3）。養鱒場には燻製施設が備わっていたので、親王が食したニジマス燻製も自家製のものでしょう。また、滋賀の郷土料理・鮒寿司《ふなずし》も献立に入っています。この献立表からは、食事も視察の一環であったことがよくわかります。このように皇室の来県は、近江の幸を味わってもらう絶好の機会でもあったのです。

（岡本　和己）

② 瀬田唐橋は木造か鉄筋か

平成二十四年（二〇一二）、瀬田唐橋《せたからはし》の塗り替え時に起こった色論争は、皆様の記憶にも新しいことと思います。この時は『石山寺縁起《えんぎ》絵巻』のような朱色と、江戸時代の白木《しらき》造をイメージした白木色、その白木が時代を経て濃くなった木肌色が主な候補として挙げられましたが、最終的には、木造橋をイメージできるような「唐茶」色に決定しました。このように、瀬田唐橋の塗り替えや架け替えは現在でも多くの人々の関心を集めています。

ところで、当館には、近代の瀬田唐橋の架け替えに関する簿冊がいくつか残されています。瀬田唐橋の架け替えのみで複数の簿冊が作成されていることから、当時も重要な案件であったことがうかがえます。そこで、本節では馴染《なじ》みの薄い近代の瀬田唐橋について、これらの資料からご紹介したいと思います。

初めての県による架け替え（明治期）

瀬田唐橋は江戸時代、膳所《ぜぜ》藩によって管理されていました。明治維新後は国が直轄し、明治八年（一八七五）、国費によって明治最初の架け替えが行われます。このときは従来どおりの木橋でした。その後、明治十一年七月の太政官布告第一九号「地方税規則」により、橋の管理を地方税支出に移し県が管轄することとしたので、その後の工事は滋賀県が行うようになります。

(1) 瀬田唐橋は木橋か、鉄橋か

明治八年の架け替えから一五年が経った同二十三年、今にも大破しそうな唐橋の状況をみて、県による架け替えが計画されます。この時、県が臨時県会（明治二十三年三月）に提出したのが、金九万六〇〇〇円での鉄橋への改築案でした（写真1）。諮問案提出に際し県は、木橋は橋脚が多くこれまでも治水上問題があったので、橋脚が減る鉄橋への改造が必要だと説明しました。当時は、同二十二年に完成した湖東《ことう》鉄道瀬田川鉄橋が瀬田川の水位上昇を招いたと非難を集めていたので、このような治水を意識した案が出されたのではないでしょうか。この鉄橋案に対して、県会では多くの反対意見が出されます。大津事件の弁護士も務めた谷澤龍蔵《たにざわりゅうぞう》は、鉄橋は水利上の利点があるとの県の説明に対し「害コソアレ利ノアルコトナシ」と否定しています。また林田騰九郎《はやしだとうくろう》は、近江八景のひとつとして、風致を保存するという点においても「旧体ノ如キ木橋」であるべきだと反対しています。林田はまた、現在は鉄道や湖中汽船が発達し、瀬田唐橋を通る人は見物人ぐらいで荷物の運搬も少ないので、数万円をかけて鉄橋にする必要はないとも主張しています。議論の結果、この鉄橋案は過半数が反対し否決されます

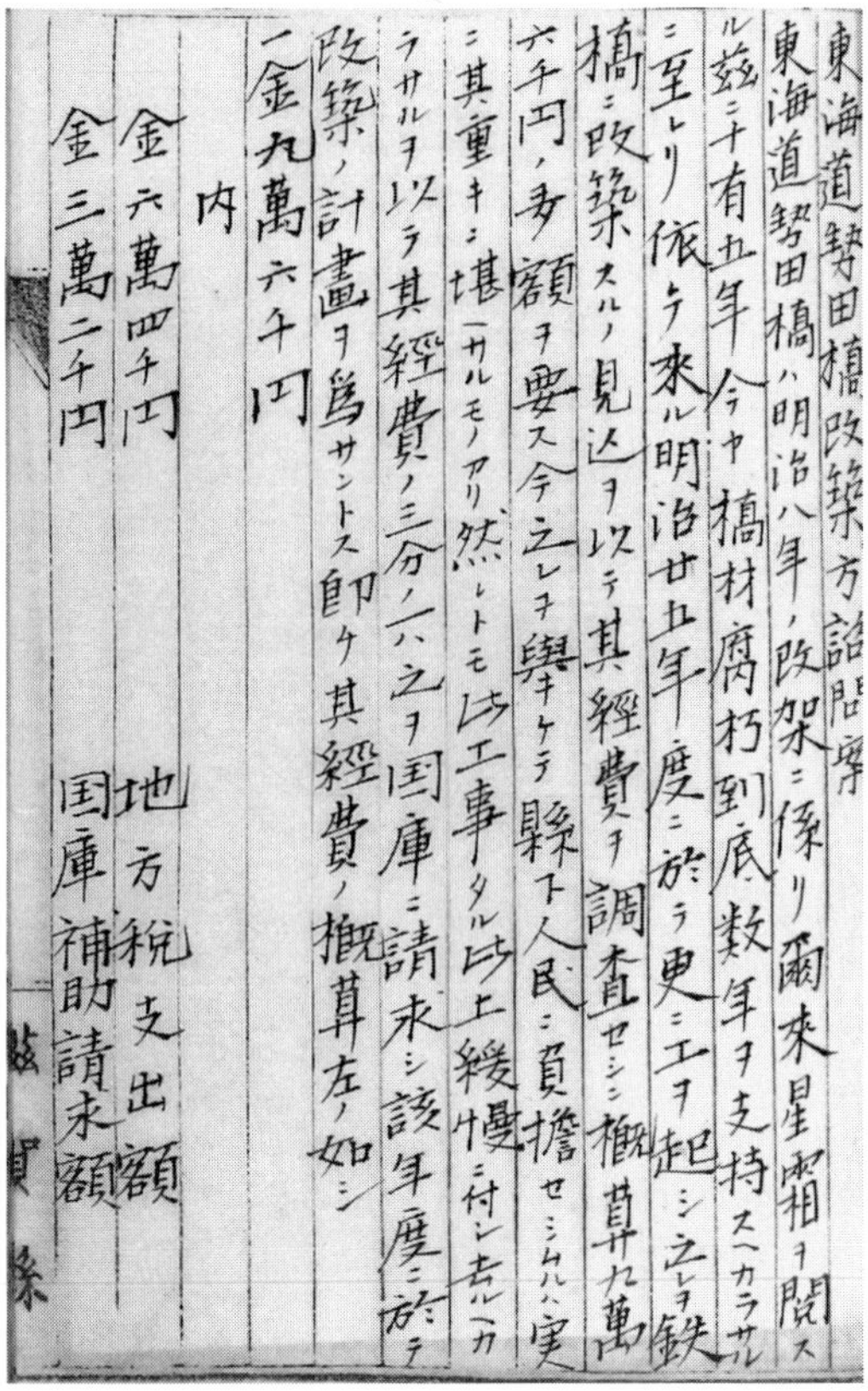
東海道勢田橋改築方諮問案
東海道勢田橋ハ明治八年ノ改架ニ係リ爾来星霜ヲ閲スル茲ニ十有五年今ヤ橋材腐朽到底数年ヲ支持スヘカラサルニ至レリ依テ来ル明治廿五年度ニ於テ更ニ工ヲ起シ之ヲ鉄橋ニ改築スルノ見込ヲ以テ其經費ヲ調査セシニ概算廿九萬六千円ノ多額ヲ要ス今之レヲ擧ケテ縣下人民ニ負擔セシムルハ実ニ其重キニ堪ヘサルモノアリ然レトモ此工事タル此上緩慢ニ付シ去ルヘカラサルヲ以テ其經費ノ三分ノ一之ヲ国庫ニ請求シ該年度ニ於テ改築ノ計畫ヲ為サントス即ケ其經費ノ概算左ノ如シ
一金九萬六千円
内
金六萬四千円　地方税支出額
金三萬二千円　国庫補助請求額

写真1　瀬田橋改築諮問案
明治23年3月
【明に21(1)】

【明に21(1)】。

しかし、唐橋はすでにいつ壊れてもおかしくないような状態でしたので、明治二十五年六月、県は再び改築計画を立て県会へ提出します。その内容は、前回の議論を考慮し上部は木造のまま、下部の基礎部分（橋脚・橋桁《はしげた》）のみを鉄造にするというものでした。県会では鉄柱にすることでの水利上の利点が説明されましたが、議員を納得させる程の利点を十分に証明できず、「橋脚ニ鉄材ヲ用ユルハ不可トス」と結論づけられました。結局今回も、近江八景の一つである瀬田唐橋の名勝保存と、設計予算が鉄を用いるより約二万円安いという理由により、橋はすべて旧観のとおり木造にするべきだとされました。

二度目の諮問案での、全面が駄目なら基礎部分だけでも、という鉄造へのこだわりからは、当時県が瀬田川の治水に関して相当の危機感を持っていたことがうかがえます。また、それに対し県会議員への発言からは、名勝である瀬田唐橋は木橋であってこそだという強い愛着を感じます。

(2)　国の名勝・瀬田唐橋、その費用は…

瀬田唐橋を架け替える上で、その費用の工面は重要な課題でした。瀬田唐橋架け替えに関する簿冊の中には、国庫補助申請のための内務省との一連のやりとりが綴《つづ》られています。

明治二十五年六月二十九日、県は工費の半額を国庫か

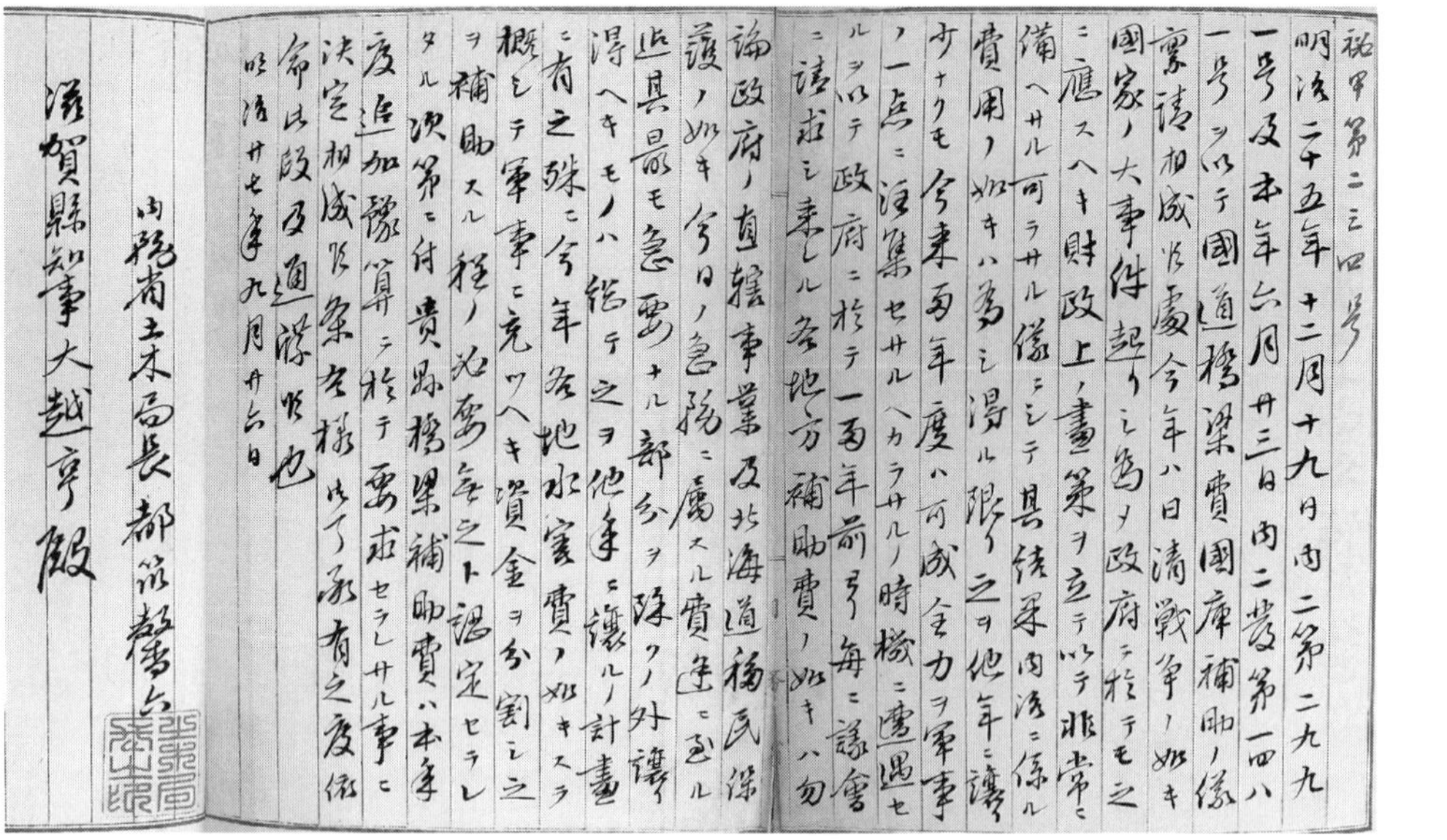

写真２　国庫補助の儀に付通牒
明治27年９月26日
【明に21（93）】

ら補助するよう求め申請しました。しかし、これは叶《かな》わず、内務省から工費の三分の一で申請し直すよう勧められます【明に21⑵】。滋賀県はこの助言のとおり、同年十二月十九日に工費の三分の一で再び申請しました。この申請は一度採用され国の二十七年度歳計予算案に編入されたものの、議会（衆議院）の解散により成立せず、補助が確定しないまま工事も先延ばしにされます。この状況に、同二十七年五月には、当時の県会議長であった林好本《はやしよしもと》をはじめとする滋賀県の有志らが、瀬田唐橋は「千古ノ歴史ニ関係アル国ノ名勝」であるので、「相当ノ補助ヲ与ヘ以テ之《これ》ヲ保存」することは「国家適当ノ務《つとめ》ナリ」といった内容の陳情書を提出するなど、滋賀県側も積極的に働きかけました【明に21㊶】。これらのやりとりの末、最終的に国から届いたのが**写真２**の文書です。これは同年九月二十六日付で内務省土木局長から滋賀県知事に出された通牒です。その内容は、先の国庫補助の申請について、同年七月より日清戦争が始まり、政府はできるだけ費用を軍事に回す必要に迫られているので、県の意に添えないといったものでした。二年にも及ぶやりとりの末に、結局国の補助を受けることは出来ず、全額県の負担によって木橋による工事が行われました。

木造と鉄筋コンクリート造の折衷案（大正期）

明治二十八年の架け替えから約三〇年が経ち、瀬田唐橋は大正十三年（一九二四）に再度架け替えられることとなります。この時の橋は、大正八年施行の道路法にもとづき制定された内務省令「道路構造令」の規定に則り、約八トンの車両の通行に耐えうる構造が求められました。そこで、重量貨物交通の増加に対応するため、県は橋の設計を主要部分（橋柱）は鉄筋コンクリートを用いて「堅牢且《かつ》耐久力ニ富メル構造」としました。

しかし、高欄《こうらん》（手すり）は橋の歴史上重要なものであるので、従来のとおり木造として擬宝珠《ぎぼし》を取り付け、橋面も板張りとしました。また、貫鼻（柱間に通る横木の先端）は船舶の衝突に備えるとともに、その美観を保つために青銅色の金属で被覆することとなりました。このように構造は鉄筋コンクリートを用いて耐荷性を持たせながらも、さまざまな加工を施すことによって、伝統的な美観を整えることにも尽力していたことがわかります【大に19⒄】。

瀬田唐橋の全面鉄橋化（昭和期）

その後の昭和三十九年（一九六四）には、木造であった橋の上部も鉄製およびアスファルト舗装に改修され、瀬田唐橋は完全に鉄橋へと変わりました。現在の瀬田唐橋は、昭和五十四年に全面鉄橋として架け替えられたものです（表1）。

このように、瀬田唐橋の近代、とりわけ木橋から鉄橋への過渡期からは、瀬田川の治水や重量貨物交通の増大といった時代の要請と、木造である瀬田唐橋を守ろうという当時の人々の熱い思い、その両方に応えようとする県の努力が見えてきます。

（岡本 和己）

表1　瀬田唐橋の構造の変化（筆者作成）

部分＼時代	明治28年	大正13年	昭和39年（上部のみ）	昭和54年
橋脚	木造	鉄筋コンクリート	―	鉄筋コンクリート
橋桁	木造	鉄製	―	鉄製
橋面	木造	木造	アスファルト舗装	アスファルト舗装
高欄	木造	木造	鉄製	鋼製

③ 県庁移転騒動

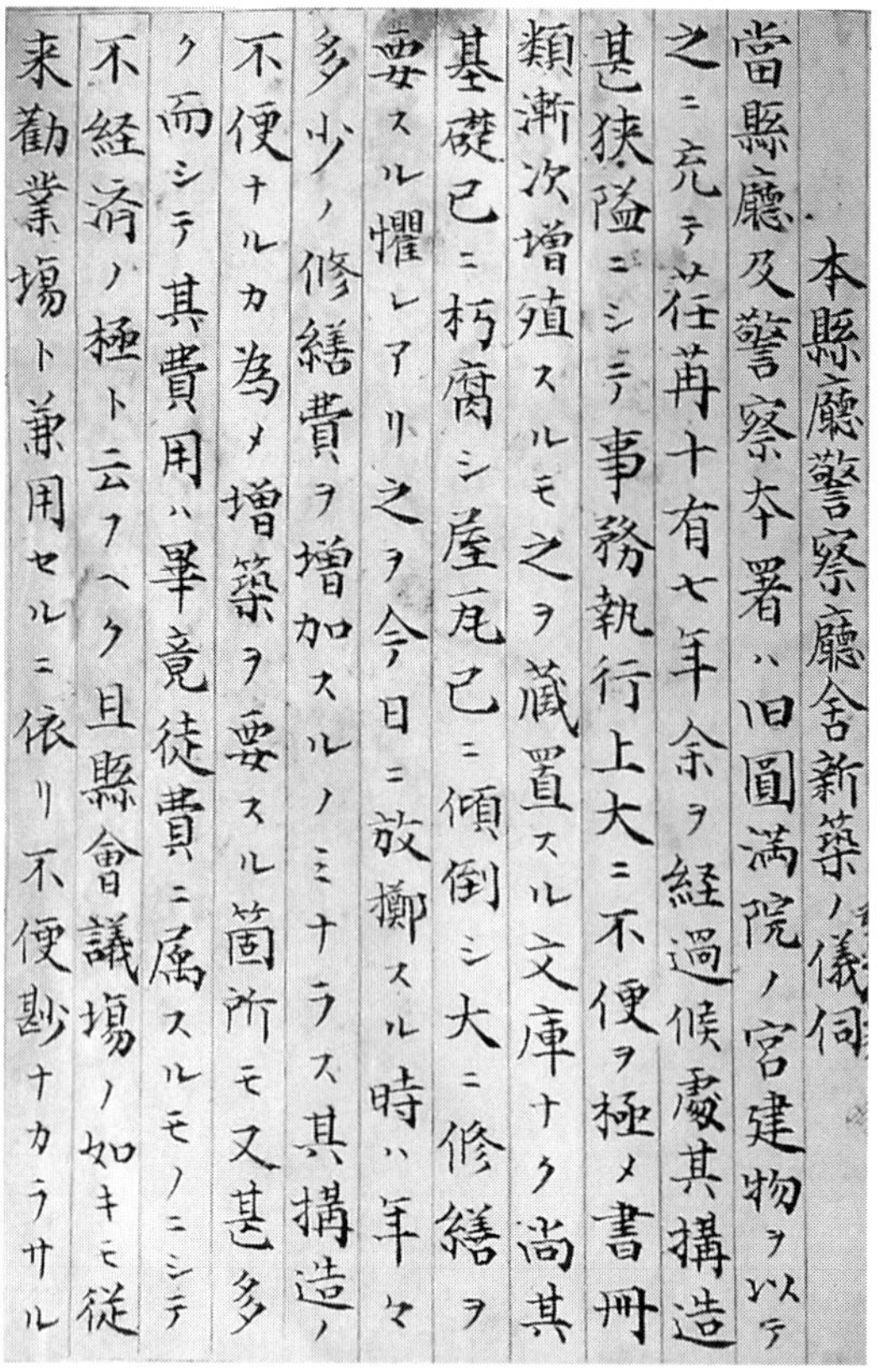
本縣廳警察廳舎新築ノ儀伺
當縣廳及警察本署ハ旧圓満院ノ宮建物ヲ以テ之ニ充テ荏苒十有七年余ヲ経過候處其構造甚狭隘ニシテ事務執行上大ニ不便ヲ極メ書冊類漸次増殖スルモ之ヲ蔵置スル文庫ナク尚其基礎已ニ朽腐シ屋瓦已ニ傾倒シ大ニ修繕ヲ要スル懼レアリ之ヲ今日ニ放擲スル時ハ年々多少ノ修繕費ヲ増加スルノミナラス其構造ノ不便ナルカ為メ増築ヲ要スル箇所モ又甚多ク而シテ其費用ハ畢竟徒費ニ属スルモノニシテ不経済ノ極ト云フヘク且縣會議場ノ如キモ従来勧業場ト兼用セルニ依リ不便尠ナカラサル

写真１　本県庁警察庁舎新築の儀伺
明治18年12月28日
【明あ179－4(55)】

滋賀県大津市にある県庁舎は、明治期と昭和期の二度、大津から彦根への移転問題に見舞われています。京都・大阪に近く、古くから宿場町として発展して、交易の要であった大津と、彦根藩三十五万石の城下町として近江国の代表都市であった彦根との政治的駆け引きであったこの問題は、隣接地域はもちろん滋賀県全域の町村を巻き込み一大論争となりました。本節では、その経過を紹介します。

県庁舎の誕生

現在の県域に統合された滋賀県が明治五年（一八七二）九月二十九日に誕生しましたが、県庁舎は引き続き滋賀郡別所《べっしょ》村（現・大津市）の円満院《えんまんいん》に置かれました。しかし、円満院の庁舎は時が経つにつれて手狭になり、老朽化にともない修繕費がかさむといった問題が現れ、明治十八年に県庁舎の新築計画が持ち上がりました（**写真1**）。同十二月の県会に提案がなされて具体化し、現在まで続く滋賀郡東浦《ひがしうら》村（現・大津市）の地に明治十九年七月、着工。約二年の工期を経て竣工し、明治二十一年六月二十五日開庁しました【明い174－1(37)】。この県庁舎を設計したのが、小原益知《おはらますとも》という人物です。工部大学校出身の小原は、当時新しかった煉瓦《れんが》造を採用し、イングリッシュ・ルネッサンス様式を取り入れた二階建ての庁舎を設計しました。この小原の設計には、当時の知事であり外交官としてイギリスに在留していた経歴を有する、中井弘の影響も大きかったようです。こうした先駆性をもつ県庁舎は、滋賀県の近代化を象徴する建造物でした【昭の6】（口絵「旧県庁舎航空写真」）。

建議めぐり県会大混乱

ところが、それからまもない明治二十四年十二月十六日の通常県会最終日に、突如、県庁舎を彦根町（現・彦根市）に移転させるという建議が神崎郡選出の磯部《いそべ》亀吉《かめきち》から提出されました。磯部はその中で、大津は滋賀県の南にあるため北部の人民は不便を感じ、県庁と往復する際、常に不満の情を抱いていると主張します。そして、鉄道が合流する草津や米原の中間に位置する彦根は、交通網が発達して便利であり、大津町より多くの人口を有する県内第一の都市で県庁を置くことが当然である、と論じました（写真2）。一方、大津側の議員からは、通常県会最終日にこのような重大問題を提出して早急に結論を出すことは好ましくない、大津は中央の位置ではないけれど便利であることを重視すべき、といった議論が出されます。また県庁舎が新築されて間もないことも移転反対の理由となりました。

採決の結果、この建議は出席議員の過半数を超える二〇名による起立賛成を得て、通常県会を通過しました。しかし、引き続き開かれた十二月二十二日の臨時県会で、先日採択された建議の取消しが滋賀郡選出の谷澤龍蔵《たにざわりゅうぞう》により提案されたのです。この提案も出席議員の過半数

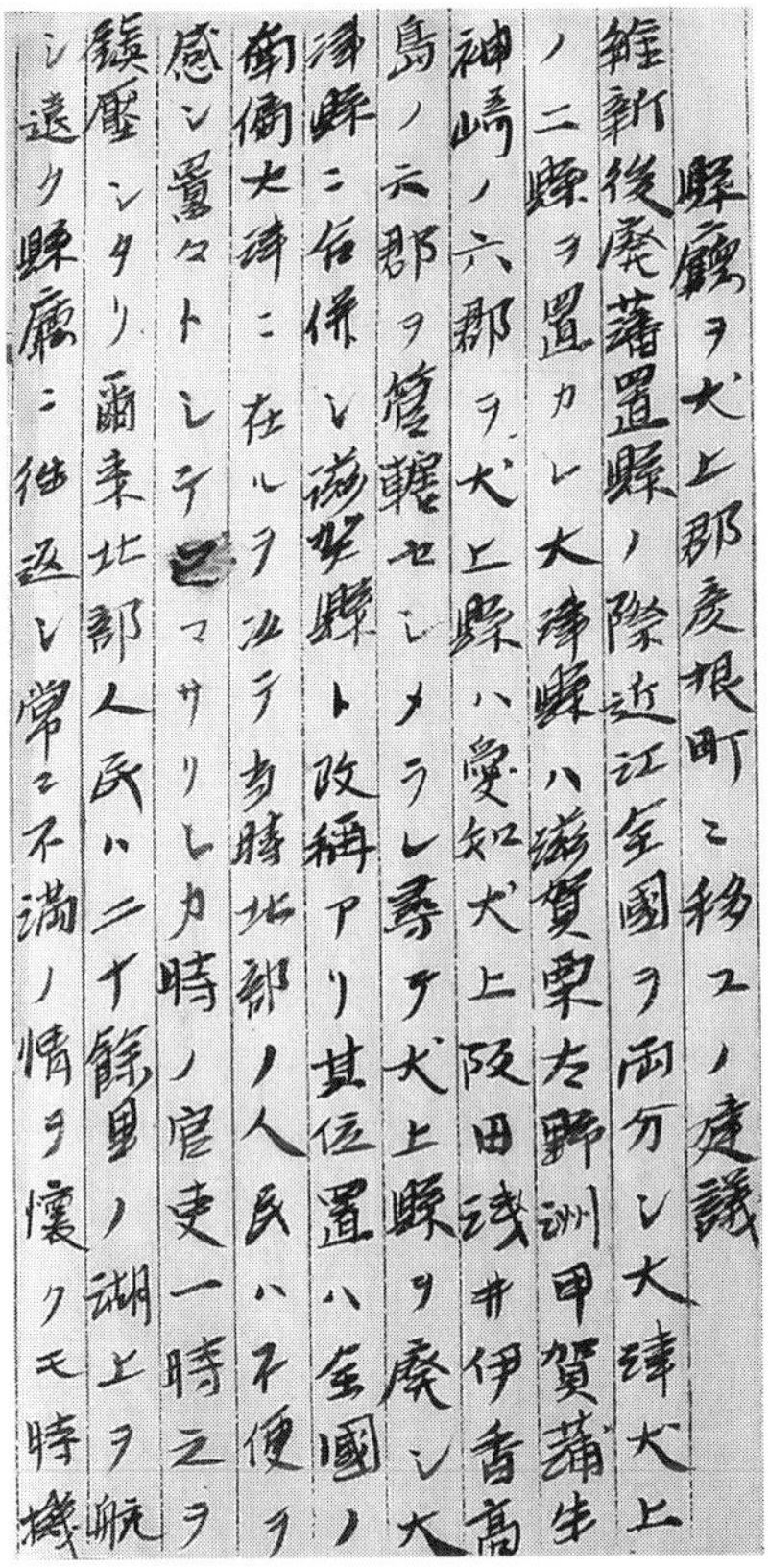
縣廳ヲ犬上郡彦根町ニ移スノ建議
維新後廃藩置縣ノ際近江全國ヲ両分シ大津犬上
ノ二縣ヲ置カレ大津縣ハ滋賀栗太野洲甲賀蒲生
神崎ノ六郡ヲ犬上縣ハ愛知犬上阪田淺井伊香高
島ノ六郡ヲ管轄セシメラレ尋テ犬上縣ヲ廃シ大
津縣ニ合併シ滋賀縣ト改稱アリ其位置ハ全國ノ
南偏大津ニ在ルヲ以テ当時北部ノ人民ハ不便ヲ
感シ置々トシテ已マサリシカ時ノ官吏一時之ヲ
鎮壓シタリ爾来北部人民ハ二十餘里ノ湖上ヲ航
シ遠ク縣廳ニ往返シ常ニ不満ノ情ヲ懐クモ時機

写真２　県庁を犬上郡彦根町に移すの建議
明治24年12月
【明き2－2(4)】

を超える一八名の賛成を得て可決されました。

一方、そのような重要な議題は臨時県会で決議すべきではないとして、大越亨《おおごしとおる》知事は県会の中止を命令します【明き19⑴】。ところが、年が明けて明治二十五年一月六日に再開された県会では、「建議取消しの取消し」が提案され可決されます。また当時、大越知事は、瀬田川の鉄橋架設問題や坂田・東浅井両郡合併問題などの対応をめぐり批判を受けており、事態を打開しようとした大越知事は、再度中止命令を発しました。こうして県会は類をみない混乱に陥りましたが、このような事態が生じたのは、大越知事と議員たちの間にある不信感があげられるようです。

二度にわたる知事の県会中止命令などで混乱をきたした県会は、結局、二月八日に至って内務大臣品川弥二郎《しながわやじろう》の権限により県会解散という県会史上空前の事態となり、改めて県会議員選挙が行われることとなりました【明き19⒂】。そして、これにともない県庁移転問題は自然と立ち消えとなりました。

改築機に移転案再燃

それから半世紀経ち、県庁舎も再び老朽化が目立つようになりました。県会で今度は、県庁舎の改築が論議され始めました【昭の1⑴】。

この県庁舎改築の論議を契機に、前回は挫折《ざせつ》した県庁移転を実現しようとする動きが再度、彦根に生まれました。昭和十一年（一九三六）、商工業者らで組織された実業協会が中心となって県庁舎移転期成同盟会が設立され、緊急町会では満場一致で県庁誘致に全力を注ぐことを決議しました。在彦日刊新聞連盟も臨時総会で協議し、県庁移転期成の演説会を各所で開き、実業協会と連携していくことを確認します。また、平塚分四朗彦根町長は内務大臣に対し県庁移転の陳情書を提出しています。そこでは次のように述べられています。

県庁が最西端の大津にあることは、県治の上で不便である。県庁が大津に置かれたのは、主要交通手段が琵琶湖水運であり、物資集散の中心が大津港であった時のことである。しかし、湖上運輸が機能を失った今、旧来の繁栄は消え、大津が県庁所在地であることはもはや県民の不便と苦痛をもたらすのみである、と。

こうした主張をみると、明治期の県庁移転騒動のときと彦根側の論点に変化はなかったといえるでしょう。盛り上がりをみせた彦根では、六月末の時点で彦根町民のほとんどが同盟会に加入し、一万部におよぶパンフレットが制作されたといいます。しかし彦根の人々の思いとは相違して、国や県の動きは県庁移転に否定的なものでした。二見直三《ふたみなおぞう》知事は、彦根町長や彦根町会副議長、県庁移転期成同盟会長との会談を行い、県庁舎誘致運動の不当性を説示するとともに、一日も早く運動を終了するように指示しました。またそれは、当時の内務省の意向でもありました。一方会談から帰った彦根町長は、緊急町会協議会を開き運動の継続を確認します。
そして開かれた昭和十一年の通常県会では、多数の傍聴者が見守る中、十二月十七日未明まで県庁改築案の審議が行われました。大津側の議員は、府県制が布《し》かれて以来いまだかつて県庁舎の位置を変更した事例はないことや、新築した場合には多額の費用がかかることから現在地での改築を主張しました。結局その意見が通り、現在地での県庁改築案が一部の修正のもとに可決されました。

旧庁舎は翌昭和十二年に取り壊され、新庁舎の地鎮祭が同年十月十四日に執り行われました。工事は順調に進行し、昭和十四年四月二十六日から三日間かけて仮庁舎からの移転が行われます【昭の6】。そして五月十六日午前十時から来賓七〇〇名を招待して、竣工式が庁舎屋上において挙行されました。当日、来賓には信楽焼の置物や記念風呂敷《ふろしき》などが贈呈され、職員にも記念杯、絵葉書、弁当などが配られました。

改築された県庁は、その後、七〇年あまりの時を経て、平成二十六年（二〇一四年）十二月十九日、国の登録有形文化財に登録されました。県庁舎本館正面玄関の柱には、その登録を証する銘版が設置されています。今後より一層、滋賀県の歴史を刻んだ文化財の一つとして、貴重な県庁舎を保全し、守り活用していくことが求められるでしょう。

（杉原　悠三）

写真３　現在の県庁舎

4

幻の坂井郡

写真1　明治43年5月に建設された東浅井郡役所
『東浅井郡志 巻3』

現在の滋賀県において「郡」といえば、日野《ひの》町・竜王《りゅうおう》町が属する蒲生《がもう》郡、豊郷《とよさと》町・甲良《こうら》町・多賀《たが》町が属する犬上《いぬかみ》郡、愛荘《あいしょう》町が属する愛知《えち》郡が、地理的区分としてその名を残しています。しかしかつて県内には、律令時代以来、一二の郡が存在し、町村を超えた広域行政区画として、独自の役割を果たしていました。そして明治二十年代には、その合併の是非をめぐり、県会解散まで至る一大問題へと発展しています。

当時の滋賀県会は、大津事件や県庁移転、瀬田川浚渫《しゅんせつ》などをめぐり、激しい論争が交わされていましたが、滋賀県政史上唯一となる県会解散の引き金を引いたのは、坂田《さかた》・東浅井《ひがしあざい》両郡の合併問題でした。本節では、それほど地域住民の関心が高かった「郡」をめぐる紛争過程をご紹介します。

合併派と分離派の対立

事件の発端は、明治二十三年（一八九〇年）七月一日、内務大臣から岩崎小二郎《いわさきこじろう》知事に宛てた郡制施行にともなう通知でした【明こ21‐3⑾】。それまで郡は、官選の郡長と郡役所が置かれていたに過ぎず、滋賀県では栗太《くりた》・野洲《やす》、愛知《えち》・神崎《かんざき》、坂田・東浅井、伊香《いか》・西浅井《にしあざい》の各郡が、二郡で一つの行政区とされていました。しかし同法施行により、新たに郡会が置かれ、府県と町村の間に位置する独自の自治体と定められたのです。今回の通知では、それまで数郡に一つ置かれていた郡役所を毎郡

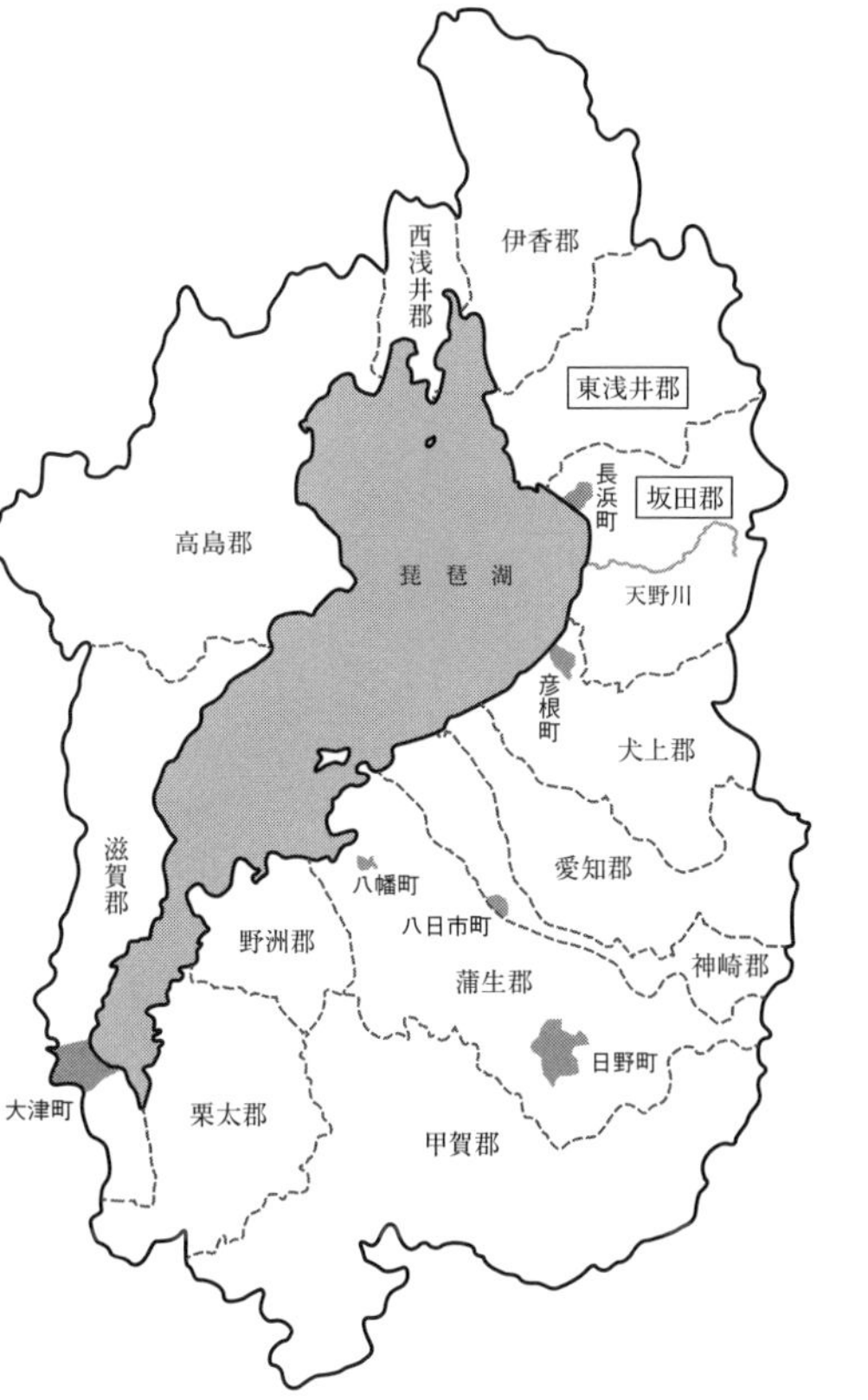

図１　明治23年頃の滋賀県の郡境界

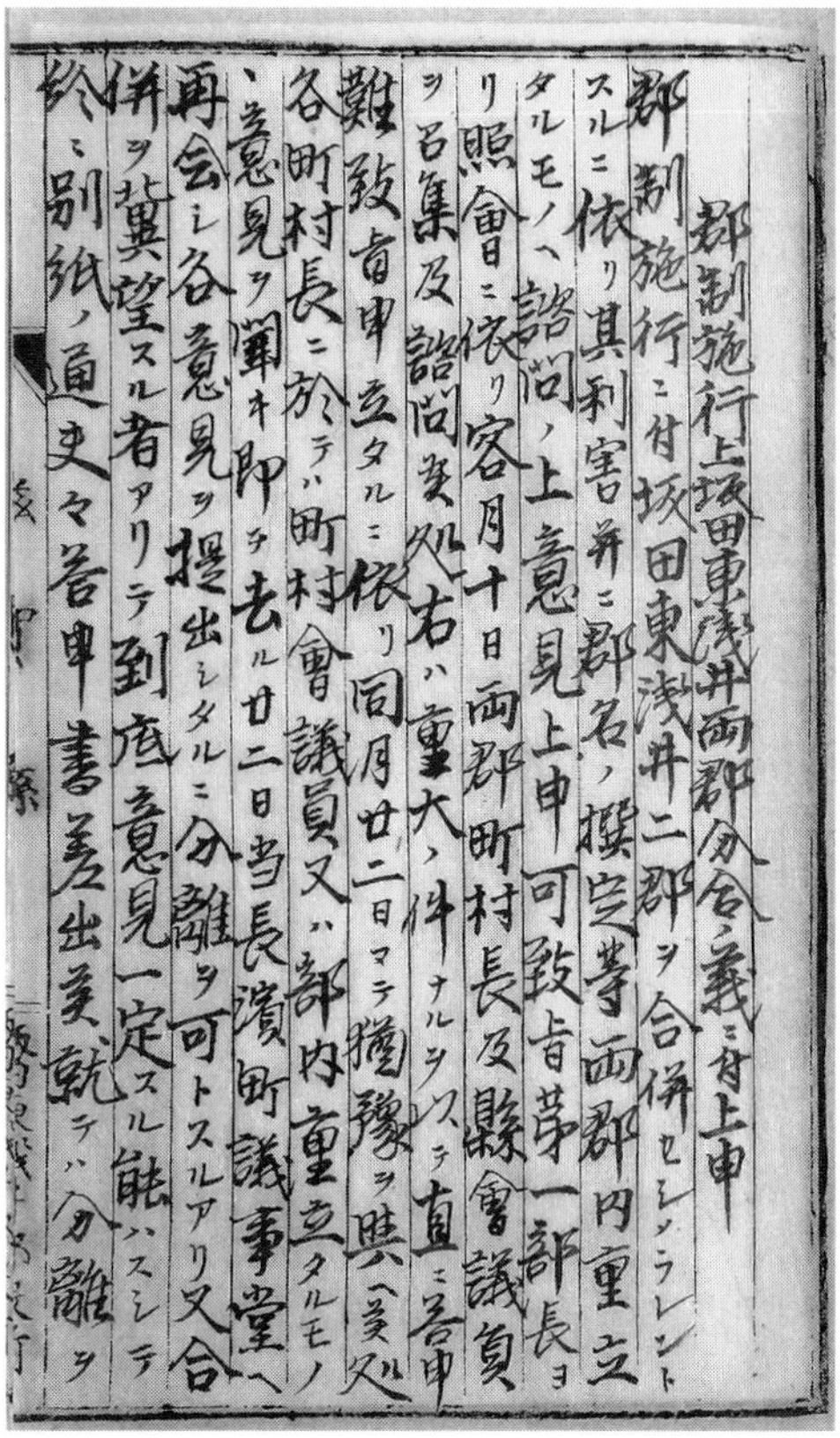
郡割施行上坂田東浅井両郡分合ノ義ニ付上申
郡割施行ニ付坂田東浅井二郡ヲ合併セシメラレント
スルニ依リ其利害并ニ郡名ノ撰定等両郡内重立
タルモノヘ諮問ノ上意見上申可致旨第一部長ヨ
リ照會ニ依リ客月十日両郡町村長及縣會議員
ヲ召集及諮問候処右ハ重大ノ件ナルヲ以テ直ニ答申
難致旨申立タルニ依リ同月廿二日マテ猶豫ヲ與ヘ候処
各町村長ニ於テハ町村會議員又ハ郡内重立タルモノ
ヽ意見ヲ聞キ即チ去ル廿二日当長濱町議事堂ヘ
再会シ各意見ヲ提出シタルニ分離ヲ可トスルアリ又合
併ヲ冀望スル者アリテ到底意見一定スル能ハスシテ
終ニ別紙ノ通夫々答申書差出候就テハ分離ヲ

写真２　坂田・東浅井両郡分合を求める上申書
明治23年10月
【明ふ59－1(2)】

に一つ設置することや、郡単位の事業が可能な資力に応じた郡の合併・分割が指示されていました。そこで県は九月八日、各郡長に郡を合併した場合の得失や、新たな郡名の選定を地元の有力者に諮《はか》るよう求めたのです【同前⒀】。

早速、坂田・東浅井両郡では、郡長木村広凱《きむらこうがい》が九月十日に両郡の町村長・県会議員を集めて説明を行い、二十二日に改めて各々より意見を聞きました。しかし分離派と合併派に見解が分かれたため、今度は答申書を提出させました。その結果、東浅井郡全村と坂田郡のうち四か町村が合併を希望したため、木村郡長は多数の意見を取り、十月岩崎知事に「合併セシメサルヲ得ス」と回答しています（写真２）。新たな郡名は、坂田・東浅井両郡から各一字をとって「坂井郡《さかい》」が適当と答えました。ただし木村郡長の答申は、分離派があくまで独立を希望した場合、もし強行に合併すれば、将来の施政に影響を及ぼすかもしれないと述べるなど、分離の余地を残すものでした。

九月二十八日には、岩崎知事より木村郡長に合併を認める旨を記した内書が送られます【明こ70⑶】。坂田・東浅井両郡は、歴史や地勢、人情から見て分離は必要なく、たとえ多少の異議があっても、最早顧みる必要はないとまで言い切っています。

しかし両郡の合併問題は、その後も分離派・合併派とも互いに譲らず、県庁に陳情を重ねます。両派の激しい対立に不安を抱いた岩崎知事は態度を変え、同年十一月、このまま合併しても「到底協和結合ノ望ミナキ」として、坂田・東浅井両郡の分離を内務大臣に上申したのです（写真3）。結局、十二月に政府より帝国議会に提出された郡の合併に関する法案では、坂田・東浅井両郡は対象とならず、県内においては、単独では資力が乏しいとされた伊香・西浅井両郡のみでした。

帝国議会に出席していた合併派の貴族院議員下郷伝平《しもごうでんぺい》（坂田郡長浜町）は、在京中の岩崎知事に詰め寄り、事情を確認すると、直ちに郷土にその旨を報告しました。その知らせを受けて激昂《げっこう》した合併派は、郡長宅に押しかけ「知事・郡長ハ郡民ヲ欺《あざむ》キ、冷淡ニモ出シヌケ遭遇セシメタリ」と苦情を訴えます。しかし木村郡長も寝耳の水の話で困り果てるばかりでした。自派の不利な状況に焦った合併派は、十二月二十日に衆議院議長、翌年一月七日に内務大臣に陳情書を提出します【明こ70⑺、同前⑻】。さらに今度は分離派も同年一月十日、衆貴両院議長に請願書を出すなど、両派の争いは激しさを増していきました【明こ72㊲】。

その後四月には岩崎知事が転任し、新たに沖守固《おきもりかた》が知事に就任します。しかし翌五月には大津事件の責任によって罷免《ひめん》。事件収拾にあたった渡辺《わたなべ》千秋《ちあき》知事も六月には転任し、大越亨《おおごしとおる》知事が誕生します。この就任間もない知事のもとで、両郡合併問題は新たな局面を迎えることになるのです。

坂田郡の分割建議

明治二十四年十二月四日の通常県会では、上記の終わりの見えない争いを解消するため、愛知郡選出の横田耕《よこたこう》議員（西小椋村《にしおぐら》）より内務大臣宛ての建議案が出されました。横田によれば、合併・分離両派とも主張に偏りがあるため、坂田郡を流れる天野川を境に、同郡南部を犬上郡、北部を東浅井郡に分割するのが「公平」だというのです。これに対し、坂田郡選出の上田喜陸《うえだきりく》議員（鳥居本村）は「之《こ》レハ阪田・東浅井二郡ノ事」だとして、この建議案に反対しました。しかし結局は、横田案が過半数を得て可決されることになります【明き16㉜】。十一日には大越知事より議会の建議を受けた場合は大臣に上申する旨の発言がなされ、翌十二日には知事の斡旋《あっせん》を求める決議も可決されました。

これに憤慨したのが坂田郡の住民たちでした。合併・分離派双方とも、天野川沿岸は水利や境界に関する争いが絶えない地域で、もし南北に分割すれば「人心激昂如《い》何《か》ナル変動ヲ起スモ測リ知ル可《べ》カラス」と知事に再考をうながしました【明こ70⑰】。そこで大越知事は、県属（職員）に命じて十二月十四日、十八日に実地調査をさせたところ、水利の関係上、とても天野川を境に分割できないことを悟ります【同前㉟】。

一方県会議長らは、内務大臣に提出された建議に基づき、上京して内務省との折衝を重ねました。しかし知事

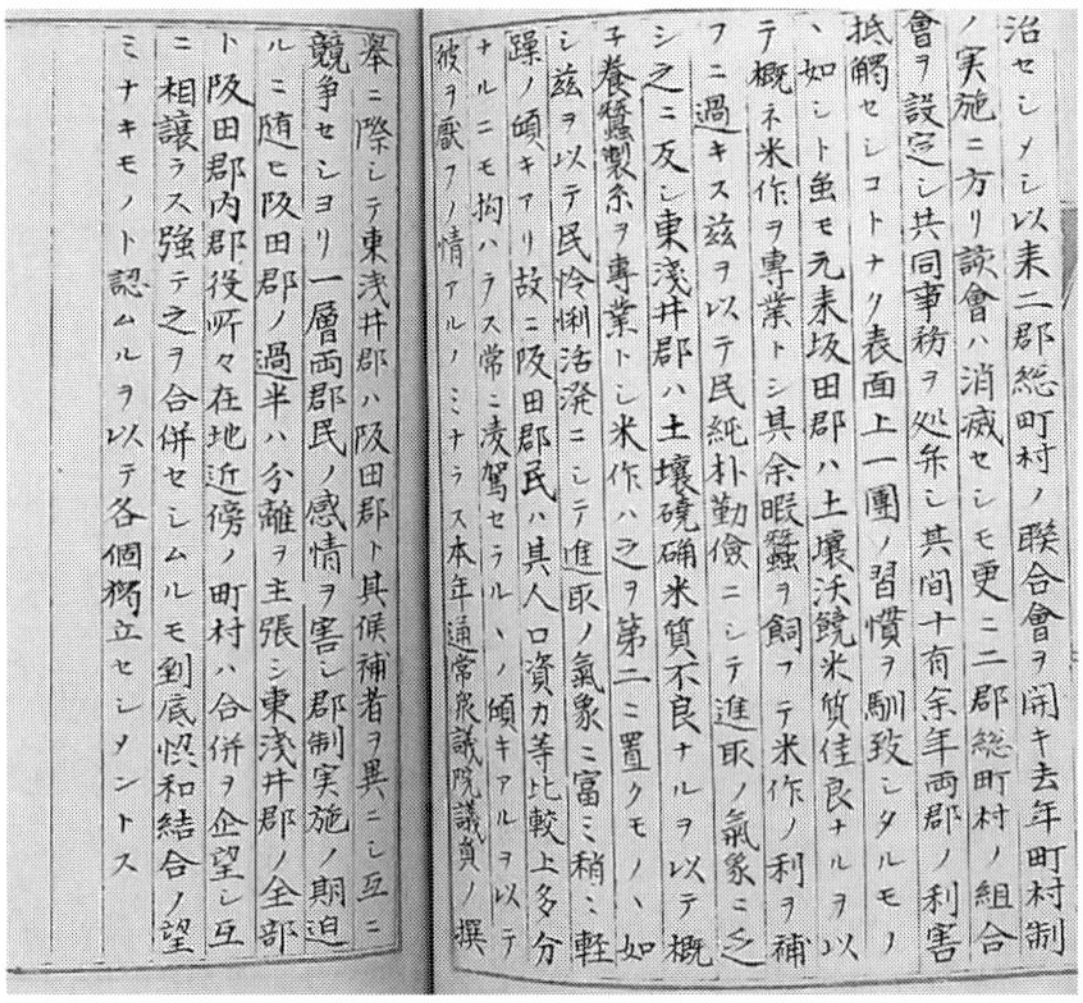
挙ニ際シテ東浅井郡ハ阪田郡ト其候補者ヲ異ニシ互ニ
競争セシヨリ一層両郡民ノ感情ヲ害シ郡制実施ノ期迫
ルニ随ヒ阪田郡ノ過半ハ分離ヲ主張シ東浅井郡ノ全部
ト阪田郡内郡役所々在地近傍ノ町村ハ合併ヲ企望シ互
ニ相譲ラス強テ之ヲ合併セシムルモ到底悃和結合ノ望
ミナキモノト認ムルヲ以テ各個獨立セシメントス

治セシメシ以来二郡総町村ノ聯合會ヲ開キ去年町村制
ノ実施ニ方リ該會ハ消滅セシモ更ニ二郡総町村ノ組合
會ヲ設定シ共同事務ヲ処弁シ其間十有余年両郡ノ利害
抵触セシコトナク表面上一團ノ習慣ヲ馴致シタルモノ
ヽ如シト雖モ元来坂田郡ハ土壌沃饒米質佳良ナルヲ以
テ概ネ米作ヲ専業トシ其余暇蠶ヲ飼フテ米作ノ利ヲ補
フニ過キス茲ヲ以テ民純朴勤倹ニシテ進取ノ氣象ニ乏
シ之ニ反シ東浅井郡ハ土壌磽确米質不良ナルヲ以テ概
子養蠶製糸ヲ専業トシ米作ハ之ヲ第二ニ置クモノヽ如
シ茲ヲ以テ民怜悧活溌ニシテ進取ノ氣象ニ富ミ稍ミ軽
躁ノ傾キアリ故ニ阪田郡民ハ其人口資力等比較上多分
ナルニモ拘ハラス常ニ凌駕セラルヽノ傾キアルヲ以テ
彼ヲ厭フノ情アルノミナラス本年通常衆議院議員ノ撰

写真３　両郡独立を求める上申書
明治23年11月
【明こ166－3(1)】

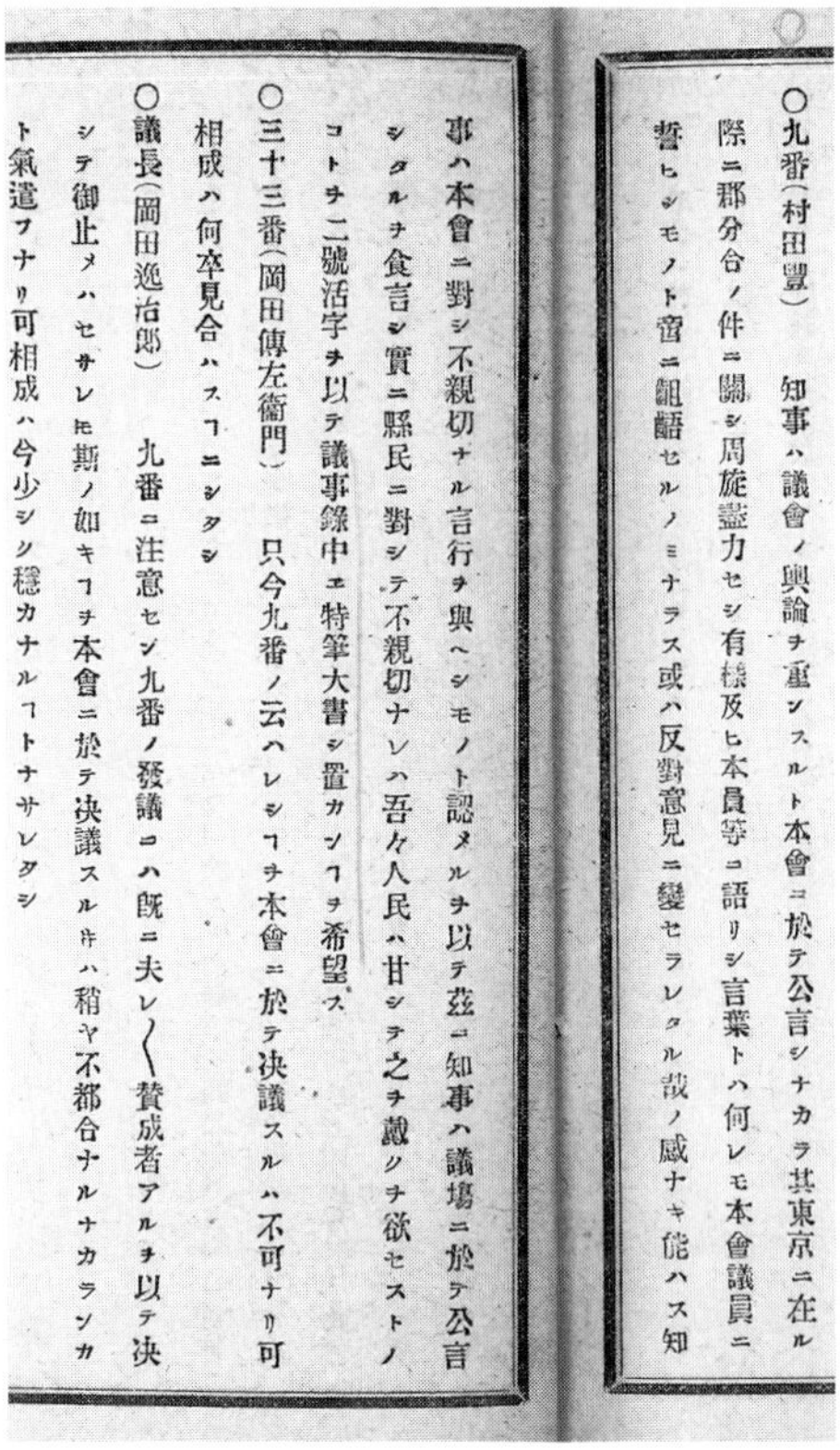
○九番（村田豊）　知事ハ議會ノ輿論ヲ重ンスルト本會ニ於テ公言シナカラ其東京ニ在ル
際ニ郡分合ノ件ニ關シ周旋盡力セシ有様及ヒ本員等ニ語リシ言葉トハ何レモ本會議員ニ
誓ヒシモノト啻ニ齟齬セルノミナラス或ハ反對意見ニ變セラレタル哉ノ感ナキ能ハス知
事ハ本會ニ對シ不親切ナル言行ヲ與ヘシモノト認メルヲ以テ茲ニ知事ハ議場ニ於テ公言
シタルヲ食言シ實ニ縣民ニ對シテ不親切ナレハ吾々人民ハ甘シテ之ヲ藏クヲ欲セストノ
コトヲ二號活字ヲ以テ議事錄中ヱ特筆大書シ置カンコヲ希望ス
○三十三番（岡田傳左衛門）　只今九番ノ云ハレシコヲ本會ニ於テ決議スルハ不可ナリ可
相成ハ何卒見合ハスコニシタシ
○議長（岡田逸治郎）　九番ニ注意セン九番ノ發議ニハ既ニ夫レ〳〵賛成者アルヲ以テ決
シテ御止メハセサレ𪜈斯ノ如キコヲ本會ニ於テ決議スル𪜈ハ稍ヤ不都合ナルナカランカ
ト氣遣フナリ可相成ハ今少シク穏カナルコトナサレタシ

写真４　知事不信任をめぐる議論
明治25年１月６日
『県会日誌』滋賀県蔵

の協力を得られなかったこともあり、実現の見込みはないと拒絶されます。そこで明治二十五年一月六日の臨時県会では、東浅井郡選出の村《む》田《ら》豊《ゆたか》議員（竹生村）より、「此《この》知事ノ食言《しょくげん》（嘘）ヲ日誌中ヱ特筆大書スル」議案が出され、そのまま可決されてしまうのです（**写真４**）。大越知事は直ちに県会を中止し、一月九日には硬派と称する「破壊主義」の議員が牛耳っていると、県会の解散を内務大臣に求めました【明き19⑮】。そして二月八日には、同大臣より滋賀県政史上唯一の県会解散が命じられるのです。

以上の経過を経て、両郡の合併問題は鎮静化していきましたが、分離・合併両派の対立は、その後の市町村合併にも影響を与えています。当時合併を唱えた坂田郡の旧町村（長浜町・西黒田《にしくろだ》村など）の多くは昭和十八年（一九四三）に長浜市となり、さらに平成の大合併時に東浅井郡のすべての旧村も同市となりました。その一方、分離を唱えた坂田郡の旧村（入江《いりえ》村・伊吹《いぶき》村など）の多くは、平成十七年（二〇〇五）に米原市として合併しています。このように今回取り上げた幻の「坂井郡」構想は、提案から一二〇年の月日を経て、形を変えて一部は実現したともいえるのです。

（大月　英雄）

⑤ 瀬田川浚渫と大越亨

大津市石山寺《いしやまでら》境内の片隅には、第七代知事大越亨《おおこしとおる》の功績をたたえた記念碑が建てられています。大越が在任した明治二十年代の滋賀県は、大津事件や県庁移転騒動、坂田《さかた》・東浅井《ひがしあざい》両郡合併問題など多くの難問が噴出し、県政史上「最モ困難ナル時代」とも評されました。大越は荒れる県会に翻弄《ほんろう》されながらも、四年半にわたる県政の舵取りを行い、なかでも瀬田川浚渫《しゅんせつ》に尽力した人物として、後世に名を残しています。本節では大越をはじめ、瀬田川浚渫をめぐる人びとの足跡をたどってみたいと思います。

鉄橋撤去運動と瀬田川改修の請願

滋賀県はその中心に琵琶湖を有し、古来豊かな恵みを受け取ってきました。その一方、同湖には百数十余の河川が流れ込み、大雨が降り続いた際には、沿湖の村々は甚大な被害に襲われました。明治元年（一八六八）五月も、琵琶湖沿いの村々は未曾有《みぞう》の洪水に遭遇します。その被害村の一つ、愛知《えち》郡薩摩《さつま》村（現・彦根市）に住む村《むら》井真十郎《いしんじゅうろう》は、彦根藩を通じて大津県に瀬田川浚渫を訴えました【明と54－1㉕】。瀬田川は琵琶湖から流れ出る唯一の河川で、この川の流水量が沿湖の被害を大きく左右したのです。幸い太政官もその必要性を認め、工費一三万円が下付されて、浚渫工事が実施されます。その結果、一時的にではあれ、沿湖の水害は大きく減少したようです。

その後しばらくの間は、琵琶湖の水位は低く保たれましたが、明治十七年以降、高水位の年が増えてきます。特に明治二十二年七月、大雨後に上がった水位がなかなか下がらないことに、沿湖の人びとは強い不安を感じたようです。彼らは同年二月に架設された鉄橋が流水の妨げになっていると考えました。八月四日には、高島郡の大友与四郎《おおともよしろう》や滋賀郡の河村専治《かわむらせんじ》が中心となって、大津で沿湖民有志大会が開かれます【資524】。さらに同月中には、各郡選出の委員からなる琵琶湖水利委員同盟会が結成されました。

これらの動きに対して、八月二十八日、県技師の野沢《のざわ》房敬《ふさたか》は鉄橋無害論を唱え、鎮静化を図ろうとします。野沢は、琵琶湖が減水しないのは、乱伐対策のために行った苗木の植付や砂防工事によって、山腹から流れる土砂が止まり、「山面ニ水気ヲ保蓄セシメ」たからだと説明しました。しかし同盟会の委員たちは納得せず、鉄橋の撤去を求めて、県や大阪土木監督署に陳情が重ねられました。

同盟会のねばり強い運動を受け、明治二十三年五月六日、中井弘《なかいひろむ》知事は内務大臣に琵琶湖の水利に関する請願書を提出します【明と54－2⑺】。中井知事には、同盟会による鉄橋撤去の請願運動とともに、「無知ノ窮民」がうらみを抱き、汽車の運転を妨害するのではないかという懸念がありました。さらに下層民衆を煽動《せんどう》して衆望を集め、議員選挙で当選しようとする者への不安もあったようです。鉄橋架設と流水停滞についての実際の因果関係はともかく、「政略上」の観点から、人心を安心させて県治上の困難を取り除くことを求めたのです。

写真1　大越亨の肖像
滋賀県蔵

　さらに同年六月十一日には、新しく知事となった岩崎《いわさき》小二郎《こじろう》から内務大臣に再申請がなされます【明と54‐2(8)】。しかし結局は、翌二十四年十月九日、鉄橋架設は水利の障害にはならず、流水停滞は雨量の増加や降雨日数の長期化によるものだとして、内務省から申請却下の指令が伝えられることになります。

　容易に鉄橋撤去の請願が受け入れられないことを悟った岩崎知事は、今度は瀬田川改修工事を計画します。明治二十三年十一月十日、臨時県会を開いて工事の施行を議決した岩崎は、十九日にはその認可を内務大臣に申請しました【明と54‐1(1)】。岩崎は、瀬田川改修が古来しばしば施行されてきた事業であり、県治上必要欠くことのできないものであることを強調します。さらに維新以前は、幕府の公費により工事がなされていたことを根拠に、国庫補助の建議も行いました。しかし流水量の増減は下流の利害に関わることから京阪二府から強い反対があり、土木局も流水停滞の原因が定かではなく、更なる調査が必要だと主張し、実現にはいたりませんでした。

大越知事による上申書

　このような経過を経て、明治二十四年六月十五日、大越亨が知事に就任しました。大越は京阪二府により実現を拒まれた岩崎知事の教訓を踏まえ、九月三十日、瀬田川改修を政府直轄事業にするよう内務大臣に上申書を提出します（写真2）。大越知事は、瀬田川は畿内の要部を貫流し、利害の及ぶ範囲が非常に広いことから、到底

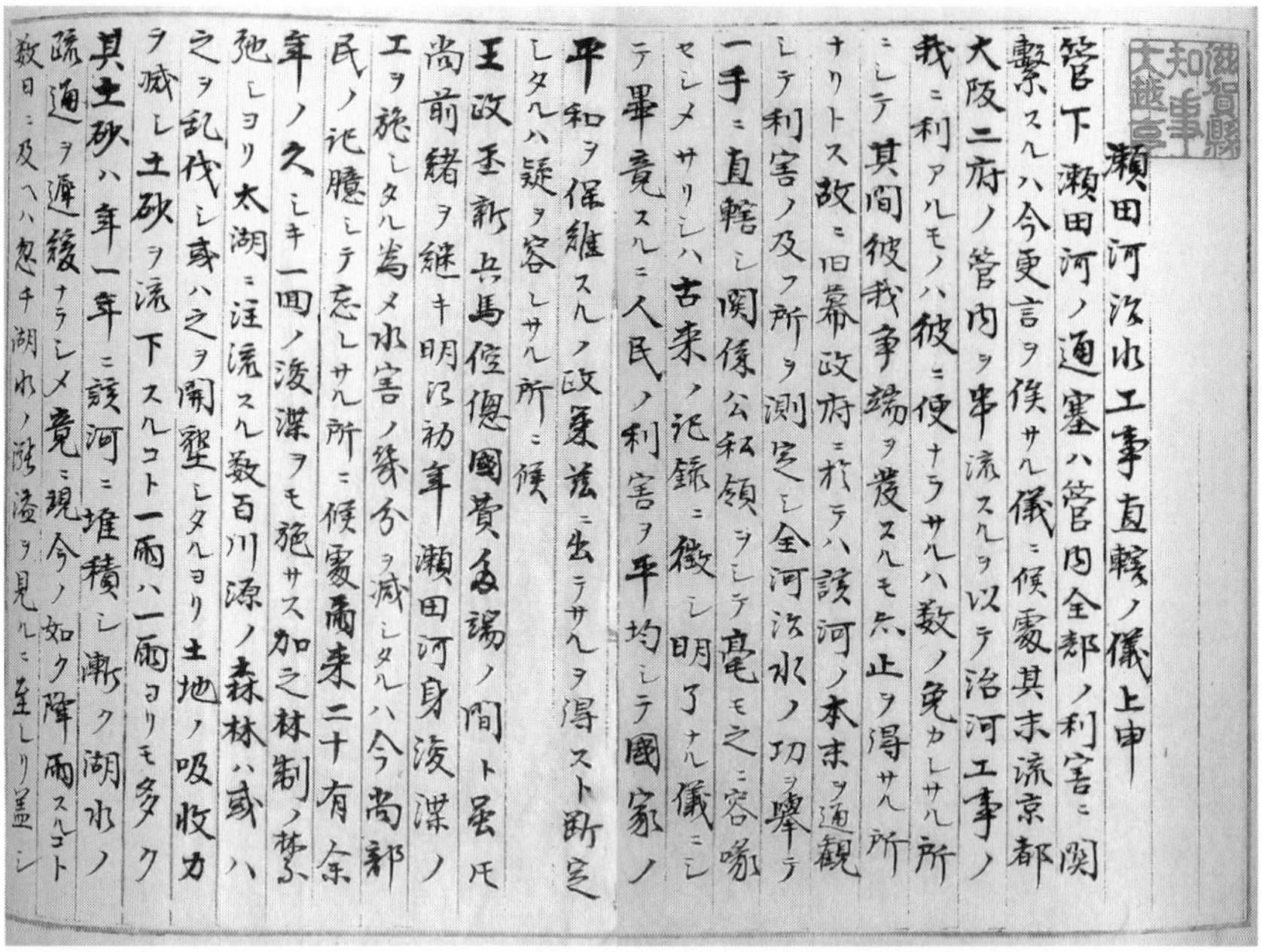

滋賀縣知事大越亨

瀬田河浚水工事直轄ノ儀上申

管下瀬田河ノ通塞ハ管内全部ノ利害ニ関繋スルハ今更言ヲ俟サル儀ニ候處其末流京都大阪二府ノ管内ヲ串流スルヲ以テ治河工事ノ我ニ利アルモノハ彼ニ便ナラサルハ数ノ免カレサル所ニシテ其間彼我争端ヲ発スルモ亦止ヲ得サル所ナリトス故ニ旧幕政府ニ於テハ該河ノ本末ヲ通観シテ利害ノ及フ所ヲ測定シ全河浚水ノ功ヲ挙テ一手ニ直轄シ関係公私領ヲシテ毫モ之ニ容喙セシメサリシハ古来ノ記録ニ徴シ明了ナル儀ニシテ畢竟スルニ人民ノ利害ヲ平均シテ國家ノ平和ヲ保維スルノ政策茲ニ出テサルヲ得スト断定シタルハ疑ヲ容レサル所ニ候

王政維新兵馬倥偬國費多端ノ間ト雖モ尚前緒ヲ継キ明治初年瀬田河身浚渫ノ工ヲ施シタル為メ水害ノ幾分ヲ減シタルハ今尚郡民ノ記臆シテ忘レサル所ニ候處爾来二十有余年ノ久シキ一回ノ浚渫ヲモ施サス加之林制ノ弊弛シヨリ太湖ニ注流スル数百川源ノ森林ハ或ハ之ヲ乱伐シ或ハ之ヲ開墾シタルヨリ土地ノ吸収力ヲ減シ土砂ヲ流下スルコト一雨ハ一雨ヨリモ多ク其土砂ハ年一年ニ該河ニ堆積シ漸ク湖水ノ疏通ヲ遅緩ナラシメ竟ニ現今ノ如ク降雨スルコト数日ニ及ヘハ忽チ湖水ノ漲溢ヲ見ルニ至レリ蓋シ

写真２　瀬田川改修の上申書
明治24年９月30日
【明と54－1(25)】

府県別では治水を達成できないと訴えました。住民の利害を「平分」して、沿岸に位置する府県の「平和」を保つよう求めたのです。

さらに明治二十五年八月十九日には、同年に水害の被害が出たことから、本格的な改修工事は他日に譲ることとして、小規模の浚渫事業の許可を内務大臣に申請しました。しかしこの動きには、再び京阪二府が猛反発し、浚渫事業の差し止めを求めます。滋賀県は従来の「河身改修」の名を取り除き、ただ「土砂浚渫」と名前を変えて同様の工事を実行しようとしている。滋賀県側は、本工事によって水量の増減はなく、京阪二府に影響を与えないというが、それならばなぜ滋賀県に利益があるのか。滋賀県は「単独ノ利」を図るのではなく、現在計画中の淀《よど》川改修と併せて実施すべきだというのです。

明治二十五年八月二十二日、滋賀県と京阪二府の水利委員が集まって交渉協議会が開かれますが、結局は物別れに終わります。これに業を煮やした琵琶湖水利委員同盟会は、九月二十四日内務大臣に陳情書を提出します。さらに十月十日には、沿湖各町村の代表者三一五人が名を連ねた請願書が出されました。東上した委員たちは、「滋賀県出発に際し、許可を得ずんば再び郷土の土を踏まずとの誓ひをなし、妻子と水盃《みずさかずき》を交して東上したる」と決死の意を示して井上馨《いのうえかおる》内相に迫ったようです【資料524】。これに根負けした井上内相は浚渫工事の検討を言明し、十二月には浚渫の許可がおりることになります。

写真３　南郷洗堰
『琵琶湖治水沿革誌』【資524】

これでようやく沿湖の人びとの請願運動が、限定的ではあるものの実を結ぶことになったのです。

その後滋賀県では、琵琶湖郡水利委員同盟が発足します。淀川改修を含めた府県を横断する治水工事の実現に向けて、今度は京阪二府との共同の運動がすすめられていきました。しかし明治二十九年一月、志半ばで大越知事は病で亡くなってしまいます。その後、大越が求めた政府直轄の本格的な瀬田川（淀川）改修は、明治三十三年に着工されることになります。完成に至るのは、さらに八年後の四十一年のことで、大越知事から五代後の川島純幹《かわしますみもと》知事の時代でした。その工事の一環で、明治三十八年に設置された南郷洗堰《なんごうあらいぜき》（**写真３**）により、瀬田川の水量調節が図られるようになります。しかし、その後も同堰の開閉をめぐって、沿岸府県の利害対立は現在まで続くことになるのです。

（大月　英雄）

第4章　相次ぐ災害と戦争——明治二十七～四十四年

1　蒲生郡八幡町水災図面
明治29年９月10日　【明は10（29）】

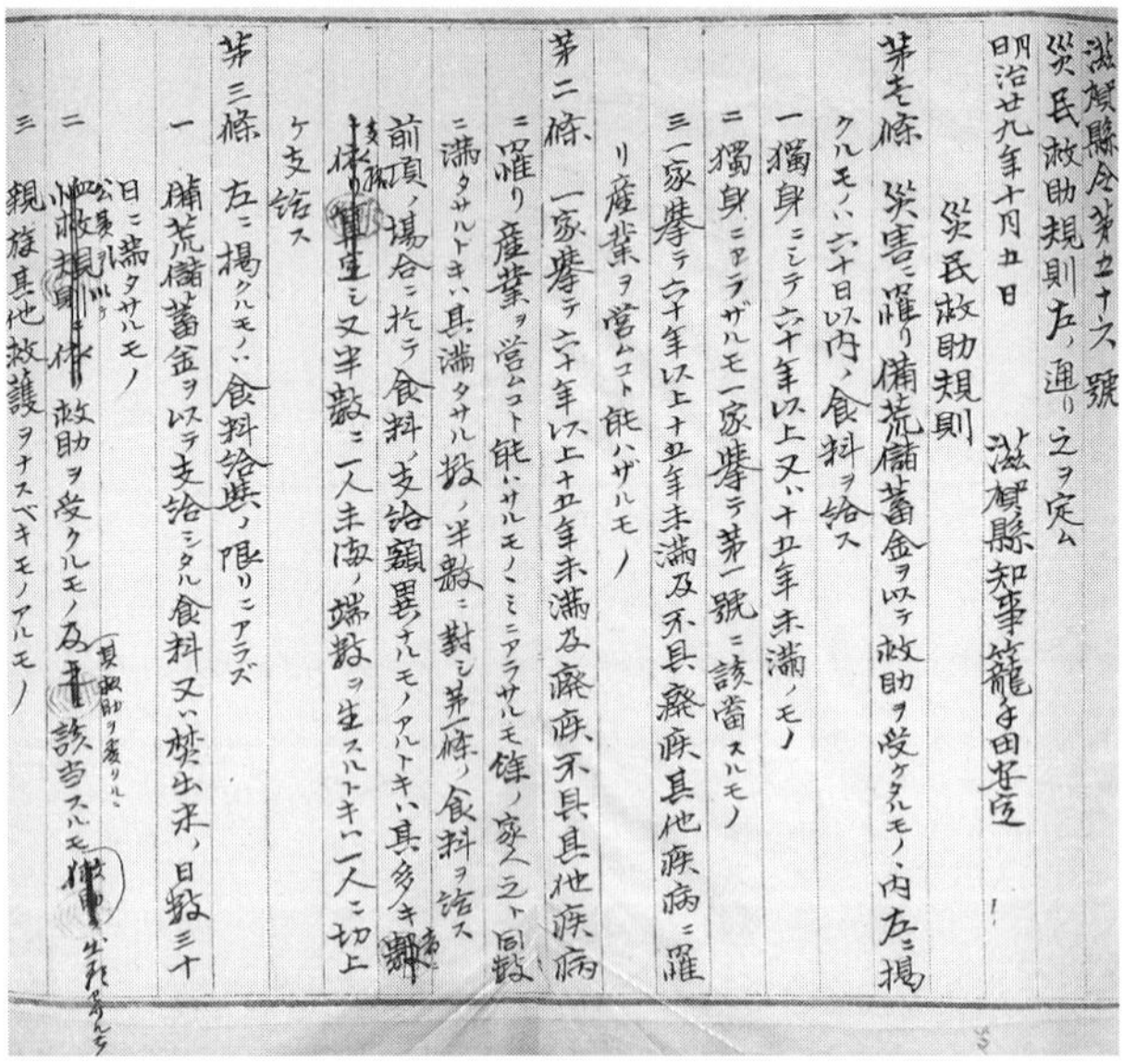

滋賀縣令第五十六號
災民救助規則左ノ通リ之ヲ定ム
明治廿九年十月五日　滋賀縣知事籠手田安定
災民救助規則
第壱條　災害ニ罹リ備荒儲蓄金ヲ以テ救助ヲ受ケタルモノノ内左ニ掲クルモノハ六十日以内ノ食料ヲ給ス
一　獨身ニシテ六十年以上又ハ十五年未満ノモノ
二　獨身ニアラザルモ一家挙テ第一號ニ該當スルモノ
三　一家挙テ六十年以上十五年未満及不具癈疾其他疾病ニ罹リ産業ヲ営ムコト能ハザルモノ
第二條　一家挙テ六十年以上十五年未満及癈疾不具其他疾病ニ罹リ産業ヲ営ムコト能ハサルモノニアラサルモ俸ノ家人之ト同数ニ満タサルトキハ其満タサル数ノ半数ニ對シ第一條ノ食料ヲ給ス
前項ノ場合ニ於テ食料ノ支給額異ナルモノアルトキハ其多キ額ニ依リ算出シ又半数ニ一人未満ノ端数ヲ生スルトキハ一人ニ切上ケ支給ス
第三條　左ニ掲クルモノハ食料給與ノ限リニアラズ
一　備荒儲蓄金ヲ以テ支給シタル食料又ハ焚出米ノ日数三十日ニ満タサルモノ
二　救助ヲ受クルモノ及該当スルモノ
三　親族其他救護ヲナスベキモノアルモノ

2　災民救助規則
明治29年10月５日
【明こ195（47）】

琵琶湖大水害の発生

明治二十九年（一八九六）八月三十日から九月初旬にかけて、滋賀県は大変な豪雨に襲われました。琵琶湖の水位は、約一丈三尺（三・九メートル）増水し、沿岸部の町村は湖水で溢れました。**写真1**は、九月十一日に蒲生《がもう》郡役所が県に提出した水害概況報告の添付図です。郡役所や警察所、裁判所、小学校など、町内の主要建物がことごとく水没しています。

琵琶湖大水害の被害が拡大した一因には、九月八日に京都市が琵琶湖疏水《そすい》の閘門《こうもん》を閉鎖し、水位がさらに上昇したという事情もありました。焦った県は、同月十三日、速やかに規定の水量を通水するよう京都府に求めました。しかし同府は、閘門の

郵 便 は が き

お手数ながら切手をお貼り下さい

5 2 2-0 0 0 4

滋賀県彦根市鳥居本町 655-1

サンライズ出版 行

〒

■ご住所

■お名前《ふりがな》　　■年齢　　歳　男・女

■お電話　　■ご職業

■自費出版資料を　　希望する ・ 希望しない

■図書目録の送付を　　希望する ・ 希望しない

サンライズ出版では、お客様のご了解を得た上で、ご記入いただいた個人情報を、今後の出版企画の参考にさせていただくとともに、愛読者名簿に登録させていただいております。名簿は、当社の刊行物、企画、催しなどのご案内のために利用し、その他の目的では一切利用いたしません（上記業務の一部を外部に委託する場合があります）。

【個人情報の取り扱いおよび開示等に関するお問い合わせ先】
サンライズ出版 編集部　TEL.0749-22-0627

■愛読者名簿に登録してよろしいですか。　□はい　□いいえ

ご記入がないものは「いいえ」として扱わせていただきます。

愛読者カード

ご購読ありがとうございました。今後の出版企画の参考にさせていただきますので、ぜひご意見をお聞かせください。なお、お答えいただきましたデータは出版企画の資料以外には使用いたしません。

●書名

●お買い求めの書店名（所在地）

●本書をお求めになった動機に○印をお付けください。

1．書店でみて　2．広告をみて（新聞・雑誌名　　　　　　）
3．書評をみて（新聞・雑誌名　　　　　　）
4．新刊案内をみて　5．当社ホームページをみて
6．その他(　　　　　　)

●本書についてのご意見・ご感想

購入申込書　小社へ直接ご注文の際ご利用ください。
お買上 2,000 円以上は送料無料です。

書名　（　　冊）

書名　（　　冊）

書名　（　　冊）

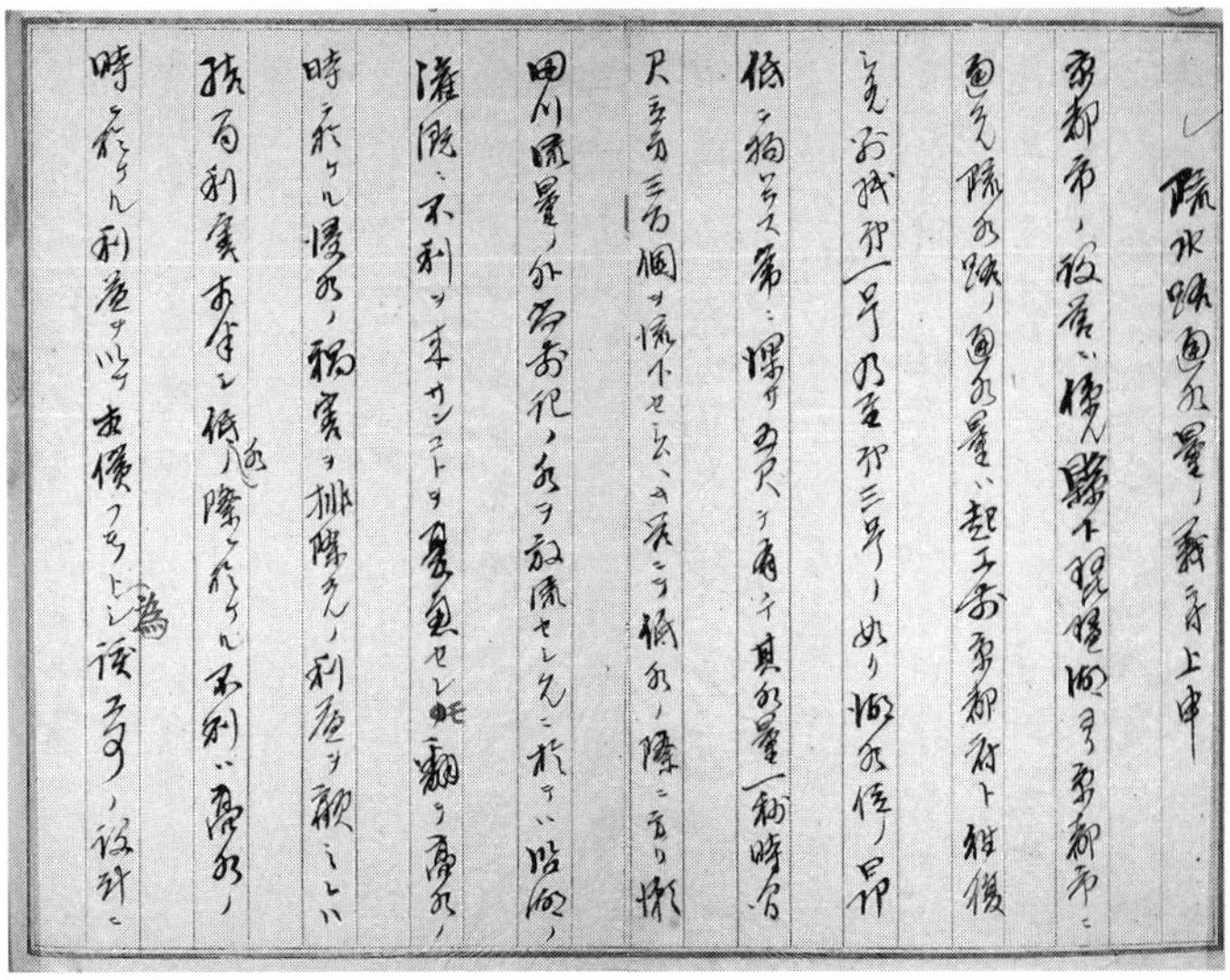

疏水路通水量ノ義ニ付上申

3　疏水路通水量の義に付上申
明治29年10月20日　【明ね39（40）】

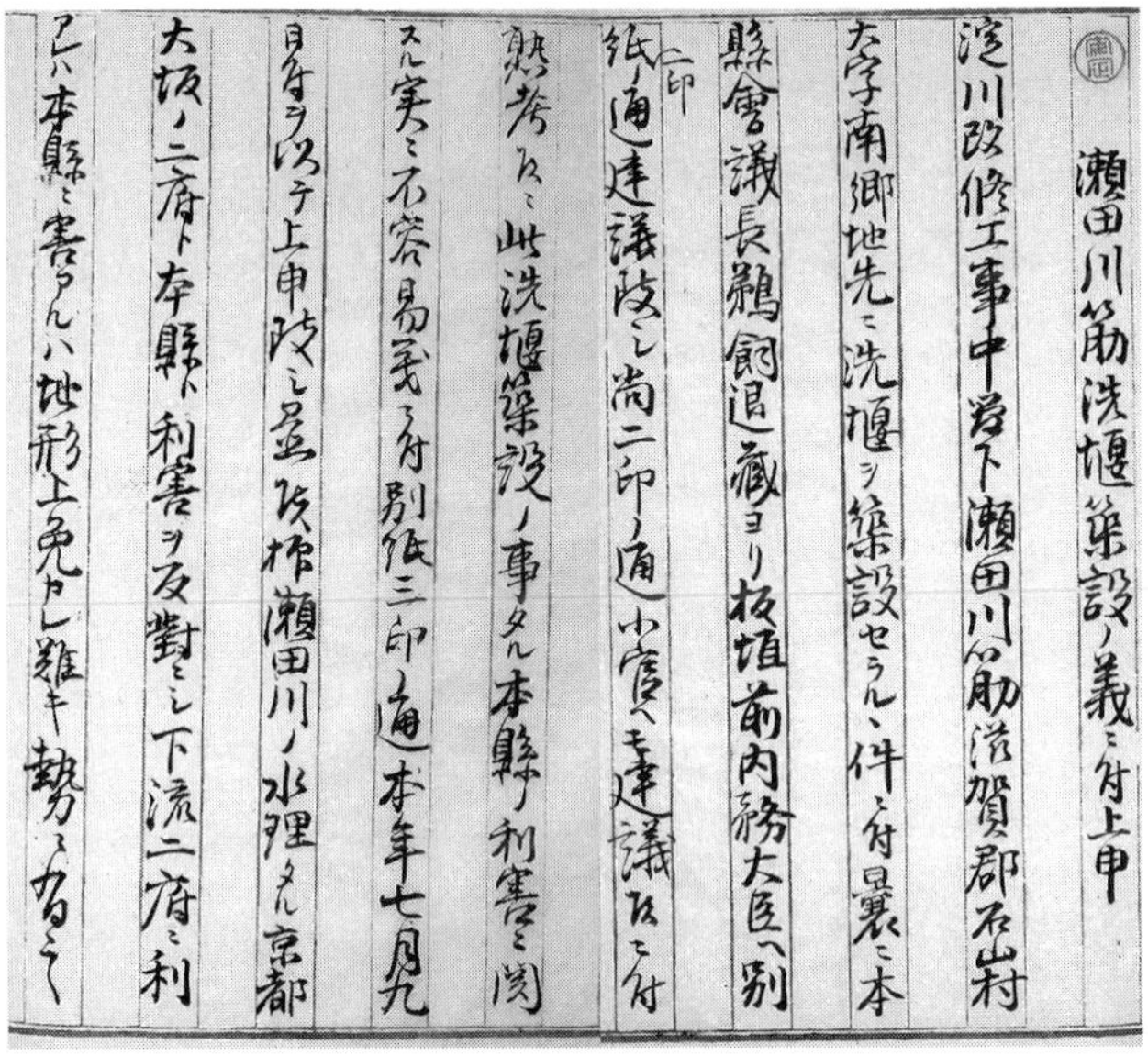

瀬田川筋洗堰築設ノ義ニ付上申

4　瀬田川洗堰築設の義に付上申
明治29年10月26日
【明ぬ147（21）】

開閉は京都市の「専権」だとして固く拒みます。**写真3**は、県から内務省に提出した上申書で、京都府の態度を「条理ニ背キタルモノ」と強く非難し、至急開門して通水させるよう求めています。

水害発生当時、淀川《よど》（瀬田川《せた》）改修工事の一環で、滋賀郡石山村大字南郷《なんごう》に「洗堰《あらいぜき》」を建設する計画が立てられていました。この堰《せき》が完成すれば、瀬田川の流水量が自由に変更できるようになるため、滋賀県民にとっては、水害被害が拡大しかねないと、従来から危機感を強めていました。そして実際、琵琶湖大水害の際には、疏水閘門が閉鎖されたこともあり、**写真4**で県は内務省に対して「公平至当ノ計画」になるよう、強く念をおしています。

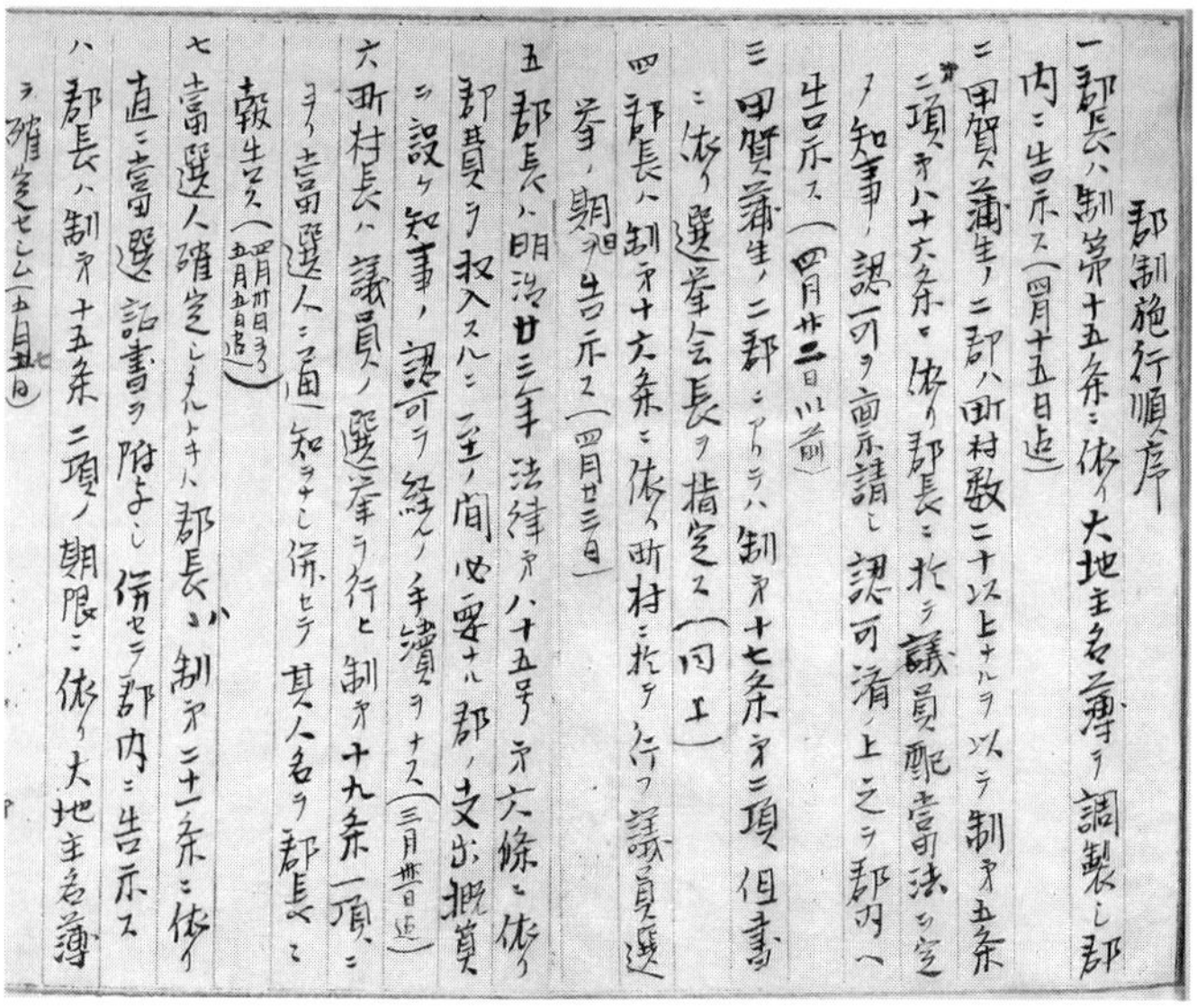

5　郡制施行順序
明治30年５月
【明こ8(2)】

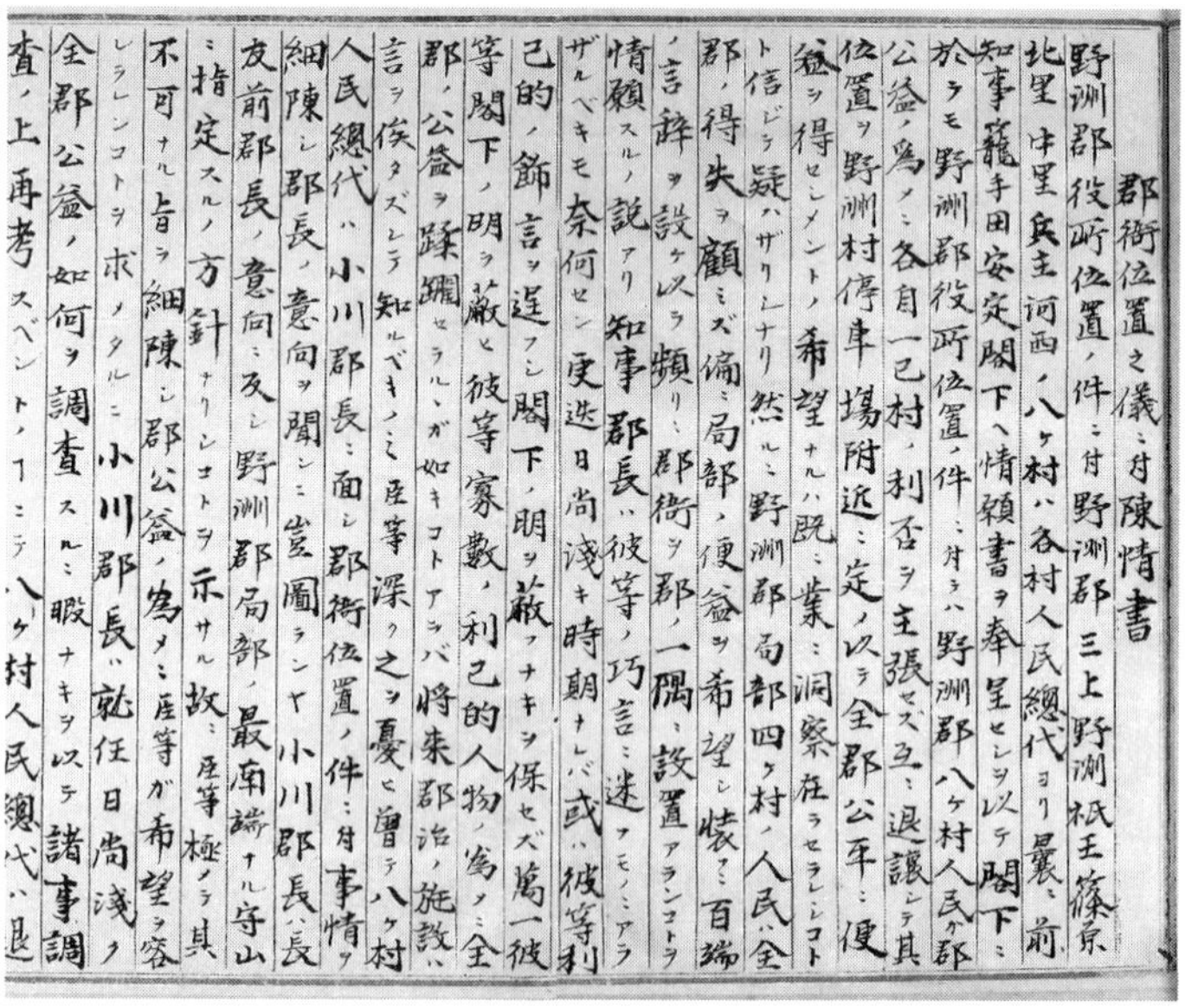

6　郡衙位置の儀に付陳情書
明治30年９月３日
【明こ188(2)】

府県制・郡制の施行

「郡制」とは、府県と町村の中間に位置する郡を地方自治体として定めた法律です。明治二十三年（一八九〇）五月に公布され、従来は単なる行政区画に過ぎなかった郡に議決機関である郡会・郡参事会の設置が可能となりました。しかし、滋賀県では郡の境界をめぐる紛争が長期化したため、その施行は同三十一年四月まで延期されることになります。**写真5**は、郡制実施に向けた日程表です。

明治二十三年五月には、郡制とともに府県制度を定めた「府県制」も公布されていました。ただし、滋賀県では長らく郡制が施行されなかったために、同法も延期され、三十一年八月になって施行に至ります。それにともない、県会議員は、郡会議員と郡参事会員の投票（複選制）で選出されることになり（写真7）、定数も五三名から三〇名に激減しました。ただし、翌三十二年三月に府県

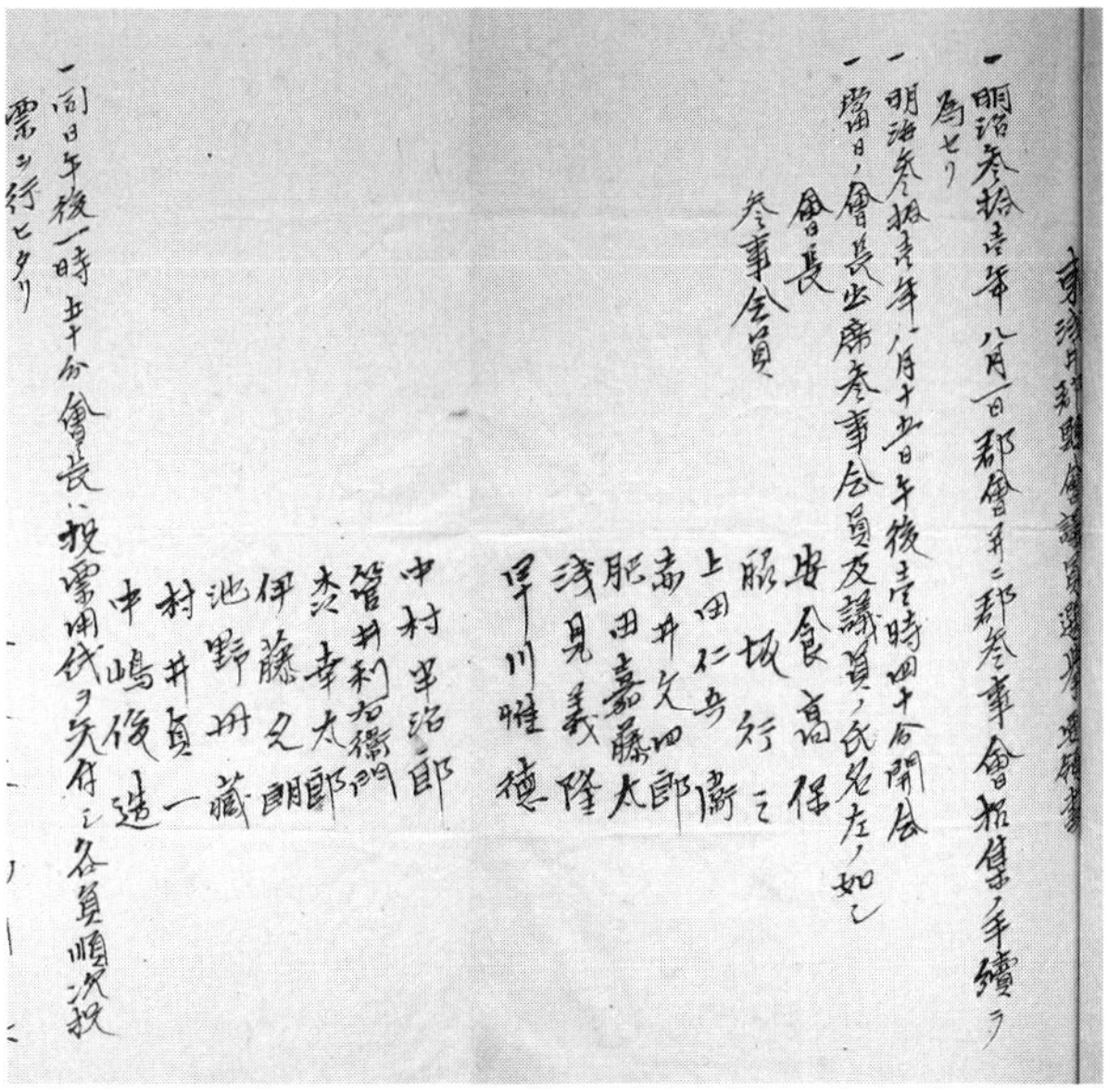

東浅井郡県会議員選挙要領書

一 明治参拾壱年八月一日郡会第二郡参事会招集手続ヲ為セリ

一 明治参拾壱年八月十五日午後壱時四十分開会

一 当日ノ会長出席参事会員及議員ノ氏名左ノ如シ

7　東浅井郡県会議員選挙要領書
明治31年８月15日
【明き46－1（10）】

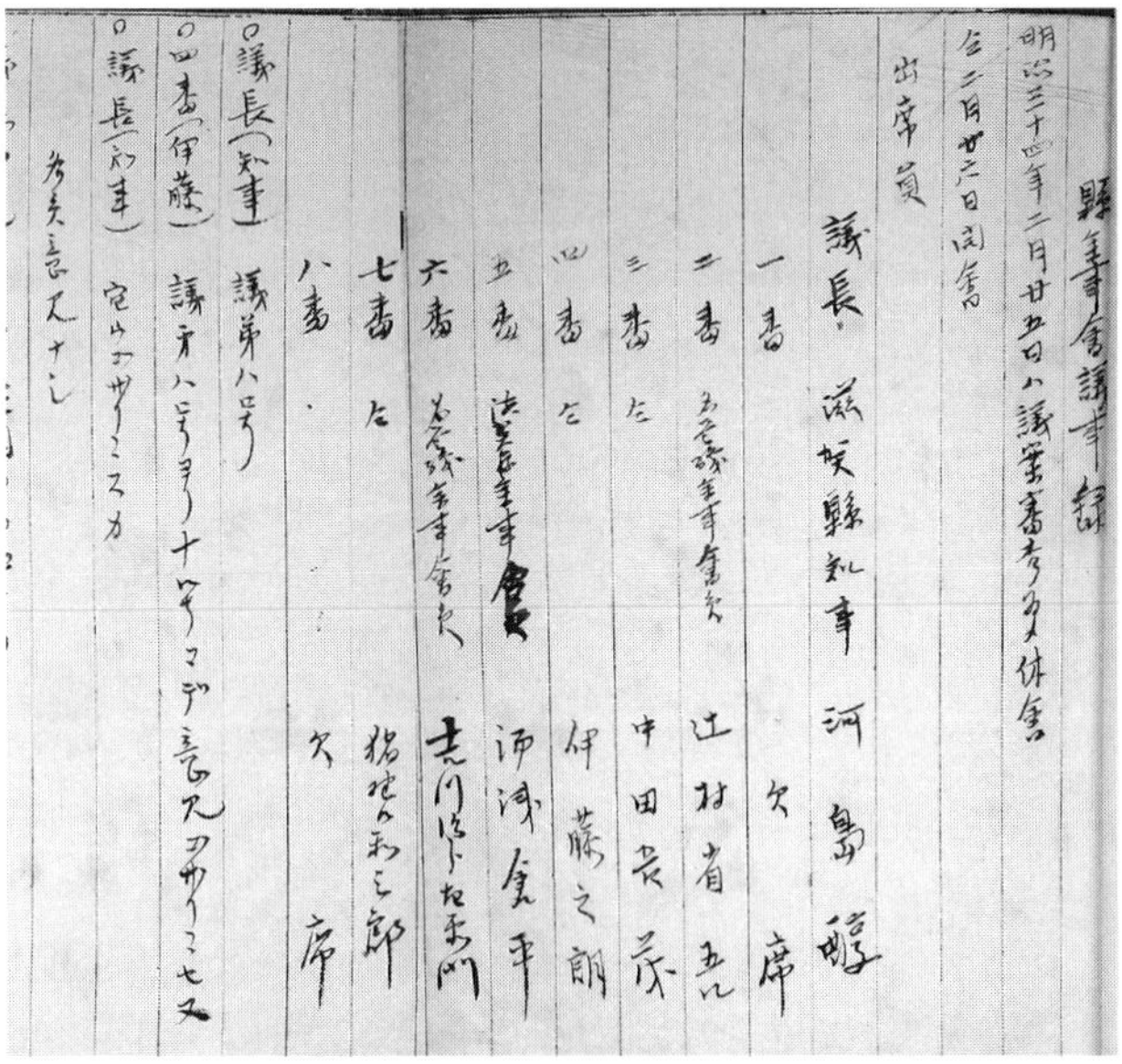

県参事会議事録

出席員

8　県参事会議事録
明治34年２月26日
【明き27（2）】

制が改正されて直接選挙となったため、滋賀県で複選制が用いられたのは、三十一年のみでした。

　府県制の施行にともない、明治三十一年九月、県参事会と呼ばれる副議決機関の運営規則が定められます。同会は、県知事、高等官二名、名誉職参事会員（県会で互選された県会議員）で構成され、県会の委任を受けた事件や、緊急性を要する事件などの議決権をもちました。同会の議事録は、明治三十四年以降のものが残されており（写真8）、その決議録は議会事務局が保管しています。

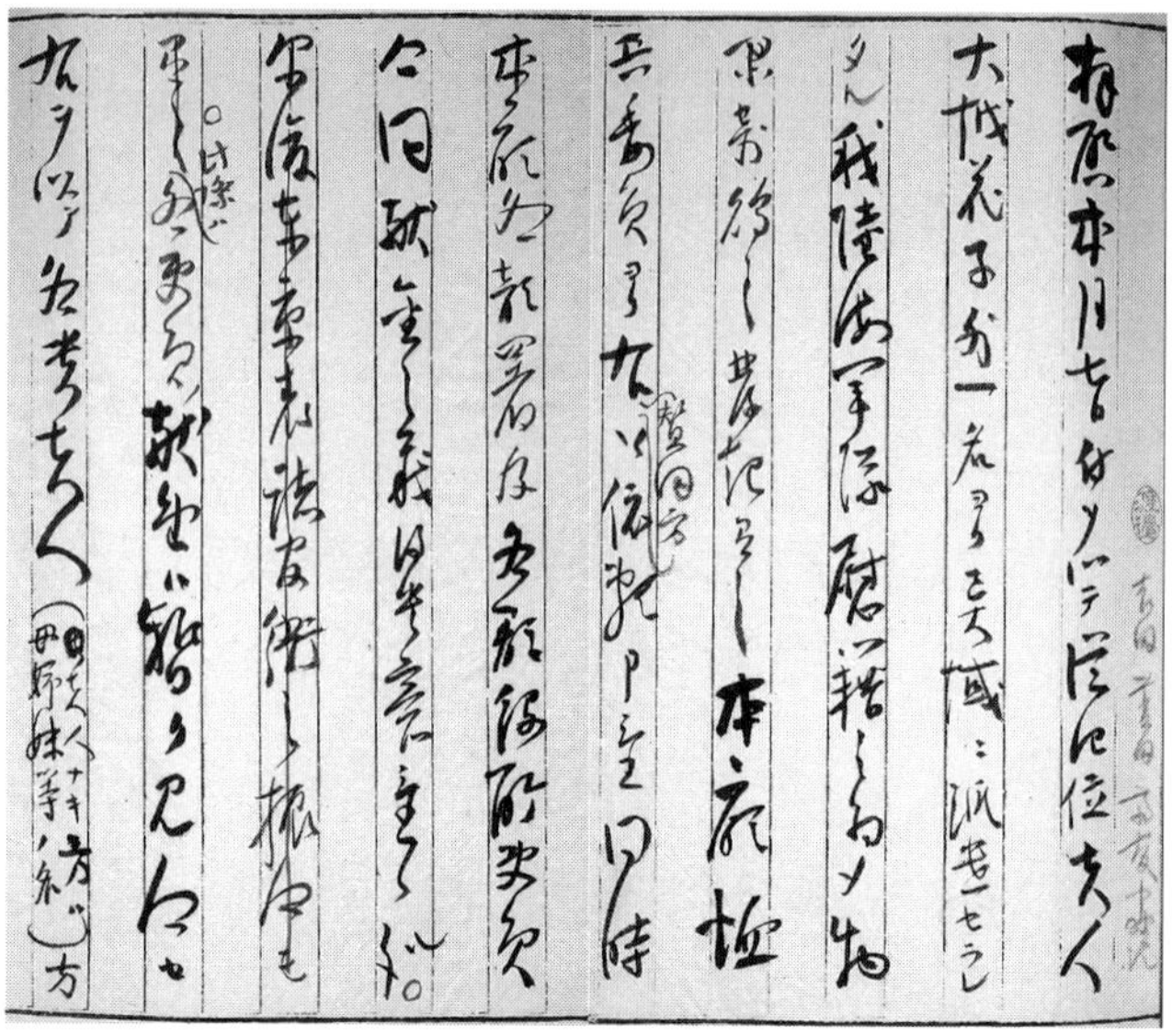

9　軍隊労苦慰藉のため出金願い
明治27年８月３日
【明か30－2(7)】

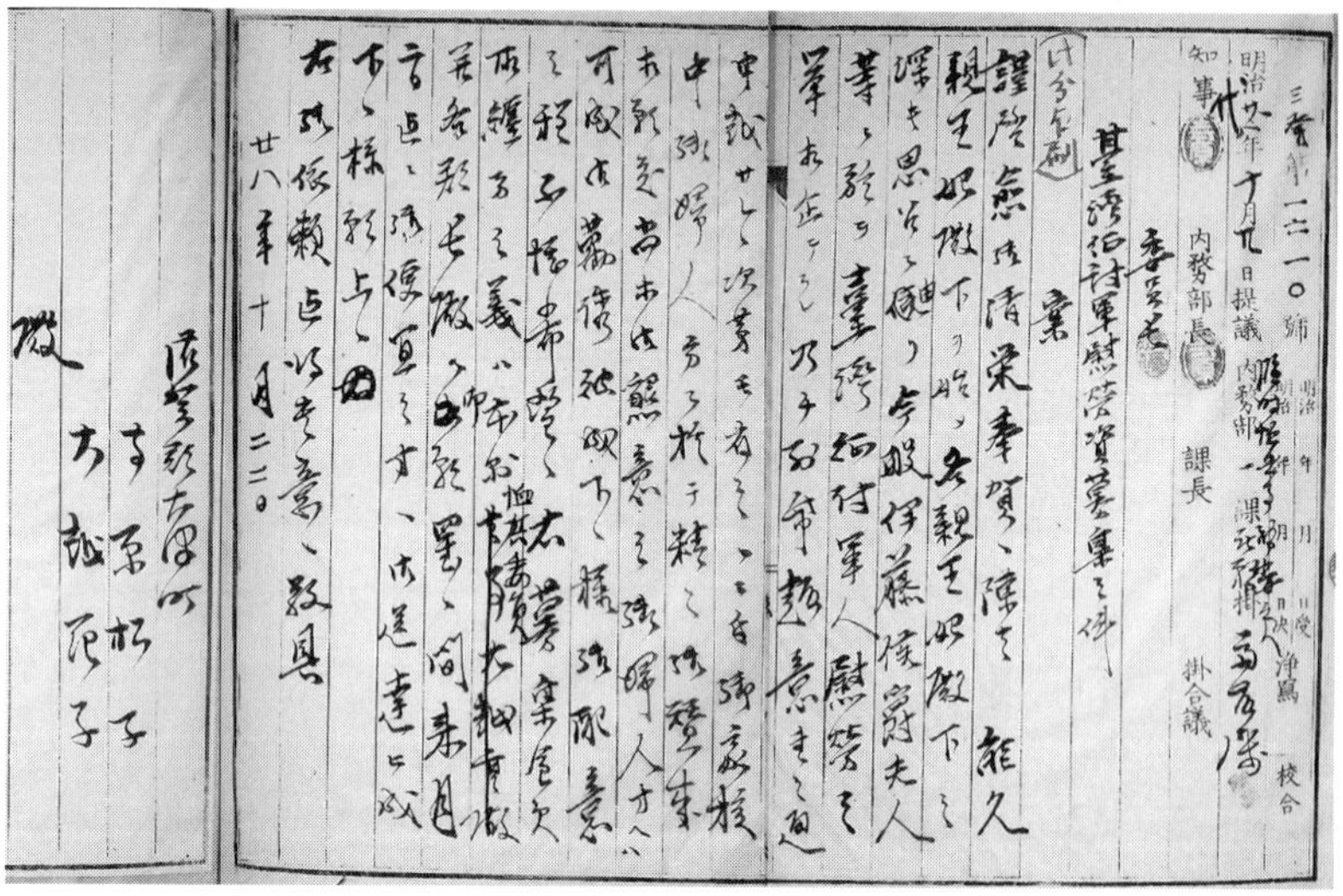

10　台湾征討慰労資募集の件
明治28年10月22日
【明ひ6－1(2)】

日清戦争と日露戦争

明治二十七年（一八九四）八月一日、明治天皇は宣戦の詔勅《しょうちょく》を発布し、清《しん》国に対して宣戦布告を行いました（実際の戦闘は七月二十五日から）。翌二日、滋賀県は恤兵《じゅっぺい》事務取扱委員を設置し、軍事援護事業を本格化させていきます。**写真9**は、その翌日に内務秘書官の安広伴一郎《やすひろばんいちろう》から、県知事大越亨《おおごしとおる》に宛てた書翰《しょかん》の写しです。兵士の労苦をいたわるため、県官員の有志に「夫人ノ名義」で出金を促すよう求めています。同月七日、知事夫人の大越花子《はなこ》らは、募金を呼びかけました。

日清両国の戦争は、明治二十八年四月十七日、下関《しものせき》（山口県赤間関市）で結ばれた講和条約で終結を迎えます。しかし同条約で日本に割譲が決まった台湾は、反発を強めて「台湾民主国」として独立し、日本軍との戦闘が継続されました。**写真10**は、再び大越花子らの名義で出された募

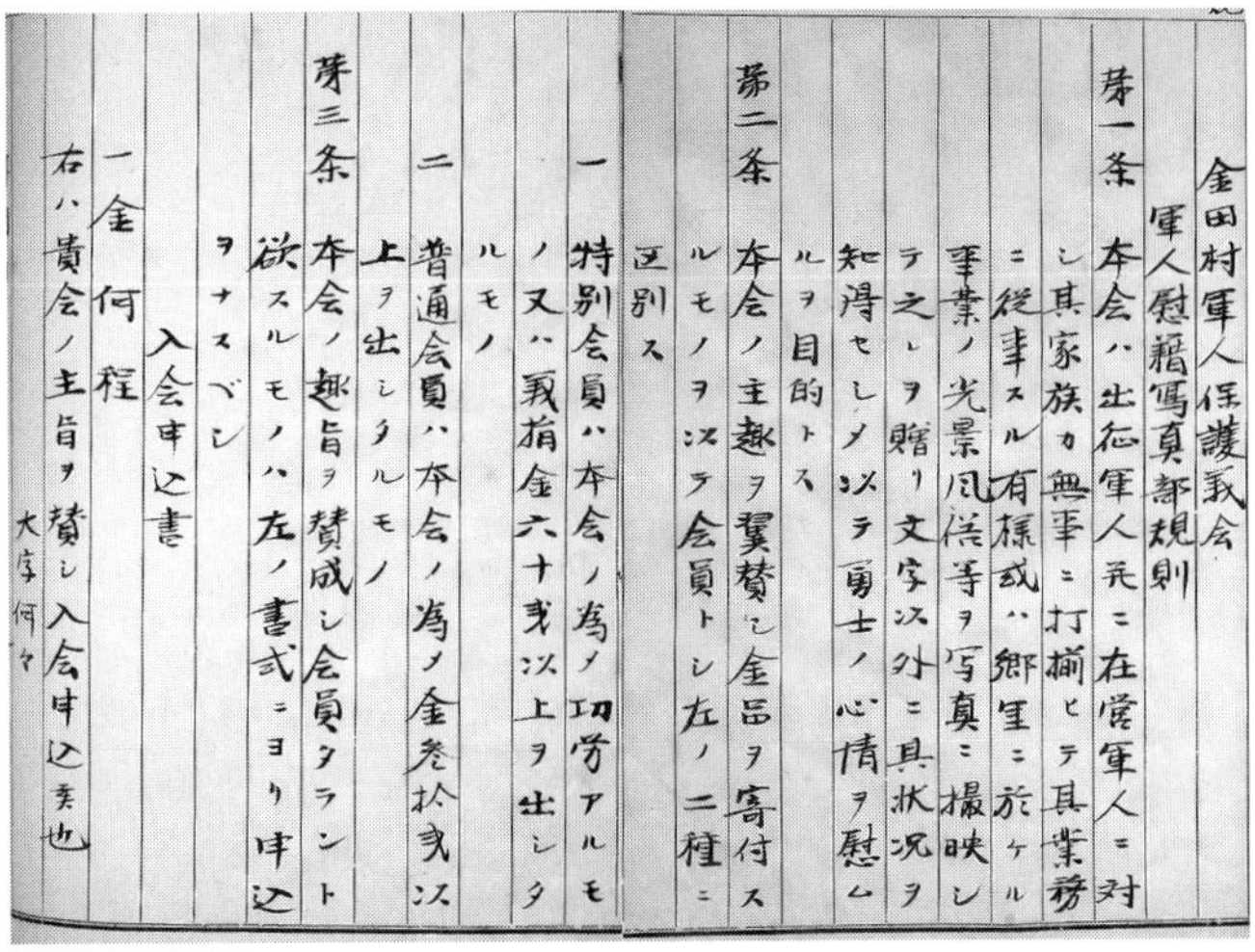

金田村軍人保護義会
軍人慰藉写真部規則
第一条 本会ハ出征軍人並ニ在営軍人ニ対シ其家族カ無事ニ打揃ヒテ其業務ニ従事スル有様或ハ郷里ニ於ケル事業ノ光景風俗等ヲ写真ニ撮映シテ之レヲ贈リ文字以外ニ其状況ヲ知得セシメ以テ勇士ノ心情ヲ慰ムルヲ目的トス
第二条 本会ノ主趣ヲ翼賛シ金品ヲ寄付スルモノヲ以テ会員トシ左ノ二種ニ区別ス
一 特別会員ハ本会ノ為メ功労アルモノ又ハ義捐金六十銭以上ヲ出シタルモノ
二 普通会員ハ本会ノ為メ金参拾銭以上ヲ出シタルモノ
第三条 本会ノ趣旨ヲ賛成シ会員タラント欲スルモノハ左ノ書式ニヨリ申込ヲナスベシ
入会申込書
一金 何程
右ハ貴会ノ主旨ヲ賛シ入会申込候也
大字何々

11 蒲生郡金田村戦時事績
明治40年６月13日
【明ひ15(4)】

12 明治三十七八年役忠魂碑の図
明治40年２月14日
【明ひ16(10)】

金の呼びかけ文案です。県官員の手によるものですが、兵士の「慰労」は女性の役割とされたようです。

写真11は、日露戦争の戦中・戦後に取り組まれた軍事援護事業の報告書です。明治三十九年十月の県訓令に基づき、町村ごとに作成されました。本資料によれば、蒲生《がもう》郡金田《かなだ》村では、遠征する兵士たちに家族の無事を伝えるため、軍人保護義会という団体を設立したようです。同会には写真部が置かれ、家族や郷里の写真が兵士たちに送られました。

写真12は、東浅井郡竹生村（現・長浜市）戦時事績の添付図です。描かれた忠魂碑は、明治三十九年十月、戦没者の「功績」を讃え、その「遺名」を後世に伝える目的で建設されました。その教育的効果が重視され、「国民ノ養成所」である小学校前が建設地に選ばれました。

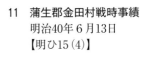

13　西明寺境内見取図
明治28年11月15日
【明せ19（37）】

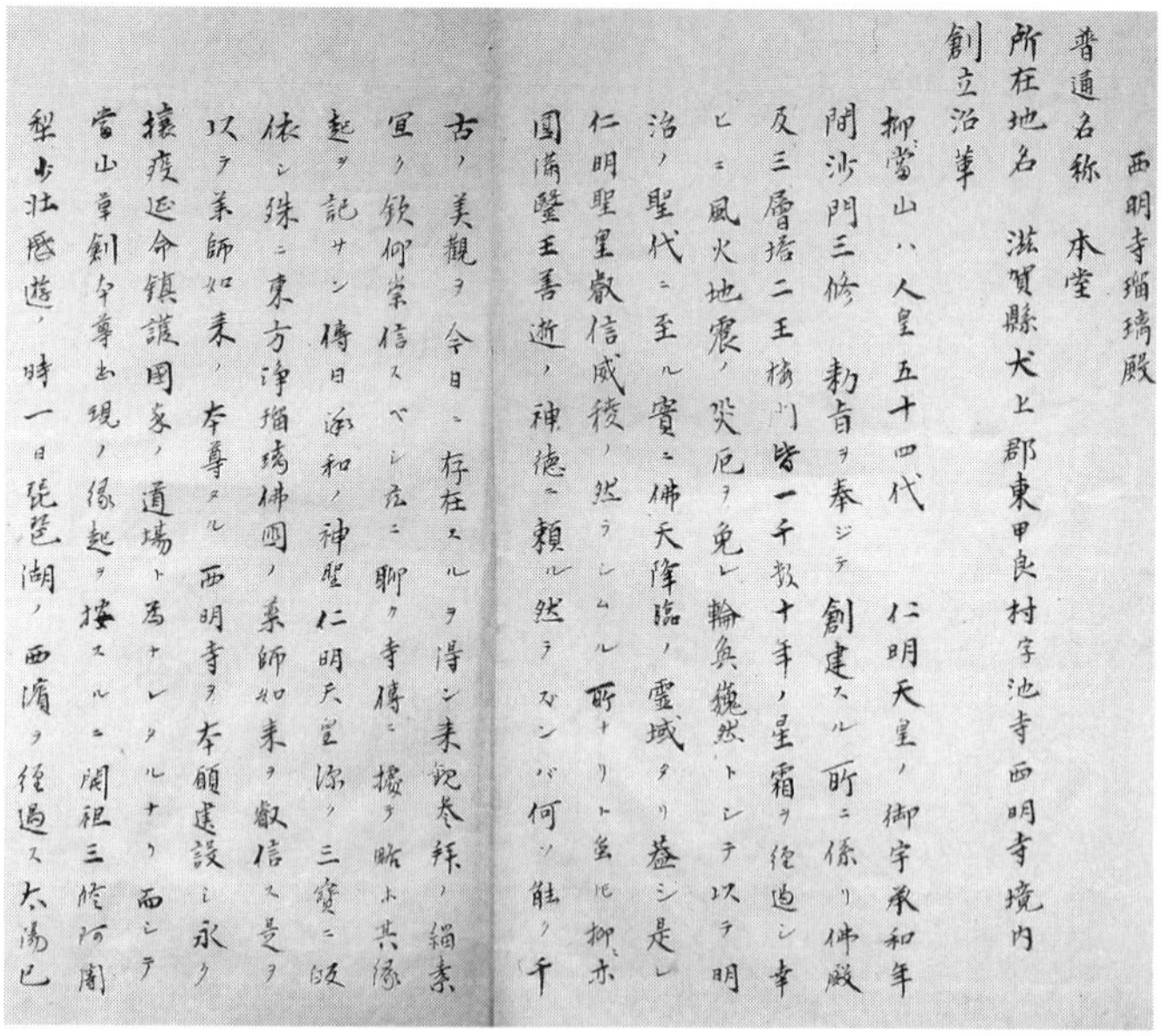
西明寺瑠璃殿
普通名称　本堂
所在地名　滋賀県犬上郡東甲良村字池寺西明寺境内
創立沿革
抑当山ハ人皇五十四代　仁明天皇ノ御宇承和年間沙門三修　勅旨ヲ奉ジテ創建スル所ニ係リ仏殿及三層塔二王楼門皆一千数十年ノ星霜ヲ経過シ幸ヒニ風火地震ノ災厄ヲ免レ輪奐巍然トシテ以テ明治ノ聖代ニ至ル実ニ仏天降臨ノ霊域タリ蓋シ是レ仁明聖皇叡信ノ威稜ノ然ラシムル所ナリト豈ニ抑亦国満監王善逝ノ神徳ニ頼ル然ラズンバ何ゾ能ク千古ノ美観ヲ今日ニ存在スルヲ得ン未記巻称ノ緇素宜ク欽仰崇信スベシ左ニ聊ク寺伝ニ拠ヲ略ホ其縁起ヲ記サン伝日承和ノ神聖仁明天皇深ク三宝ニ皈依レ殊ニ東方浄瑠璃仏国ノ薬師如来ヲ叡信ス是ヲ以テ薬師如来ノ本尊タル西明寺ヲ本願建設シ永ク攘疫延命鎮護国家ノ道場ト為ナレタルナリ而シテ当山草創ノ事出現ノ縁起ヲ按スルニ開祖三修阿闍梨少壮ノ感遊ノ時一日琵琶湖ノ西浜ヲ経過スル太陽已

14　古建築物取調書（西明寺）
明治33年4月23日
【明せ24（27）】

古社寺保存法の成立

明治二十八年（一八九五）三月、古社寺は日本美術の「淵源《えんげん》」であり、国家による文化財保護の重要性を説く建議書が、衆議院で可決されました。その翌月、内務省は道府県に管内の古社寺調査を命じます。**写真13**は、その訓令を受け、犬上《いぬかみ》郡長が県に提出した「古寺取調書」に添付された図です（詳細は200頁）。描かれている西明《さいみょう》寺《じ》金堂《こんどう》は、明治三十年六月に古社寺保存法が制定されると、同年十二月に県内第一号となる特別保護建造物（後の国宝）に指定されています。

明治三十一年十二月、内務省は再び、由緒ある社寺堂の建築物調査を道府県に命じています。今回の訓令では、古社寺保存法の制定を受けて、三〇〇年以上経過した建築物に特化した調査がなされました。**写真14**はその調書で、社寺の公的管理台帳である「社寺明細帳」とは異なり、建

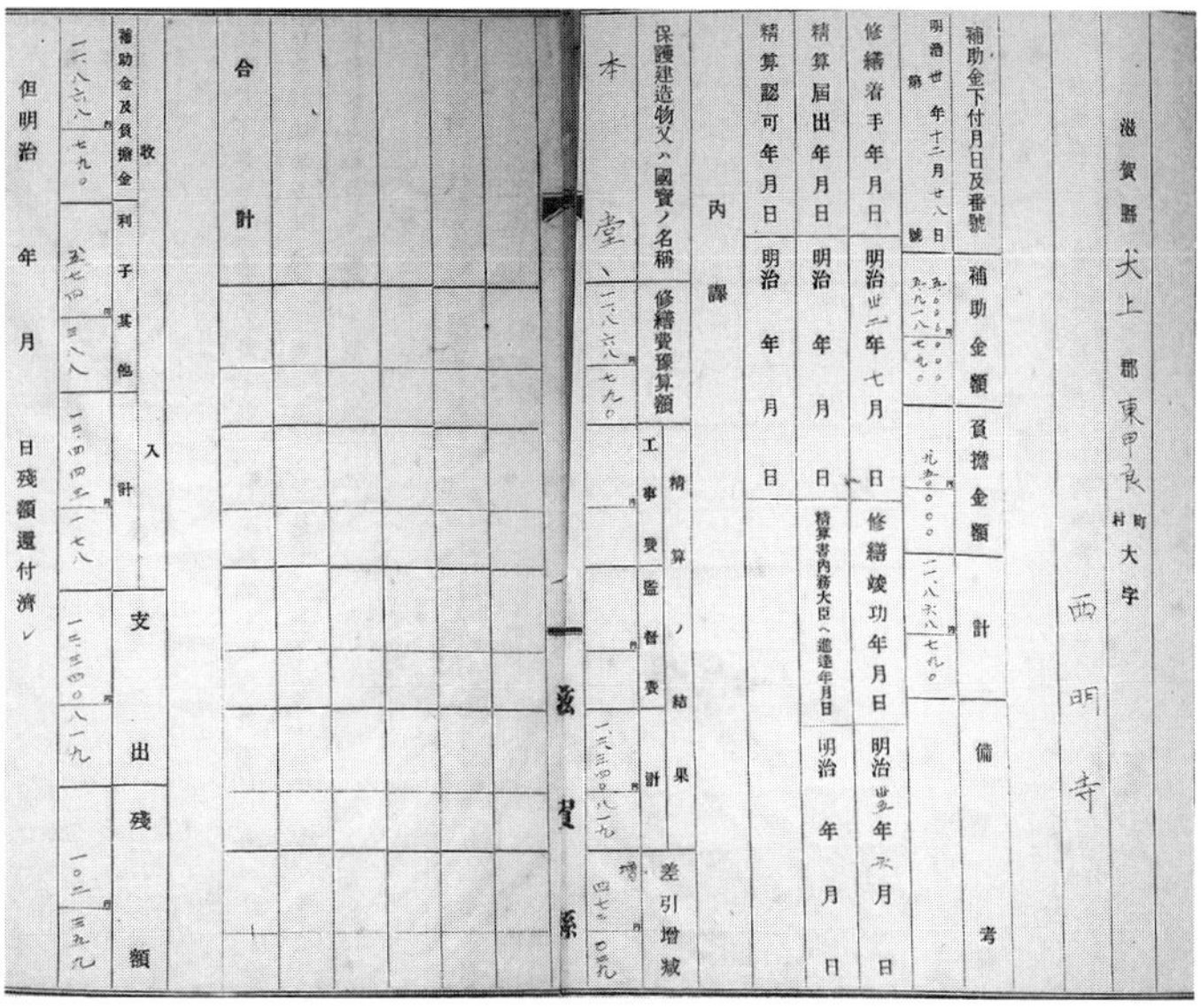

15　特別保護建造物修理台帳
明治31年12月３日
【明せ60－2(1)】

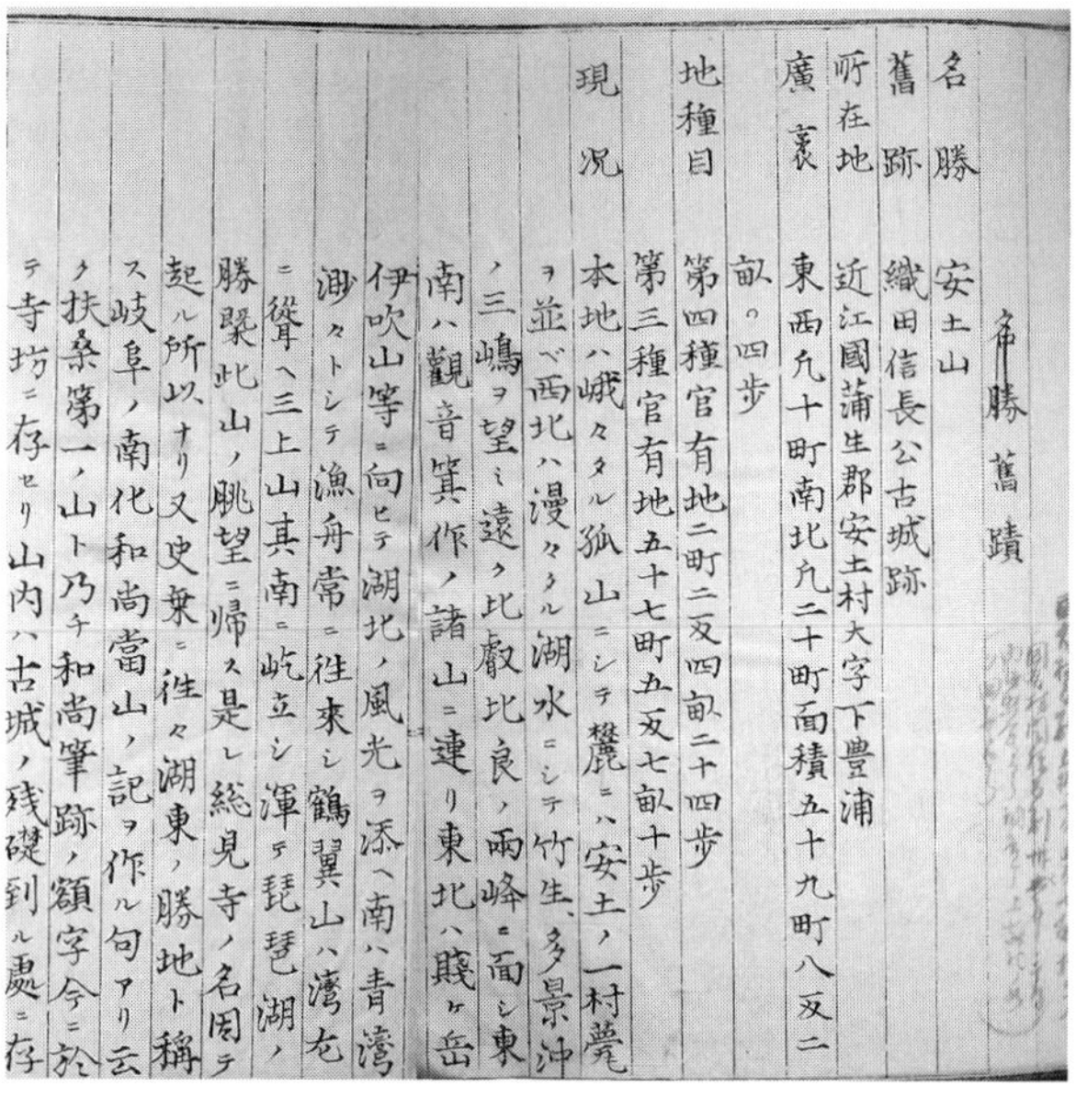
名勝舊蹟
名勝　安土山
舊跡　織田信長公古城跡
所在地　近江國蒲生郡安土村大字下豊浦
廣袤　東西九十町南北九二十町面積五十九町八反二畝〇四歩
地種目　第四種官有地二町二反四畝二十四歩
第三種官有地五十七町五反七畝十歩
現況　本地ハ峨々タル孤山ニシテ麓ニハ安土ノ一村甍ヲ並ベ西北ハ漫々タル湖水ニシテ竹生、多景沖ノ三嶋ヲ望ミ遠ク比叡比良ノ両峰ニ面シ東南ハ観音箕作ノ諸山ニ連リ東北ハ賤ケ岳伊吹山等ニ向ヒテ湖北ノ風光ヲ添ヘ南ハ青湾渺々トシテ漁舟常ニ往来シ鶴翼山ハ湾左ニ聳ヘ三上山其南ニ屹立シ渾テ琵琶湖ノ勝景此山ノ眺望ニ帰ス是レ総見寺ノ名固テ起ル所以ナリ又史乗ニ徴スルニ往々湖東ノ勝地ト称ス岐阜ノ南化和尚當山ノ記ヲ作ル句アリ云ク扶桑第一ノ山ト乃チ和尚筆跡ノ額字今ニ於テ寺坊ニ存セリ山内ハ古城ノ残礎到ル處ニ存

16　安土山（織田信長古城跡）
明治33年4月23日
【明せ105－4(10)】

築そのものの沿革や構造、図面等が詳細に記載されています。

古社寺保存法では、社寺に関わりのない「名所旧蹟」も保存の対象とされました。そのため、明治三十一年十二月の内務省訓令では、「永遠ニ保存スルノ必要」ある名勝旧蹟の調査も含まれました。織田信長《おだのぶなが》の居城があった安土山《あづちやま》もその対象となり、現状と由来が細かく記されています（**写真16**）。維新後しばらくは、旧柏原《かいばら》藩主の織田信親《のぶちか》が毎年五〇円寄付していたものの、今後は維持保存の見込みがつかないと、国費補助を要望しています。

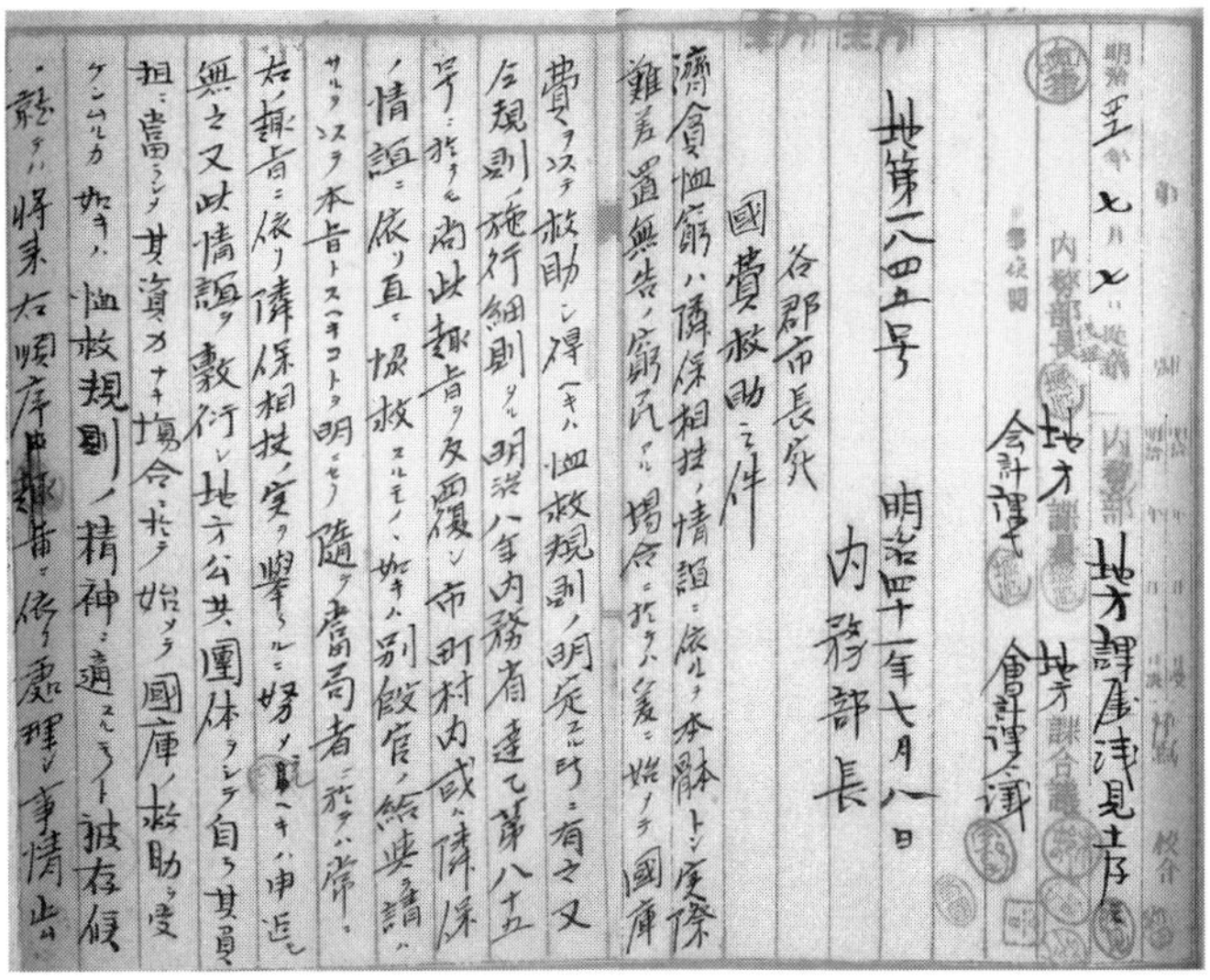

17　国費救助の件
明治41年７月８日
【明い272（62）】

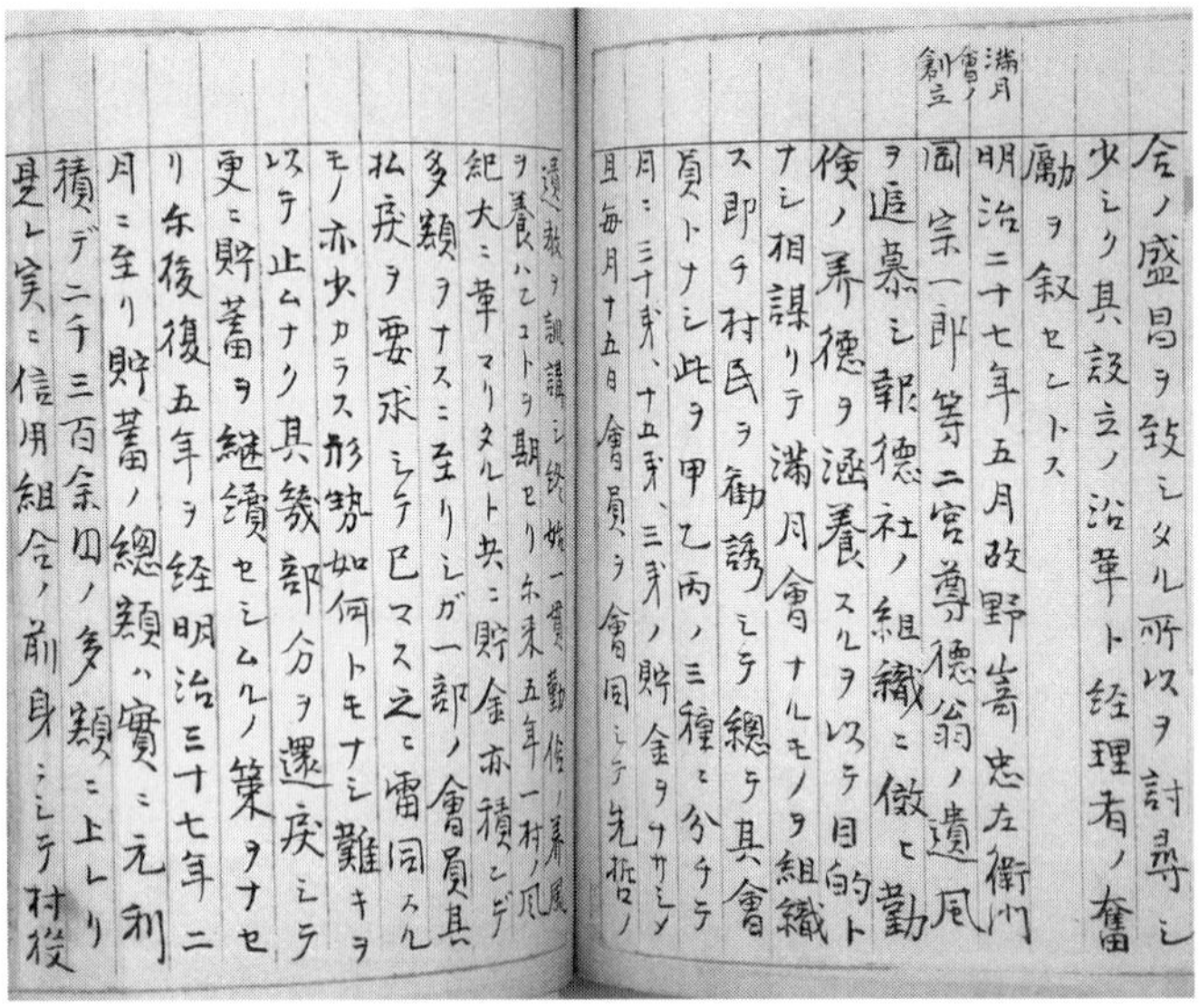

18　蒲生郡鎌掛村の貯蓄組合
（満月会）
明治42年
【明え266－２（2）】

「地方改良」の時代

明治時代において、身寄りのない貧困者の生活支援は、まず町村が担うべきものとされました。しかし、町村救助費は、明治二十年末から急増し、明治三十年代は、県全域で平均三八〇五円にもおよびました。それに合わせて国からの救恤《きゅうじゅつ》額も増え、同時期の平均額は二一八三円となっています。これに危機感を強めた内務省は、明治四十一年（一九〇八）五月、「濫救《らんきゅう》ノ弊《へい》」をなくすよう求めました。同年七月には、県より各郡市にその旨が伝えられ、その結果、国からの救恤を受けていた者全員が給付を打ち切られることになります（写真17）。

明治四十一年十月、第二次桂《かつら》内閣は勤勉と倹約を強調した戊申詔《ぼしんしょう》書《しょ》を発布し、国民生活の引き締めを図りました。同四十三年には、甲賀《こうか》郡伴谷《ばんたに》村や蒲生郡鎌掛《かいがけ》村がその奨励団体として表彰されています。鎌掛

感化院設立ノ趣旨

19　感化院設立の趣旨（修斉館）
明治42年４月
【明そ11（1）】

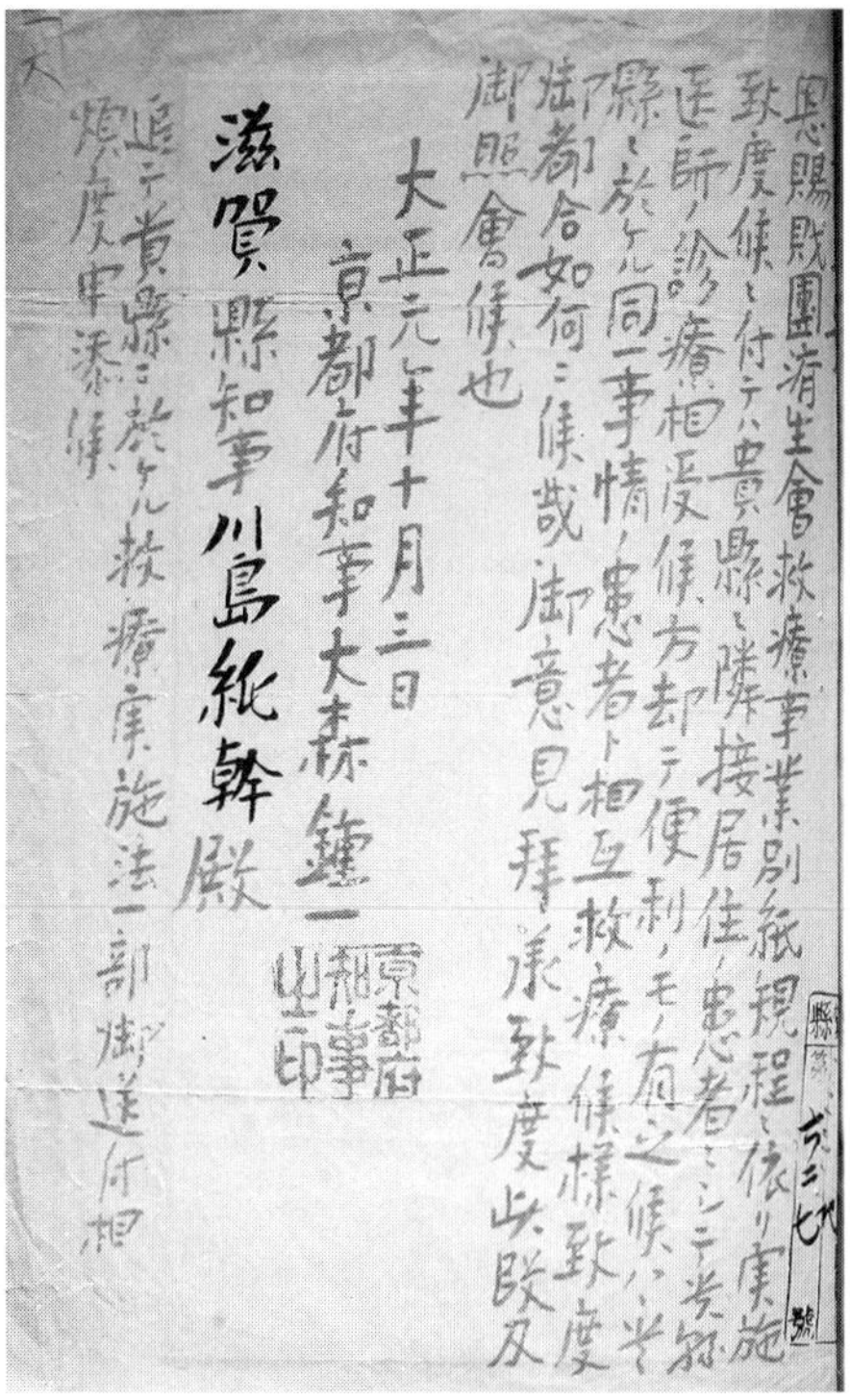

縣第六二七號

恩賜財團済生會救療事業別紙規程ニ依リ實施
致度候ニ付テハ貴縣ト隣接居住ノ患者ニシテ当府
医師ノ診療相受候方却テ便利ナルモノ有之候ハヽ当府
縣ニ於ケル同一事情ノ患者ト相互救療候様致度
候都合如何ニ候哉御意見拝承致度此段及
御照會候也
大正元年十月三日
京都府知事大森鍾一
滋賀縣知事川島純幹殿
追テ貴縣ニ於ケル救療實施法ニ一部御送付相
煩度申添候

20　隣接居住者の相互救療に関する件
大正元年10月３日
【明そ12（36）】

村では、同二十七年五月に満月会という貯蓄組合を結成し、村民は毎月所得に応じて、甲種二〇銭、乙種一五銭、丙種三銭ずつ積み立てていました（写真18）。同村のように、勤勉・倹約に励んで公費に頼らない町村は、「模範村」として褒め称えられたのです。

明治四十四年二月には、貧困者の「施薬救療」を掲げる恩賜《おんし》財団済生《さいせい》会《かい》が、皇室の下賜《かし》金《きん》と民間の寄付金により創設されます。病院の設立と施療券の配布が主な事業で、各府県では委託を受けた病院・医師が貧困者の診療・治療を行いました。**写真20**は、京都府が滋賀県に宛てた照会文で、府県境に近い患者が、両府県の病院を利用できるよう提案しています。滋賀県はその案を受け入れ、その後は福井・岐阜・三重各県とも同様の取り決めを交わしました。

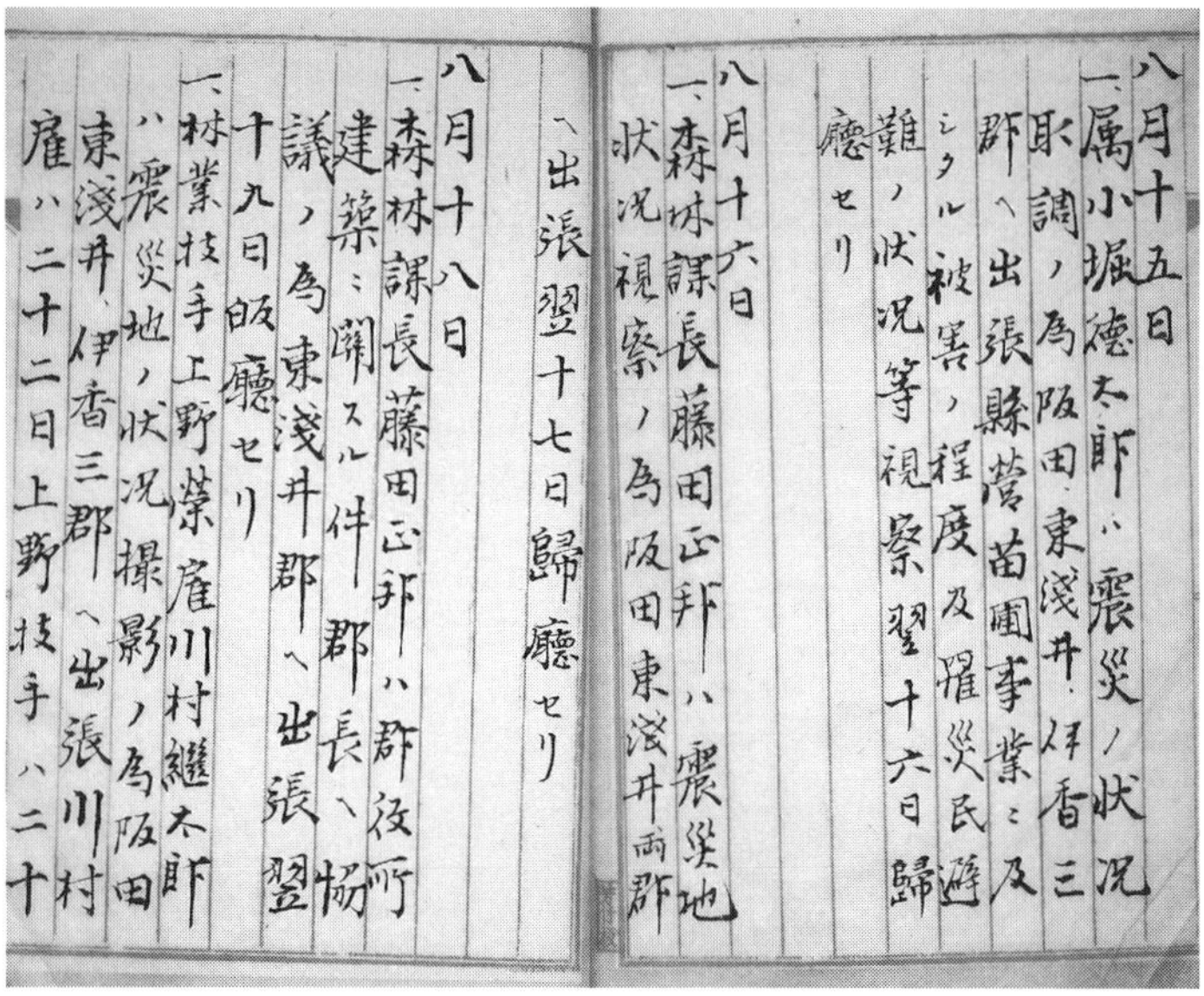
八月十五日
一、属小堀德太郎ハ震災ノ状況
取調ノ為阪田東浅井伊香三
郡ヘ出張縣營苗圃事業ニ及
シタル被害ノ程度及罹災民避
難ノ状況等視察翌十六日帰
廳セリ
八月十六日
一、森林課長藤田正邦ハ震災地
状況視察ノ為阪田東浅井両郡
ヘ出張翌十七日帰廳セリ
八月十八日
一、森林課長藤田正邦ハ郡役所
建築ニ関スル件郡長ヘ協
議ノ為東浅井郡ヘ出張翌
十九日帰廳セリ
一、林業技手上野榮雇川村繼太郎
ハ震災地ノ状況撮影ノ為阪田
東浅井伊香三郡ヘ出張川村
雇ハ二十二日上野技手ハ二十

21　震災事務日誌
明治42年８・９月
【明ち319－6（1）】

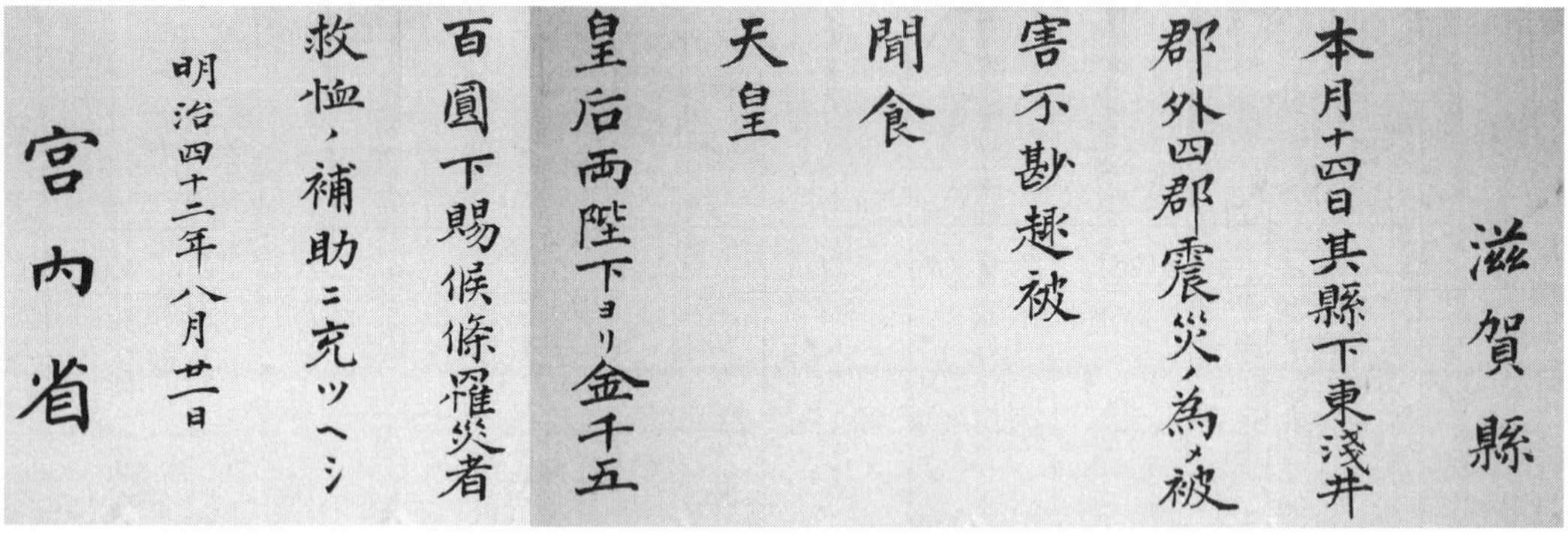
滋賀縣
本月十四日其縣下東淺井
郡外四郡震災ノ為メ被
害不尠趣被
聞食
天皇
皇后両陛下ヨリ金千五
百圓下賜候條罹災者
救恤ノ補助ニ充ツヘシ
明治四十二年八月廿一日
宮内省

22　罹災者救恤に付き金員下賜の件
明治42年８月21日
【明え112（227）】

姉川地震と震災記録

明治四十二年（一九〇九）八月十四日、滋賀県北東部の姉川《あね》付近を震源地とする大地震が発生します。後に「姉川地震」と呼ばれるこの地震は、東浅井《ひがしあざい》・坂田《さかた》・伊香《いか》三郡に甚大な被害をもたらしました。**写真21**は、県の森林課が作成した震災後の事務日誌です。同課では翌十五日より県営苗圃《びょうほ》事業の被害状況や、被災者の避難状況を視察していたようです。

震災から一週間後、宮内省は罹災《りさい》者《しゃ》救恤のため、滋賀県に一五〇〇円の下賜金を決定します（**写真22**）。八月二十三日には、侍従北条氏恭《ほうじょううじゆき》（河内狭山《かわちさやま》藩最後の藩主）が滋賀県に遣わされ、被災地の状況を視察しました。知事官房はその前日、出迎える官員や郡長に対して、北条が「シルクハット」を被り、「フロクコート」を着用していると、その特徴を伝えています。

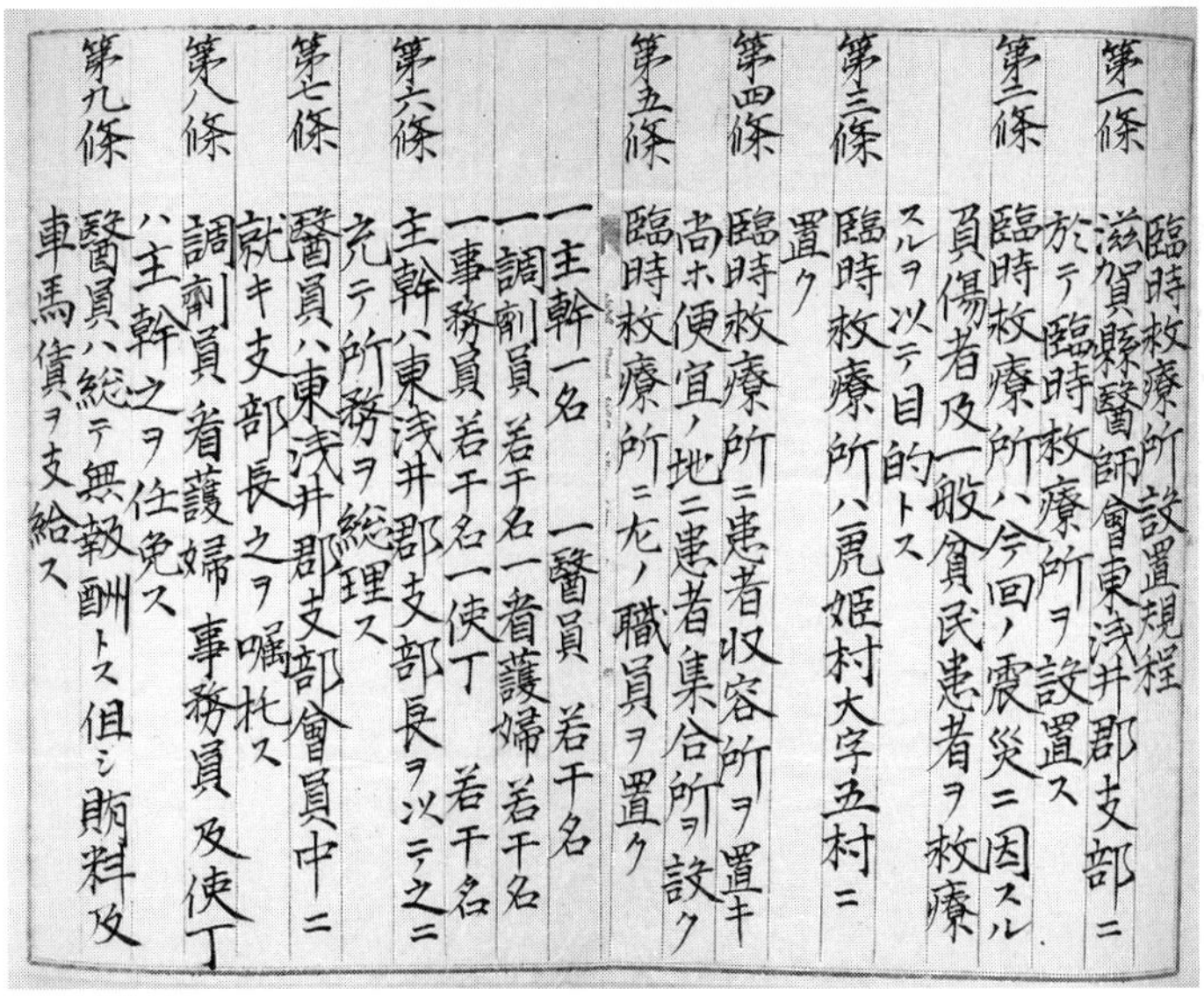

臨時救療所設置規程

第一條 滋賀縣醫師會東浅井郡支部ニ於テ臨時救療所ヲ設置ス

第二條 臨時救療所ハ今回ノ震災ニ因ル負傷者及一般貧民患者ヲ救療スルヲ以テ目的トス

第三條 臨時救療所ハ虎姫村大字五村ニ置ク

第四條 臨時救療所ニ患者収容所ヲ置キ尚ホ便宜ノ地ニ患者集合所ヲ設ク

第五條 臨時救療所ニ左ノ職員ヲ置ク

一主幹一名 一醫員 若干名

一調劑員 若干名 一看護婦 若干名

一事務員若干名 一使丁 若干名

第六條 主幹ハ東浅井郡支部長ヲ以テ之ニ充テ所務ヲ総理ス

第七條 醫員ハ東浅井郡支部會員中ニ就キ支部長之ヲ嘱托ス

第八條 調劑員 看護婦 事務員 及使丁ハ主幹之ヲ任免ス

第九條 醫員ハ総テ無報酬トス但シ賄料及車馬賃ヲ支給ス

23 臨時救療所設置規程
明治42年８月27日
【明ふ158－3(5)】

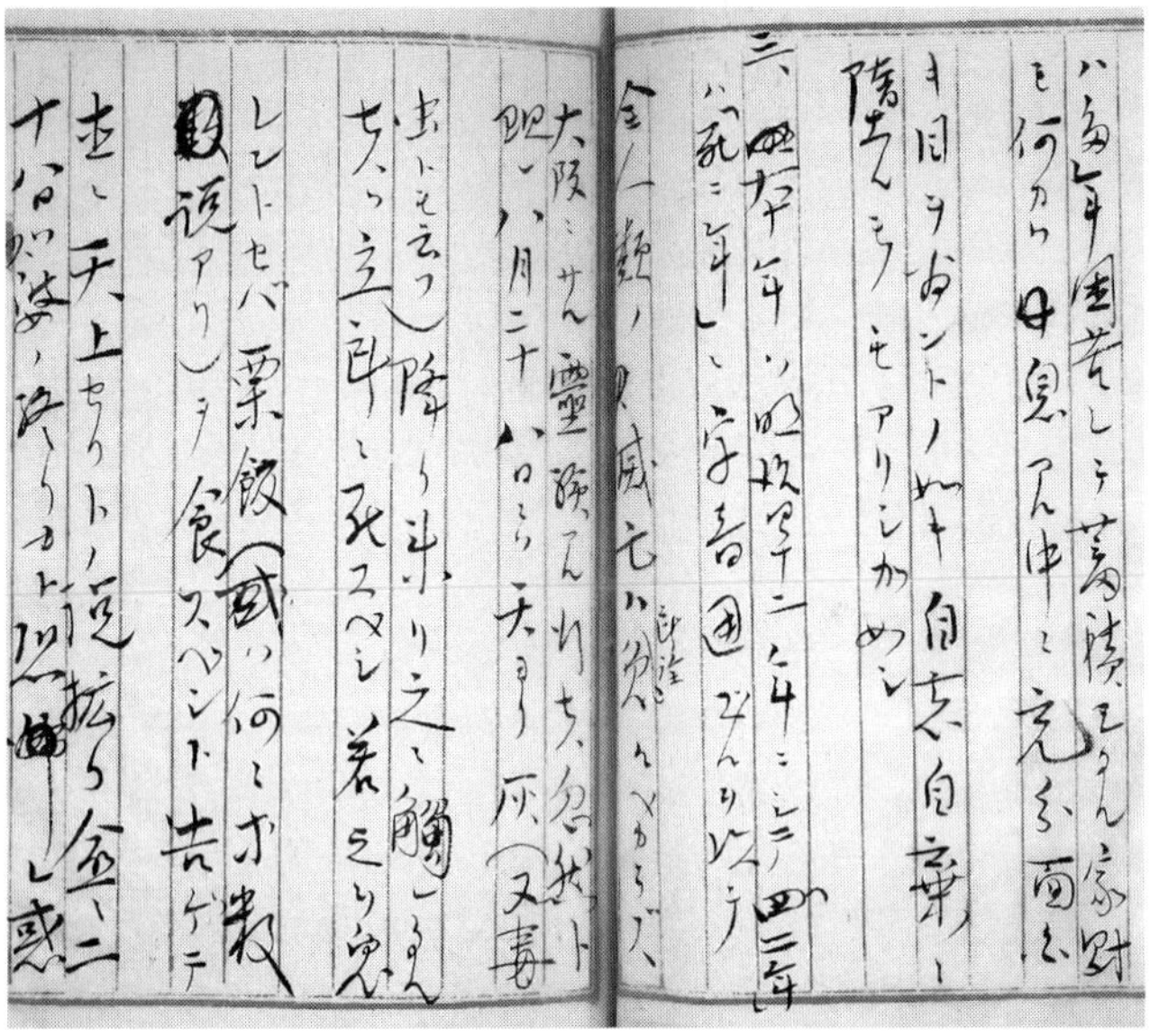

24 震災記録（東浅井郡）
明治43年頃
【明ふ162－1(17)】

明治四十二年八月十五日、東浅井郡役所は郡内五か所に治療所を設置し、近隣の医師の協力を得て、被災者の治療にあたりました。日本赤十字社滋賀支部も救護班を組織し、同所に延べ三三人の医者・看護婦などを派遣しました。しかし同社は、月末には引き揚げる予定であったため、郡役所は県医師会東浅井郡支部と交渉して、新たに臨時救療所を設置します（写真23）。この救療所は、虎姫《とらひめ》村大字五村《ごむら》に置かれ、被災した負傷者や、貧しい患者の治療を担いました。

被災後はさまざまな「蜚語《ひご》流説」が流れ、例えば明治四十二年は「死に年」に通ずるとして、近々死に至る灰が降るという噂もその一つです（写真24）。人びとはその死から免れるために、「秘法ノ栗飯《くりめし》」を買い求めたようで、噂を流した「山師」は、後日逮捕されています。

（大月 英雄）

1 湖国のスポーツ大会

スポーツの導入

日本では、江戸時代末期に設置された幕府陸軍において、木馬の跳び越えや吊《つ》り輪《わ》など、軍事訓練のための体力増強を目指した西洋式運動が初めて採用されました。そして明治時代に入り、帝国陸軍がこの運動を引き継ぎ「体操」と命名します。「体操」には、先に述べた吊り輪のほか、短・長距離走をはじめとする陸上競技が含まれていましたが、当時は欧米人の体格や体力に匹敵する強兵の育成を目的とした運動でした。

西洋からスポーツが本格的に取り入れられたのは、明治前期に制度化される学校教育においてです。明治政府は、明治五年（一八七二）、国民の体格・体力改善を目的として小学校の教科に「体術」（現・体育）を取り入れました。しかし、それは子どもたちの興味を引くものでなかったらしく、同十四年の「小学校教則綱要」で、徒競走や野球など趣味娯楽的な運動を導入したのです。この運動がスポーツにあたります。

スポーツ大会の誕生

明治二十年代後半より、中等学校生徒や大学生を中心に競技スポーツの大会が盛んに開催されるようになりました。県内でも、ボート競漕《きょうそう》や野球の試合が行われ、県主催の競技もはじめられました。例えば、明治二十八年七月、県が琵琶湖連合競漕会を主催し、短艇競漕の対抗試合を実施しました。短艇とはカッターボートともいい、手漕《てこ》ぎボートの一つを指します。関西の各大学のほか、東京から参加したチームもあったようです。同三十一年八月七日の開会式式辞によると、第四回大会に際し、大会組織の改良と会務拡張を図ろうとする記述が見られます。大会名称もこの時、琵琶湖連合競漕会から大日本連合短艇競漕会へと変更がなされました【明お58-1⑷1】。さらに、同三十四年、この大会は大日本武徳会競漕会へ再改称され、中等学校を対象に大津市三保ヶ崎《みほがさき》で行われることが恒例となりました。

写真1の図は、大津市石場浜《いしばはま》の琵琶湖面において、京都帝国大学学友会端（短）艇部主催により開催された短艇競漕大会のコース図面です。この図面より、中等学校と高等専門学校の発艇線（スタート位置）がそれぞれ別位置に図示され、中等学校が一一〇〇メートル、高等専門学校が一三〇〇メートルで競われたことがわかります。同部は、明治三十九年に三保ヶ崎で行われた第一回水上大会に合わせて結成された団体で、大会時には同大学だけでなく、近隣の学校も参加しました。

一方、野球に関しては、明治三十五年から大正九年（一九二〇）の間、「東海五県連合野球大会」が開かれま

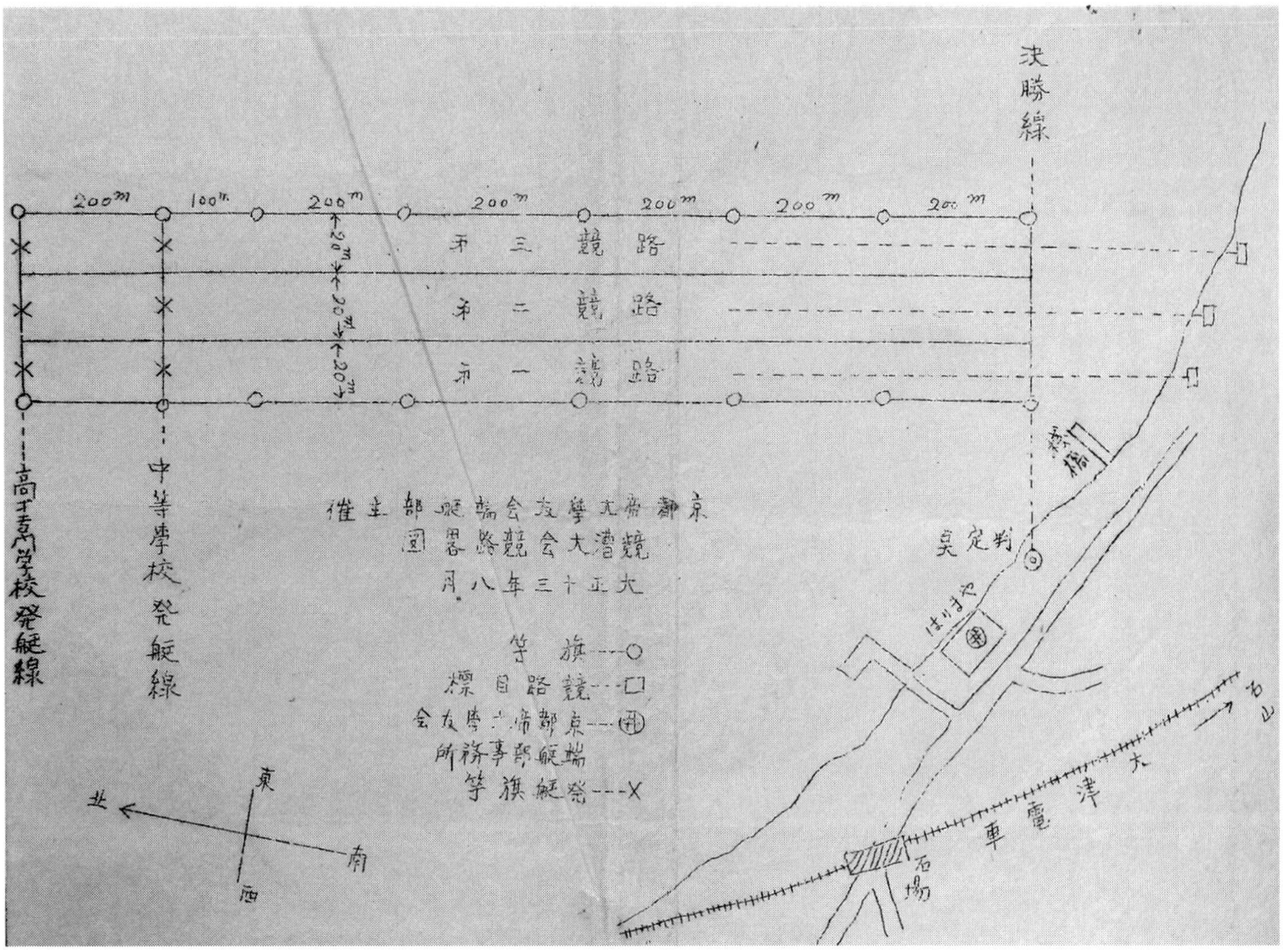

写真１　京都帝国大学学友会端艇部主催競漕大会競路略図
大正13年７月24日
【大ぬ21(91)】

した。この大会では、滋賀・愛知・三重・岐阜・静岡各県における中等学校数校の有志が定期的に集まり試合を行いました。同大会は、現在の全国高等学校野球大会に影響を与える一つとなります。そして県内初となる中等学校の専用球場も、昭和二年（一九二七）七月、現在の大津市藤尾《ふじお》地区に設けられました。名前を緑ヶ丘《みどりがおか》球場といい、地元地主の土地を借り京阪電鉄が建設しました。現在、球場の一部は藤尾市民運動広場となっています。昭和五年七月に開催された全国中等学校野球大会京津《けいしん》予選では、同電鉄京津線四宮《しのみや》―追分《おいわけ》駅間に、試合期間中「緑ヶ丘運動場前仮停留所」が設置され、観客の利便も図られました【大と20⒂・⑴】。この球場は昭和十七年頃まで存在し、同大会京津予選などに使用されましたが、食糧増産のため芋畑《いもばたけ》へと変わり、同二十年、京阪電鉄が用地を地主に返還して姿を消すこととなりました。

新聞社主催のスポーツ大会

新聞社も掲載広告数や販売数増加を目的にスポーツ大会を主催し、記事の話題とするようになります。京都日出新聞社（現・京都新聞社）は、大正十三年九月十三日に京阪石山坂本線の浜大津《はまおおつ》―島ノ関《しまのせき》駅間付近の琵琶湖湖面で和船競漕大会を主催しました【大ぬ20(106)】。

また、大正八年十月、当時の知事堀田義次郎《ほりたぎじろう》によって提唱された琵琶湖一周リレー競走会が実施されました。同十三年の第六回大会で一度中止されたものの、昭和十

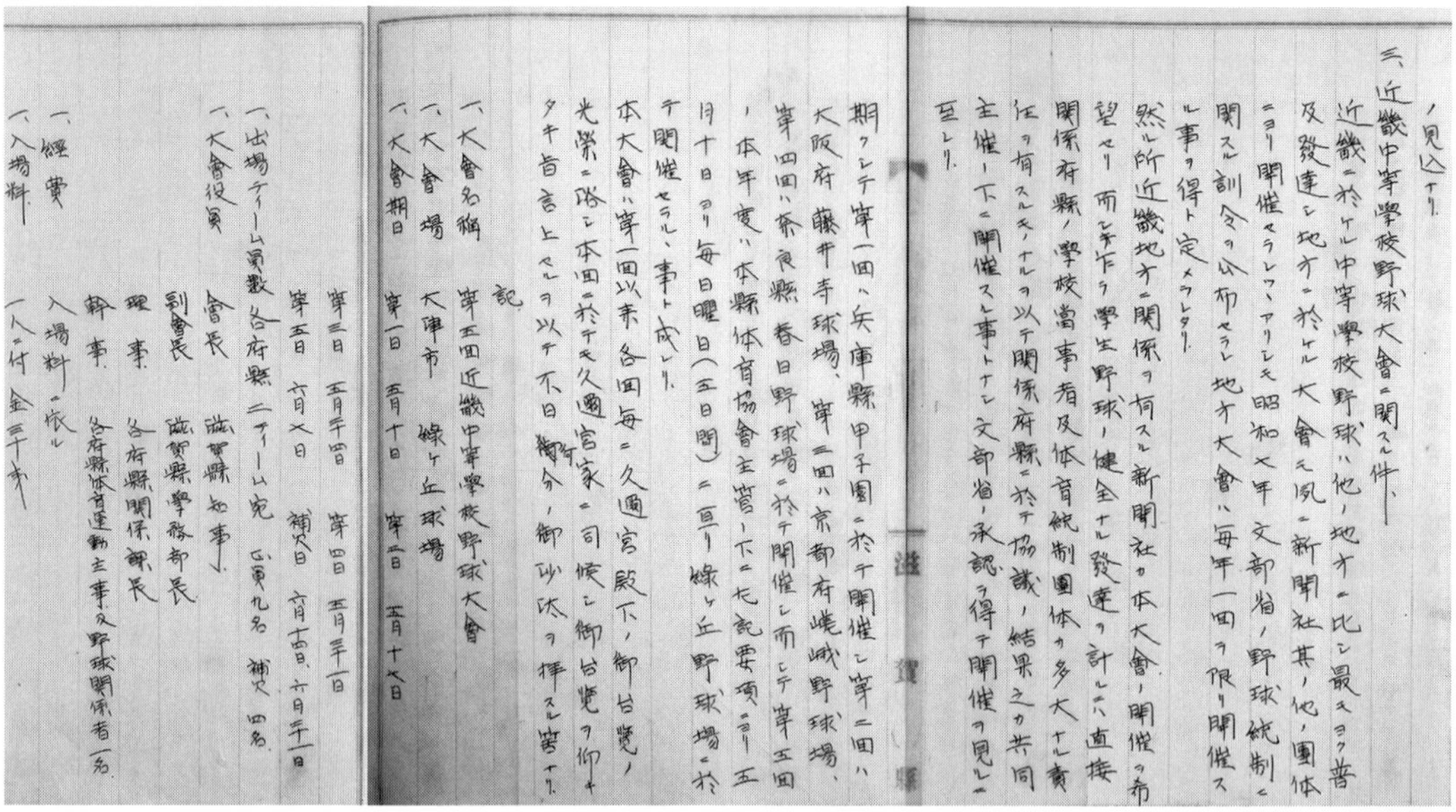
ノ見込ナリ。
三、近畿中等學校野球大會ニ関スル件、
近畿ニ於ケル中等學校野球ハ他ノ地方ニ比シ最モヨク普
及發達シ地方ニ於ケル大會モ夙ニ新聞社其ノ他ノ團体
ニヨリ開催セラレツヽアリシモ昭和七年文部省ノ野球統制ニ
関スル訓令ノ公布セラレ地方大會ハ毎年一回ヲ限リ開催ス
ル事ヲ得ト定メラレタリ。
然ル所近畿地方ニ関係ヲ有スル新聞社カ本大會ノ開催ヲ希
望セリ　而シテ斯ク學生野球ノ健全ナル發達ヲ計ルニハ直接
関係府縣ノ學校當事者及体育統制團体カ多大ナル責
任ヲ有スルモノナルヲ以テ関係府縣ニ於テ協議ノ結果之カ共同
主催ノ下ニ開催スル事トナシ文部省ノ承認ヲ得テ開催ノ見ルニ
至レリ。
期シテ第一回ハ兵庫縣甲子園ニ於テ開催シ第二回ハ
大阪府藤井寺球場、第三回ハ京都府嵯峨野球場、
第四回ハ奈良縣春日野球場ニ於テ開催シ而シテ第五回
ノ本年度ハ本縣体育協會主管ノ下ニ左記要項ニヨリ五
月十日ヨリ毎日曜日（五日間）ニ亘リ綠ケ丘野球場ニ於
テ開催セラルヽ事ト成レリ。
本大會ハ第一回以来各回毎ニ久邇宮殿下ノ御台覧ノ
光榮ニ浴シ本回ニ於テモ久邇宮家ニ伺候シ御台覧ヲ仰ナ
タキ旨言上セルヲ以テ不日御令ノ御沙汰ヲ拝スル筈ナリ。
記
一、大會名稱　第五回近畿中等學校野球大會
一、大會場　大津市　綠ケ丘球場
一、大會期日　第一日　五月十日　第二日　五月十七日
第三日　五月廿四日　第四日　五月三十一日
第五日　六月七日　補欠日　六月十四日、六月二十一日
一、出場チーム員數　各府縣二チーム宛　正員九名　補欠四名
一、大會役員　會長　滋賀縣知事
副會長　滋賀縣學務部長
理事　各府縣関係課長
幹事　各府縣体育運動主事及野球関係者一名
一、經費
一、入場料　入場料ニ依ル
一人ニ付金三十錢

写真２　事務引継書　近畿中等学校野球大会に関して
昭和11年
【昭お9－1(7)】

年十一月に琵琶湖一周駅伝競走大会として復活します。その際、資料では、当時の県社会教育課において大会の再開を計画していたところ、大阪毎日新聞社大津支局でも同様の計画があり、両者一体での開催になったと伝えています【昭き13・2(13)・(4)】。コースは三日間かけて時計回りに周回するもので、県庁前をスタート・ゴールとする約二四〇キロメートルで競われました。大会は同十四年の第五回大会まで続けられました。

野球では、先ほど紹介した緑ヶ丘球場において、昭和五年七月、朝日新聞社主催の全国中等学校野球大会京津予選が開かれました。しかし、新聞社などの団体による開催が相次ぎ、大会数の増加や、金銭の授受が絡む学生野球の商業化・興業化が社会問題となりました。こうした状況を受け、同七年三月、当時の文部省より「野球ノ統制並施行ニ関スル件」（野球統制令）が出されたのです。これにより全国大会の試合数は、全国中等学校優勝野球大会など三大会に限ることや、府県大会をはじめとする地方大会は年一回のみとすることが定められました。

ただ、近畿地方に拠点を置く新聞社が同地方内での野球大会開催を強く希望しました。そして学生野球の健全な発展を目指すべく、各府県の学校当事者・体育統制団体と共同主催の下で開催する方針を示したことにより、文部省から開催の承認を得たのです。それが近畿中等学校野球大会でした。この大会は、昭和七年に兵庫県の甲子園球場で第一回大会が開催されて以降、年に一回の割

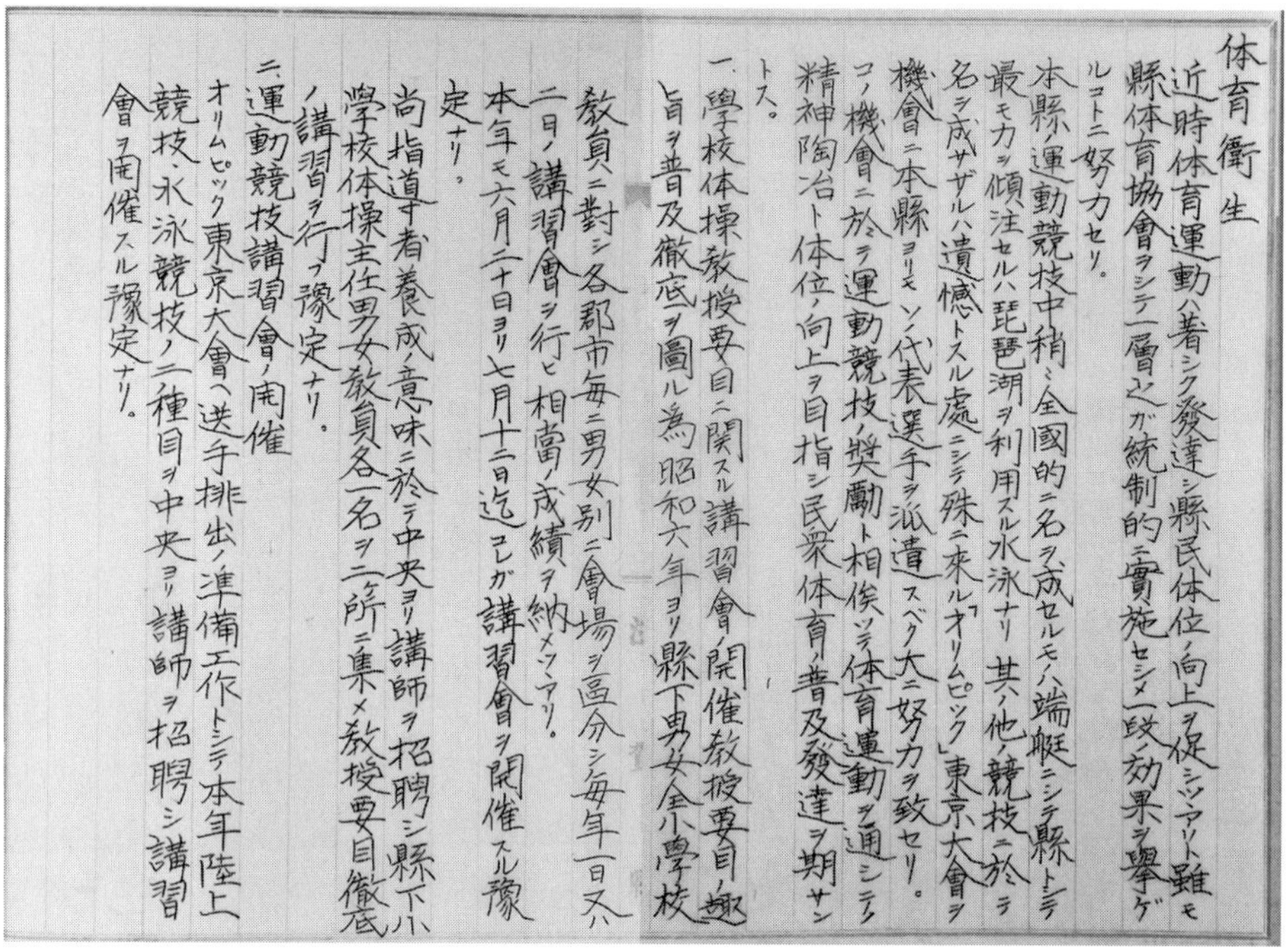
体育衛生
近時体育運動ハ著シク發達シ縣民体位ノ向上ヲ促シツヽアリト雖モ縣体育協會ヲシテ一層之ガ統制的ニ實施セシメ一段ノ効果ヲ擧ゲルコトニ努力セリ。
本縣運動競技中稍〻全國的ニ名ヲ成セルモノハ端艇ニシテ縣トシテ最モカヲ傾注セルハ琵琶湖ヲ利用スル水泳ナリ 其ノ他ノ競技ニ於テ名ヲ成サザルハ遺憾トスル處ニシテ殊ニ來ルオリムピック東京大會ヲ機會ニ本縣ヨリモソノ代表選手ヲ派遣スベク大ニ努力ヲ致セリ。
コノ機會ニ於テ運動競技奨勵ト相俟ッテ体育運動ヲ通シテノ精神陶冶ト体位ノ向上ヲ目指シ民衆体育ノ普及發達ヲ期サントス。
一、學校体操教授要目ニ関スル講習會開催 教授要目ノ趣旨ヲ普及徹底ヲ圖ル為昭和六年ヨリ縣下男女全小學校教員ニ對シ各郡市毎ニ男女別ニ會場ヲ區分シ毎年一日又ハ二日ノ講習會ヲ行ヒ相當ノ成績ヲ納メツヽアリ。
本年モ六月二十日ヨリ七月十二日迄コレガ講習會ヲ開催スル豫定ナリ。
尚指導者養成ノ意味ニ於テ中央ヨリ講師ヲ招聘シ縣下小學校体操主任男女教員各一名ヲ一所ニ集メ教授要目徹底ノ講習ヲ行フ豫定ナリ。
二、運動競技講習會ノ開催
オリムピック東京大會ヘ選手排出ノ準備工作トシテ本年陸上競技、水泳競技ノ二種目ヲ中央ヨリ講師ヲ招聘シ講習會ヲ開催スル豫定ナリ。

写真３　地方長官会議参考事項　体育衛生
昭和12年５月
【昭お45(24)】

合で行われ、同十一年の五回大会は緑ヶ丘球場が会場となりました。資料では、第一回より久邇宮朝融王《くにのみやあさあきらおう》の台《たい》覧《らん》があり、五回目も台覧を仰ぐ内容が記されています。同大会へは近畿各府県より二チームずつが出場したようです（**写真２**）。

オリンピック選手の養成

オリンピック関連資料としては、昭和十二年五月に作成されたものがあります。日中戦争（昭和十二〜同二十年）などの影響から実現には至りませんでしたが、同十五年のオリンピックは東京で予定されていました。

県では、同年の東京大会へ選手を輩出するため、特に力を入れていた陸上と水泳の二種目について講師を招き、講習会を開く計画を立てました（**写真３**）。琵琶湖周辺での水泳は明治三十三年頃より行われていたようです。水泳は当初、旧制中学校で行われ、明治四十年代に入り他の学校へ広がっていきました。

（松岡　隆史）

② 近江鉄道の軌跡

近江鉄道は、沿線の江州米《ごうしゅうまい》をはじめとする県産物の搬出や、湖東《ことう》地域と伊賀《いが》・伊勢《いせ》・濃尾《のうび》・加越《かえつ》方面とを結ぶ往来の利便性向上を図るために創業し、明治二十九年（一八九六）に会社設立の免許状を受けました。

本節では、同鉄道取締役を務めた西村捨三《にしむらすてぞう》が「辛苦是経営《しんくこれけいえい》」と言葉を残したように、経営の苦労を強いられた会社がどのように路線の維持・発展に努めたのかを紹介します。また、後に同鉄道と合併した八日市《ようかいち》鉄道（湖南《こなん》鉄道）の歴史もたどっていきたいと思います。

近江鉄道の設立

滋賀県では、近江鉄道よりも早く官設鉄道（現・JR東海道本線）や関西《かんせい》鉄道（現・JR草津線）が開業していました。しかし、これらの路線は湖東平野の周縁部に位置するため、平野中心部の町々からは離れていました。

そこで、大東義徹《おおひがしぎてつ》ら旧彦根藩士や近江商人ら四四名が発起人となり、明治二十六年十一月、会社創立願を逓信《ていしん》大臣黒田清隆《くろだきよたか》へ提出したのです。当初の計画は彦根—深《ふ》川《かわ》（現・甲南《こうなん》駅）間で、官設鉄道と関西鉄道とを連絡するものでした（**写真1**）。

一方、同年十二月、近江鉄道期成同盟会と称する団体から、日野《ひの》・水口《みなくち》経由で深川へ達する計画に対して批判があがりました。しかし、会社創立発起人や株式引受人の半数以上が日野・水口の経由地出身者であったことから当初の計画は変更されず、翌年七月、鉄道敷設《ふせつ》の仮免状が出されたのです。その後、日清戦争が勃発《ぼっぱつ》したため創立事務は中断しましたが、戦争が終結した翌年の明治二十九年に、冒頭で紹介した免許状が交付されました。同社では、免許状交付日である同年六月十六日を会社創立日と定めています【明て10(30)】。

路線開業に向けて

鉄道敷設工事は明治二十九年九月に始まりました。ところが、大風水害が発生したほか、日清戦争後の物価高騰等により建材費や用地買収費が多額となりました。そこで翌年、会社は工事区間を分け、彦根—八日市間を第一期線、八日市—深川間を第二期線とし、先に第一期線の開業を目指すことにしたのです。そして第一期線の内、彦根—愛知川《えちがわ》間が最初に完成し、明治三十一年六月十一日より営業を始めました。愛知川—八日市間も、一か月後の七月二十四日に営業を開始します【明え243(26)・(53)】。

ただ、第一期線の工事により、当初の全線建設工事費用として準備していた一〇〇万円をほぼ消費する事態となってしまいました。一方、第一期線のみの営業では八日市までの行き止まりの路線となるため営業成績が悪く、全線開通を目指す以外に会社の利益は見込めませんでし

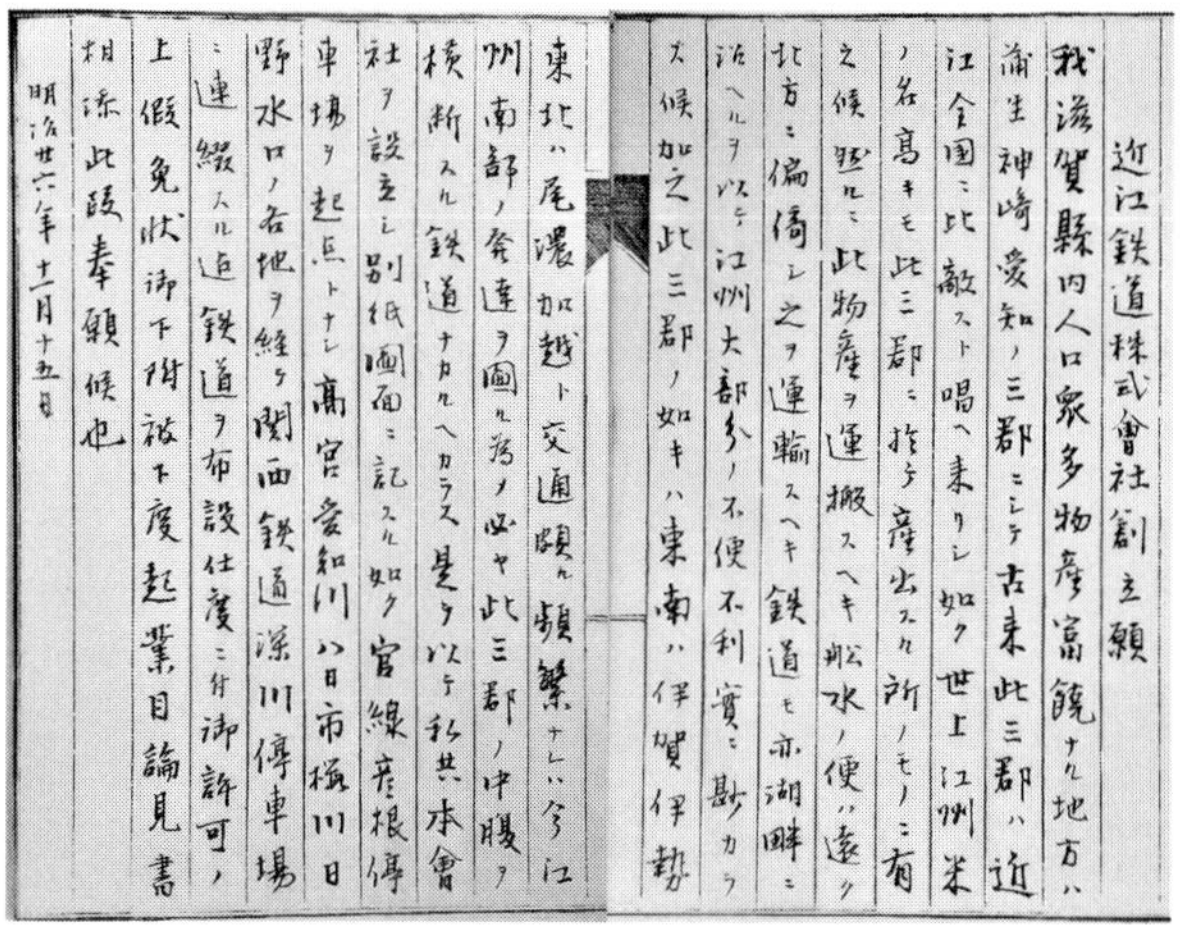

近江鉄道株式會社創立願
我滋賀縣内人口衆多物産富饒ナル地方ハ
蒲生神崎愛知ノ三郡ニシテ古来此三郡ハ近
江全国ニ比敵スト唱ヘ来リシ如ク世上江州米
ノ名高キモ此三郡ニ於テ産出スル所ノモノニ有
之候然ルニ此物産ヲ運搬スヘキ舩水ノ便ハ遠ク
北方ニ偏倚シ之ヲ運輸スヘキ鉄道モ亦湖畔ニ
沿ヘルヲ以テ江州大部分ノ不便不利實ニ尠カラ
ス候加之此三郡ノ如キハ東南ハ伊賀伊勢
東北ハ尾濃加越ト交通頗ル頻繁ナレハ今江
州南部ノ発達ヲ図ル為メ必ヤ此三郡ノ中腹ヲ
横断スル鉄道ナカルヘカラス是ヲ以テ私共本會
社ヲ設立シ別紙図面ニ記スル如ク官線彦根停
車場ヲ起点トナシ高宮愛知川八日市横川日
野水口ノ各地ヲ経テ関西鉄道深川停車場
ニ連絡スル近鉄道ヲ布設仕度ニ付御許可ノ
上假免状御下附被下度起業目論見書
相添此段奉願候也
明治廿六年十一月廿五日

写真１　近江鉄道株式会社創立願
明治26年11月25日
【明て10（25）】

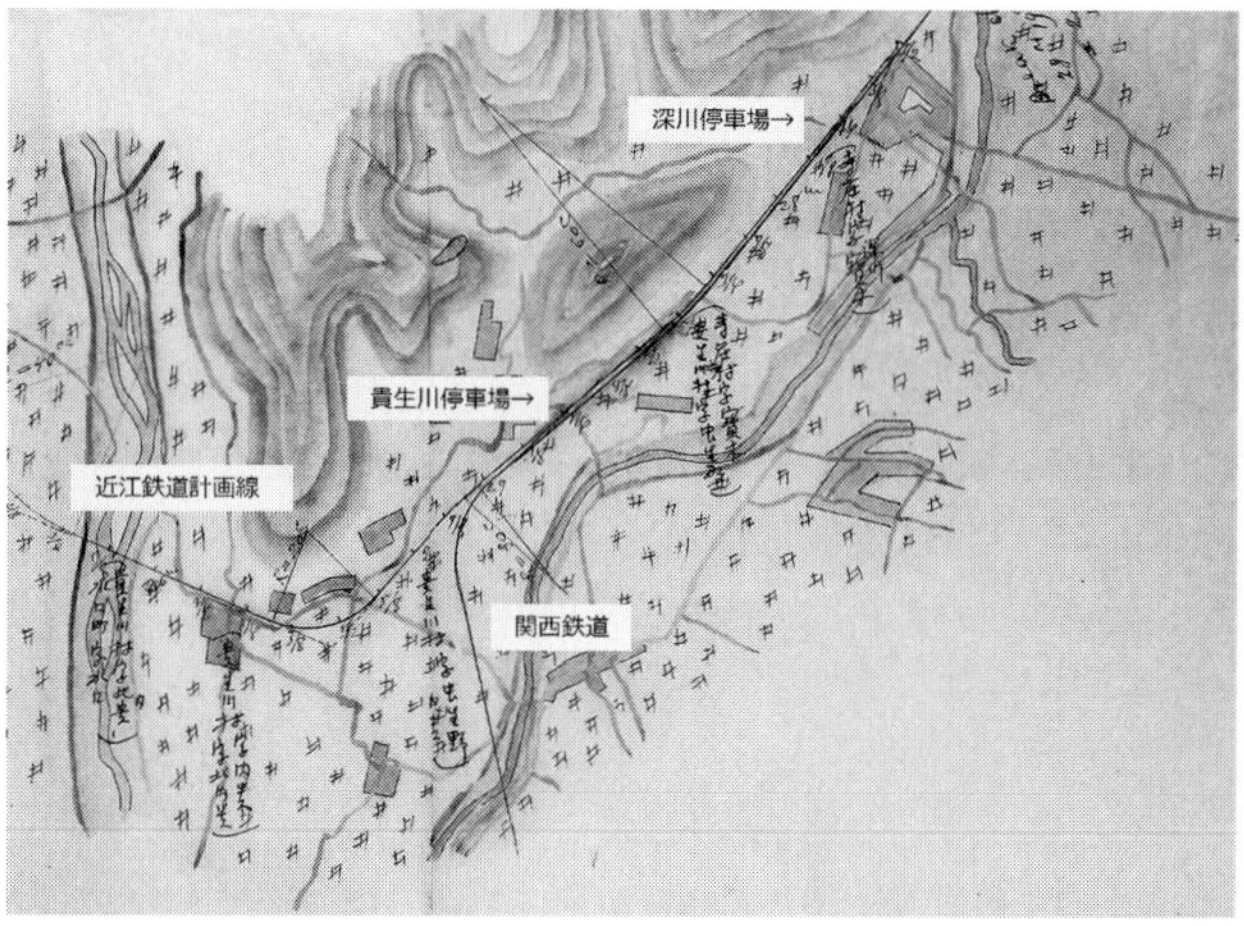

写真２　彦根―深川間平面図
明治29年10月
【明な312（85）】

た。そのため、会社は第二期線工事費用を全額銀行からの借り入れに依存することとしました。そして当時取締役であった西村捨三の尽力で、同取締役に就いていた元士族や近江商人らが連帯責任をとることを条件に、大阪北浜銀行より五〇万円の融資を受けたのです。さらに明治三十二年六月、当初計画線の内、貴生川《きぶかわ》―深川間が既存の関西鉄道と並行するため、工費削減を目的として計画を彦根―貴生川間と改めました。同区間は翌年十二月二十八日に全線開通しました（写真２）。

近江鉄道の発展と幻の路線

現在の近江鉄道には、多賀《たが》線と呼ばれる高宮《たかみや》―多賀大社間の路線があります。この多賀線は多賀軽便鉄道に由来するものです。明治四十三年、従来の鉄道敷設の条件を緩和した「軽便鉄道法」が公布・施行されると、全国で軽便鉄道の敷設ブームが起こり、その内の一つとしてこの鉄道も生まれました。多賀軽便鉄道は、当時の近江鉄道が、計画した軽便鉄道を敷設するため一時的に設けた会社です。従って、この会社は、犬上郡青波《あおなみ》村（現・彦根市内彦根駅近く）にあった近江鉄道会社内に設置されました。建設目的は、伊勢神宮とゆかりある多賀大社へのアクセスを良くし、利用客の増加を図ることにありました。大正元年（一九一二）九月十二日に会社設立の免許状が下りた多賀軽便鉄道は、翌年の五月二十三日、近江鉄道へ敷設権利を譲渡しました。そして、同三年三月八日、近江鉄道の路線として開業したのです。開通によって、鉄道の利用客は増加し、会社の業績向上へとつながりました【明と91(5)】。

同十五年十月、宇治川《うじがわ》電気の傘下へ入り資金に恵まれた近江鉄道は、同年十一月に彦根—米原間、昭和二年（一九二七）六月には貴生川—上野間の敷設免許を申請しました。貴生川—上野間は、上野—名張《なばり》間（ともに三重県内）を結ぶ伊賀電気鉄道に連絡するもので、沿線地域や北陸方面と伊勢・京阪奈《けいはんな》地域とのアクセスをより高める目的がありました【昭と4-2(1)】。しかし、途中の停車場新設をめぐる争いや会社の経済事情の悪化で着工手続が遅れました。さらに昭和十六年十二月に太平洋戦争がはじまったことで、買収済みの土地は農地に転用されてしまいました。そして、戦後の昭和二十二年には農地改革の対象となり、敷設用地は国に安価で買い上げられてしまったのです。結局、同区間の完成はなりませんでした。

湖南鉄道から八日市鉄道へ

湖南鉄道は、現在の近江八幡《おうみはちまん》—新八日市《しんようかいち》間を結ぶ近江鉄道八日市線にあたる鉄道です。明治四十四年五月、湖南鉄道は会社設立の免許を申請し、同年九月、同免許状が下付されました（写真3）。開業は大正二年十二月二十九日です【昭と92(12)】。

同十年十二月、湖南鉄道は、さらに新八日市付近の中野から山上《やまかみ》（現・東近江市山上町）へ続く路線を計画しました。この路線は、山水の美と紅葉の名所である永源《えいげん》寺《じ》へのアクセス向上を目的とするものでした。そして昭和五年十月、新八日市から計画線途中の飛行場（のちに御園《みその》へ改称）間が開通し、同二十三年八月まで運行しました。ただ、山上までの完成には結局至りませんでした。

昭和二年一月、京阪電鉄が琵琶湖観光の汽船会社の一つ湖南汽船と提携して湖上の遊覧客を獲得するようになりました。これに経営の危機をおぼえた当時の大津電車軌道は、太湖《たいこ》汽船と合併して琵琶湖鉄道汽船と社名を変え、同年五月、湖南鉄道とも合併しました。しかし、翌年、琵琶湖鉄道汽船と京阪電鉄との間で交渉が進められ、両者は昭和四年二月に統合することとなったのです。ただ、統合の際、旧湖南鉄道部分が経営から分離されてしまいました。そのため、当該部分は八日市鉄道という別会社として発足することになりました【大と41-3(2)】。その後、同十八年五月、宇治川電気から箱根土地《はこねとち》の傘下へ移った近江鉄道が、翌十九年三月に八日市鉄道を吸収しました。

箱根土地は、西武グループの中核会社である国土計画《こくどけいかく》の前身にあたる会社です。現在も近江鉄道は、同グループの一員として活躍しています。

（松岡 隆史）

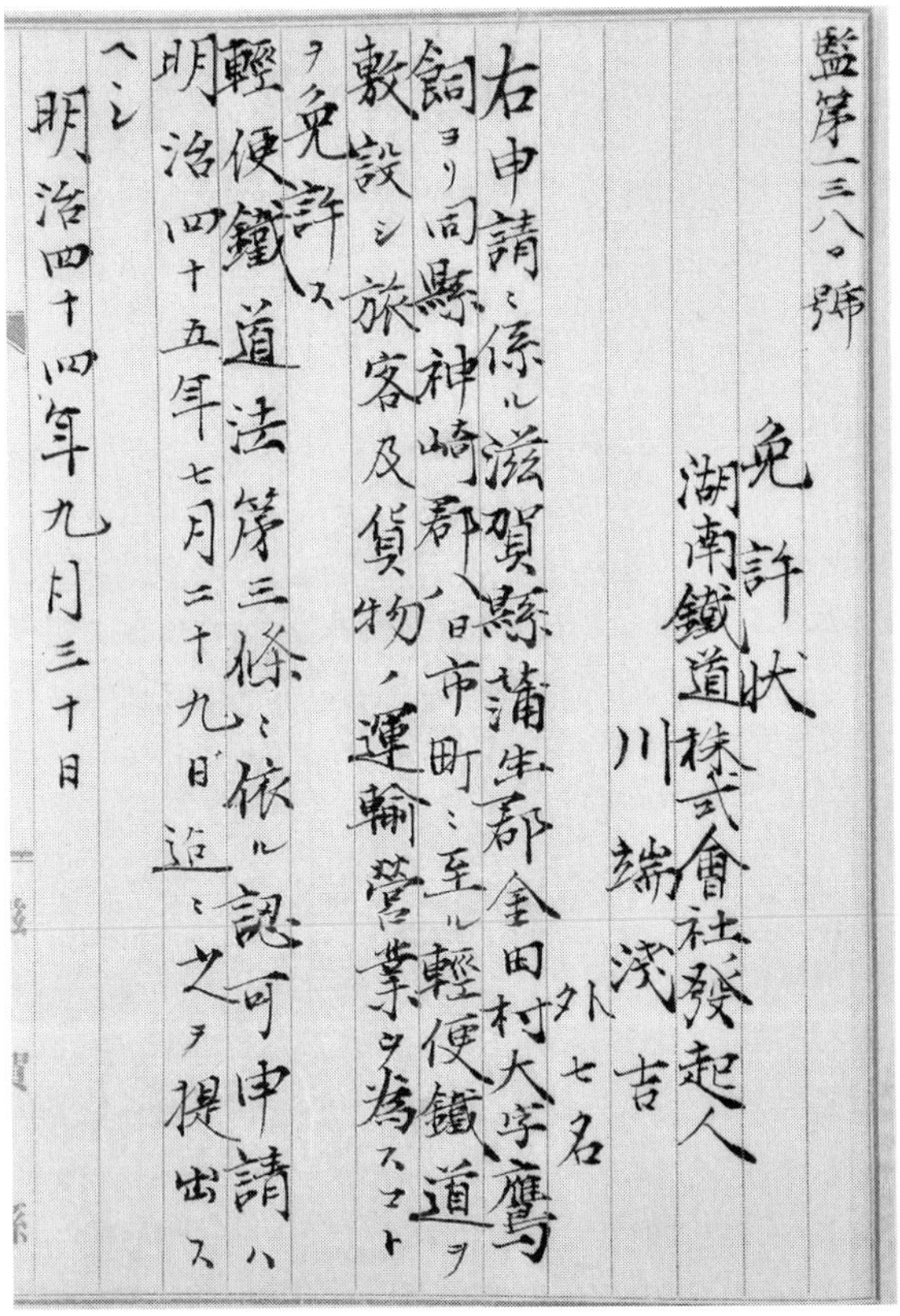

監第一三八〇號

免許状

湖南鐵道株式會社發起人
川端淺吉
外七名

右申請ニ係ル滋賀縣蒲生郡金田村大字鷹飼ヨリ同縣神崎郡八日市町ニ至ル輕便鐵道ヲ敷設シ旅客及貨物ノ運輸營業ヲ爲スコトヲ免許ス
輕便鐵道法第三條ニ依ル認可申請ハ明治四十五年七月二十九日迄ニ之ヲ提出スヘシ

明治四十四年九月三十日

写真３　湖南鉄道敷設免許状
明治44年９月30日
【明と92（12）】

③ 大津市誕生

明治三十一年（一八九八）十月一日、大津に市制が施行され大津市が誕生しました。しかし、実際に施行される一〇年前から、大津ではその検討が進められていたのです。本節では、滋賀郡役所から引き継いだ『大津市制施行ニ関スル調査書類』と題される二冊【明ふ60－1・2】をはじめとする当館所蔵の歴史公文書から、大津市制施行に至るまでの動きをご紹介します。

市か町か（明治二十一年）

事の発端は、明治二十一年の市制・町村制の制定でした。その翌二十二年からの施行を目標に各地で町村合併が進められる中で、大津は人口約二万五〇〇〇人にも及び、交通の要衝として将来商業が栄える見込みのある地なので、町制ではなく市制を施行するべきではないかという意見が出ます。明治二十一年八月頃からは、連合町村ごとに研究会が頻繁に開催され、市制と町村制のどちらが良いかという、大津を二分する大議論にまで発展していきます。

しかし、当時の中井弘《なかいひろむ》知事は市制施行の「大ニ其不得策ナル旨」を論じ、この時の市制施行論は消滅します。中井知事は、市制を施行すれば「市ノ体面」を維持するため増税の必要があり、そうすると経済が圧迫され、一般事業の推進などを行う余裕もなくなり、結果として大津の優れた地を衰退させてしまう恐れがあるとして、施行すべきではないと判断したのです【明こ69－6⑺】。

市制移行論の勃発（明治二十三年）

大津に町制が敷かれた翌年の明治二十三年、早速市制移行論が勃発《ぼっぱつ》します。その経緯が「大津市制論ノ顚末《てんまつ》」（写真1）には記されています。これによると、町会議員数名が「郡制ノ下ニ立ツハ大津町ノ不利益ナルベシ」として、市制施行時の経費等を調査し大津町会に提出したことから、議論が発展したようです。町会では、即時施行派と施行延期派が対立し、論点は「いつ」市制を施行するべきかという点でした【明ふ60－1㉓】。

即時施行派の意見としては、郡から独立できること、郡官吏や郡役所に関わる諸経費や郡税等の負担を免れること、かつ郡関連での出費よりも市庁、市吏員等の雑費の方が安いこと、市となれば県会議員を選出する権利を得ることなどを挙げ、郡制施行前の今こそが「実ニ市制ヲ布クヘキノ良機会」であるといいます。また、一度郡下に入ると、郡会が費用の多くを負担している大津町の脱退を認めるわけがなく、実質的に市制移行は不可能になるとの考えも示しています。

一方、施行延期派の代表人物が、津田三蔵《つださんぞう》の弁護や滋賀県会議長も務めた谷澤龍蔵《たにざわりゅうぞう》です。谷澤は、市制施行

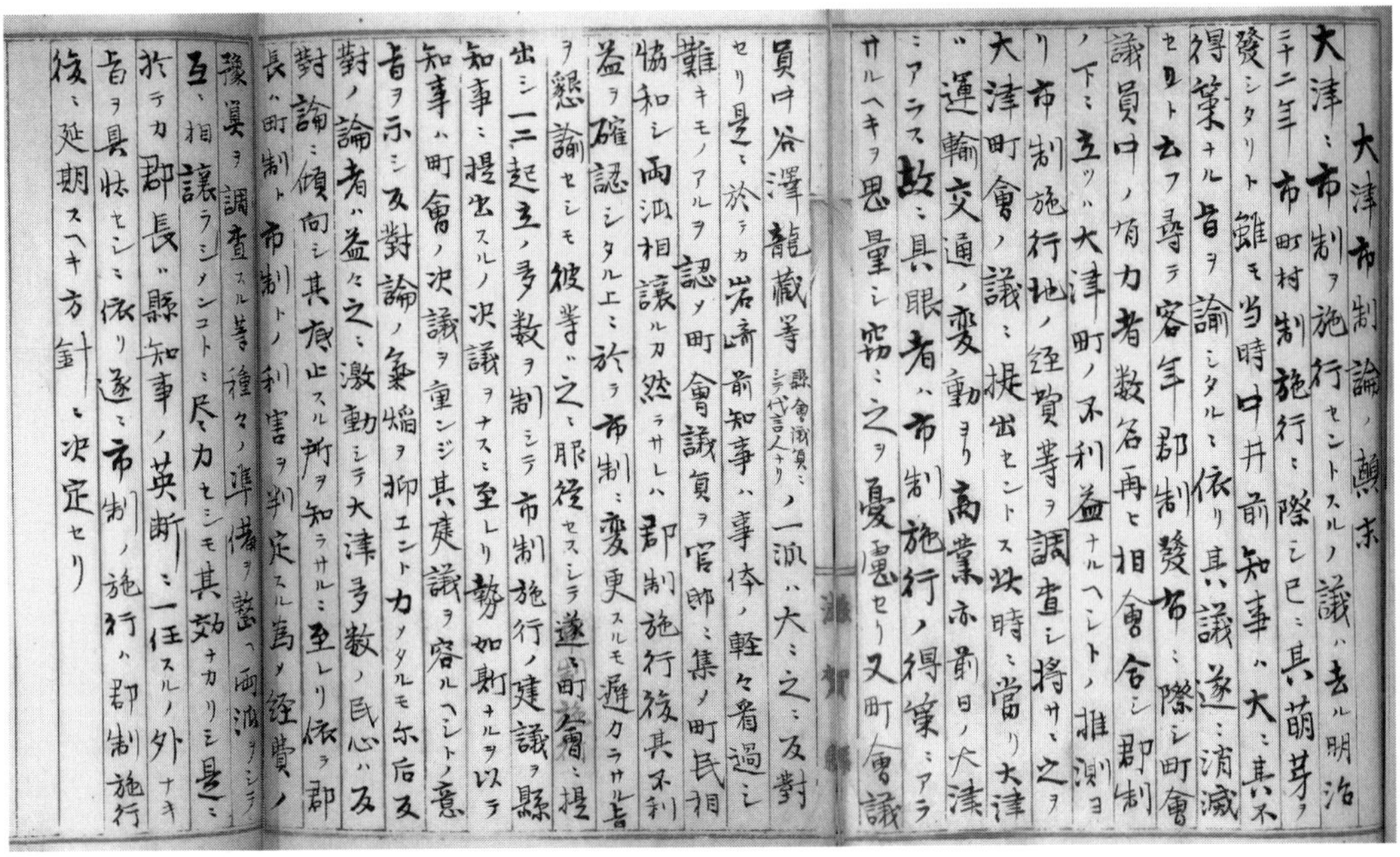

大津市制論ノ顛末

大津ニ市制ヲ施行セントスルノ議ハ去ル明治三十二年市町村制施行ニ際シ已ニ其萌芽ヲ發シタリト雖モ当時中井前知事ハ大ニ其不得策ナル旨ヲ論シタルニ依リ其議遂ニ消滅セリト云フ尋テ客年郡制發布ニ際シ町會議員中ノ有力者数名再ヒ相會合シ郡制ノ下ニ立ツハ大津町ノ不利益ナルヘシトノ推測ヨリ市制施行地ノ経費等ヲ調査シ将サニ之ヲ大津町會ノ議ニ提出セントス此時ニ當リ大津ハ運輸交通ノ変動ヨリ商業亦前日ノ大津ニアラス故ニ具眼者ハ市制施行ノ得策ニアラサルヘキヲ思量シ窃ニ之ヲ憂慮セリ又町會議員中谷澤龍藏等（郡會議員ニシテ代言人ナリ）ノ一派ハ大ニ之ニ反對セリ是ニ於テカ岩崎前知事ハ事体ノ軽々看過シ難キモノアルヲ認メ町會議員ヲ官邸ニ集メ町民相協和シ両派相譲ルカ然ラサレハ郡制施行後其不利益ヲ確認シタル上ニ於テ市制ニ変更スルモ遅カラサル旨ヲ懇諭セシモ彼等ハ之ニ服従セスシテ遂ニ町會ニ提出シ一二起立ノ多数ヲ制シテ市制施行ノ建議ヲ縣知事ニ提出スルノ決議ヲナスニ至レリ勢如斯ナルヲ以テ知事ハ町會ノ決議ヲ重ンジ其建議ヲ容ルヘシトノ意旨ヲ示シ反對論ノ氣焔ヲ抑エント力メタルモ尓后反對ノ論者ハ益々之ニ激動シテ大津多数ノ民心ハ反對論ニ傾向シ其底止スル所ヲ知ラサルニ至レリ依テ郡長ハ町制ト市制トノ利害ヲ判定スル爲メ経費ノ豫算ヲ調査スル等種々ノ準備ヲ整ヘ両派ヲシテ互ヒニ相譲ラシメンコトニ尽力セシモ其効ナカリシ是ニ於テカ郡長ハ縣知事ノ英断ニ一任スルノ外ナキ旨ヲ具状セシニ依リ遂ニ市制ノ施行ハ郡制施行後ニ延期スヘキ方針ニ決定セリ

写真１　大津市制論の顚末
明治24年頃
【明こ21(14)】

自体に反対していたのではなく、将来大津町がますます発展した暁には「勿論《もちろん》進ンテ市制ヲ希望ス」と言います。しかし、今は町勢も停滞しており、即時施行派とは反対に「市制トスレハ断シテ費用ハ増加スヘシ」との考えから、郡制施行後に様子をみて市制へ移行する方がよいと主張しました。

この議論は町民を巻き込んだ激しい論争へと発展し、事態を看過できなくなった岩崎《いわさき》小二郎《こじろう》知事は、町会議員らを官邸に集めて、お互い譲り合うか、さもなくば郡制施行後に不利益を確認してから市制に移行しても遅くはないのではないかと諭しました。しかし町会議員らはこれに従わず、激しい議論の末、十月三日、遂に市制施行の建議が可決するのです。その後、同月七日付けで、町長村田六之助《むらたろくのすけ》より知事へその旨を記した建議書が提出されました。

知事は町会の決議を重んじて、この建議を受け入れる意向でしたが、施行延期派が街頭で直接町民へ訴える運動を強化したことにより、大津町民の多くが延期論に傾いていきます。郡長は、市制と町制の長短を判定するため、経費を調査するなどさまざまな準備を整え両派の調停に努めましたが、どうにもならず、遂に、知事の判断に一任することにしました。そこで知事は、市制移行は郡制施行後に延期するという決断を下し、十一月十四日に大津町会議員へもその旨が伝えられました【明ふ60-1⒅】。

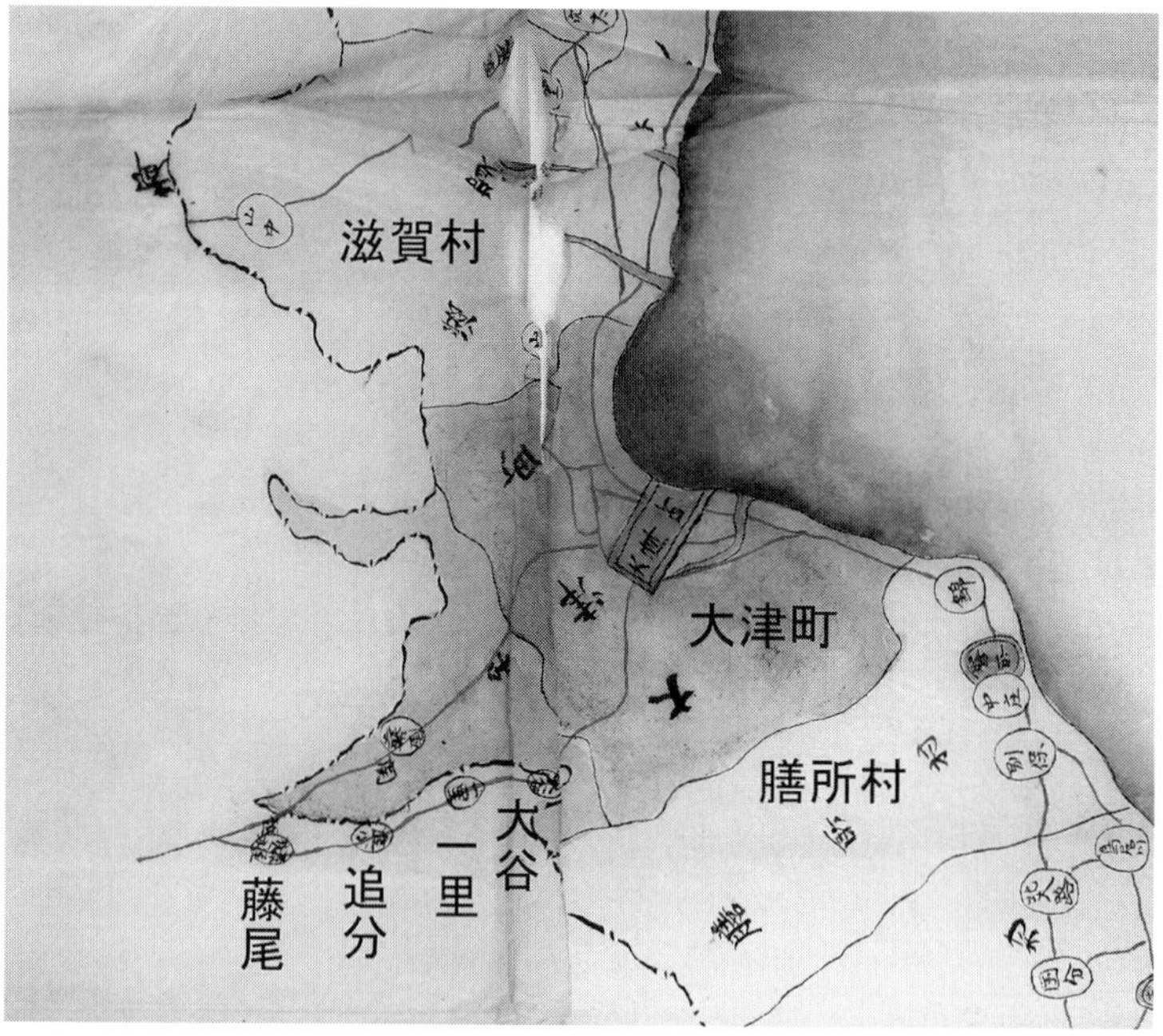

写真２　滋賀郡町村区画全図（一部）
明治31年頃
【明ふ60－2(2)】

大津市の誕生（明治三十・三十一年）

明治三十年七月三十一日、滋賀県告示で翌年四月一日からの郡制施行が知らされると、再び大津町の市制移行への気運が高まります。時の町長は、明治二十三年に即時施行派の立場にあった西村文四郎《にしむらぶんしろう》です。同年十二月二十六日の町会で提出された市制移行案は、出席者一九名全員の賛成により可決され、知事へ稟請書《りんせいしょ》を提出するに至ります【明ふ60－2(7)】。この稟請書では、大津は村落とは異なり「純然タル市街ノ体面」を有しているので、郡の下で他の町村と同じような支配を受けることは「不利益ヲ来タシ随《したがっ》テ土地ノ進歩発達ヲ妨クル」と市制移行の正当性を論じています。

ところで、大津町に市制を施行する上で浮上したのが、滋賀郡の地形上の問題でした。同郡は南北に長く、大津町が市となり郡から独立すると、郡が大津市によって二分されてしまうのです（写真２）。このことは、明治二十三年の時点でも懸念されていましたが、当時の郡長は郡が分断されるものの、それぞれを南北に隣接する各郡に編入させるといったことにはならず、郡役所の位置も当分大津に据え置くとの考えを示していました。しかし、先の大津町会からの稟請書を受けた郡や県が、明治三十一年に新たに考えたのは、「大津ト隔絶シ一見市街ノ体裁ヲ有セサル」逢坂山《おうさか》以西の大谷《おおたに》・一里《いちり》・追分《おいわけ》・藤《ふじ》尾《お》を大津町から独立させて一つの新村として郡に編入し、さらに別所《べっしょ》所属の官有林を滋賀村の所属に変更するという「郡部各村ノ地脈中断セラレサルノ計画」でした（写真3）。この計画には、該当四集落の住民らも反対し、県庁に押し寄せ大騒動になったといいます。この騒動は市制移行運動に拍車をかけ、七月には西村町長が上京して、内務大臣に稟請書を提出します。そして、ついには七月二十七日、内務省告示第七十号により十月一日からの大津町市制施行が発令されたのです。

こうした度重なる市制移行運動があって、明治三十一年十月一日、ようやく、念願かなって大津に市制が施行されたのでした。市域は、北は滋賀村と隣接する大字別所、南は膳所《ぜぜ》村と接する大字馬場《ばば》までで、西は京都府、東は琵琶湖に面する現在と比べると非常に狭い範囲でした。初代市長は大津町長であった西村文四郎です。市庁舎は旧町役場（札《ふだ》の辻《つじ》）が継続利用されました。一方の滋賀郡は、結局四集落の編入が行われず大津市を挟んで分断されるも、引き続き一郡として存続していきます。郡役所の位置も、従来どおり大津に据え置かれることとなりました【明こ190⒀】。

即時施行派、施行延期派ともに、大津を思う気持ちに変わりはありません。平成三十年に市制施行一二〇年を迎えた大津市誕生の裏には、地元を思う人々の長きにわたる働きかけがあったのです。

（岡本 和己）

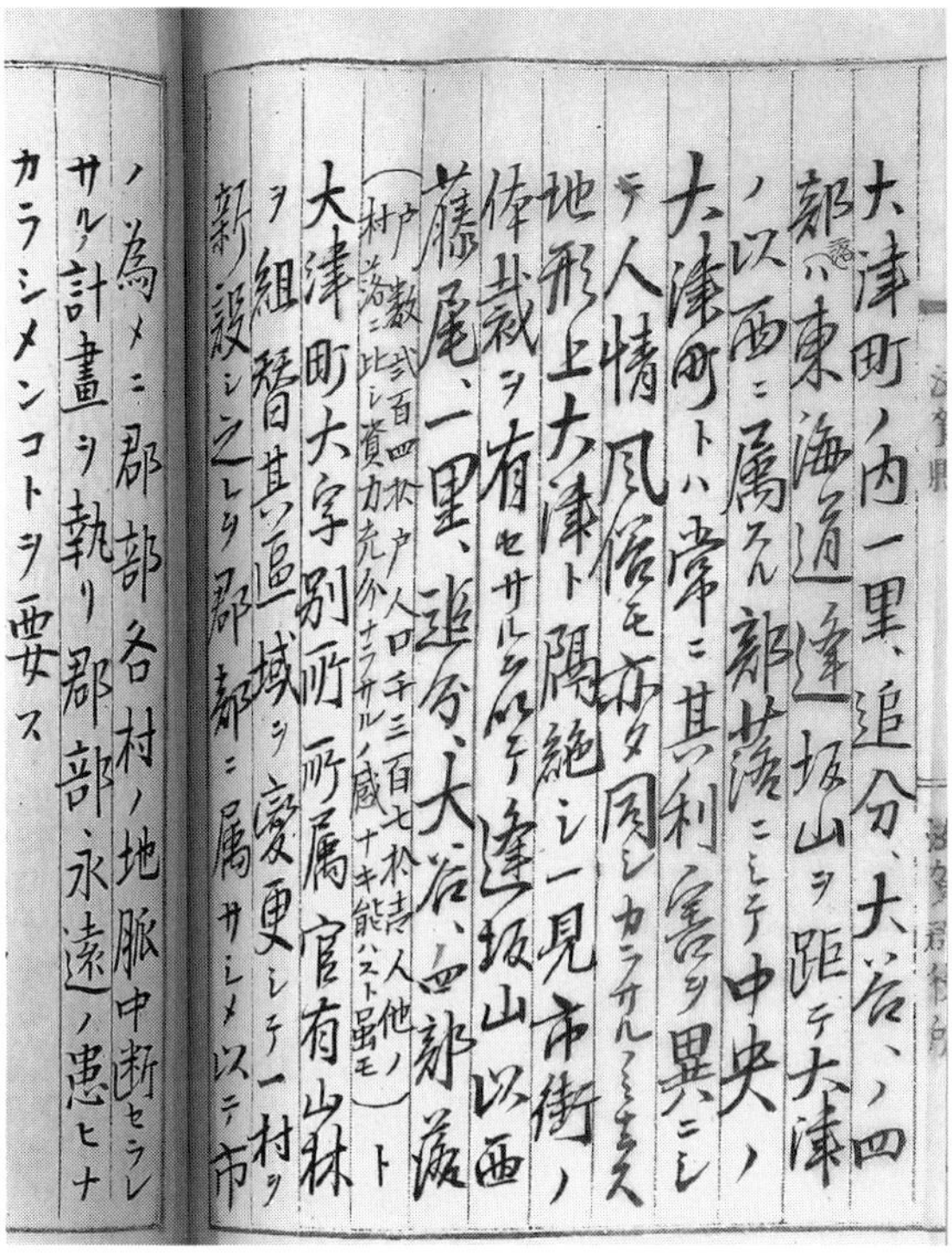
大津町ノ内一里、追分、大谷、ノ四
部落ハ東海道逢坂山ヲ距テ大津
ノ以西ニ属スル部落ニシテ中央ノ
大津町トハ常ニ其利害ヲ異ニシ
テ人情風俗モ亦タ同シカラサルノミナラス
地形上大津ト隔絶シ一見市街ノ
体裁ヲ有セサルモノニテ逢坂山以西
藤尾、一里、追分、大谷、四部落
（戸数弐百四拾戸人口千三百七拾壱人他ノ村落ニ比シ資力充分ナラサルノ感ナキ能ハスト雖モ）ト
大津町大字別所 所属官有山林
ヲ組替其区域ヲ変更シテ一村ヲ
新設シ之レヲ郡部ニ属サシメ以テ市
ノ為メニ郡部各村ノ地脈中断セラレ
サルノ計画ヲ執リ郡部ノ永遠ノ患ヒナ
カラシメンコトヲ要ス

写真３　大津町の市制施行稟請書に付意見書
明治31年３月３日
【明ふ60－2(1)】

④ 天気予報のはじまり

今ではテレビや新聞、ネットで身近に知ることができる天気予報ですが、現在のような科学的観測に基づく予報が始まったのは測候所（気象台）ができた近代以降のことです。では、どのようにして天気予報は普及していったのでしょうか。当館には、県営時代の彦根測候所に関する資料が残されています。これらの歴史公文書から読み解いてみましょう。

天気予報のはじまり

そもそも、科学的な気象観測が始まる以前は、人々は日々の雲や空の様子を見て、過去の天気を参考にしたうえで今後の天気を予想していました。これらの先人たちの知恵は、「湖中鼓ヲ撃ツガ如キ聲《こえ》アルハ降雨ノ徴《しるし》ナリ」といった諺《ことわざ》などとして伝えられています（**写真1**）。

日本における最初の天気予報は、明治十七年（一八八四）六月一日、一日三回発行の天気図に「予考」として記載されました。ただ、「全国一般風ノ向キハ定リナシ天気ハ変リ易シ但シ雨天勝チ」と全国の天気を一文で表した大変簡単なものでした。また、東京市内では各交番に掲示されましたが、地方では郵送された天気図によって知るだけで、予報性もありませんでした。

明治二十六年、農業、衛生、治水をはじめ「百般ノ業務ヲ保護」するために、本県も彦根に地方測候所（現・彦根地方気象台）を設置し、十月一日から気象観測を開始しました。同年十一月一日から彦根測候所ほか三か所で毎日の天気予報と暴風警報の掲示が行われましたが、これは中央気象台の発表する各気象区の予報を取り次ぐだけで、自ら天気予報を発表することはありませんでした。地方の天気予報を測候所が発するには、一年間天気を予測し、その成績を添えて地方長官の認可を受ける必要があり、設立まもない彦根測候所では天気を自ら予報することはできなかったのです。

彦根測候所による天気予報は、まず気象と密接な関係があり、農業上重要な養蚕《ようさん》期間と出穂《しゅっすい》期（九月一日頃）に限って、明治三十五年から発表されるようになりました【明い212-1(120)】。しかし、まだラジオなどもなかったので、該当期間の予報は、彦根測候所より各郡役所へ通報され、郡役所が公衆へ周知することとされました。

翌三十六年には、毎日の天気を測候所構内で信号標により予報することになりましたが、依然として管内全域への通報手段は整えられておらず、引き続き前記の重要な期間だけ郡役所を通じて公衆へ周知されていました。

明治三十八年の「天気予報規程及信号心得」によると、当時の天気予報は全国の気象と地方での気象観測に基づき、翌日の天気を予告するもので、毎日午前一〇時にその日の午後六時から二四時間の予報を信号標により掲揚

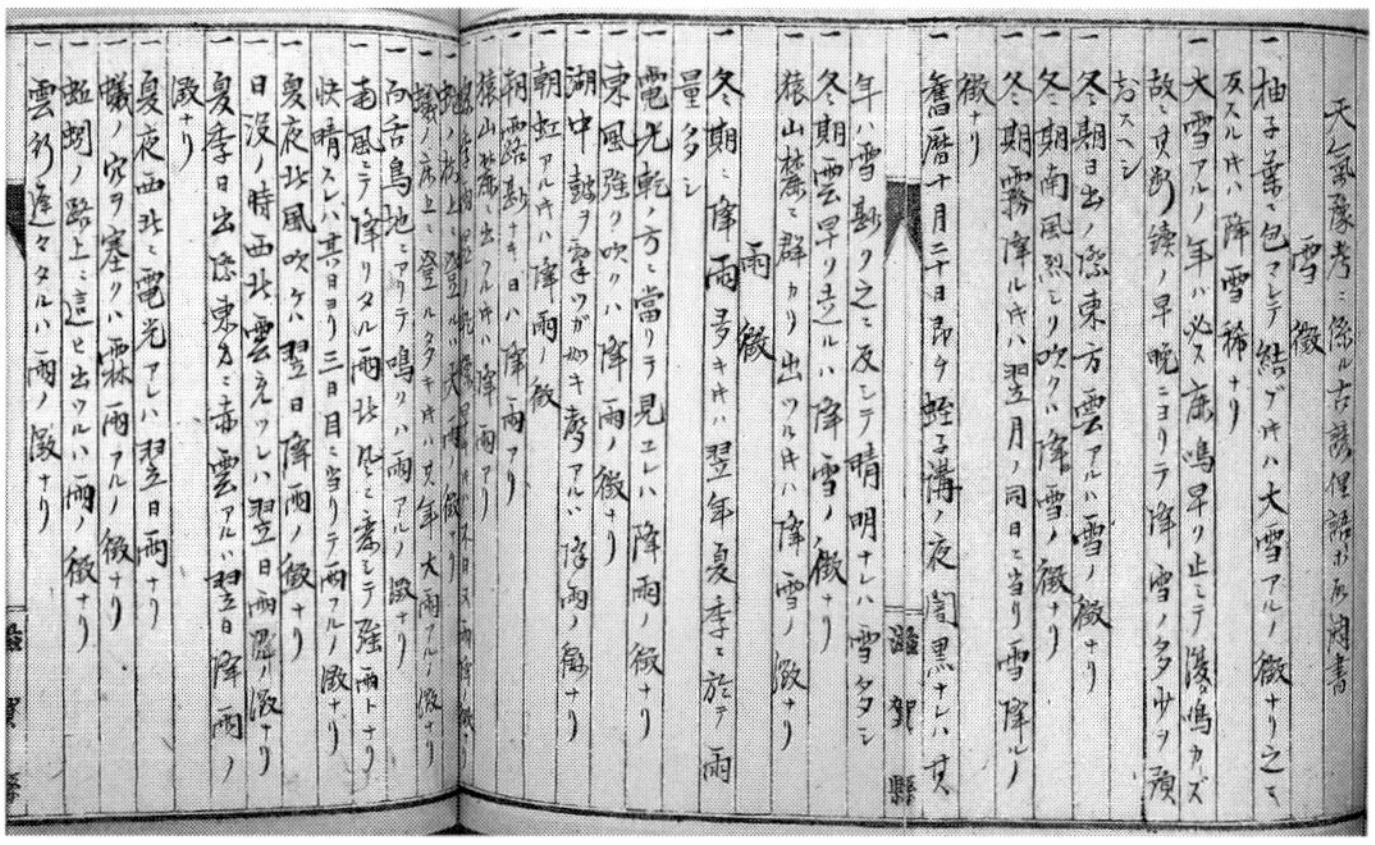

写真１　天気予考に係る
古諺俚語等取調書
明治17年10月21日
【明う135－2(94)】

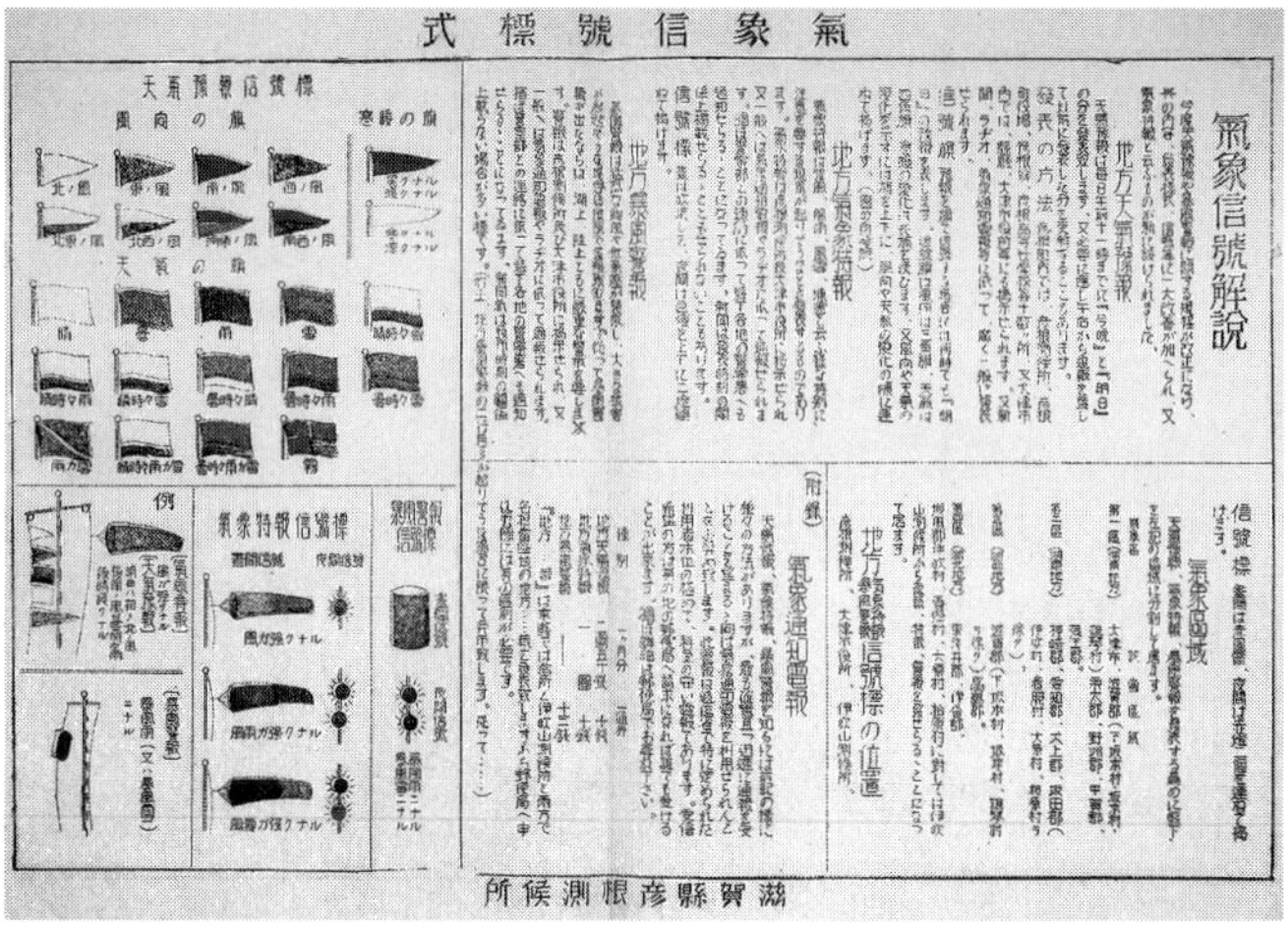

写真２　気象信号標式
昭和11年
【大た75－4(4)】

していました。

この気象信号標は、福島測候所が管内において「天気変リ易シ」は白旗、「雨」は赤旗をもって表示しているという事例にヒントを得て考案された周知方法のひとつで、明治二十五年六月十六日、中央気象台告示第三号をもって「気象信号標式」が制定されました。明治三十六年には、彦根測候所でも採用され構内に掲揚するようになりました【明い238‐2(6)】。具体的には、風向が三角旗、天気は長方旗、気温の変動は三角長旒《ちょうりゅう》（細長い旗）を用い、予報内容を晴れは「白」、曇りは「赤」、雨は「青」、雪は「緑」などの色分けで表しました（写真2）。

天気気象ヲ巧ミニ利用スル者ハ成功

このように、地方の予報を発するようになって以降、彦根測候所ではさまざまな手段で天気予報の普及に努めました。そのひとつが、天気予報の重要性を周知する啓発活動です。例えば、昭和十一年（一九三六）刊行の『天気図の解説』には、その一環として啓発ポスターが掲載されています（写真3）。「天気気象ノ利用ヲ知ラザル者ハ失敗」「天気気象ヲ巧ミニ利用スル者ハ成功」と、天気予報や警報がいかに有用であるかが表されています。

また、気象通知電報やラジオ、新聞といった信号標以外の通報手段も整備されていきました。

気象通知電報は、逓信省が公衆の求めに応じて電報により気象情報を通知するものです。本県でも、明治四十二年四月一日から天気予報と暴風警報の彦根郵便局への通知を開始し、郵便局へ請求すれば誰でも受けられ、「最も確実且つ迅速」な手段として漁業や農業従事者に普及しました。地方天気予報は一通一〇銭、一か月二円五〇銭で受けられたようです。

　ラジオによる天気予報は、大正十四年（一九二五）三月のＮＨＫ東京放送局による放送が始まりとされています。本県での導入時期ははっきりとしませんが、昭和十四年の事業報告書によると、測候所は天気予報、気象特報、暴風警報を大阪中央放送局に毎日電報し、同局がラジオ放送を行っていたようです。また、ラジオ放送の天気予報を聞いて、これを掲示して公衆に示す者も民間で最近増加しているとあります。

　その他にも、管内一七二か所（大正十二年時点）で掲示され、また工場の汽笛による天気予報の周知なども行われていました。

　これらさまざまな手段により周知が計られた天気予報ですが、当時はどのぐらい当たっていたのでしょうか。昭和十年の事業報告書に、天気予報の適中率についての記載があります。天気予報の当たりはずれは、正中、偏中、不中の三段階に分けて判定され、その的中率は季節により変動はあるものの、およそ風向が八八％、天気が八九％程度であったようです。

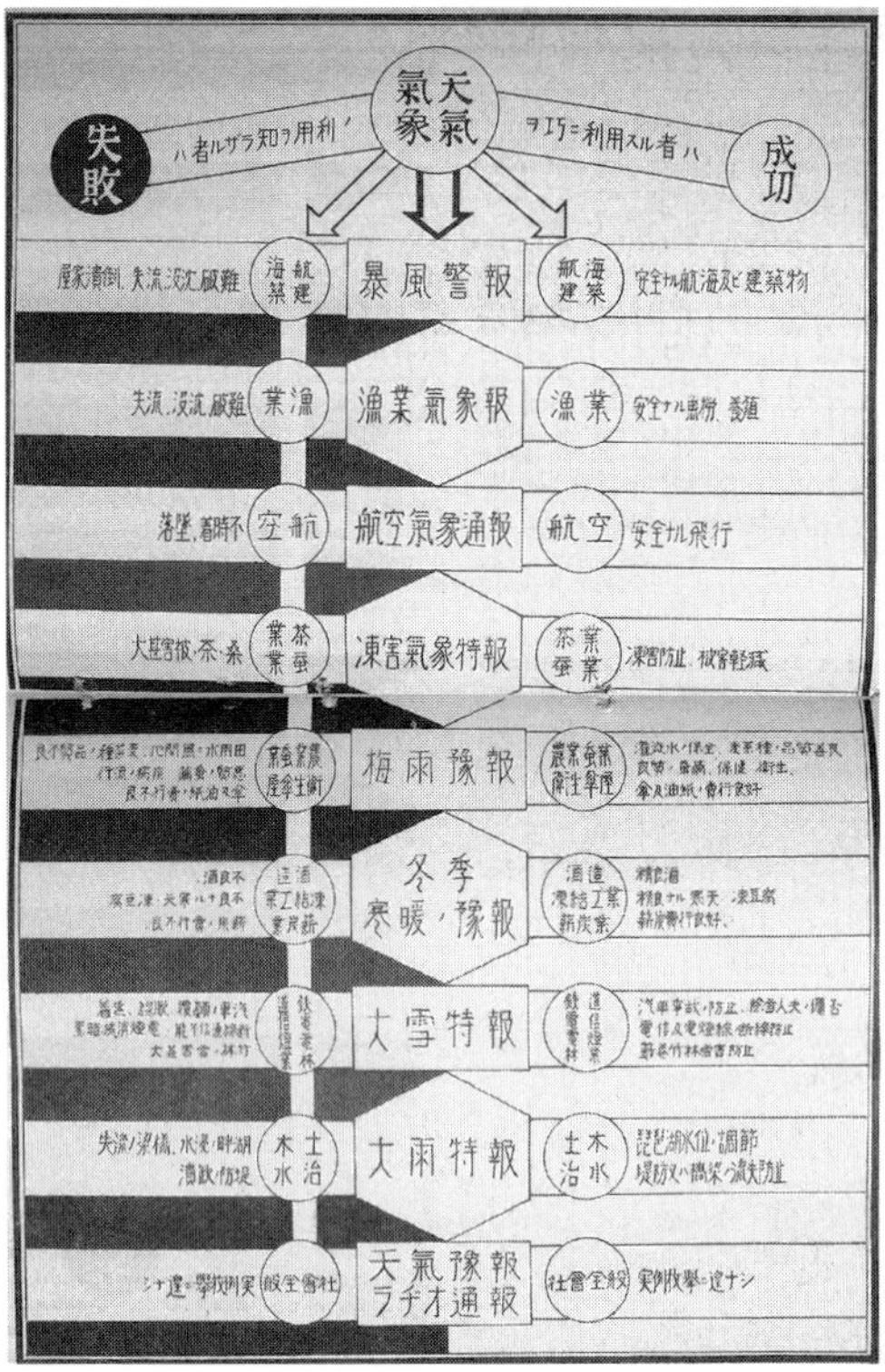

写真３　天気予報の啓発ポスター
昭和11年３月28日
【大た75－4(6)】

天気は機密情報

　このように、測候所が普及に努め、精度もそれほど悪くなかった天気予報ですが、一時期、公表が中止された時期がありました。それは戦時中、気象情報が航空戦術上重要なものとして、機密扱いとなったからです。

　日中戦争下において、中央気象台では気象情報の機密性を保つために無線発信回数を倍増し、時刻と暗号も変えて、真・偽の情報を流していました。本県でも、軍事上の機密により地方天気予報、地方気象特報、地方暴風警報、天気図配布、およびラジオ放送が中止されています【大た74－1(8)】。ただし、昭和十三、十四年の事業報告書ではこれらを行ったとあるので、中止は一時的なものであったと思われます。

昭和十六年の太平洋戦争開戦にともない気象管制が実施されると、これが解除される昭和二十年八月十五日まで、再び気象通知電報や天気図の発行などが中止されました。しかし甚大な被害を及ぼすおそれのある暴風雨に対しては、防災の観点からも「特令暴風警報」を発表し一般に周知することとされました【昭お66(8)】。

彦根測候所（**写真４**）は、昭和十四年に気象事業が「航空軍事上益々重要」となったため国営移管され、県営の時代を終えますが、現在も気象庁彦根地方気象台としてその使命を引き継ぎ、私たちの生活を支えてくれています。気象台や測候所では、私たちの経済活動や生活、時にはその命を守るために天気予報や警報を整備し、さまざまな工夫をもってその有用性を公衆に周知してきました。現在、これほどまで私たちの生活に天気予報が根付いているのは、このような先人たちの努力があったからなのです。

（岡本　和己）

写真４　国営移管前の彦根測候所
昭和12年
【昭こ39(6)】

⑤ 京阪電鉄と京津電車

京阪《けいはん》電鉄は、明治四十三年（一九一〇）に設立された、現在では大阪から京都を経て大津に至る鉄道ですが、その歴史は、遊覧客の多い琵琶湖と結ぶことを目標に、大津へと路線を延ばすものでもありました。まず最初に、京阪電鉄がとった路線延伸の方法が、京都―大津間の既存路線であった京津《けいしん》電気軌道株式会社（京津電車）との合併です。本節では、大津で最初の私設電車である京津電車の成り立ちを中心に、京阪電鉄の合併過程について、たどっていきたいと思います。

■京津電車の開業

明治三十九年三月の鉄道国有法公布にともない、従来の私有鉄道に大きな変化が生まれました。各地の私有鉄道が担っていた全国的な幹線交通網が国有化され、国有鉄道の独占化が図られたのです。そして私有鉄道は地方の都市交通手段へと変化していきます。

滋賀県では、明治十三年に官設の東海道線が敷設《ふせつ》され、大津（馬場《ばば》）―京都間はこの鉄道が利用されていました。ただこの大津―京都間は、逢坂山《おうさか》トンネルを抜けた後、山科《やましな》・伏見《ふしみ》を迂回《うかい》して京都駅へと続いており、大津からは京都の繁華街である三条《さんじょう》方面へ直接出ることができず、大変不便でした。そこでかつての旧東海道に沿って、大津と京都の繁華街を直結する鉄道敷設計画が、新たに必要とされ始めたのです。

そこで滋賀県では、京都と大津間に電気鉄道を敷設する計画が、谷澤龍蔵《たにざわりゅうぞう》や下郷伝平《しもごうでんぺい》らにより計画されました。「交通運輸ノ便ヲ図リ度《たき》目的ヲ以テ、京都大津間ニ電気鉄道敷設ニ付キ、之《こ》レガ認可ヲ仰」いだ彼らでしたが、日露戦争開戦の影響により、一時計画中止を余儀なくされます。戦後、大津商業会議所は、彼らや新規の有志と協議の上、明治三十八年十二月、鉄道敷設の出願をしました。翌年二月にはさらに発起人を追加し、計画も変更しています（写真1）。

ところが、同時期に京都電鉄と近畿電鉄からも同一の区間に対して軌道敷設の出願がされたため、三社競願の形が起きてしまいました。この事態に内務省は、それぞれの願書をいずれも却下し、三社合同の敷設を勧告します。そして最終的に明治四十年一月、内務大臣原敬によって、特許状と命令書が付与されました【明と79㉑～㉗】。

この時に京津電車が提出した「請書」には、県内の鉄道発達を願う西川太治郎《にしかわたいじろう》、藪田《やぶた》信吉、浅見又七《あさみまたしち》ら県内の著名な企業家、政界人など、八〇名に及ぶ人々が名を連ねています【明と79㊱】。また、政府からの命令書を見てみると、電柱は鉄製を用い電灯を備えるべし（第五条―一二）、車両に避難器・制動器・信号器を装置するべ

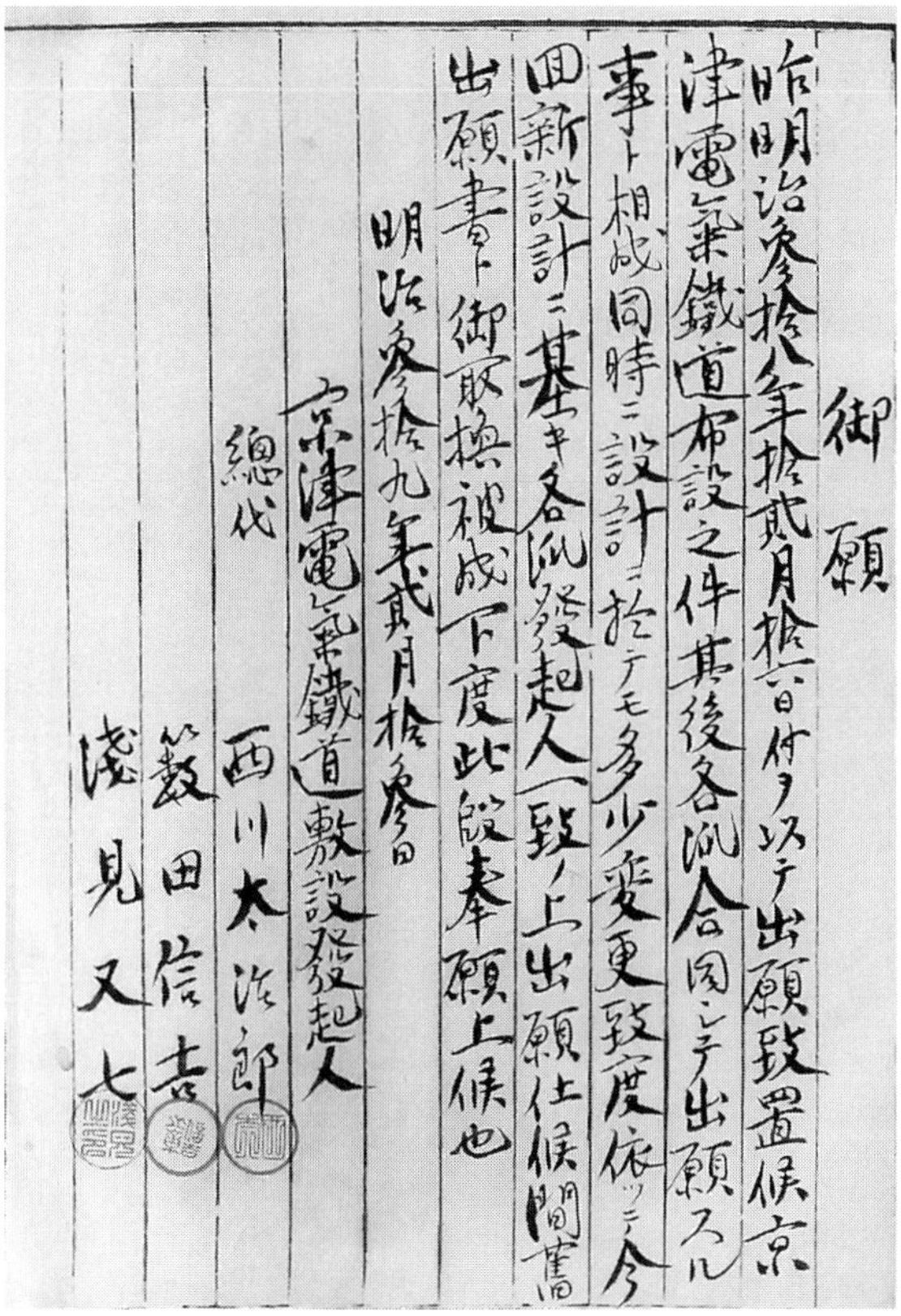

御願

昨明治参拾八年拾弐月拾六日付ヲ以テ出願致置候京津電気鐵道布設之件其後各派合同ニテ出願スル事ト相成同時ニ設計ニ於テモ多少変更致度依ッテ今回新設計ニ基キ各派発起人一致ノ上出願仕候間旧出願書ト御取換被成下度此段奉願上候也

明治参拾九年弐月拾参日

京津電気鐵道敷設発起人

総代 西川太治郎

籔田信吉

淺見又七

写真１　京津電気鉄道敷設発起人追加願書
明治39年２月13日
【明と79(3)】

し（第五条―一三）、車両は二両以上連結して走らせてはならない（第一五条）など、全四八条にわたって興味深い条文が続いています【明と79(36)】。

このような経緯を経て、ようやく政府の認可を得ることができた京津電車は、明治四十三年、創立総会を開催します。初代社長には、発起人の一人だった奥繁三郎《おくしげさぶろう》が就任しました【大と29(17)】。奥は、後に衆議院議長にも就任する人物で、早くから京津間連絡電車構想に興味を抱いていたようです。こうした諸人事を経て京津電車は、正式に発足を果たしました（写真２）。京津電車は、大正二年（一九一三）からは京阪電鉄と京都電鉄との三社で連絡乗車券を発売するなど、同業他社との関係を深めていきます。さらに大正四年、京阪電鉄が鴨川《かもがわ》線の開通によって三条まで延伸すると、京阪・京津両社の合併が模索されるようになりました。

そして大正十四年、京津電車は解散、従来の軌道線路が京阪電鉄京津線となることを条件に両者は合併を果たしました【大ぬ158(16)】。京津電車との合併を実現した京阪電鉄は、続いて大津札《ふだ》の辻《つじ》から浜大津《はまおおつ》まで路線を延伸し、遊覧客の多い湖上との連結による利用客の増加を図ることを目指していきます。

京阪電鉄の路線拡大

また一方、大津においては明治四十四年に大津電車軌道が創業します。この会社は、京津電車に次いで大津に

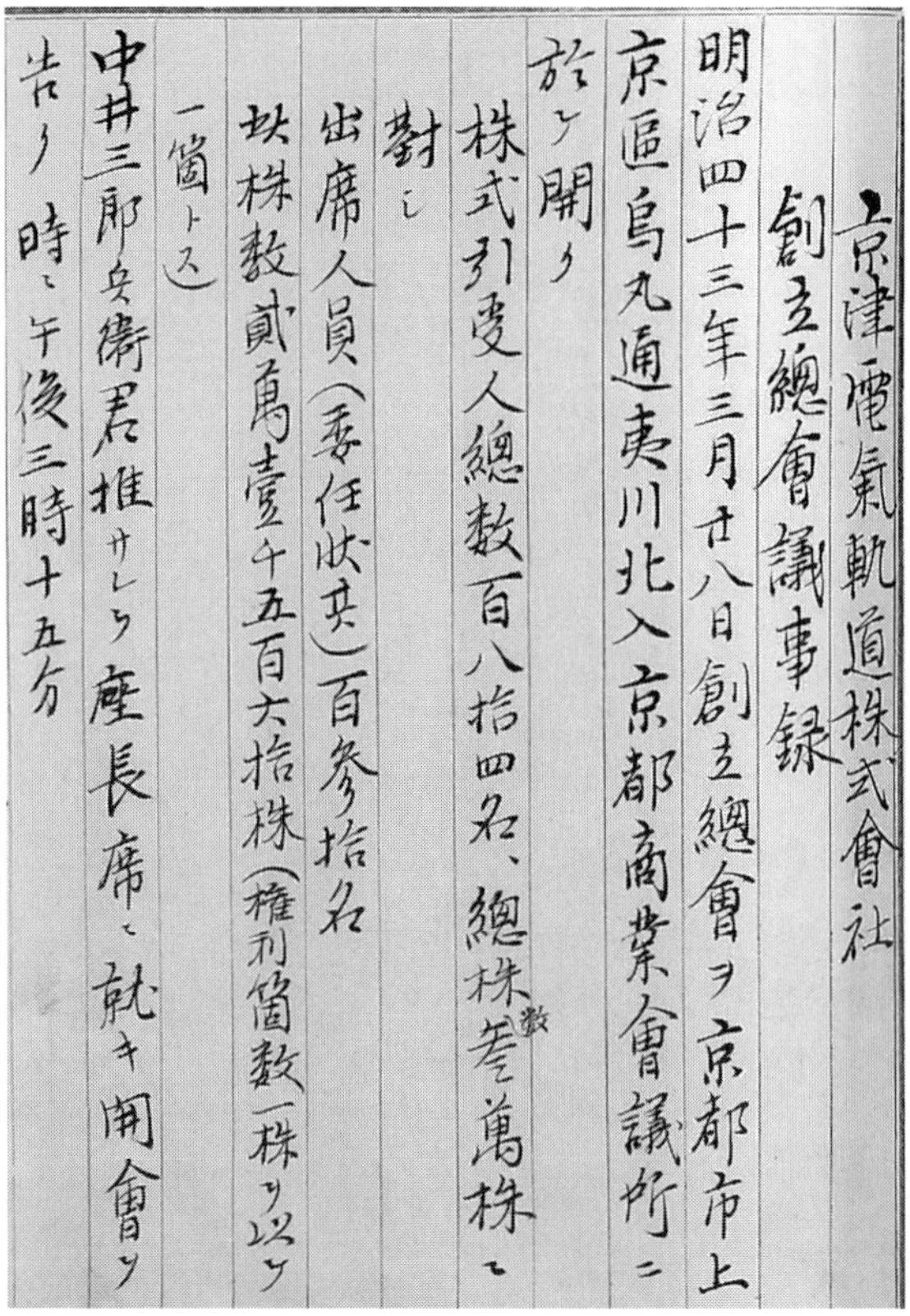

京津電氣軌道株式會社
創立總會議事録
明治四十三年三月廿八日創立總會ヲ京都市上
京區烏丸通夷川北入京都商業會議所ニ
於テ開ク
株式引受人總數百八拾四名、總株數参萬株ニ
對シ
出席人員（委任状共）百参拾名
此株数貳萬壹千五百六拾株（権利個数一株ヲ以テ
一個トス）
中井三郎兵衛君推サレテ座長席ニ就キ開會ヲ
告ク時ニ午後三時十五分

写真２　京津電気軌道創立総会議事録
明治43年３月28日
【明と82 (21)】

開業した私鉄で、明治政府の経済政策にも深く関わっていた元越前藩士由利公正《ゆりきみまさ》らによって設立された会社でした【明と81㉔】。明治四十年九月には、石山―坂本《さかもと》間の鉄道敷設免許を取得、明治四十四年一月には創立総会を開催して社長に磯野良吉、常務取締役に藪田信吉を選任しています。多額の工費を省くため、当時めずらしかった鉄道院線（後の国鉄）との共用複線営業（現在の浜大津―膳所《ぜぜ》間）を行うなど、湖南の陸上交通機関として重要な機能を担っていました。

ところで、明治中期から大正にかけての湖上交通は、主に湖南《こなん》汽船・太湖《たいこ》汽船の二社によって競われていました。しかしこれを揺るがすきっかけとなったのが、大正十年に大津―堅田《かたた》間の営業を開始した江若《こうじゃく》鉄道の設立です。これによって湖南汽船・太湖汽船の二社によってバランスよく住み分けができていた既定航路に影響が生じ出しました。

そこで湖南汽船は、大正十五年に総株式の約八〇％を京阪電鉄に譲渡して、その連携を強化します。一方、経営不振に陥った太湖汽船は、大津電車軌道との合併を模索します。そして大津電車軌道と太湖汽船が昭和二年（一九二七）一月二十一日合併を果たし【大と50 - 2⑵】、新会社である琵琶湖鉄道汽船を設立します。また近江八《おうみはち》幡《まん》―八日市《ようかいち》間の路線を経営していた湖南鉄道もこの合併に参加します。しかし、合併後も新会社の経営状況は必ずしも好転したとは言えませんでした。そこで湖南汽船

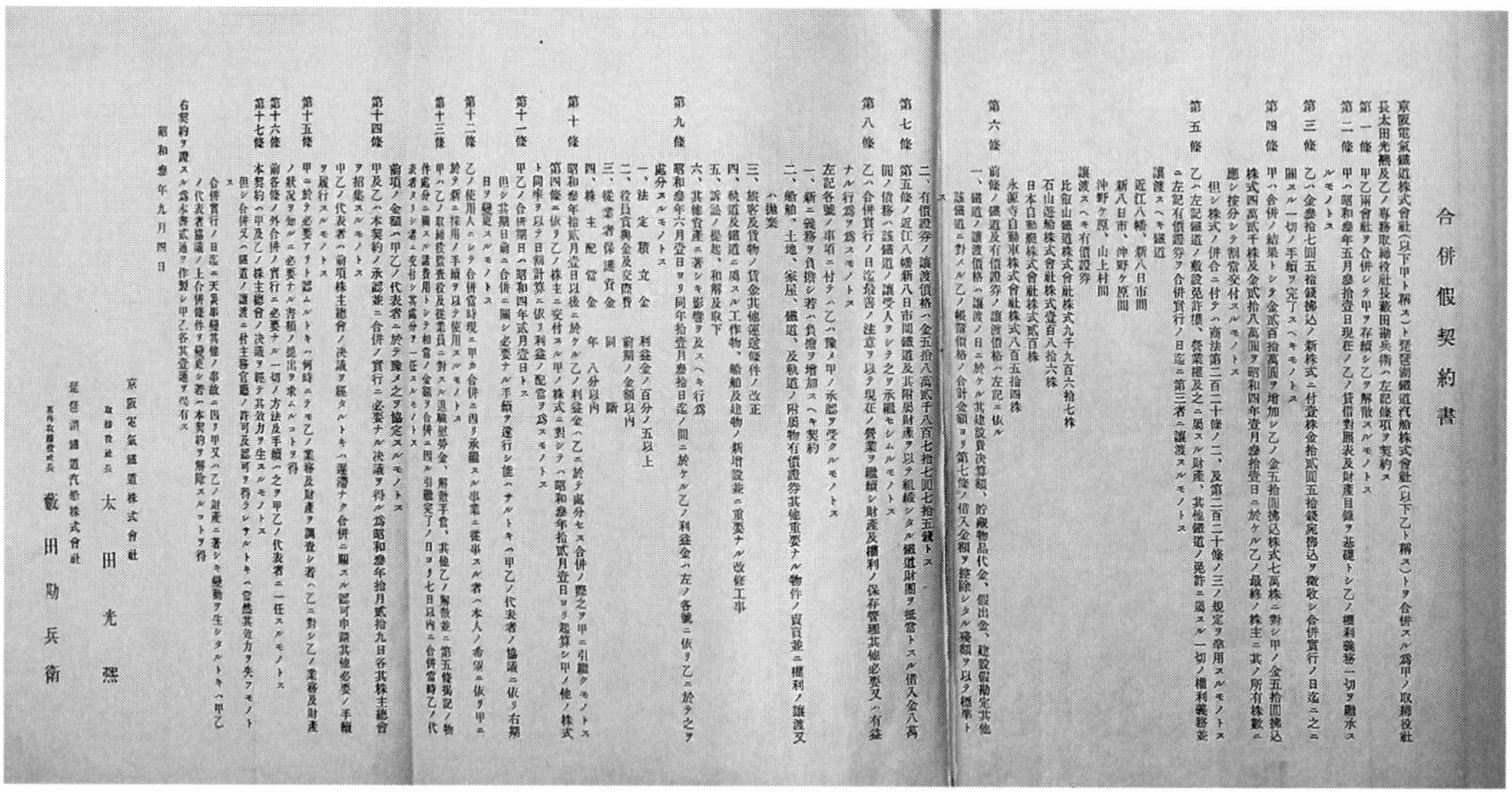
合併假契約書

写真３　京阪鉄道、琵琶湖鉄道汽船合併仮契約書
昭和３年９月４日
【大と41－３(2)】

を仲介にして、琵琶湖鉄道汽船と京阪電鉄の両社は合併交渉に乗り出します。京阪電鉄の主眼は、団体遊覧客の利便を図り、湖上交通の主導権を自社のものとすること、つまり琵琶湖鉄道汽船の保有する主要観光路線を掌握し、琵琶湖全体の航路を独占化することにありました。交渉の結果、鉄道部門は京阪電鉄に合併し、琵琶湖鉄道汽船の汽船部は分割し京阪電鉄が一五〇万円で取得したうえで、仲介を担った傘下の湖南汽船と合併、その社名を再度由緒ある「太湖汽船」の名称をもって復活させることになりました（その後、昭和二十六年二月に名称を琵琶湖汽船株式会社と変更し、現在にまで至っています）。

そして昭和三年九月四日に合併仮契約書（写真３）を調印、翌四年四月十一日に正式合併が実施されます。同時に、京津線浜大津駅を起点に浜大津―京都間に加え、京都―石山間、京都―坂本間の両路線も、直通運転を開始しました。

こうして、京阪電鉄は二度の大きな合併を実現し、京阪方面からの利用者や琵琶湖遊覧の観光客に利用される、最大手の電気鉄道となりました。琵琶湖に至る路線をつないできた京阪電鉄は、現在に至るまで、関西と湖都大津を結ぶ市民の鉄道として、親しまれています。

（杉原　悠三）

第5章　大正から昭和へ——大正元〜昭和二十年代

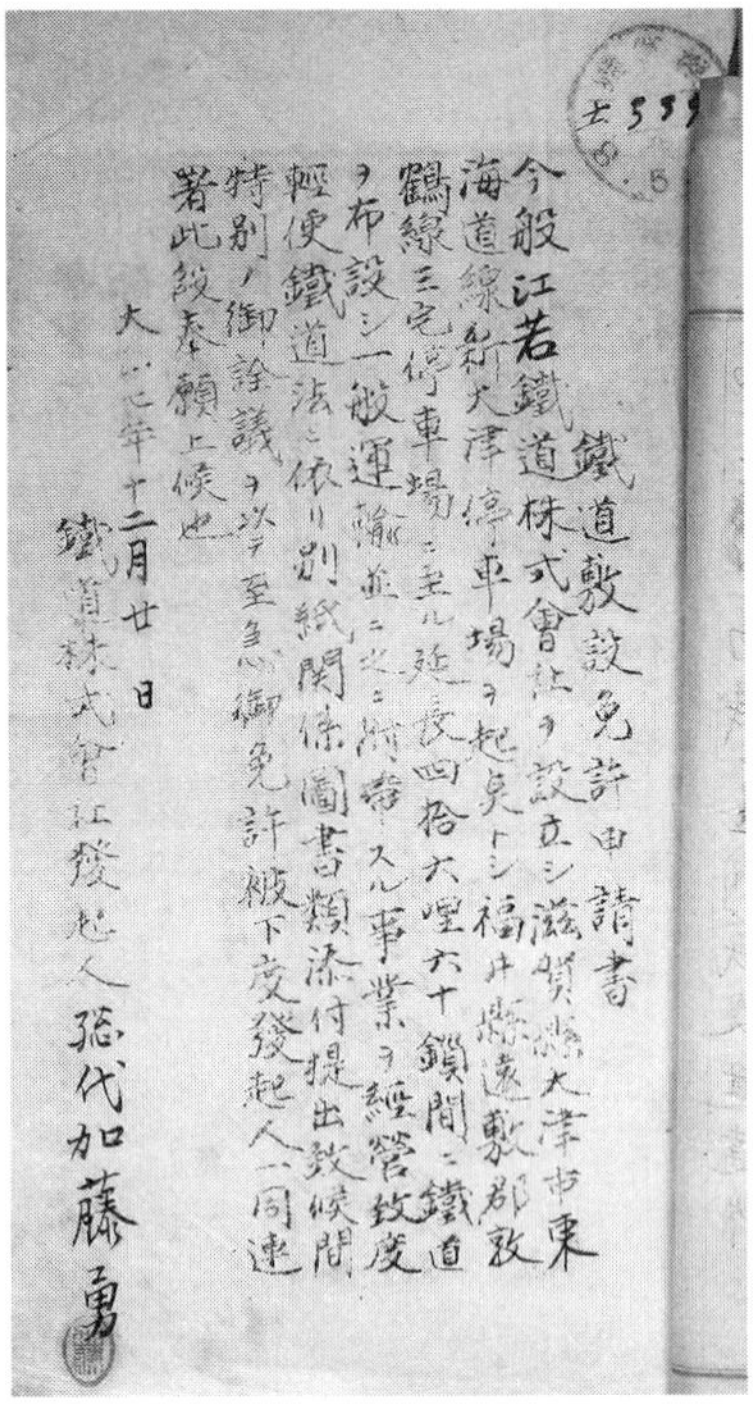
鐵道敷設免許申請書
今般江若鐵道株式會社ヲ設立シ滋賀縣大津市東海道線新大津停車場ヲ起点トシ福井縣遠敷郡敦鶴線三宅停車場ニ至ル延長四拾六哩六十鎖間ニ鐵道ヲ布設シ一般運輸並ニ之ニ附帯スル事業ヲ經營致度輕便鐵道法ニ依リ別紙関係圖書類添付提出致候間特別ノ御詮議ヲ以テ至急御免許被下度發起人一同連署此段奉願上候也
大正七年十二月廿日
江若鐵道株式會社發起人総代 加藤勇

1　江若鉄道敷設免許申請書
大正７年12月20日
【大と8(2)】

2　堀田義次郎の肖像写真
【寄1－8】

政友会の党勢拡大

明治期の滋賀県会は、長らく進歩党系（憲政本党、立憲国民党）の勢力が優勢でしたが、明治末期から立憲政友会系の知事が赴任するようになると、同党は急速に勢力を拡大していきました。

例えば、大正六年（一九一七）十二月に赴任した森正隆《もりまさたか》知事は、湖西の江若《こうじゃく》鉄道敷設《ふせつ》（写真1）を推進し、当時県会議長を務めた高島《たかしま》郡の有力者・安原仁兵衛《やすはらにへい》（国民党）を政友会に入党させています。

大正八年四月に赴任した堀田義次《ほりたぎじ》郎《ろう》知事（写真2）も、原敬《はらたかし》内閣の積極政策にならって、巨額の道路改良事業や教育機関（中学校・工業学校等）の整備に努め、県内の党勢拡大に大きな役割を果たしました。

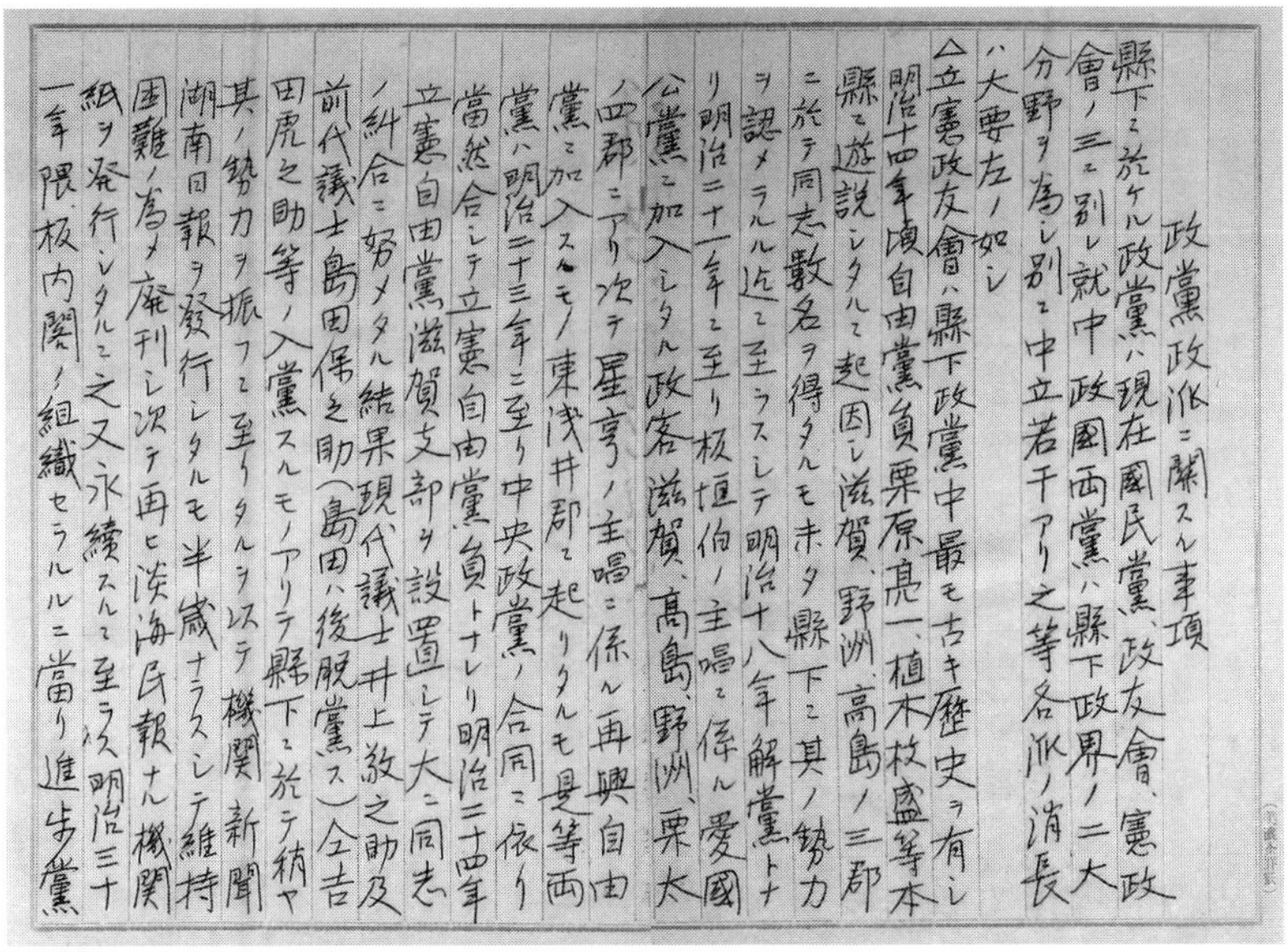

政黨政派ニ關スル事項
縣下ニ於ケル政黨ハ現在國民黨、政友會、憲政會ノ三ニ別レ就中政國両黨ハ縣下政界ノ二大分野ヲ為シ別ニ中立若干アリ之等各派ノ消長ハ大要左ノ如シ
一、立憲政友會ハ縣下政黨中最モ古キ歴史ヲ有シ明治十四年頃自由黨員栗原亮一、植木枝盛等本縣ニ遊説シタルニ起因シ滋賀、野洲、高島ノ三郡ニ於テ同志數名ヲ得タルモ未タ縣下ニ其ノ勢力ヲ認メラルル迄ニ至ラスシテ明治十八年解黨トナリ明治二十一年ニ至リ板垣伯ノ主唱ニ係ル愛國公黨ニ加入シタル政客滋賀、高島、野洲、栗太ノ四郡ニアリ次テ星亨ノ主唱ニ係ル再興自由黨ニ加入スルモノ東淺井郡ニ起リタルモ是等両黨ハ明治二十三年ニ至リ中央政黨ノ合同ニ依リ當然合シテ立憲自由黨ト為リ明治二十四年立憲自由黨滋賀支部ヲ設置シテ大ニ同志ノ糾合ニ努メタル結果現代議士井上敬之助及前代議士島田保之助（島田ハ後脱黨ス）今吉田虎之助等ノ入黨スルモノアリテ縣下ニ於テ稍ヤ其ノ勢力ヲ振フニ至リタルヲ以テ機關新聞湖南日報ヲ發行シタルモ半歳ナラスシテ維持困難ノ為メ廃刊シ次テ再ヒ淡海民報ナル機関紙ヲ発行シタルニ之又永續スルニ至ラス明治三十一年隈板内閣ノ組織セラルルニ當リ進歩黨

3　**高等警察に関する事務引継書**
大正８年４月
【大お1－2（9）】

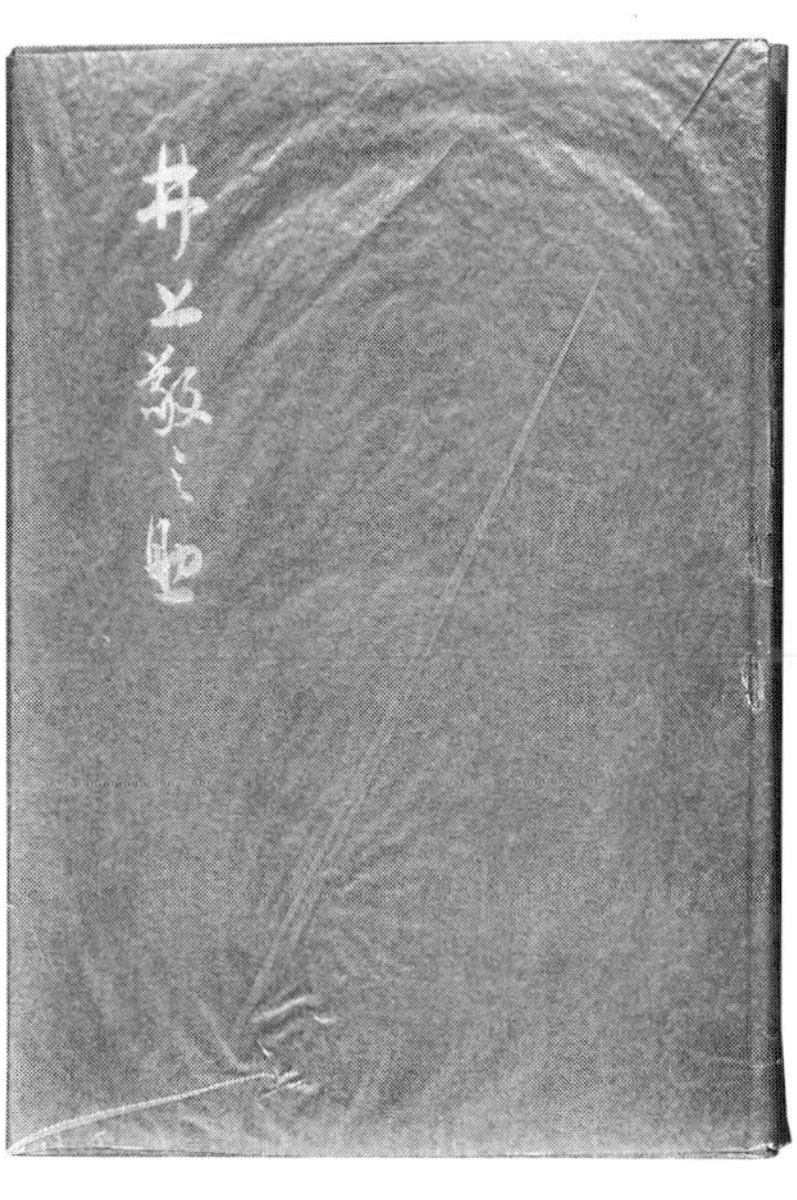

4　**木村緑生編著『井上敬之助』**
昭和37年４月、当館蔵

彼らの背後には、大正二年から県支部長を務めた井上敬之助《いのうえけいのすけ》の存在がありました。井上は、県会議長や衆議院議員（六期）、党本部の総務まで歴任した、県政界きっての実力者でした。時の総裁原敬の信任も厚く、その影響力の大きさから、「私設知事」とも称されたようです。知事与党の立場を利用して、党勢拡大を強力に推進し、先述の安原や、国民党の重鎮・冨田八郎《とみたはちろう》（伊香《いか》郡）などを、次々と政友会に入党させ、「山川草木《さんせんそうもく》政友会になびかざるなし」と豪語するほど、政友会の一時代を築き上げました。

その功績を称え、昭和三十七年には、最後の県支部長を務めた服部岩吉《はっとりいわきち》（初代民選知事）の主導で、銅像（大津市打出浜）と評伝（写真４）が作られています。

5　滋賀県風光調査報告
大正４年４月24日
【大て11－1(3)】

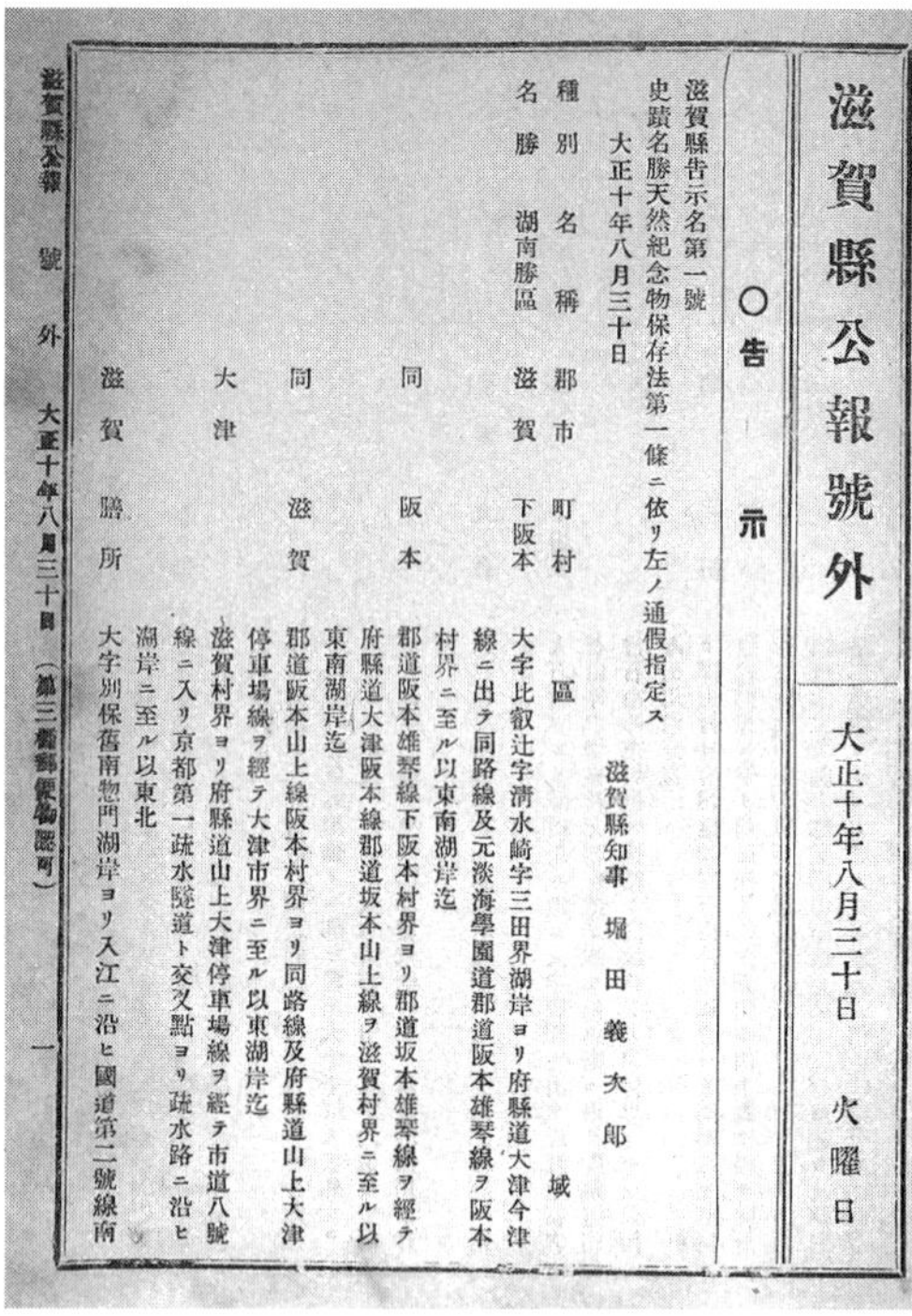
滋賀縣公報號外
大正十年八月三十日　火曜日

○告　示

滋賀縣告示名第一號
史蹟名勝天然紀念物保存法第一條ニ依リ左ノ通假指定ス
大正十年八月三十日
滋賀縣知事　堀田義次郎

種別	名稱	郡市	町村	區域
名勝	湖南勝區	滋賀	下阪本	大字比叡辻字清水崎字三田界湖岸ヨリ府縣道大津今津線ニ出テ同路線及元淡海學園道郡道阪本雄琴線ヲ阪本村界ニ至ル以東南湖岸迄
		同	阪本	郡道阪本雄琴線下阪本村界ヨリ郡道坂本雄琴線ヲ經テ府縣道大津阪本線郡道坂本山上線ヲ滋賀村界ニ至ル以東南湖岸迄
		同	滋賀	郡道阪本山上線阪本村界ヨリ同路線及府縣道山上大津停車場線ヲ經テ大津市界ニ至ル以東湖岸迄
		大津		滋賀村界ヨリ府縣道山上大津停車場線ヲ經テ市道八號線ニ入リ京都第一疏水隧道ト交叉點ヨリ疏水路ニ沿ヒ湖岸ニ至ル以東北
		滋賀	膳所	大字別保舊南惣門湖岸ヨリ入江ニ沿ヒ國道第二號線南

滋賀縣公報　號外　大正十年八月三十日　（第三種郵便物認可）　一

6　湖南勝区の仮指定
大正10年８月30日
『滋賀県公報』滋賀県蔵

景勝地の利用と保護

公共事業が拡大の一途をたどるなか、近江八景に代表される県内の景勝地も、新たな開発の対象となっていきました。大正二年（一九一三）十二月の県会では、「遊覧地」にふさわしい環境整備のため、風光調査の実施を求める建議を可決しています。

翌年県内務部は、本多《ほんだ》静六《せいろく》（東京帝国大学教授）らに調査を依頼し、大正四年四月に「滋賀県風光調査報告」をとりまとめました（写真5）。この報告書では、将来の風景利用には、必ず自動車道が主になるとして、県下全域を包含する大中小諸種の回遊線網計画が提言されています。積極政策を掲げる堀田知事の下で、大正九年度より予算化され、昭和十一年（一九三六）に完成を迎えました（琵琶湖周遊道路）。

その一方、大正八年六月に史跡名勝天然紀念物保存法（文化財保護法の

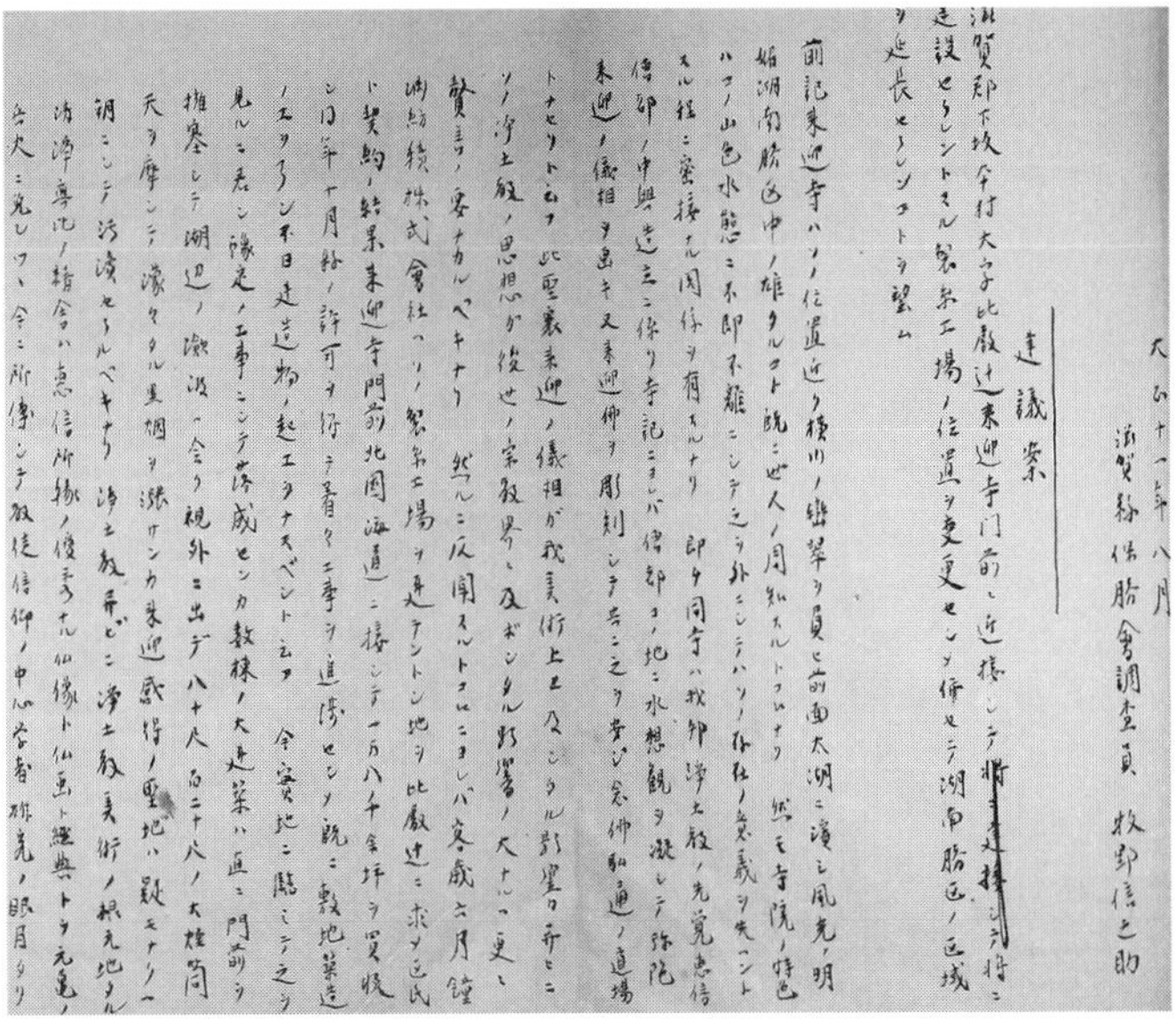
大正十一年八月
滋賀縣保勝會調査員　牧野信之助
建議案

7　湖南勝区域延長の建議案
大正11年８月
【大お1－3(6)】

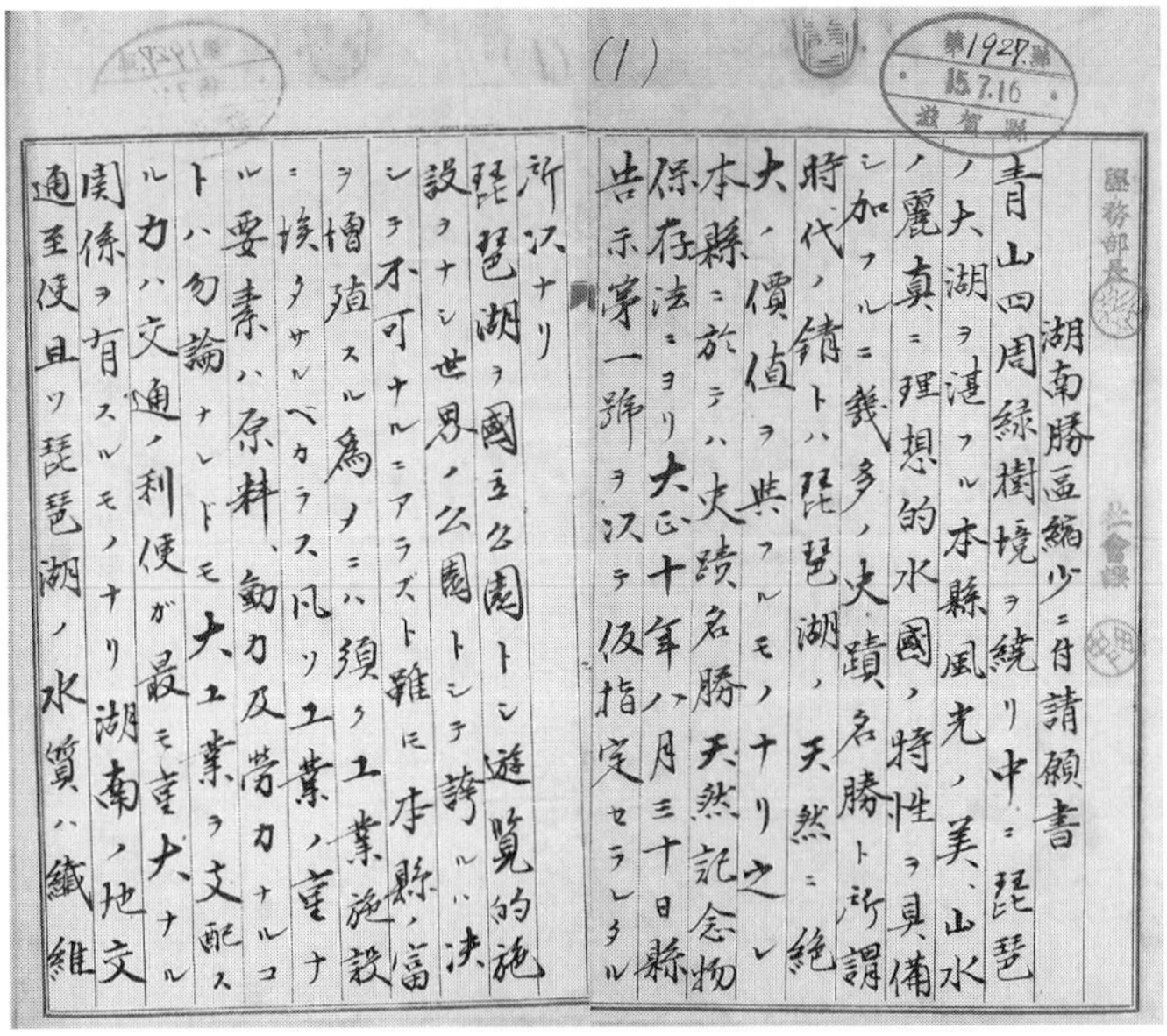
湖南勝區縮少ニ付請願書
青山四周緑樹境ヲ繞リ中ニ琵琶ノ大湖ヲ湛フル本縣風光ノ美、山水ノ麗真ニ理想的水國ノ特性ヲ具備シ加フルニ幾多ノ史蹟名勝ト所謂時代ノ錆トハ琵琶湖ノ天然ニ絶大ノ價値ヲ具フルモノナリ之レ本縣ニ於テハ史蹟名勝天然記念物保存法ニヨリ大正十年八月三十日縣告示第一號ヲ以テ仮指定セラレタル所以ナリ
琵琶湖ヲ國立公園トシ遊覧的施設ヲナシ世界ノ公園トシテ誇ルハ決シテ不可ナルニアラズト雖モ本縣ノ富ヲ増殖スル為メニハ須ク工業施設ニ俟タザルベカラズ凡ソ工業ノ重ナル要素ハ原料、動力及勞力ナルコトハ勿論ナレドモ大工業ヲ支配スルカハ交通ノ利便ガ最モ重大ナル関係ヲ有スルモノナリ湖南ノ地交通至便且ツ琵琶湖ノ水質ハ織維

8　湖南勝区縮少に付建議書
大正15年７月15日
【明せ106(1)】

前身）が施行されると、県は翌九年六月に滋賀県保勝会を発足させ、保存すべき景勝地等の調査も行っています。十年八月には、近江八景の名所などを「湖南勝区」と認定（仮指定）し、工場新設等の規制を強めました（写真６）。

しかしこの区域は、交通の便がよく、琵琶湖の水質がレーヨン工場の立地に大変適していたため、大正十五年七月、大津工業会は勝区縮小の請願書を知事に提出しています（写真８）。昭和二年三月には石山村長からも、粟津の景勝地は工場建設や住宅増加の影響ですでに破壊されており、到底名勝地区として保存の価値なしという意見書が出されました。その結果、昭和三年九月には、一部の指定が解除されるに至り、景勝地保全の観点は弱まっていくことになるのです。

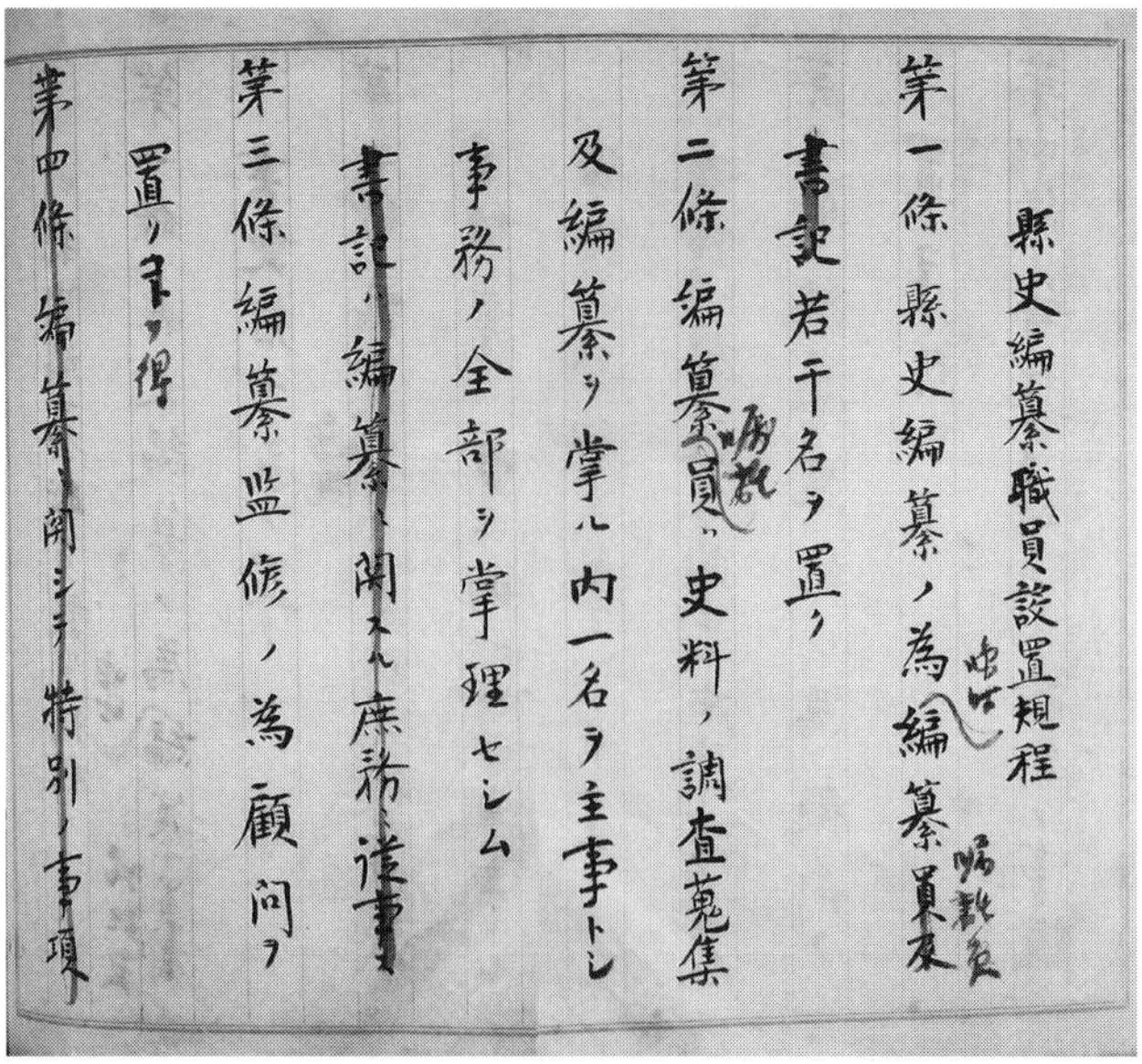
縣史編纂職員設置規程
第一條 縣史編纂ノ為編纂員
書記若干名ヲ置ク
第二條 編纂員ハ史料ノ調査蒐集
及編纂ヲ掌ル内一名ヲ主事トシ
事務ノ全部ヲ掌理セシム
書記ハ編纂ニ関スル庶務ニ從事ス
第三條 編纂監修ノ為顧問ヲ
置クコトヲ得
第四條 編纂ニ関シテ特別ノ事項

9 **県史編纂職員設置規程**
大正10年３月16日
【大あ43－5(36)】

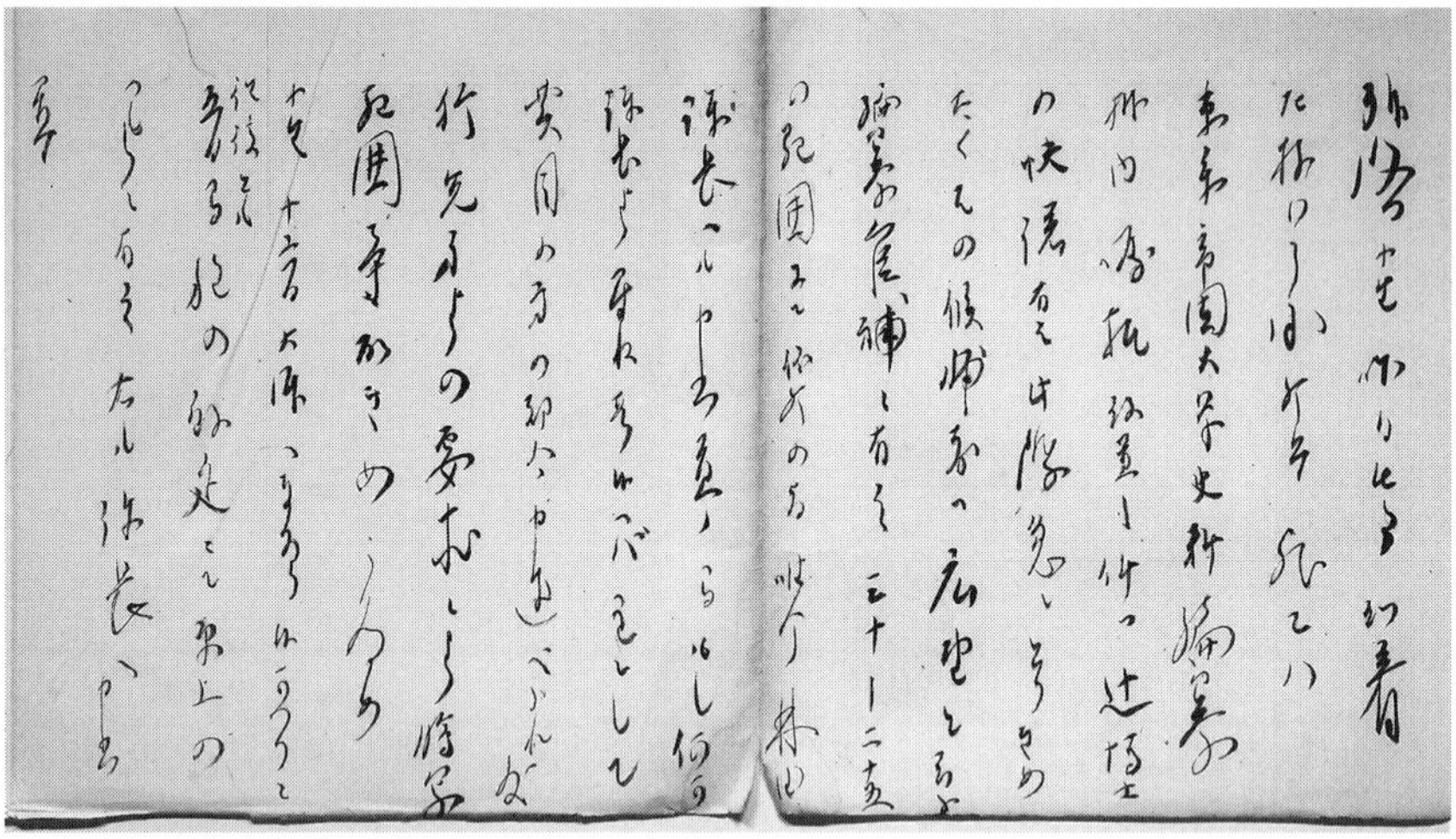

10 **史料編纂掛嘱託依頼の書簡**
大正10年７月８日
【大お7(14)】

滋賀県史の編纂

景勝地の着目とともに、県の歴史を見つめなおそうという機運も次第に高まっていきました。明治元年（一八六八）から満五〇年の年にあたる大正七年（一九一八）十二月の県会では、県誌（史）編纂《へんさん》予算が可決され、翌八年十一月、県内務部は郡市に県史編纂資料の提出を呼びかけています。

大正十年度からは予算も増額され、専任の編纂嘱託員として、当時福井県で県史編纂に従事していた牧野信之助《まきのしんのすけ》が招聘《しょうへい》されました（写真9）。さらに牧野を推薦した三浦周行《みうらひろゆき》（京都帝国大学教授）も顧問に迎え、管内の名望家らに史料収集のための協議員を委嘱するなど、編纂体制の強化が図られていきます。

史料収集の方針としては、秀吉《ひでよし》や家康《いえやす》といった著名人のものにとどまらず、「庶民階級の生活」を描くため、「名もない百姓の証文」なども

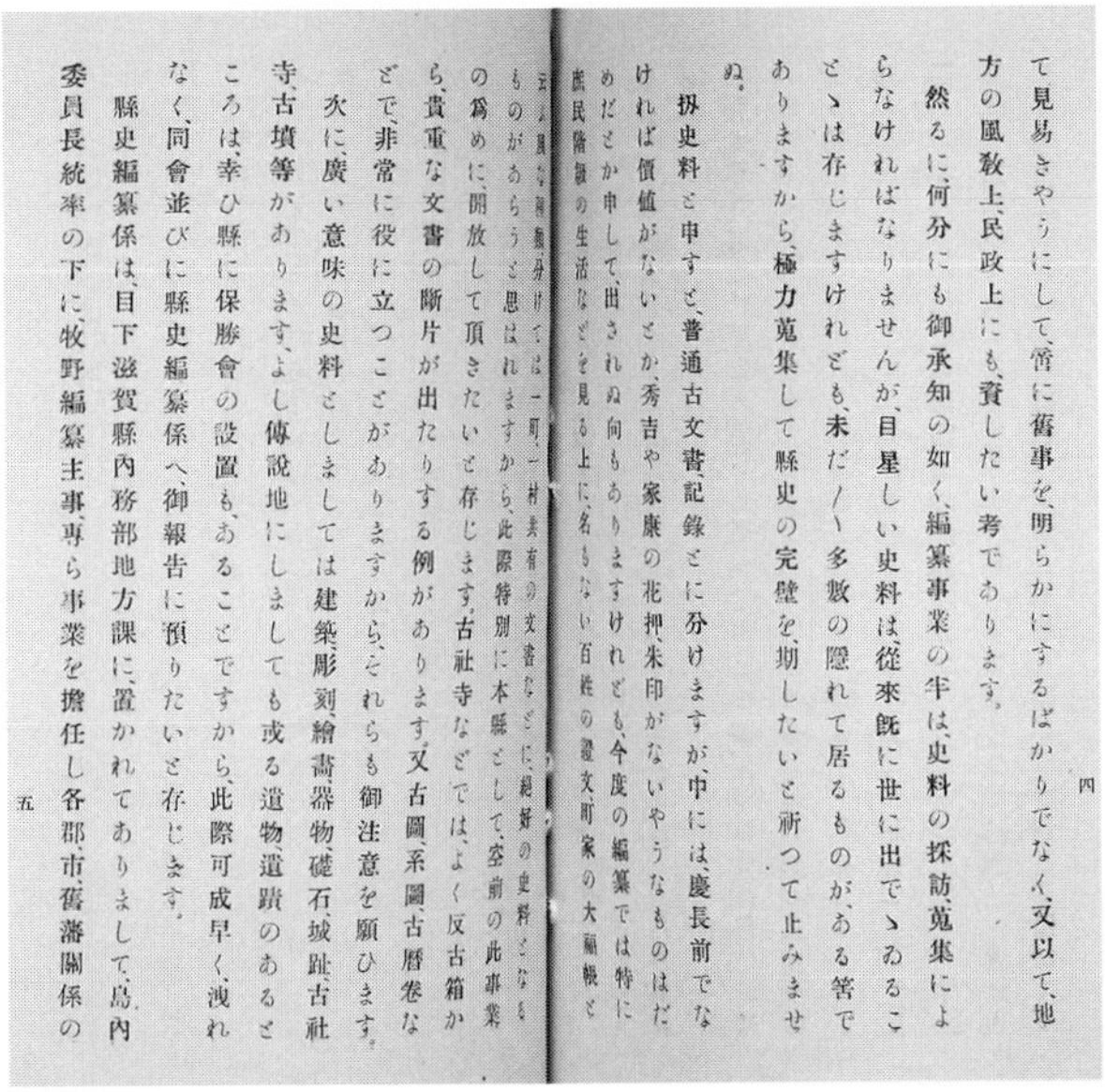

て見易きやうにして、啻に舊事を、明らかにするばかりでなく、又以て、地方の風教上、民政上にも、資したい考であります。

然るに、何分にも御承知の如く、編纂事業の半は、史料の採訪、蒐集によらなければなりませんが、目星しい史料は、從來既に世に出でゝゐることゝは存じますけれども、未だ／＼多數の隱れて居るものが、ある筈でありますから、極力蒐集して縣史の完璧を、期したいと祈つて止みませぬ。

四

扨史料と申すと、普通古文書、記録とに分けますが、中には、慶長前でなければ價値がないとか、秀吉や家康の花押、朱印がないやうなものはだめだとか申して、出されぬ向もありますけれども、今度の編纂では特に庶民階級の生活などを見る上に、名もない百姓の證文、町家の大福帳と云ふ貴な書類分けでは、一町、一村共有の文書などに、絶好の史料となるものがあらうと思はれますから、此際特別に本縣として、空前の此事業の爲めに、開放して頂きたいと存じます。古社寺などでは、よく反古箱から、貴重な文書の斷片が出たりする例があります。又古圖、系圖、古暦巻などで、非常に役に立つことがありますから、それらも御注意を願ひます。

次に、廣い意味の史料としましては建築、彫刻、繪畫、器物、礎石、城趾、古社寺、古墳等があります。よし傳説地にしましても或る遺物、遺蹟のあるところは、幸ひ縣に保勝會の設置も、あることですから、此際可成早く、洩れなく、同會並びに縣史編纂係へ、御報告に預りたいと存じます。

縣史編纂係は、目下滋賀縣內務部地方課に、置かれてありまして、島內委員長統率の下に、牧野編纂主事、專ら事業を擔任し各郡、市、舊藩關係の

五

11　滋賀県史編纂の要旨と史料提出に就ての希望
大正10年11月
【明ふ150－4（12）】

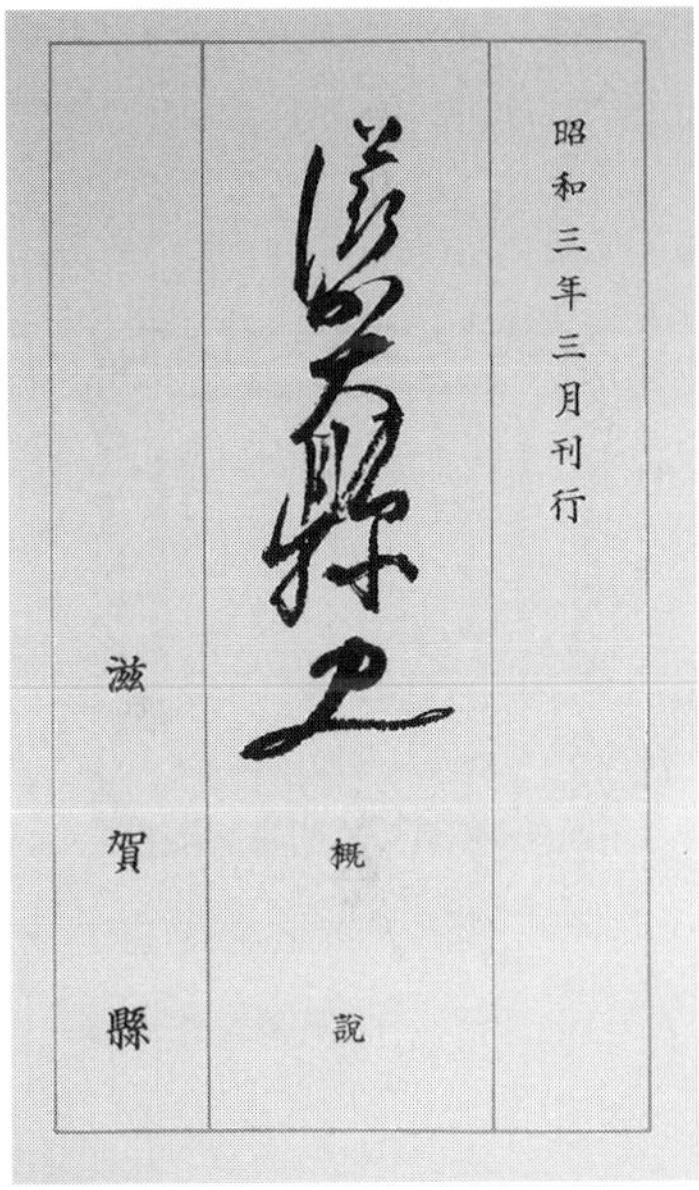

12　『滋賀県史』
昭和３年３月25日
滋賀県蔵

重視されました（写真11）。牧野にとって、県史編纂の目的は、「この国土に生活し関係のある人々の祖先の活動」を一つの体系の下に叙述することにあったのです。

こうして、昭和三年三月に完成した『滋賀県史』全六巻（写真12）は、第一巻を概説にあて、平易な口語文で叙述するなど、読者を意識した構成となっています。題簽《だいせん》（扉の字の揮毫《きごう》）は杉浦重剛《すぎうらじゅうごう》（東宮御学問所御用掛）、装丁を杉浦非水《すぎうらひすい》（三越呉服店嘱託デザイナー）が担当しており、デザインにもこだわりがうかがえます。

その後も牧野は、『堺市史』『北海道史』に携わり、晩年は『大津市史』の監修を務めるなど、地方史編纂のエキスパートとして、多くの業績を残しました。

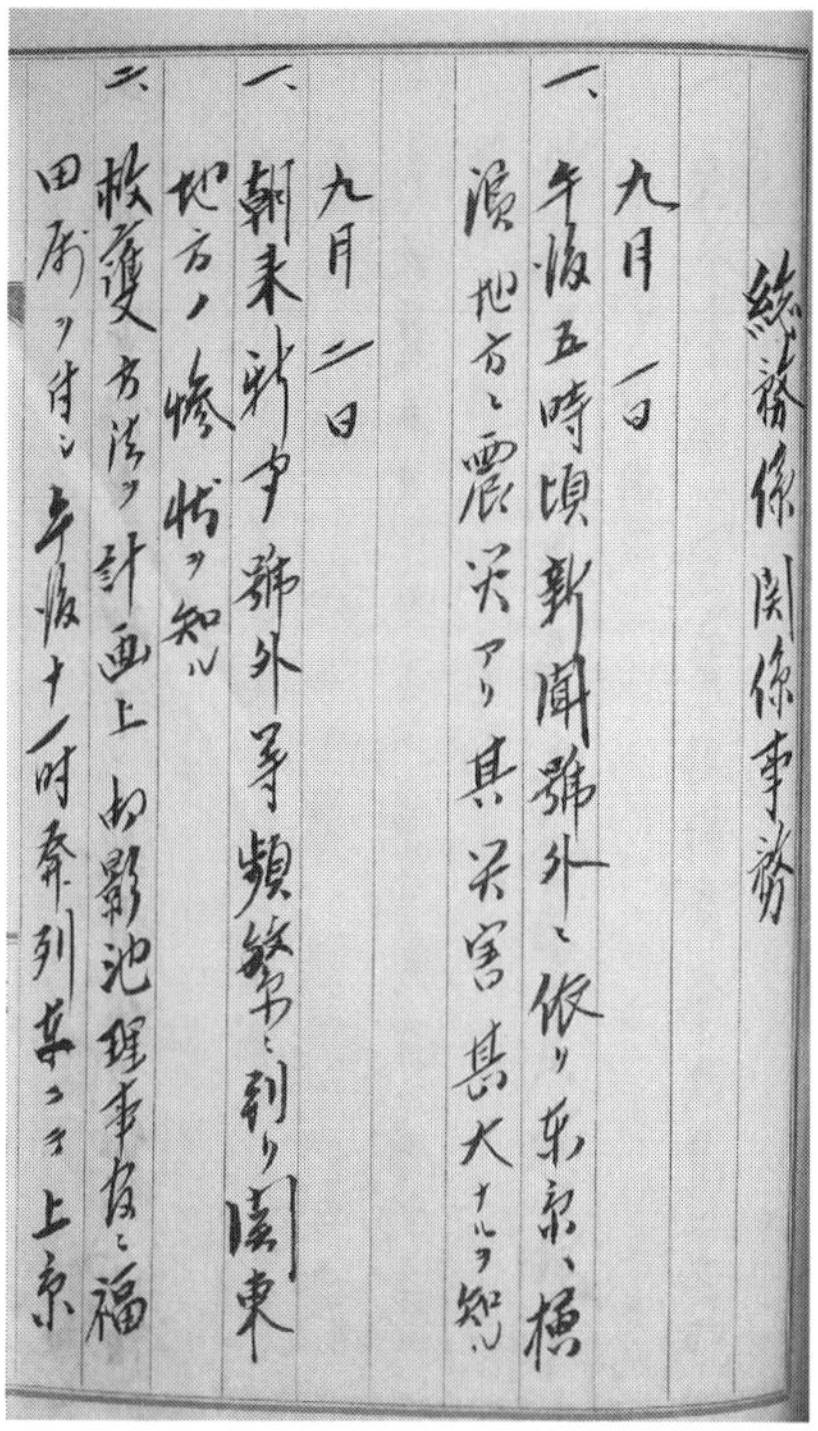
総務係関係事務
九月一日
一、午後五時頃新聞号外ニ依リ東京、横
濱地方ニ震災アリ其災害甚大ナルヲ知ル
九月二日
一、朝来新聞号外等頻繁ニ到リ関東
地方ノ惨状ヲ知ル
二、救護方法ヲ計画上 影池理事官ニ福
田属ヲ付シ午後十一時発列車ニテ上京

13 総務部日誌
大正12年９月
【大そ25（105）】

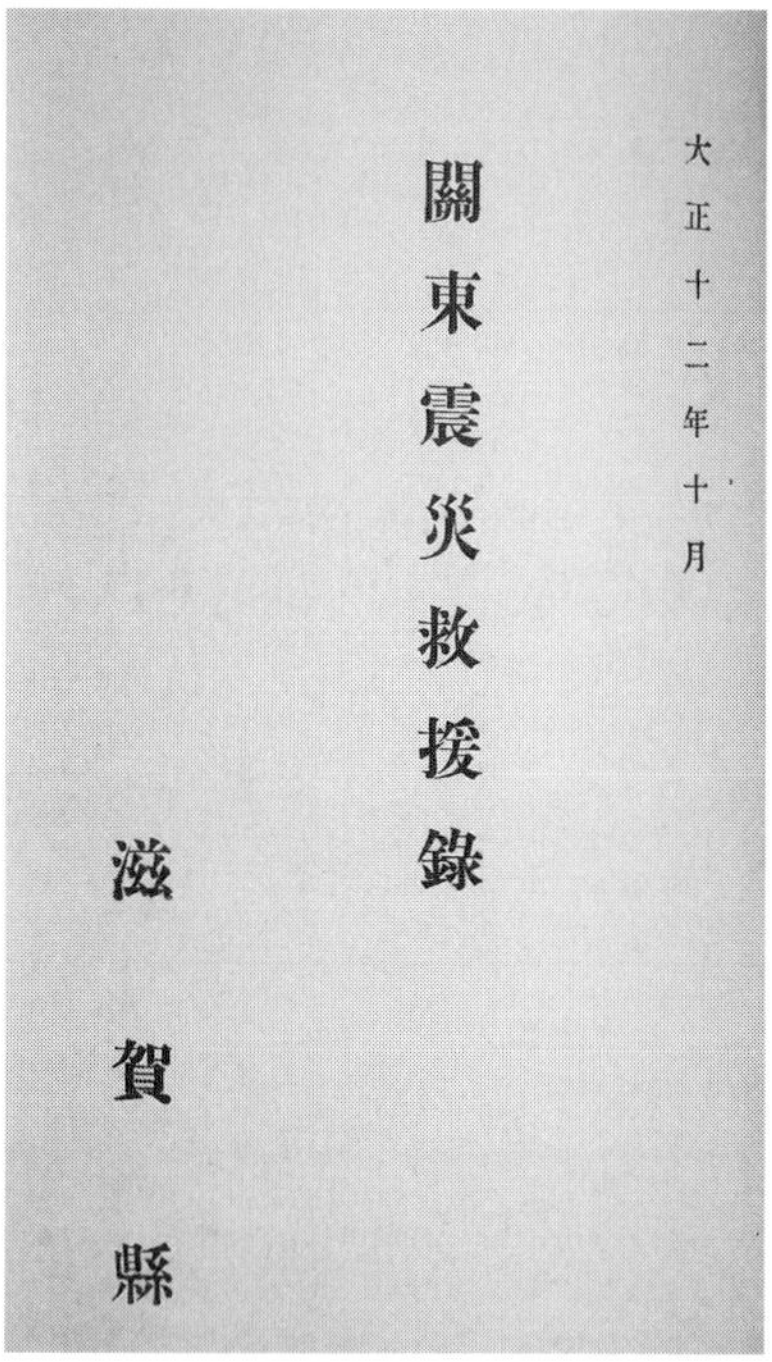
大正十二年十月
關東震災救援錄
滋賀縣

14 『関東震災救援録』
大正12年10月
【大そ18（42）】

関東大震災の発生

滋賀県が着々と遊覧都市の建設に邁進《まいしん》していた大正十二年（一九二三）の九月一日、関東地方では未曾有《みぞう》の大震災が起こります（関東大震災）。

翌二日、堀田知事は幹部を集めて緊急会議を開き、実況調査と慰問を兼ねて理事官を上京させました（写真13）。四日には、県費一〇万円の救援費支出を決定。支援物資を手配し、医療関係者の救護班を派遣しています。

この地震では、本県出身者も一〇〇〇戸近くが被災し、計三二〇人が亡くなりました。十月に県人共済会が発足し、被災者調査や義援金の募集、共済組合の設立等の救援事業を担いました（写真15）。十二月一日には、東京の増上寺《ぞうじょうじ》で、同会主催の追悼会が催されています。救護活動の様子を県民に伝えるため、活動写真（映画）も作成されました。

また、被災者のなかには、血縁を

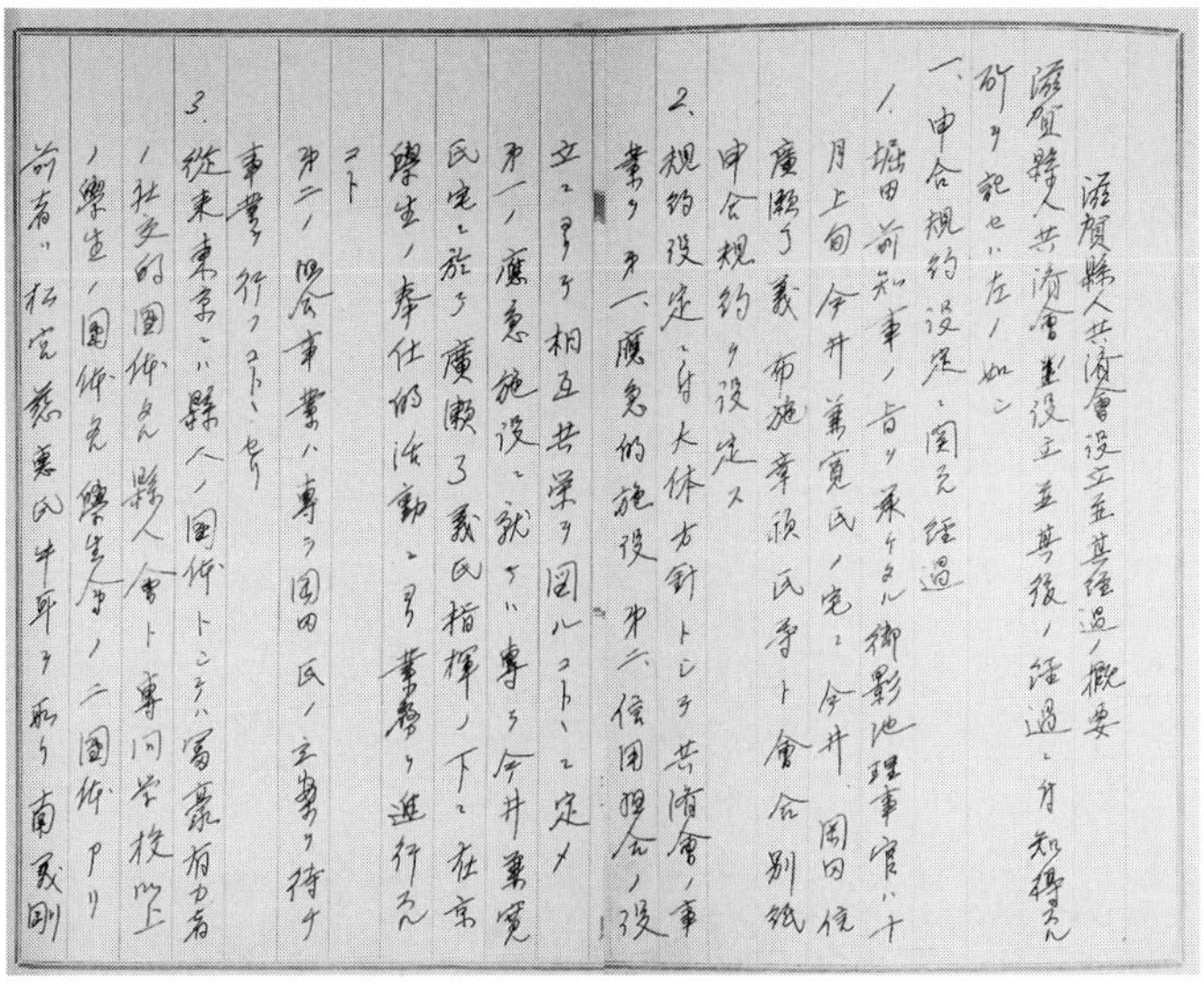

15　滋賀県人共済会の設立並其経過の概要
大正12年12月13日
【大そ24（13）】

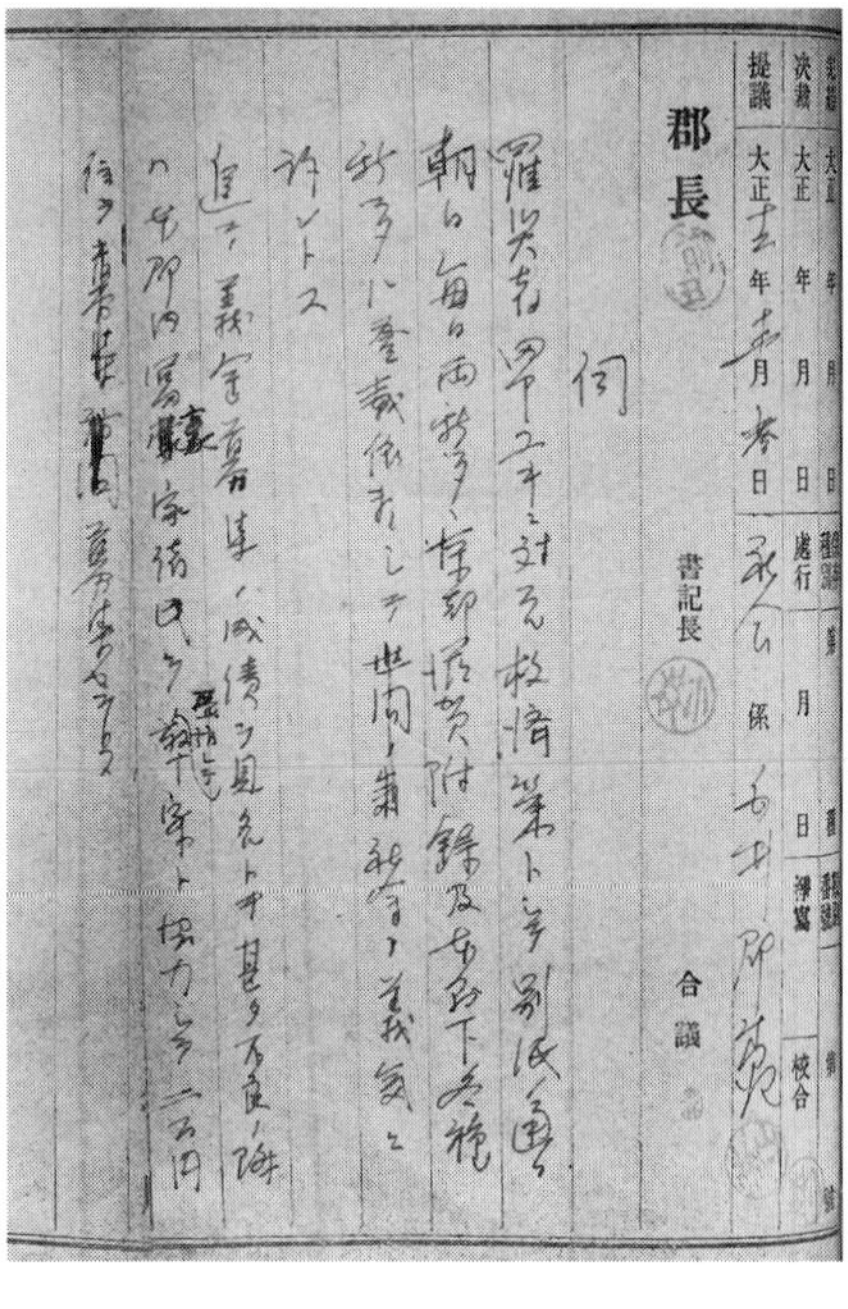

16　震災哀話新聞掲載依頼の伺い
大正12年12月３日
【大ふ59（23）】

頼って本県に避難してきた者も数多くいました。例えば、横浜市で被災したある女性は、呉服商を営む夫と家財一切を火事で失い、七歳の長女と三歳の長男とともに、夫の郷里である愛知《えち》郡秦川《はたかわ》村（現・愛荘《あいしょう》町）にやってきたそうです。しかし実家の家屋敷はすでになく、近隣の村民から納屋を借り、村からのわずかな支給で飢えをしのぐほかありませんでした。女性は妊娠中で働くこともできないため、郡役所は新聞各紙に実情を訴える記事を寄稿（**写真16**）。その結果、約四〇〇円の義援金や古着等を集め、被災一家の生活を支えました。

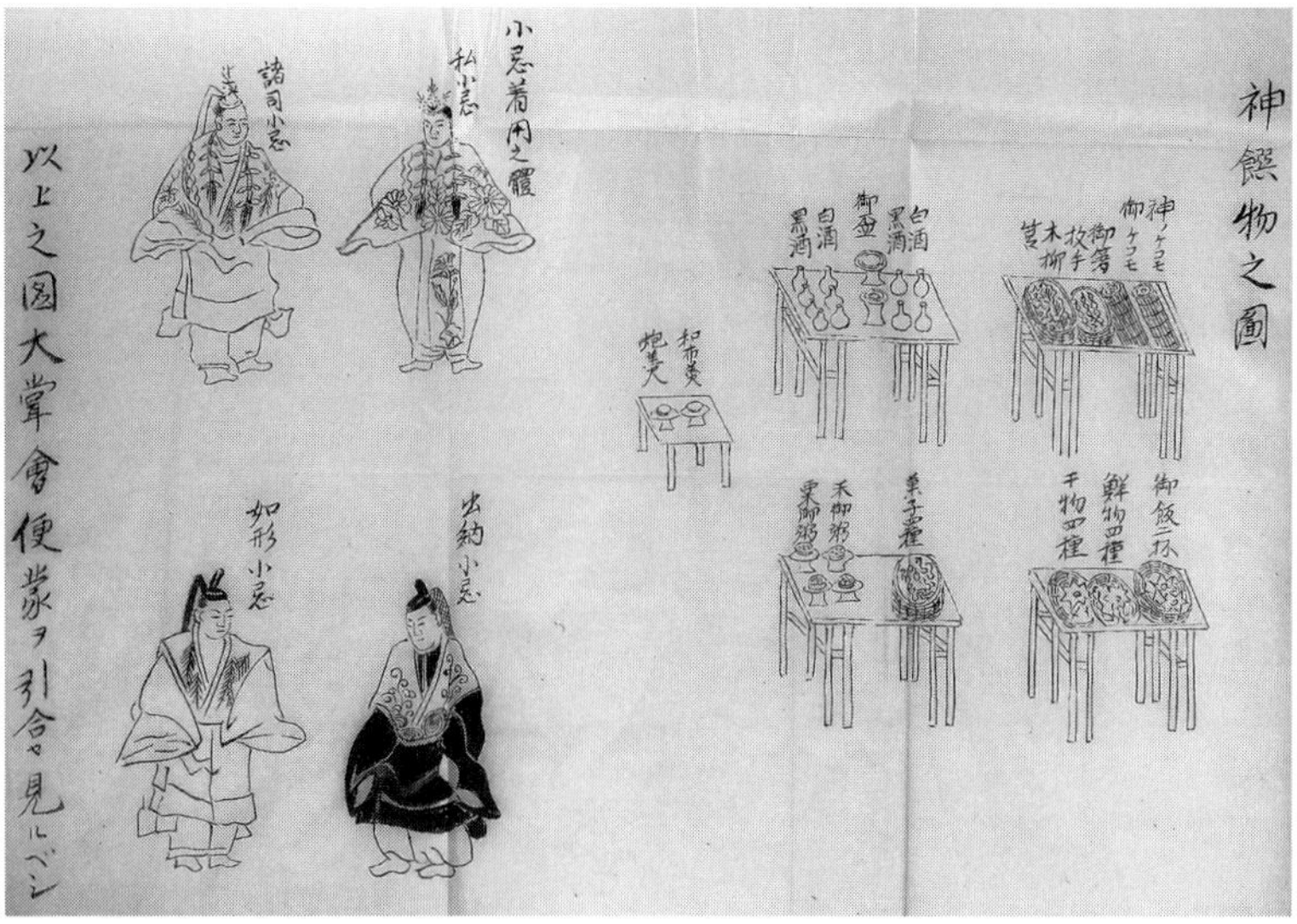

17　大嘗祭神饌の図
【大か21－1(4)】

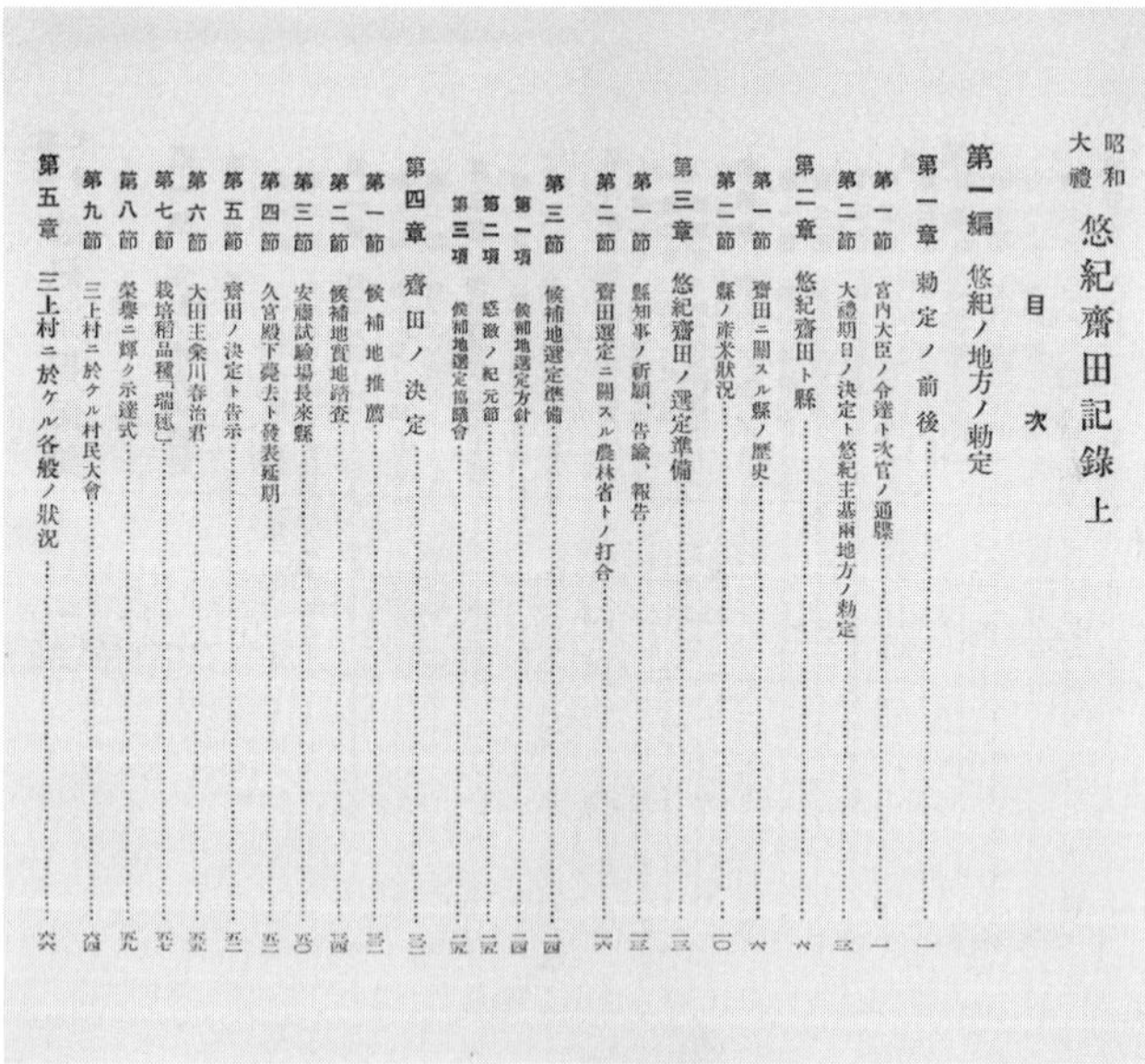
昭和大禮　悠紀齋田記錄　上

目次

18　『昭和大礼悠紀斎田記録 上』
昭和５年３月25日
【資508】

悠紀斎田の選定

大正から昭和へ時代が移り変わるなか、突如滋賀県が大きな注目を集めたことがありました。昭和三年（一九二八）二月、大嘗祭《だいじょうさい》（天皇の皇位継承に際して行われる宮中儀礼）で用いる米（写真17）を献上する悠紀《ゆき》地方に、本県が選ばれたのです。

今村正美《いまむらまさみ》知事は、「我カ県民無上ノ栄誉ニシテ、又至大ノ責任ナリ」として、即日県下に告諭を発し、県幹部を招集して準備に当たらせました（写真18）。県は各郡の代表者に斎《さい》田《でん》の候補地を推薦させ、その結果四二の田があげられました。さらに四つに絞った後は、知事自ら現地を視察して、気候や水利、耕作者の人物調査等が念入りに行われています。

厳正なる審査の結果、最終的に選ばれたのは、野洲《やす》郡三上《みかみ》村（現・野洲市）の粂川春治《くめかわはるじ》の田でした。粂川は「酒くせナシ」「性格温厚」「家庭円満」との評価を受けており（写真

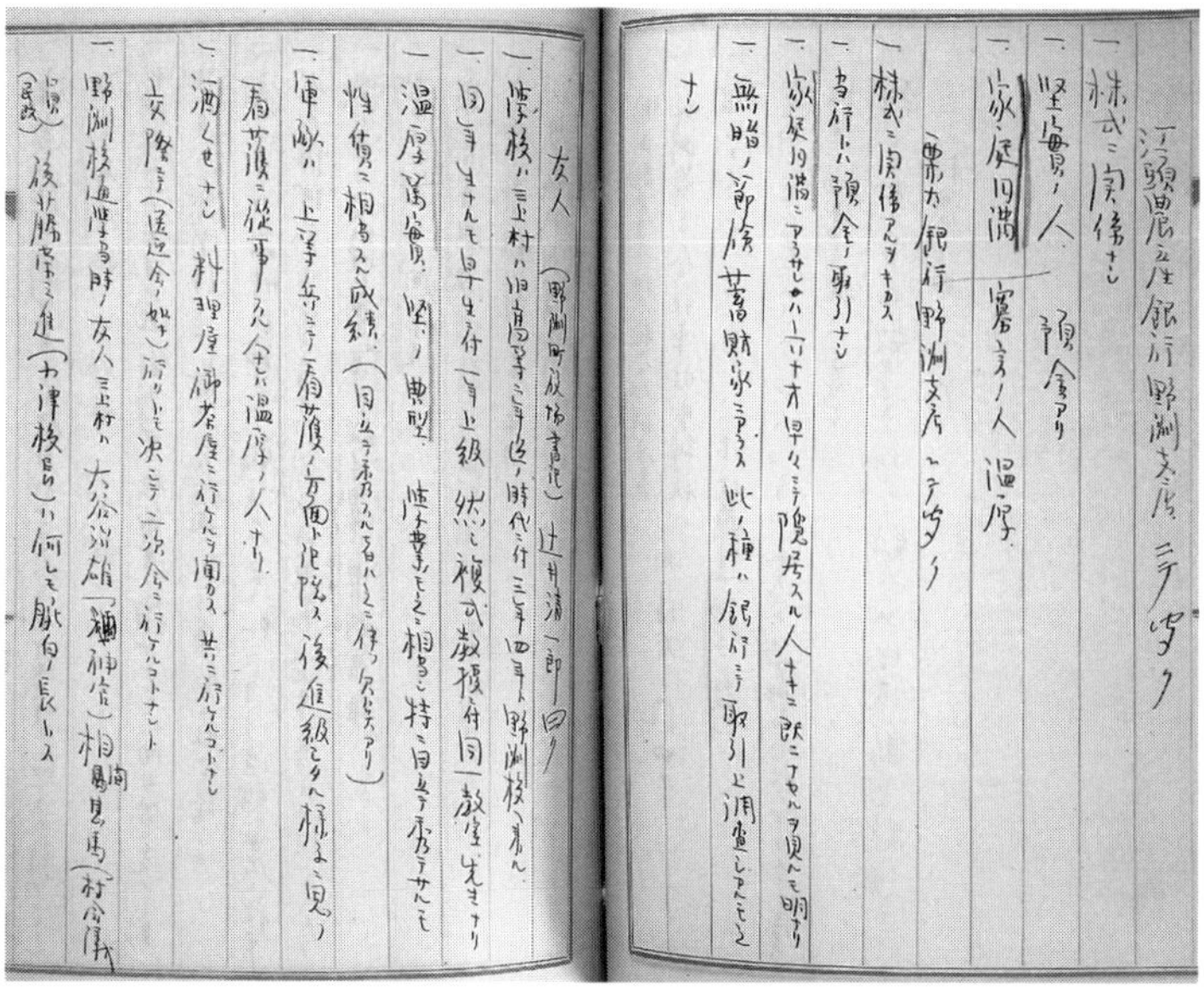

19　粂川春治氏調書
昭和３年
【昭た452（12）】

20『大嘗祭悠紀斎田記念帖』
昭和３年
【資566】

19）、村民から尊敬されていたようです。また、彦根測候所の気候調査でも、周囲の三上山や森林・家屋が暴風の備えとなって、「県下最モ暴風雨少ナキ地方」に属すると評価されています。

　選ばれた斎田では、四月に種まきを行い、六月には御田植《おたうえ》祭が開かれました。九月の抜穂《ぬきほ》式を経て、収穫された米は、京都駅まで鉄道で輸送され、駅から御所までは、県内の青年の手で運ばれました（写真20）。そして十一月十四日、大切に育てられた滋賀の米を用いて無事に大嘗祭が挙行されたのでした。

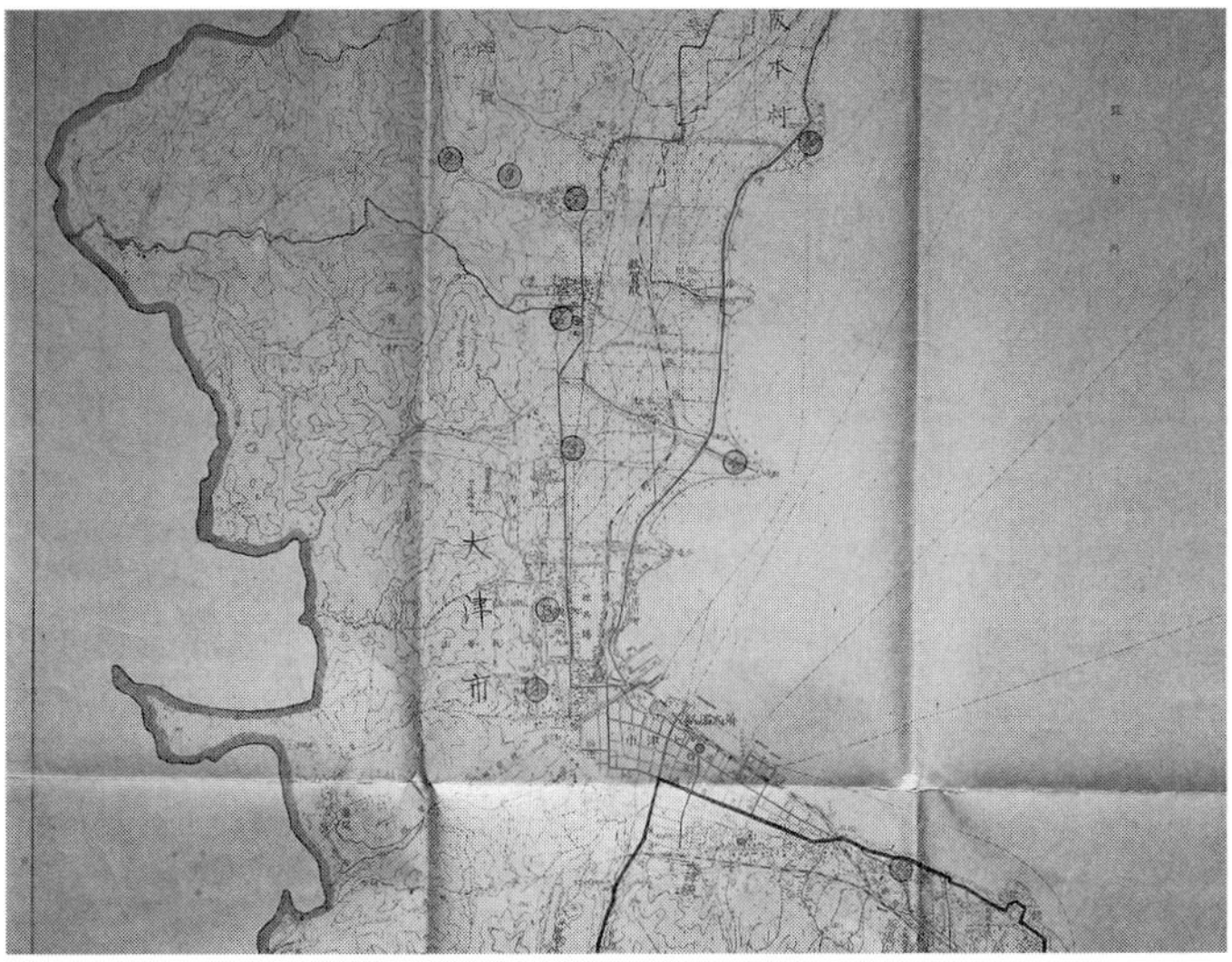

21　大津都市計画区域一般図
昭和7年8月
【昭な184（1）】

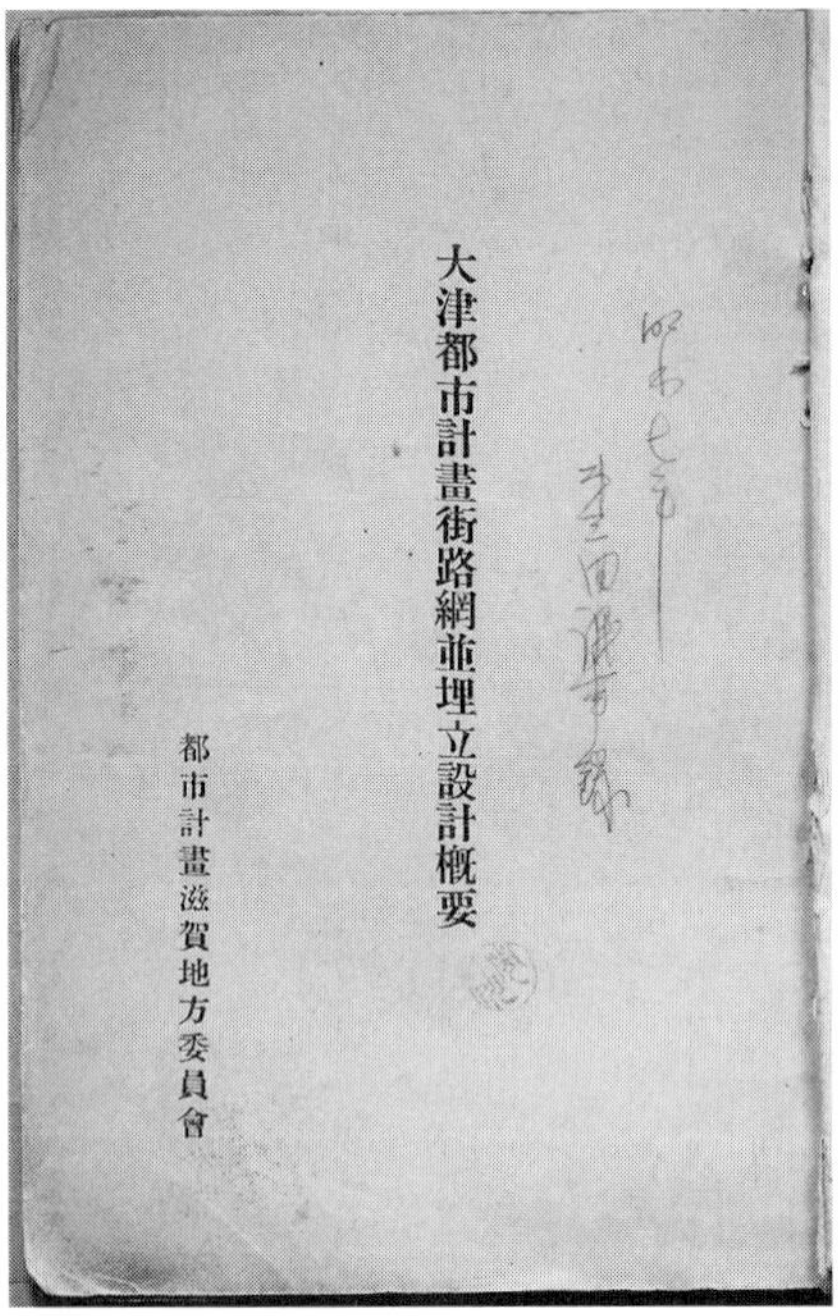

22　『大津都市計画街路網埋立設定概要』
昭和7年9月30日
【昭な184（1）】

都市計画の策定

県都大津の人口は、大正期には飽和状態を迎え、実質的な都市の範囲が、行政区分としての市域外まで及ぶようになっていました。そのため、昭和二年（一九二七）九月の大津市会では、近隣町村を含めた総合的な都市計画の必要性が議論され、内務省に都市計画指定を促す建議を可決しています。

昭和三年一月、同省はこの要望を受け入れ、翌年六月、北は坂本《さかもと》村から、南は石山《いしやま》町・瀬田《せた》町までを都市計画区域に指定しました（写真21）。

その後、昭和七年九月に策定された都市計画（写真22）では、「我国屈指ノ遊覧地」たる大津に街路網を整備することと、過密緩和のための湖岸埋め立てが明記されています。将来の都市交通機関として、バスの利用が見込まれ、五一の路線が定められました。

近隣町村との合併も進められ、昭

23 「大津行進曲」
昭和７年
【昭こ25(23)】

24 ［葉書］堀田義次郎顕彰像
昭和59年10月
【寄1－45】

和七年五月に滋賀村、翌八年四月には膳所《ぜぜ》町・石山町を加えた「大《だい》大津市」が誕生します。**写真23**は、そのうち滋賀村との合併時に作られた記念歌の楽譜で、三樹樹三《みききぞう》（県内務部長）が作詞、磯部巌《いそべいわお》（県地方課長）が作曲しています。

新大津市会は政友会系が圧倒的に優勢で、初代新大津市長に就いたのは、元県知事の堀田義次郎《ほりたぎじろう》でした。大津市長を三期務めた堀田は、膳所の湖岸埋め立てや石山公園の新設など、大津の遊覧都市化に努めますが、日中戦争の影響もあり、本格的な湖岸道路の整備は、戦後に持ち越されました。その努力は、昭和二十五年七月、全国初の国定公園（琵琶湖国定公園）指定として、実を結ぶことになります。

（大月 英雄）

①「未発」の米騒動

当館が所蔵する資料の大半は、「公文書」と呼ばれる行政文書です。公文書の多くは、知事や部長などの承認（決裁）を得て、実際に用いられたものですが、最終的に廃案となった文書も含まれています。本節では、そのような日の目を見ることのなかった文書から、どのような歴史的背景を読み取ることができるのか、ご紹介したいと思います。

知事の諮問案

まずは、**写真1**をご覧ください。右部分の枠内には、文書が作成された日付（大正九年［一九二〇］九月九日）と、作成者（内務部地方課員の松山《まつやま》）が記されています。本文冒頭は、「来ル十二日、自治協会ニ対シ左按《さあん》諮問相成可然乎《しかるべきか》」と、後述する知事からの諮問案の承認を求める伺い文です。この「自治協会」とは、県内の市町村長で構成される滋賀県自治協会のことで、九月十二日に発会式が県公会堂で予定されていました。その場では、今後市町村が取り組むべき重要課題が話し合われることになっていたのです。

当初の諮問案は、「冠婚葬祭等ノ習俗ニ関シ改良ヲ為スベキ事項ナキヤ」と、冠婚葬祭費の節約に関する内容でした。その「提案ノ理由」によれば、当時県内では、中流農家の嫁入りに一〇〇〇円以上がかかるなど、高額の冠婚葬祭費が問題になっていたようです。しかし一村や一郡で取り組んでも、なかなか改善が難しい課題でした。そこで、地方課員の松山は、県内全域で申合せ規約を設定すれば、「生活ノ安定」につながるのではと考えたのです。

この諮問案は、日付左横の承認欄を見ると、①課員、②課長、③部長、④知事の四者に、①から④の順番で回されることになっていました。しかし、同じ地方課員二名の承認印は押されているものの、課長印はありません。その代わり、諮問案の上部には、「今少し大なる問題なきや」とのコメントが書き記されています。伺い文の右横には、朱書きで「廃案」の二文字があり、課長の井上《いのうえ》政信《まさのぶ》が、諮問事項の再考を促すよう求めたことがわかります。

その結果、新たに作成されたのが**写真2**です。文書が作成された日付は、発会式の前日である九月十一日となっています。諮問事項は二つに増え、自治体の振興策と「刻下町村ノ経営スベキ緊急ナル社会事業」を問う内容に変更されました。「社会事業」とは、困窮者の生活を支えるさまざまな事業のことですが、どうやら冠婚葬祭費の節約よりも、緊急性があると見られたようです。それでは、今回の修正の背景には、一体どのような事情があったのでしょうか。

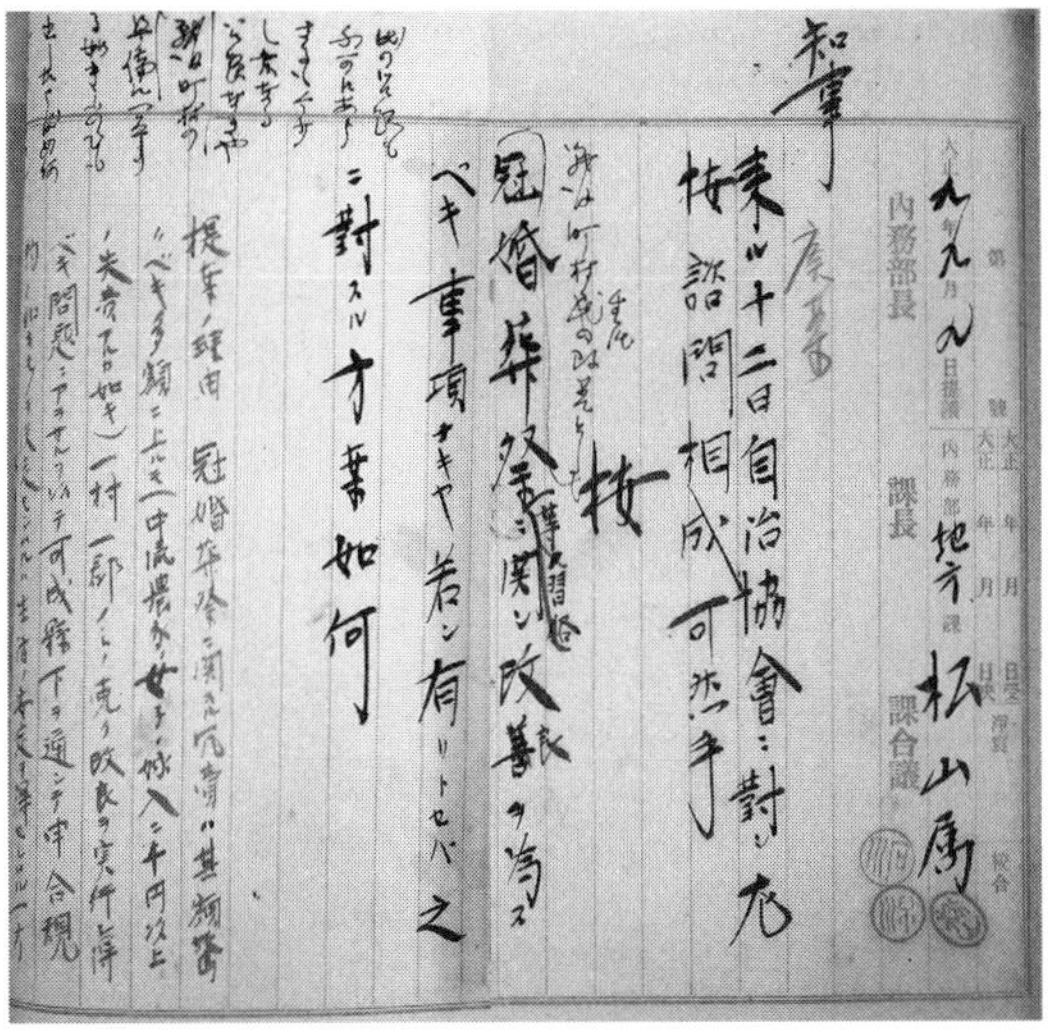

写真１　知事諮問案１（廃案）
大正９年９月９日
【大こ37⑴】

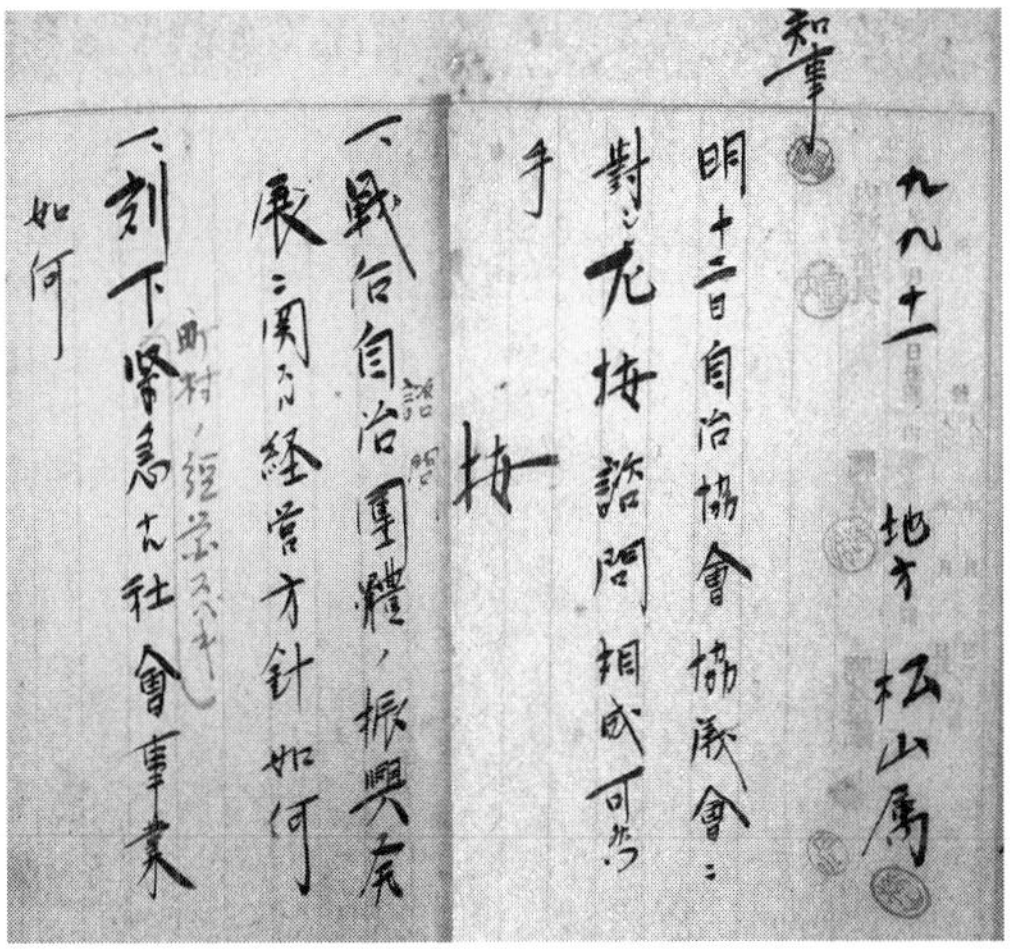

写真２　知事諮問案２
大正９年９月11日
【大こ37⑴】

「未発」の米騒動

事の始まりは、諮問案が作成される二年前の大正七年のことです。この年は、それまで下落していた米価が急激に高騰し、貧困者は一層の生活難に陥りました。米の廉売《れんばい》強要や打ちこわし（米騒動）が全国に広がったため、県は八月十二日、公費救済や米の廉売実施など、四つの緊急対策を公表して、その波及を防ごうとしました【大そ37⑴】。

そのような折、栗太《くりた》郡山田《やまだ》村（現・草津市）では、住民たちが京阪神地方の米騒動の噂を耳にし、草津町の米商人と居住地の区長を襲う計画を立てているという風評が流れます【大そ37⒃】。ただちに栗太郡長は、村長に防止策を取らせ、一度は事なきを得ました。ただし八月十三日、今度は四名の住民代表が区長に対し、集落の共有金を貸与《たいよ》するよう要求しました。区長は貸与すべき性質の金ではないと拒否したところ、住民たちは激昂《げっこう》します。同夜には区長を襲撃する恐れがあるとして、郡長は吏員《りいん》を派遣し、村長・警察官らと住民・区長間の調停を行いました。しかし容易にはまとまらず、翌十四日に有志者が三〇〇円を寄付し、米廉売の補助（一升につき七銭）を行うこととなりました。また襲撃が噂された草津の米商人も、白米七斗五升の寄付を申し出ました。その結果、何とか住民たちは静まり、大きな騒動には発展しなかったようです。

しかし八月二十四日、今度は同村に住む労働者が、皇室からの下賜金《かしきん》配当を求める「御願書」を知事宛てに提出します（**写真３**）。この人物は野洲《やす》郡祇王《ぎおう》村（現・野洲市）出身で、二、三年前より大阪窯業《ようぎょう》株式会社（現・株式会社ヨータイ）山田分工場の職工として働いていました。妻子と家族三人で工場内の長屋に暮らしており、本人によれば、着の身着のままで、一日仕事を休めば食い

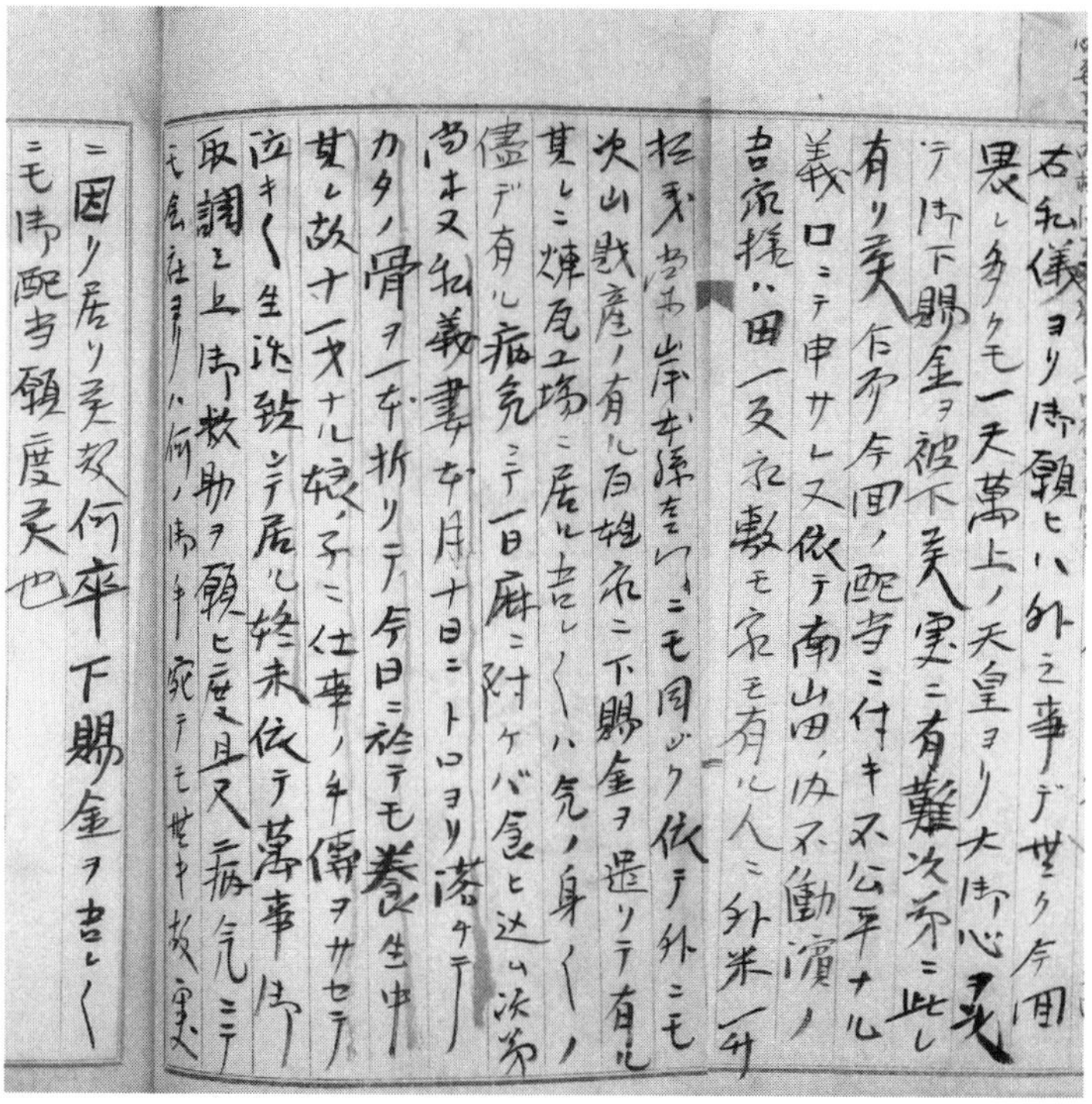
右私儀ヨリ御願ヒハ外之事デ無ク今回
畏レ多クモ一天萬上ノ天皇ヨリ大御心ヲ以
テ御下賜金ヲ被下候実ニ有難次第ニ此レ
有リ候乍今回ノ配当ニ付キ不公平ナル
義ニテ申サレ又依テ南山田ノ少不働演ノ
者病棲ハ田一反有数モ有ル人ニ升米一升
拾弐当私岸本源吉ニモ同ジク依テ外ニモ
次山戦産ノ有ル百姓衣ニ下賜金ヲ遅ソテ有ル
甚レニ煉瓦工場ニ居ル者シクハ気ノ身ノノ
儘デ有ル病気ニテ一日麻ニ附ケバ食ヒ込ム次第
尚ホ又私義妻本月十日ニトロヨリ落ケテ
カタノ骨ヲ一本折リテ今日ニ於テモ養生中
其レ故十一才ナル娘ノ子ニ仕事ノ手傳ヲサセテ
泣キ泣ク生活致シテ居ル始末依テ嘉事御
取調ノ上御救助ヲ願ヒ度且又病気ニテ
モ会社ヨリハ何ノ御手當テモ無キ故実
ニ困リ居リ候故何卒下賜金ヲ者シク
ニモ御配当願度候也

写真３　下賜金配当を求める御願書
大正７年８月24日
【大そ37(14)】

詰めるような「貧民」であったようです。さらにその妻が八月十日に骨折したため、一一歳の娘に仕事の手伝いをさせてようやく生活を営んでいました。しかし栗太郡の調査では、その家族賃金が「相当ノ収入」で「身分不相応ノ生活」を送っているとされ、米の廉売は認められませんでした。そこで、もっと財産をもつ百姓も許可されているとして、その不当性を訴えたのです。

さらにこの労働者は同じ頃、米の廉売を求めて村役場を「強談《ごうだん》」しています。山田村長は廉売の必要性を認めなかったものの、彼が「性質獰悪《どうあく》」「素行不良」の上、四月頃に工場で賃金値上げの「同盟罷工《どうめいひこう》」（ストライキ）を企てたほどの人物であることに懸念を抱きました。そこで、再び周囲を煽動《せんどう》してどのような「不心得ノ所為」をするかわからないとして、八月二十八日より特別に米の廉売券を交付することに決めるのです。

このように、大正七年の米騒動は、その多くが未然に終わった滋賀県でも、地域社会に大きな動揺をもたらすものでした。もはや貧困対策は、家ごとに自助努力をうながす「勤倹貯蓄」から、行政が主体となる社会事業が求められる時代になっていました。大正八年十二月には、内務省地方局救護課が社会課と改称し、翌九年八月、社会局に昇格しています。**写真１**で紹介した井上課長の修正指示は、このような時代状況を強く意識したものといえるでしょう。最終的には、廃案となったこの文書からは、そのような時代の刻印をうかがうことができるの

です。

保導委員の設置

九月十二日の知事諮問の後、井上課長は、部下の石川《いしかわ》金蔵《きんぞう》に「社会事業に関する委員」の検討をさせています。同委員制度は、三月十五日に内務省地方局より「頗《すこぶ》ル有益」であるとして、各地の関連資料が県に送られていました【大そ3(9)】。石川は済世《さいせい》顧問（岡山）や方面委員（大阪）などを手本に立案し、それを「保導委員」と命名します。

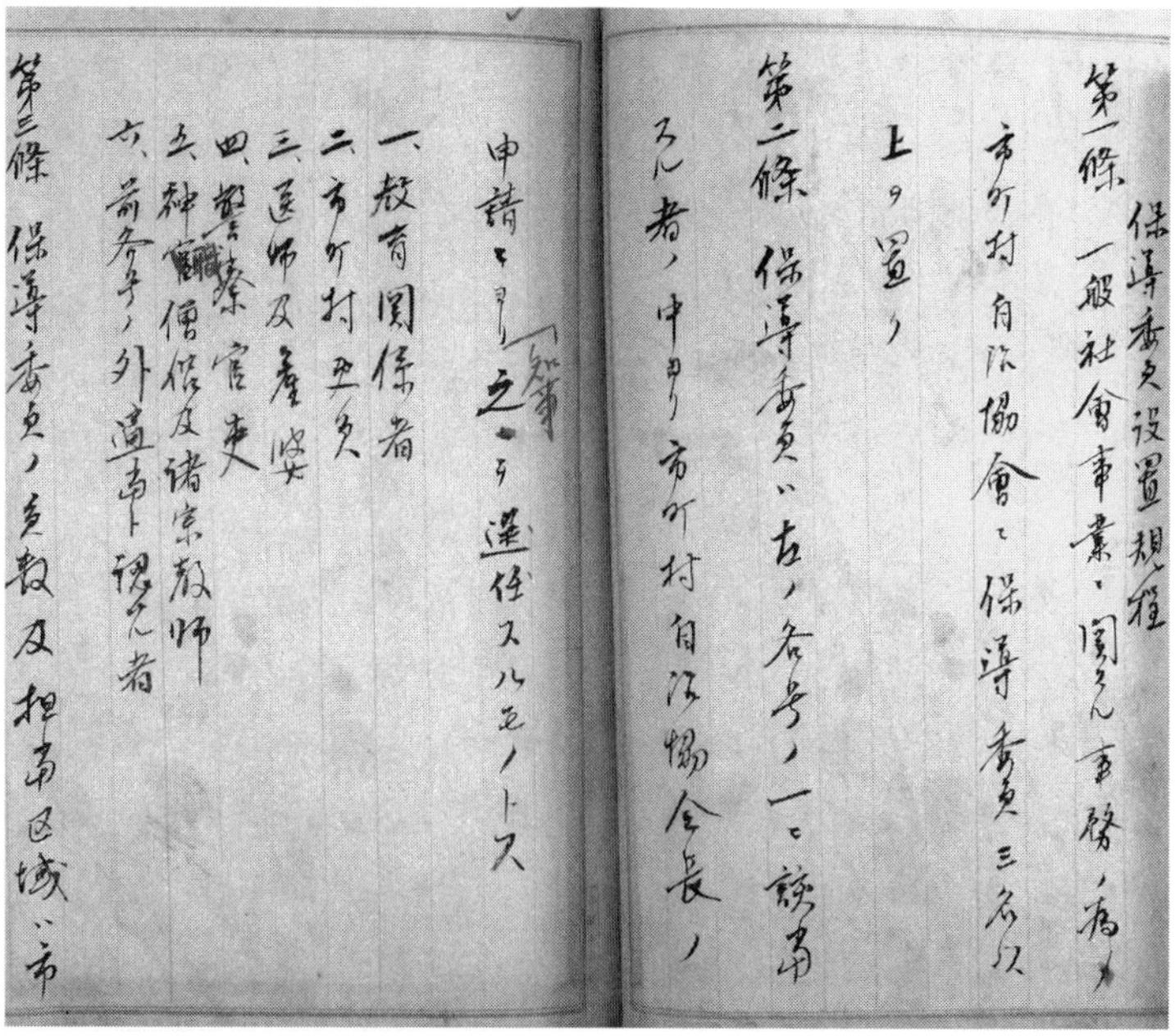
保導委員設置規程
第一條　一般社會事業ニ関スル事務ノ為メ市町村自治協會ニ保導委員三名以上ヲ置ク
第二條　保導委員ハ左ノ各号ノ一ニ該當スル者ノ中ヨリ市町村自治協會長ノ申請ニヨリ（知事）之ヲ選任スルモノトス
一、教育関係者
二、市町村吏員
三、医師及産婆
四、警察官吏
五、神官僧侶及諸宗教師
六、前各号ノ外適當ト認ムル者
第三條　保導委員ノ定数及担当区域ハ市

写真4　保導委員設置規程
大正10年2月19日
【大あ49(9)】

翌十年二月四日、県内務部に新たに社会課が設置され、十九日には滋賀県保導委員設置規程が公布されます（写真4）。同委員の主な活動は、生活困窮者の調査を行い、社会事業団体などと協力して、その改善向上に努めることとされました。各市町村で三名以上を選任するという規定で、任期は三年の名誉職でした。教育関係者や宗教関係者、医師・産婆《さんば》などが選ばれたようです。

その後、保導委員は、昭和三年（一九二八）七月に方面委員と改称し、同七年一月の救護法施行後は、市町村の救護事務委員と位置づけられます。生活扶助や医療、助産、生業扶助などを担いました。敗戦後は民生委員と名称を変え、今日に至るまで地域における福祉の担い手として活動を続けています。

（大月　英雄）

② 外国貴賓のおもてなし

平成三十一年（二〇一九）四月二十六日、第一六代滋賀県知事を務めた堀田義次郎《ほりたぎじろう》ゆかりの資料五二点を、ご親族より本県に寄贈いただきました。寄贈資料の中心を占めるのは、大正十一年（一九二二）四月にイギリス王太子エドワード（エドワード八世、**写真1**）が来県した際の書簡や写真、記念品などです。本節では、エドワードをはじめ、本県を訪れた外国貴賓《きひん》たちをご紹介しましょう。

写真1　エドワードの肖像写真
大正11年4月
【寄1－4】

外国貴紳接待掛の設置

明治維新後、初めて滋賀県が外国貴賓への対応を迫られたのは、明治十二年（一八七九）のことでした。当時来日していたイギリス庶民院議員のエドワード・ジェームス・リードが、京阪《けいはん》遊覧後に東海道を通って帰京するので、同年二月三日、その応接を内務省より求められたのです。県では「接待等殊《こと》ニ不馴《ふなれ》」のため、二月二十日、庶務課駅逓《えきてい》部の内堀助長《すけなが》をリードが宿泊していた建仁寺《けんにんじ》に派遣します【明か20－1⑴】。

同寺に着いた内堀は、必要となる人力車・馬の数や、宿泊先の設備、今後の行程などをとりまとめ、二十七日に復命しました。内堀は早急に準備を済ませ、三月四日の昼、石部《いしべ》駅（宿）でリードを出迎えました。その後は、そのまま随行し、土山《つちやま》駅で宿泊。翌日三重県の坂下《さかした》駅まで見送っています。

こうして、最初の外国貴賓の応接を終えたのもつかの間、今度は四月二日、太政官よりアメリカ前大統領のユリシーズ・S・グラントの来県を伝えられます。同月十五日、早速県は、リード議員に随行した内堀を含む六名を、外国貴紳接待掛《がかり》に任命しました【明い107⑿⑼】。

四月二十三日、内堀らはすぐに、県令籠手田安定に応接準備に関する伺い書を提出しています【明か20－2

⑴】。グラントをもてなすための遊覧場所として、三井《みい》寺《でら》（園城寺《おんじょうじ》）、唐崎《からさき》、日吉神社、石山寺の四か所を挙げ、各地に休憩所を設けるとともに、由緒や所蔵する宝物等を調査する計画を提案しています。これを受け籠手田県令は、計画を認可した上で、さらに道路の修繕も命じました。

その後は着実に、応接準備が進められましたが、あいにく当年はコレラが流行したため、結局グラントが滋賀県に立ち寄ることはありませんでした。ただし、井上《いのうえ》馨《かおる》外相が進める鹿鳴館外交の影響で、明治十年代は次々と外国貴賓が本県を訪れました。この時整備した遊覧場所は、彼らをもてなす定番コースとなり、外国貴紳接待掛の奮闘は、その後も続いていくのです。

大津事件の発生

明治時代に滋賀県を訪れた外国貴賓のなかで、最も著名な人物がロシア皇太子ニコライ（ニコライ二世）です。明治二十四年三月九日、宮内省より滋賀県に訪問の可能性が伝えられています。県はその接伴掛《せっぱんがかり》に、明治十四年より外国貴紳接待掛を務める矢島新之助《しんのすけ》ら六名を任命しました。矢島が作成した遊覧行程では、定番の三井寺と唐崎が組み込まれています【明か23㉛】。当初は石山寺も検討されていましたが、京都での滞在短縮により削られたようです。

三月二十七日、県内務部はニコライをもてなすため、県内物産の出品をうながすよう郡役所に命じています【明か24-2⑹】。滋賀郡からは、計九品が県に提出され、五月十一日の当日は、県庁舎の収税長室で陳列されることになりました。そのうち鯉《こい》が描かれた花瓶《かびん》（「水ニ鯉図花生《はないけ》」八円五〇銭）は、実際にニコライが購入したようです。しかしその後、食堂で昼食を終えたニコライは、庁舎を出た直後に津田三蔵《つださんぞう》巡査に斬《き》り付《つ》けられ、負傷してしまいます（大津事件）。

写真２　ニコライとゲオルギオスの肖像写真
明治24年
【資564】

写真2は、来日時のニコライ（右）と、ともに訪れたギリシャ王子ゲオルギオス（左）が写っています。昭和三十年代にゲオルギオス妃マリーが、滋賀県を訪れた際、大津事件の遺物が保存されていることに「非常な感動」を示し、宮内庁を通じて贈られたものです。この写真は、同事件が取り上げられる際、必ず取り上げられる著名なものですが、その由来は時を超えた本県のおもてなしと深く関わっているのです。

写真３　**湖国二十勝の画帳**
大正11年
『英国皇太子殿下行啓記念帖』【寄1－51】

英国王太子の琵琶湖遊覧

大正十一年四月に本県を訪れたイギリス王太子エドワード（エドワード八世）は、アメリカ人のウォリス・シンプソンと結婚するために、イギリス史上最短の在位三二五日間で退位を決断したという「王冠を賭《か》けた恋」の逸話《いつわ》で広く知られた人物です。まだウォリスと交際する以前の青年エドワードは、裕仁親王《ひろひとしんのう》（昭和天皇）訪英の返礼として訪日しています。

大正十年十二月、県知事堀田義次郎は、内務省よりエドワードの来県を伝えられます。翌年一月、堀田は内務大臣官邸で開かれた打合せ会に出席。前年五月に訪英した裕仁親王が「熱誠ナル歓迎」を受けたことから、エドワードを心して歓迎するよう指示を受けました。同年三月には、同省より滞在日程の細目案が送られ、四月には警保局より機密費四〇〇円が送付されています。

エドワードの訪問にあたり、県では敬意を表するため、湖国の景勝地を描いた画帳を作成しています（**写真３**）。知事の依頼により、滋賀郡中庄《なかのしょう》村（現・大津市）出身の画家・山元春挙《やまもとしゅんきょ》と、その門人の山元春汀《しゅんてい》、柴田晩葉《しばたばんよう》、疋田春湖《ひきたしゅんこ》の手で、特別に描かれました。英語で記された解説書も作成され、「The Autumn Moon of Isiyama」（石山の秋月）や、「The Evening View seen from the Seta Bridge」（瀬田の夕照《せきしょう》）などの見所が、詳しく説明されています。

写真4　エドワード筆《富士山》
大正11年4月28日
【寄1－50】

大正十一年四月十二日、エドワードは横浜港に到着し、東京や日光、川口湖などを巡った後、二十七日に京都にやってきています。滋賀県を訪れたのは、その翌日の二十八日朝のことです**【明お53－2⑿】**。この日は一点の曇りもない青空だったようで、大津市内では、各戸一斉に日英国旗を掲揚して王太子一行を出迎えました。午前一〇時五〇分、宿泊先の京都から大津港の桟橋《さんばし》際に、宮内省の自動車で到着したエドワードは、盛大な歓迎を受けながら、御召船《おめし》（みどり丸）に乗船します。同船は、全体が白ペンキで塗られ、万国旗で飾られたマストと、柿色の太い煙突が配色よい新造船だったようです。船上では、堀田知事が奉迎文を読み上げ、画帳とその解説書が献上されました。**写真4**は、その際に下賜《かし》されたと見られる、エドワード直筆の富士山の絵です。堀田の奉迎文には、「彼《か》ノ富岳《ふがく》ト秀勝ヲ対称スル琵琶湖」という表現があり、琵琶湖を描いた画帳の返礼という意味合いがあったのでしょう。金地《きんじ》墨画で描かれ、署名と来県した年月日が記されています。

その後一行は、野洲郡木ノ浜《このはま》沖で魞《えり》漁を見学し、昼には竹生《ちくぶ》島に到着。さらに多景《たけ》島を巡り、午後四時に彦根で上陸した後、岐阜県の長良《ながら》川で鵜飼《うかい》を見物しています。京都にはしばらく滞在したようで、三十日午後に比叡山《ひえいざん》を訪れるため、再び来県しています。その後は奈良・大阪・兵庫・香川を巡り、鹿児島から帰国の途に着きました。

（大月　英雄）

③ 国際ホテルのさきがけ

昭和九年（一九三四）、琵琶湖と比叡の山なみを一望できる大津市柳ケ崎《やながさき》の地に琵琶湖ホテルが竣工《しゅんこう》します（写真1）。大蔵省から三〇万円の借り入れを行い建設し、地元有力者の出資をもって株式会社琵琶湖ホテルが経営にあたりました【昭お9(2)】。外観は風致との調和を意識し和風のつくりとなっていますが、内部装飾は玄関・広間・大食堂を除き洋風に仕上がっており、客室すべてに暖房設備とバス・トイレ・洗面所を備える外国人観光客の宿泊を意識した国際ホテルでした【昭て9(4)】。事実、琵琶湖ホテルの建設には「世界ノ観光客ヲ吸引スル」という目的が掲げられています。

地方に国際ホテルが建設されると聞くと、地域振興がすぐに頭に浮かびます。外国人観光客をいかにして地域に取り込むか。よくある話ですが、琵琶湖ホテルは地域振興のためだけに建設されたわけではありません。当館所蔵資料をみると「外客誘致ノ国策ニ呼応」するものとして建設するとされています【昭お9(2)】。建設費も借入とはいえ国費が投入されていることからすれば、琵琶湖ホテルは国の後押しでできたホテルといえます。ではなぜ滋賀県に「国策」による国際ホテルが誕生したのでしょうか。本節では、琵琶湖ホテルが生まれた歴史的背景をたどっていきたいと思います。

滋賀県の風景を世界へ

話は大正元年（一九一二）までさかのぼります。この年の七月十九日、東京帝国大学農科大学教授で「公園の父」と呼ばれた本多静六《ほんだせいろく》が大津市林野講習会で「森林公園と琵琶湖風景利用策」と題する講演を行いました【大て11(2)・(6)】。講演内容を要約すると、「西洋では自動車の普及により遠隔地への自由な旅行が可能となった。特に自然の風景を楽しめる景勝地への観光客が増えている。それにともない、景勝地では娯楽施設が建設され旅行消費額が年々増加している」と西洋の観光事情を紹介しています。

そのうえで彼は、「琵琶湖を中心に優れた景観を有す滋賀県も、自動車道路の建設や鉄道・汽船のスムーズな連絡といった交通インフラを整備し、長期滞在してもらうためのホテル・娯楽施設を設置さえすれば、西洋と同じように観光で成功を収めることができる」と力説しています。外国人を呼び込み、滋賀県を活性化しようという発想がここに生まれます。

本多の提案は、滋賀県の景観の価値を考えるうえでとても大切なものといえます。「近江八景」に象徴されるように、滋賀が風光明媚《ふうこうめいび》な地であることは古くから国内で知られていました（写真2）。ですが本多は、滋賀県の景観は国内だけでなく世界の

写真１　琵琶湖ホテル外観イラスト
昭和７年５月
【昭て12(6)】

写真２　瀬田中島
昭和３年11月
『湖国聚英』【資570】

人々が見ても通用するといいます。講演で本多は「大津市が其附近の山水風景を利用する事は是れ大津市当然の義務にして、之を利用せざるは大津市の恥辱《ちじょく》、否、滋賀県の恥辱、否、寧《むし》ろ日本帝国の一大恥辱であります」とも述べています【同前】。滋賀県の景観を観光地として活用しないのは「国」として問題だというわけです。ここに滋賀県の景観を、国が世界に売り込んでいく素地がつくられることになるのです。

滋賀県の旅館事情

滋賀県は本多の提案を受け入れたのでしょう。本多と本郷高徳《ほんごうたかのり》（東大講師）に委託し、県内の史跡・名勝・娯楽施設の調査に乗り出します。その調査結果は、翌年、『滋賀県風光調査報告書』にまとめられます。滋賀県を世界の観光地として売り出していくにあたって、問題点の指摘とその対策案が記されています。論点は多岐にわたるためすべてを紹介することはできませんが、大きな問題として指摘されている外国人観光客の接遇についてみていくことにしましょう。

報告書では、外国人観光客の接遇がとにかく不十分であるとあります。当時、大津市・膳所《ぜぜ》町・石山《いしやま》村に合わせて一三五戸の宿泊機関があったようですが、「外来観光客ニ対スル宿泊設備ノ如キハ決シテ満足ナル現況ヲ有セザルガ如シ」と断じられています。つまり、外国人観光客に対するサービスが既存の旅館ではなってないというわけです。

こういった評価を受けた理由は、言語の壁といった問題もあるかと思いますが、それ以上に深刻だったのが海外と日本の旅館サービスに対する感覚の差異でした。

この頃の日本の旅館は、料理屋を兼業していることが多かったようですが、『報告書』ではそれが問題だとされています。料理屋を兼ねている日本の旅館は、宿泊すれば食事がつくのが当然でした。しかし、海外ではそうではなく、旅館以外で食事をとることが多いので、料理は無駄なサービスになるから、部屋代と料理代は別に徴収する「欧州式旅館」にならうようにせよというのです。

また良い旅館の定義も異なるようです。日本では「建物ノ宏大《こうだい》ニシテ贅沢《ぜいたく》ナル設備」が良い旅館とされるが、西欧では部屋が清潔で、親切な接客があり、宿泊費は低価格というのが良い旅館だといいます。

さらに大津の旅館には「外国向旅館」として「欧米人ノ風俗習慣ニ適応セル設備」がないと指摘されています。せめて、①部屋の施錠ができるようにすること、②洗面台を室内に置き洗面・髭剃《ひげそ》りが室内でできるようにすること、③西洋便所を設置すること、④室内にイスとテーブルを置くようにすることを提言しています。

いずれも現在の日本のホテルにはすっかり定着しているサービスと設備です。今日では食事抜きの宿泊プランはホテル側から提供してくれますし、部屋がきれいで宿泊代が安いホテルが良いホテルというのもうなずけるでしょう。設備についても④はともかくとして、①〜③が不備であれば宿泊をためらうこともあるのではないでしょうか。

しかし、報告書で指摘されたサービス・設備は、昭和七年（一九三二）にいたっても整わず、大津・石山で「一流」といわれた旅館でさえ、「寝台、洋式風呂、洋式便所等ヲ設備セル旅館無キ」というあり様でした（**写真3**）。外客誘致のため、かかる設備を完備した宿泊施設は琵琶湖ホテルを待たなければならなかったのです。

外客誘致が国策に

第一次世界大戦後の慢性的な経済不況に陥っていた日本は、昭和三年（一九二八）、経済振興の一環として外客誘致を国策として位置づけます。大戦後、疲弊した国力の回復を目指す西欧諸国が、その一策として外客誘致に力を入れ成功を収めたことから、不況であえぐ日本もそれにならおうとしたのです。

では西欧の成功とは、どれほどのものだったのでしょうか。社団法人ジャパン・ツーリスト・ビューローが発行した『外客誘致に就て』【昭せ42②】によれば、最も外客が多いスイスで年間二〇〇万人を数えたといいます。ちなみに、日本の外客は二万九八〇〇人（昭和三年）だったそうです。

ジャパン・ツーリスト・ビューローは、こうした現状の要因を、ホテルをはじめとする外客誘致施設が不十分

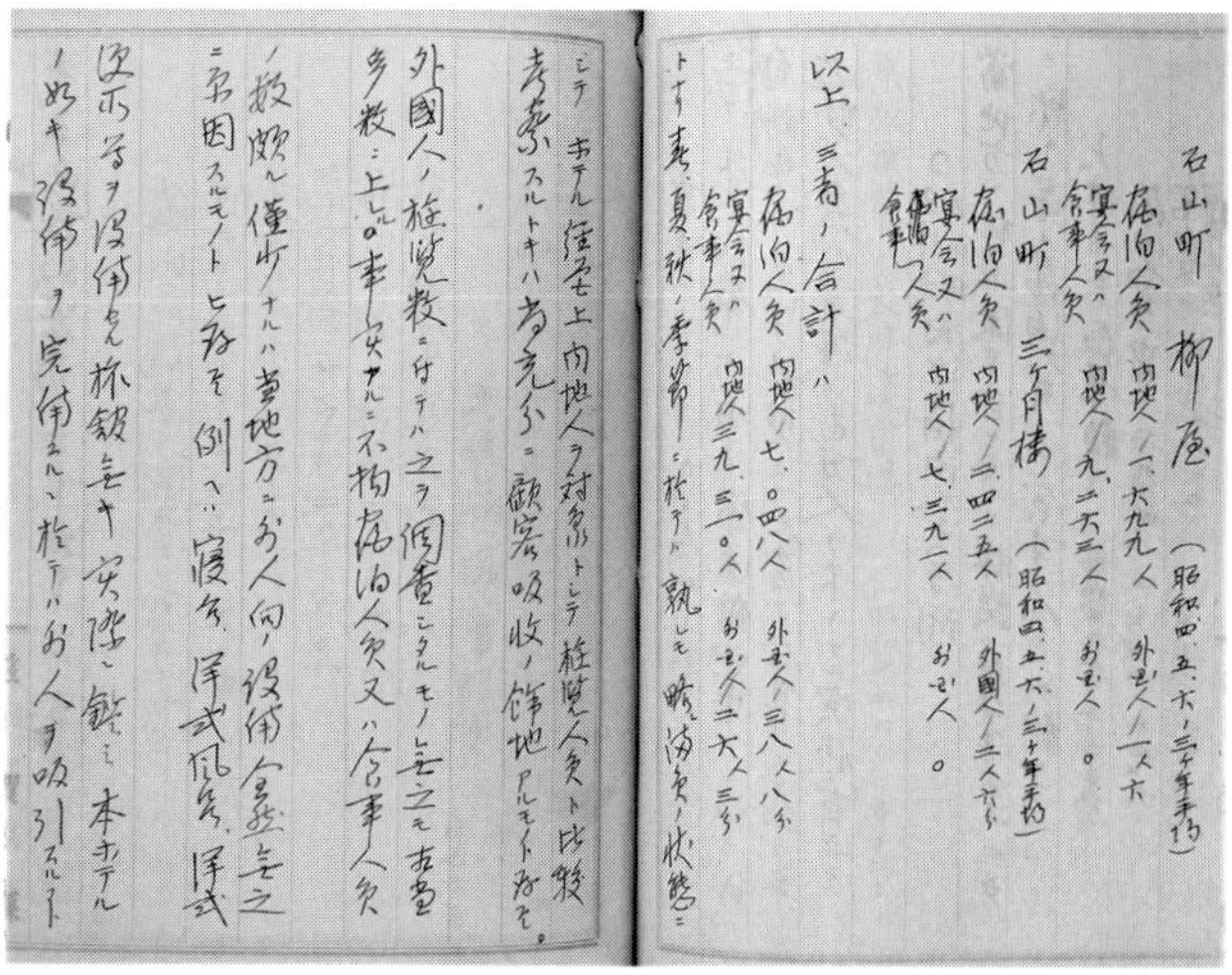

ニテ ホテル経営上内地人ヲ対象トシテ旅覧人員ト比較考察スルトキハ尚充分ニ顧客吸収ノ余地アルモノト存ズ。

外国人ノ旅覧数ニ付テハ之ヲ調査ニ之ルモノ無之モ左当多数ニ上ルノ事実ナルニ不拘宿泊人員又ハ食事人員ノ数ハ僅少ナルハ当地方ニ於ケル外人向ノ設備全然無之ニ原因スルモノト存ズ 例ヘバ寝台、洋式風呂、洋式便所等ノ設備ナキ旅館会社実際ニ鑑ミ 本ホテルノ如キ設備ヲ完備スルニ於テハ外人ヲ吸引スルト

石山町 柳屋 （昭和四、五、六ノ三ヶ年平均）
宿泊人員 内地人一、六九九人 外国人一八六
宴会又ハ食事人員 内地人九、二六二人 外国人〇

石山町 三ヶ月楼 （昭和四、五、六ノ三ヶ年平均）
宿泊人員 内地人二、四二五人 外国人二人六分
宴会又ハ食事人員 内地人七、三九一人 外国人〇

以上三者ノ合計ハ
宿泊人員 内地人七、〇四八人 外国人三八人八分
宴会又ハ食事人員 内地人三九、三一〇人 外国人二六人三分
トナリ春、夏、秋ノ季節ニ於テハ孰レモ略ボ満員ノ状態ニ

写真３　大津地方宿泊人員に関する件回答
昭和７年４月
【昭て12(5)】

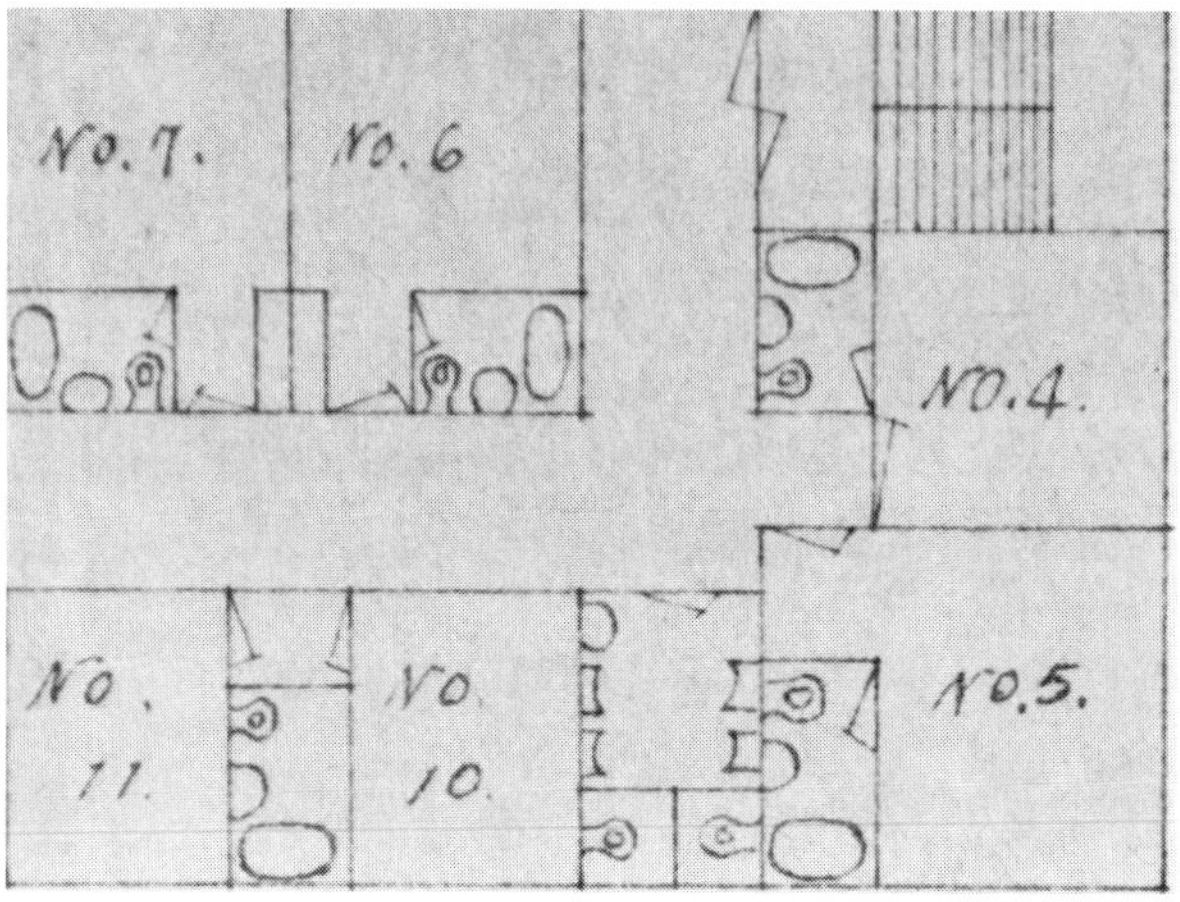

写真４　琵琶湖ホテル客室設計図（拡大）
昭和６年９月
【昭て9－1(2)】

であるからだと分析しています。そして日本経済を立て直すためにも、官民協力して国家事業となった外客誘致のための施設充実が急務だと述べています。

これより三年後に琵琶湖ホテルの建設計画が立てられ、さらにその三年後に竣工します。その設備が報告書の基準をクリアしていることは、最初に述べたホテルの客室の様子をみればわかるかと思います（**写真４**）。

湖国に国が後押しする国際ホテルができたのは、世界に誇れる景観の美しさがあったからに他なりません。しかし、右で見た社会背景と重ね合わせれば、琵琶湖ホテルには、第一次大戦後の慢性不況を打破するという重い使命が課せられていたといえるでしょう。

（工藤　克洋）

④ 梵鐘を守った文化財技師

写真１　鉄道の駅に集められ、供出を待つ梵鐘
栗東歴史民俗博物館蔵

梵鐘の「出征」と金属回収除外申請

かつて、お寺の鐘＝梵鐘《ぼんしょう》が、戦争遂行のために半強制的に集められ、兵器に再生された時代がありました。昭和十六年（一九四一）に政府が公布した金属類回収令に基づき、翌年各県が回収実施要綱を定め、民間団体等とも協力して本格的な金属回収を進めました。滋賀県においても昭和十七年以降「不要仏具献納運動」が盛んに行われ、梵鐘などの大型金属類が回収されていきます。全国で展開された回収の結果、文化財である梵鐘の約九割が失われてしまったといわれます。各地から「出征」する梵鐘は、応召《おうしょう》兵さながらに赤い襷《たすき》を掛け、幟《のぼり》を立てて地域挙げて盛大に見送られました。兵器生産という戦争遂行の直接的な目的のため、先人が生み出し長年にわたって地域で受け継がれてきた文化遺産を自ら無に帰すという判断が、県内でも行われたのでした（**写真１・２**）。

しかしながら、そうした中でも地域の文化財を懸命に守ろうとした人々がいました。彼らが注目したのが、県の制定した「昭和十七年度第二期金属類特別回収実施要綱」の例外規定です。要綱では供出の除外物件として、直接の信仰対象となる金属仏像や神鏡・十字架などと並び、「歴史上美術上又ハ当該神社、寺院、教会ノ由緒上特ニ保存ノ必要アリト県ニ於テ認メタルモノ」を掲げています。県が「歴史上、美術上、由緒上」保存の必要性を認めた物件については、供出しなくても良いわけです。

写真２　赤襷を掛け、幟を立てて「応召」する梵鐘
栗東歴史民俗博物館蔵

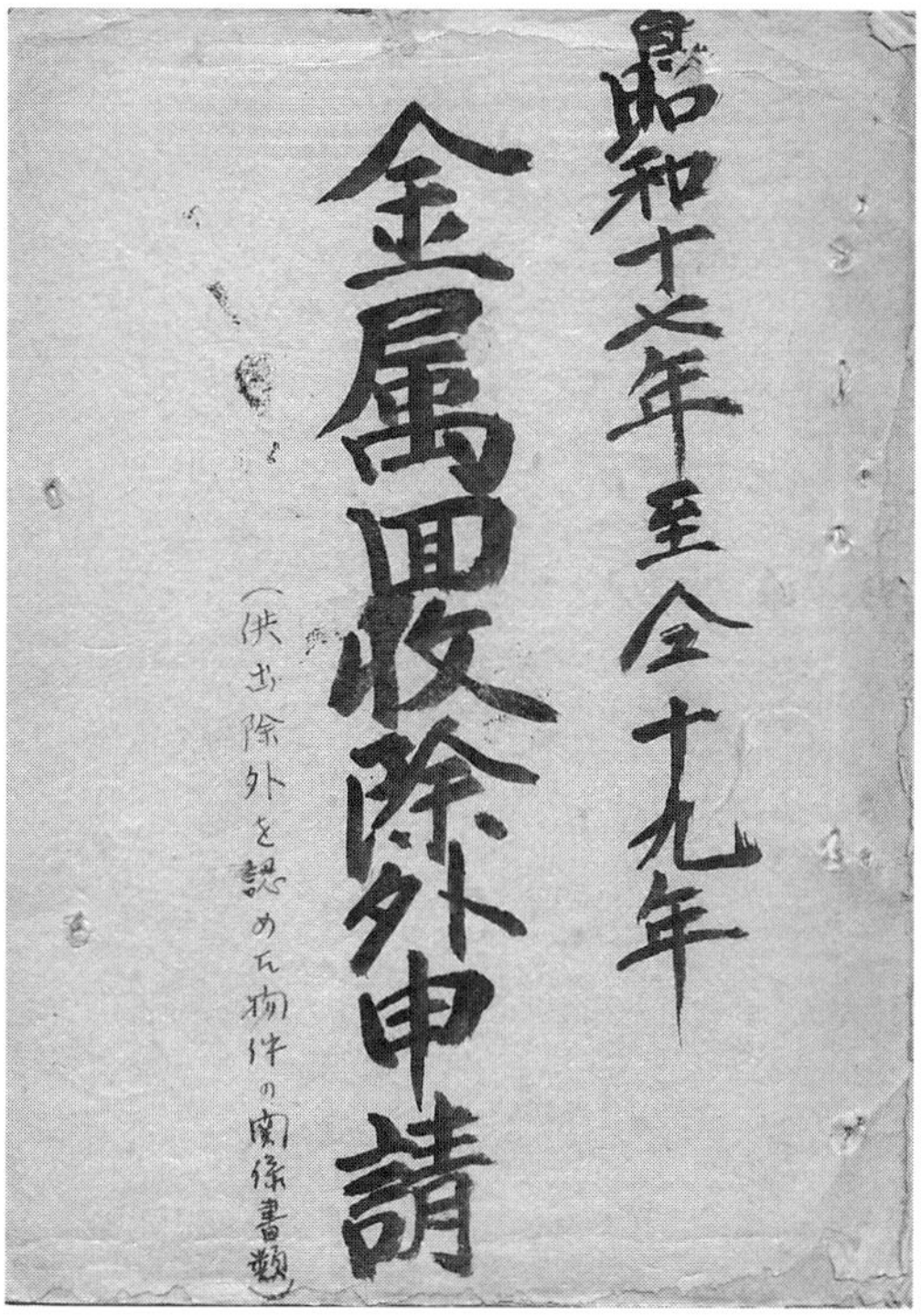

写真３　『金属回収除外申請』
昭和17～19年
【昭せ81】

梵鐘には、社寺の由緒や村の歴史、寄進した先人や制作した鋳物師《いもじ》の名などが刻まれ、地域における歴史の証人として貴重な記録をとどめています。また、朝夕や非常時に打ち鳴らされる鐘の音が、共同体の紐帯《ちゅうたい》を感覚的に象徴するものとして先祖代々親しまれており、厳しい戦時下の総動員体制のなかでも、保存を熱望する所有者や地域が存在しました。そうした地域は、県に対して要綱規定にもとづく「除外申請」を提出し、地域に伝えられた梵鐘の由緒や価値を強く訴えながら、保存の認可を求めるべく懸命に努力したのでした（**写真３・４**）。

かくして県に提出された申請書類と、それを受けて供出除外の可否を審査した公文書を編冊したのが、文化財保護課に伝えられた『金属回収除外申請』です。この簿冊は、なぜか戦後に県庁文書庫へは引き継がれず、長らく課内の片隅で埃《ほこり》をかぶっていました。戦後混乱期に廃棄処分とされたものが文化財技師によってひそかに拾い出され、保存されたものかとも考えられますが、正確な事情は明らかではありません。

地域文化財保護をめぐる戦時下の葛藤

簿冊に編綴《へんてつ》される回収除外申請書は三五件。それぞれに、町村や郷土史研究団体等による副申書、銘文の謄《とう》写《しゃ》・見取図・拓本・写真など、詳細な説明資料が添えられています。三五案件のうち除外認可となったものが三一件、不認可と考えられるものが一件、残り三件は回

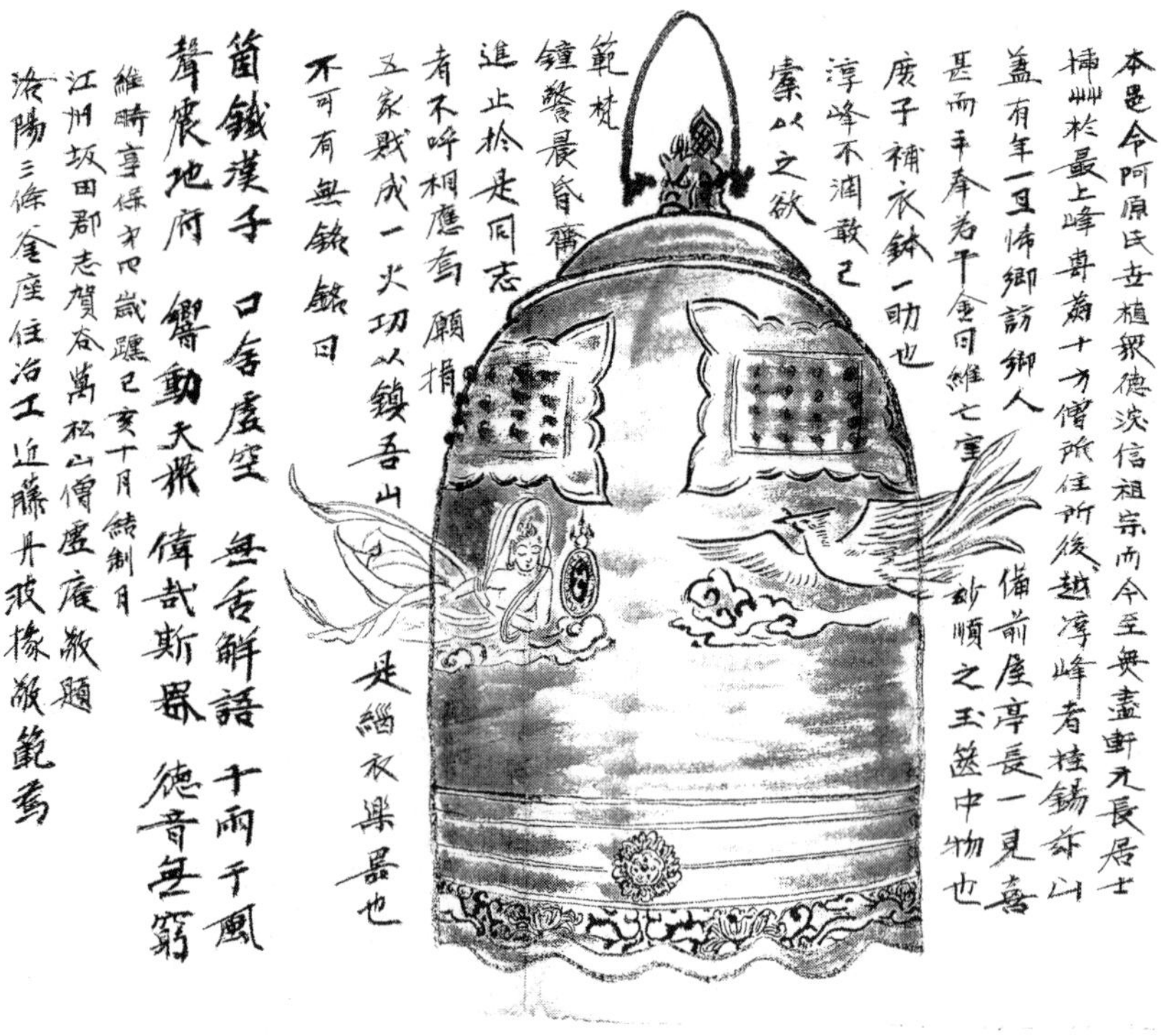

写真４　県へ提出された申請資料の一部
昭和17年12月１日
【昭せ81(6)】

議書欠失等のため結果が不明です。ほとんどの案件が供出除外を認可され、保存すべきこととされたことがわかります。

認可の起案をおこなった担当者は、当時滋賀県技師であった日名子元雄《ひなごもとお》（一九一一～九四）です（写真５）。日名子は、昭和十四年（一九三九）に建築技師として採用。文化財集中県である滋賀県における国宝建造物の修理工事を指導する責任者という、重い立場にありました。その彼が監督技師の職務のかたわら、金属回収除外という難問に取り組んだのでした。

日名子は、規定の資料を添えて申請書が提出されてきた除外候補について、基本的に認可する方針をとりました。保存認定の理由として（一）歴史資料としての価値、（二）美術上の保存価値、（三）寺院、地域にかかる由緒上の価値による三分類を立て、個別案件をそれぞれの理由に当てはめて、認可するよう起案しています。認可三一件のうち、最も多いのが（三）の一八件で、全体の半数以上を占めています。寺院や地域の歴史を語る史料としての梵鐘の価値を高く評価したのです。詳細な資料を添えて所有者から提出された保存の熱意を、正面から受け止めた結果といえるでしょう。また、実際の梵鐘の評価にあたって京都帝国大学の柴田實《しばたみのる》らを現地調査に派遣するなど、アカデミズムと連携して客観的な評価を試みた形跡も知られています。

ところが、日名子技師に対して、いわば「横槍」を入

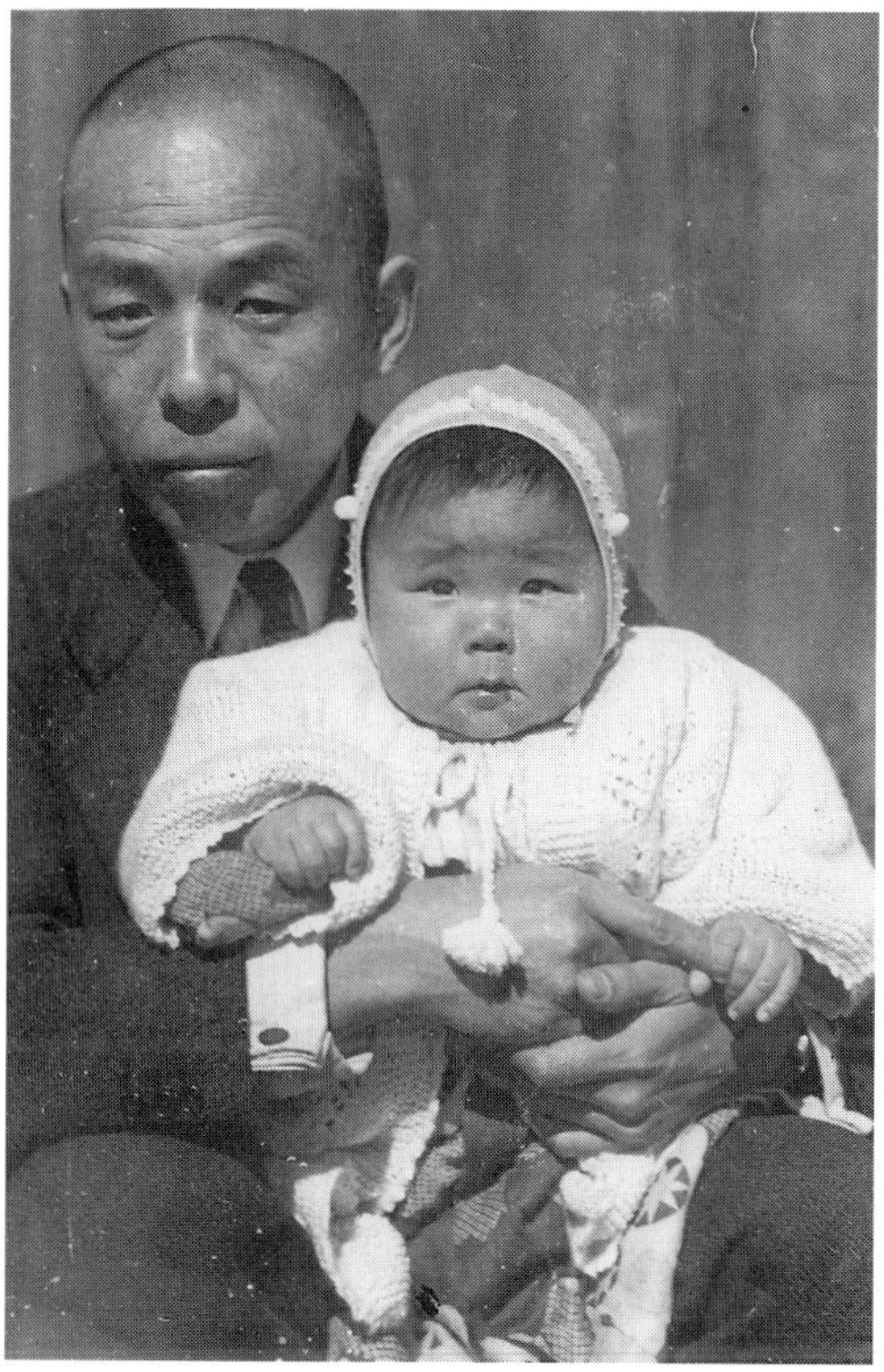

写真５　日名子元雄（1911～94）
戦時体制下、県民とともに梵鐘を守った文化財技師。写真は召集前のもので、生後８か月余の愛娘・史江を抱いている。

れてきた人々もいました。簿冊から明らかにできる例のその一は、国策協力団体、一は県庁内政部地方課長です。

国策協力団体の件は、昭和十七年十二月三日付で日名子技師あてに「進言」と題する文書が出されたものです。その団体は昭和十七年十月二十八日に、県が認可した坂《さか》田《た》郡内寺院の梵鐘について、「地元において反感誠に多い」とし、再調査のうえ「悪影響更にこれ無きよう、善処あいなりたし」と日名子に要請しました。まるで、脅迫まがいです。もう一つの事例は、滋賀県内政部地方課長からの「実地調査依頼」です。同じ県庁の内政部に属する地方課長から教学課長宛に、和文タイプライター打ちの公文書として課長印を押印した上で野洲《やす》郡内（現・守山市）の三寺院の梵鐘について疑義の申し立てがあったのです。理由は「該村並びに隣村の風評芳《かんば》し」くないから再調査せよというだけで、具体的に何に疑問があるのかを示さないなど、これまた質の悪い露骨な「横槍」というべき行為でした。上記二件は再調査の結果、認可の決定をくつがえす結果には至らず、いずれも文化財として保存されて現在に伝わります。

梵鐘を守った文化財技師に「赤紙」が

昭和十八年（一九四三）四月、日名子元雄は臨時召集を受けて九州の西部第一七部隊に入隊しました。日名子の勤務する滋賀県庁へ、召集令状、いわゆる「赤紙」が届けられたのです。大分県別府《べっぷ》市の実家から、大津の日名子宅へ「ドウイン（動員）アリ」の電報が届けられたのは同年三月二十三日の出来事。日名子の日記によると、知らせを受けた本人は「多少不意をつかれた感じ」で淡々とした気持ちであったといいますが、奥さんの心配は一方ならなかったようでした。

帰宅して落ち着いてからでしょう、日名子はいろいろ考えました。まず、文化財保護の仕事への懸念が脳裏をよぎります。誰に引き継ぎようもない、自分の調査が、計画が、宙に消えてしまうのか。日名子は当時、県内の未指定建造物の基本調査や、賤ケ岳《しずがたけ》合戦史跡調査などを企図していました。また国宝建造物の修理は、自分ひとりいなくなろうが根本的な変化はあり得ないが、金属回収にともなう自分の仕事は終わりを告げてしまうだろうと、強く懸念しています。そして何より、当時一歳にも満たなかった生まれたての娘のことを思うと、「それだけで、胸がグッとこみ上げてくるのを、どうすることも出来ない」と述べています。

翌三月二十四日の昼過ぎに、別府から届いた速達を奥さんが県庁へ持参しました。日名子が封筒の中から、それはそれは真っ赤な、文字どおりの赤紙を取り出したときは「感慨を新たにした」と日記にしるされます。県庁に赤紙が届けられた瞬間の、生々しい記録です。

梵鐘供出の除外認可と、臨時招集に関係があるのかどうかは不明です。ただ、高等文官の地位にあった日名子が敗戦による復員まで、一等兵から先へ昇進しなかったといわれる軍歴は異常で、当時の重苦しい時代相をそこに感じずにはいられません。幸い、日名子自身は戦後無事に復員し、県内の文化財建造物修理工事の監督責任者として活躍しました。さらに奈良県、ついで国へと転任し、文化庁建造物課長を務めた後、財団法人文化財建造物保存技術協会の開設準備をリードするなど、今日におけるわが国文化財建造物保護の仕組みをつくりあげていくことになります。

金属回収除外申請簿冊には、戦時下の逆境の中で地域の文化財を守り伝えようとする県民と文化財技師の熱意が記録されています。また同時に、文化財保護に向けた熱意に反発した人々との厳しい葛藤《かっとう》についても示唆するところが大きいのです。平和な今日、「文化財を守る」ことに異議を唱える人はあまりいません。しかし、先の大戦時に起きたような国民的熱狂の中で、再び文化財の大量処分が行われる可能性が、将来にわたって皆無とはいえないでしょう。そうした中で、地域文化財を守った史実の記録が持つ価値には極めて高いものがあります。何のために文化財を守るのか、誰のために文化財を守るのか、誰が守るのか。当該文書は、文化財を守る意味について、強く問いかけてくる貴重な歴史の証人なのです。

（井上　優）

⑤ GHQの時代

GHQの滋賀県進駐は、当時の県民に、戦前とはまったく異なる環境と生活をもたらしました。大切な土地や施設を接収され、提供を余儀なくされた人々や、進駐軍のなかで労務者として働く道を選んだ人々など、その人生はさまざまでした。本節では、接収を受けた県民の苦労や、進駐軍日本人労務者の環境に、焦点をあてたいと思います。

GHQの滋賀県進駐

昭和二十年（一九四五）八月、日本の敗戦を受けて、連合軍総司令部（GHQ）が最高司令官ダグラス・マッカーサーの指揮のもと、横浜に設置されました。進駐してきたGHQは直接軍政の方式をとらず、間接統治を選択しました（ただし、沖縄には直接軍政が敷かれます）。これにより、GHQの命令と監督によって日本政府が占領政策を実行していくこととなりました。マッカーサーは婦人の解放や労働組合の促進、教育・司法・経済の民主化などからなる五大改革を指示します。西日本にも、連合国軍の主力であるアメリカ太平洋陸軍第六軍と第八軍のうち、第六軍が展開し司令部が京都に置かれます。

このようなGHQの方針から、滋賀県でも県が政策実行の窓口となりました。大津市には、米軍第六軍一三六連隊のカーベーニー大佐以下二九一〇名が進駐し、滋賀県軍政部が設置され、県は軍政部との交渉や県民との仲介を担うことになりました。九月十日、県は、進駐軍連絡事務局を設置し、県民に向けて「進駐地付近住宅心得帳」を配布します。これは、進駐兵の不法行為を誘発しないよう求め、進駐兵に危害を加えず耐え忍ぶように諭したものでした。進駐兵の取締りはMP（ミリタリー・ポリス）本部が行っており、県当局では対応できなかったためです。

そして九月三十日には、大津市錦織《にしこおり》町の琵琶湖ホテル（現・柳ヶ崎《やながさき》のびわこ大津館）が、十月四日には際川《さいがわ》の大津・滋賀両海軍航空隊跡地と、別所《べっしょ》の大津陸軍少年飛行兵学校が接収されました【昭06-135(2)】。接収されたホテルは、日本政府が賃借したうえで進駐軍に提供するかたちをとります【昭06-15(20)】。

進駐軍の施設の設営

翌年の昭和二十一年四月十一日、旧少年飛行兵学校にあった軍政部滋賀支部（隊長グルーベーカー）が県庁に移転してきます。県庁二階・三階の八室と一階の三室がそれぞれ軍政部とMP本部に割り当てられました。県は地方特別建設委員会規程を設け、宿舎などの建設を促進するとともに、県内務部に渉外課と特別建設課を新設します。

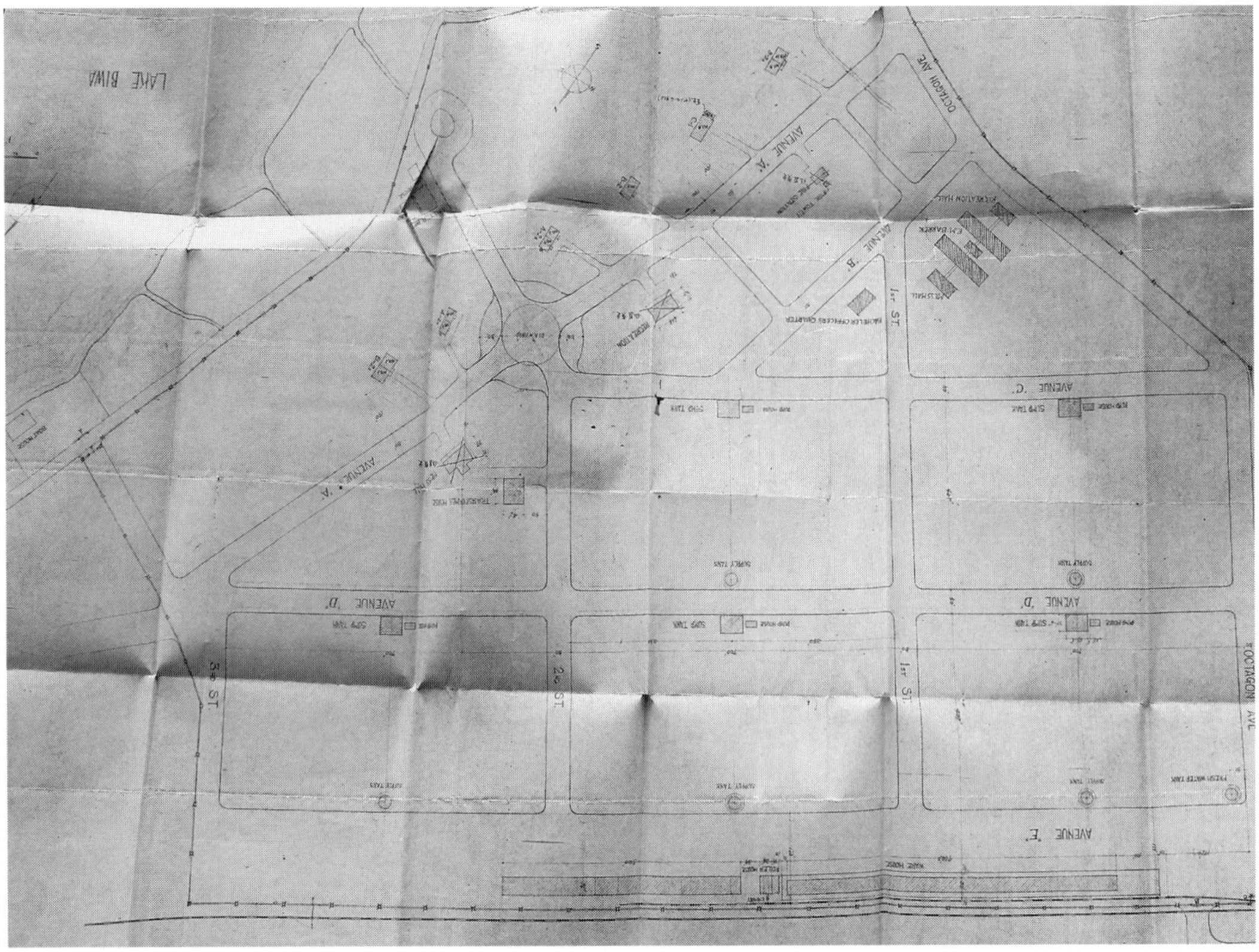

写真１　水耕農園家族住宅配置図
昭和21年
【昭06－5(35)】

　このような中、軍用給水専用上水道や、大津水耕農園、進駐軍家族のための住宅である皇子山《おうじやま》ハイツなどが新築されました。上水道は国が費用を負担、大津市が工事を施工し、総額六九二二万円余をかけて昭和二十三年三月に完成、六月から給水を開始しました。大津水耕農園は、下阪本《しもさかもと》村にあった旧滋賀海軍航空隊跡が接収され、昭和二十一年七月に運営されはじめたものです。五〇町歩《ちょうぶ》（約五〇万平方メートル）におよぶ広さを持ち、糞尿《ふんにょう》などの肥料を用いない野菜栽培専用農場でした。砂利を敷いたコンクリート槽に、ポンプを用いて化学肥料の水溶液を流し込む大変珍しいものでした（写真１）。皇子山ハイツは進駐軍の家族住宅として九月に提供されたものです。当時は、皇子山の他にも多くの個人住宅が接収されました。接収された家屋の住民は、早急に家を出なければならず、その様式もアメリカ人向けに改造されます。改造項目は、ある住宅では二二か条にもおよび、床のフローリング張りやブラインドの取付け、ガラス戸の新設や出入りを洋風に模様替え、ガレージの新設などの項目が定められていました。【昭06－6(1)】。

　一方、県民にもさまざまな影響がありました。特に、所有する施設や土地を接収された場合は、ほぼ強制的に明け渡さなくてはなりませんでした。そうしたものの中には、接収が解除された後に補償問題へと発展したものもあります。

　例えば、昭和二十一年に、ＧＨＱの宿舎として接収さ

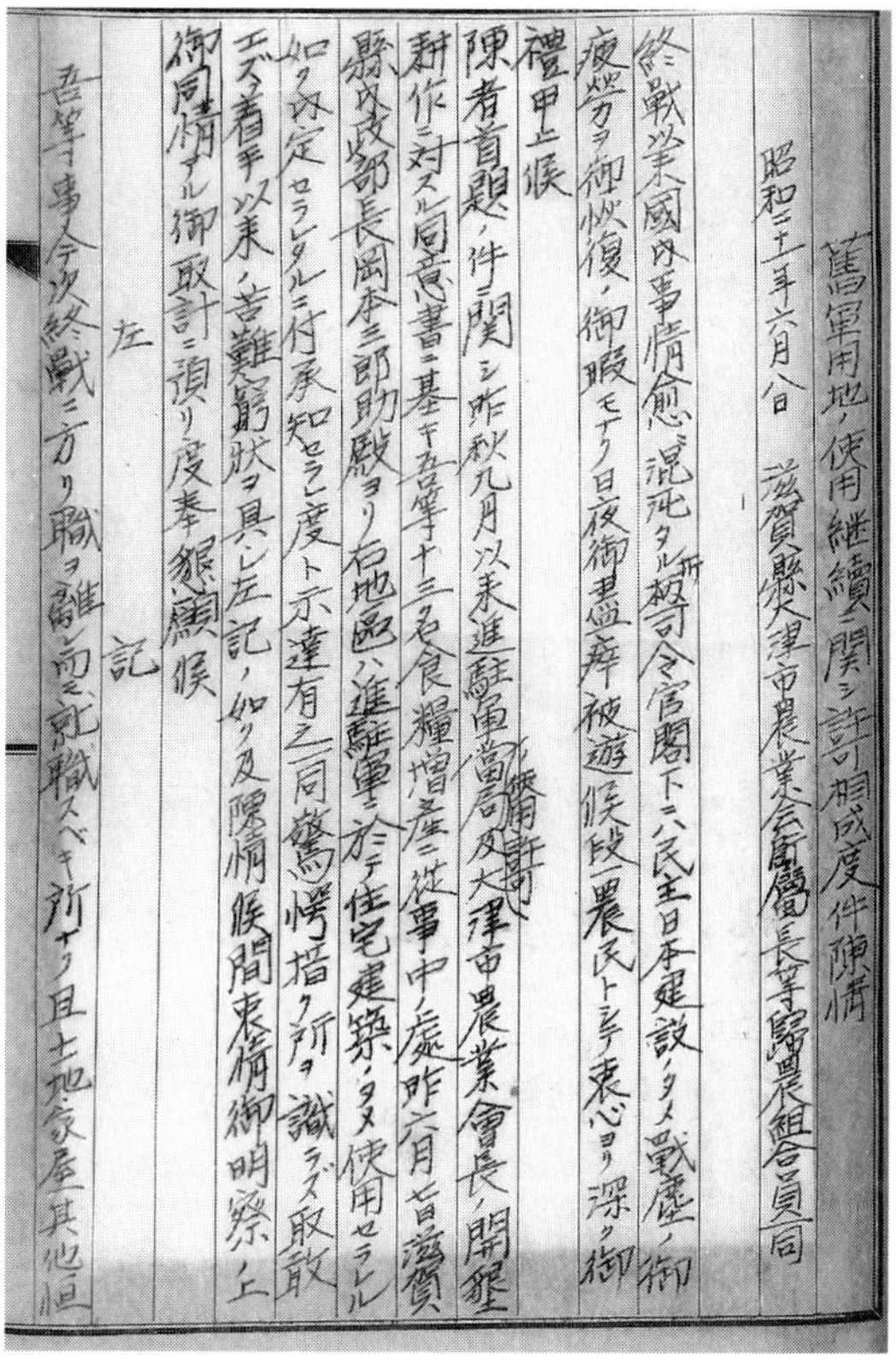
舊軍用地ノ使用継續ニ関シ許可相成度件陳情
昭和二十一年六月八日　滋賀縣大津市農業会膳所農事組合員一同
終戰ノ今日國内ノ事情愈々混沌タル折柄司令官閣下ニハ民主日本建設ノタメ戰塵ノ御
疲労ヲ御快復ノ御暇モナク日夜御盡瘁被遊候段一農民トシテ衷心ヨリ深ク御
禮申上候
陳者首題ノ件ニ関シ昨秋九月以来進駐軍當局ノ御許可及大津市農業會長ノ開墾
耕作ニ対スル同意書ニ基キ吾等十三名食糧増産ニ從事中ノ處昨六月七日滋賀
縣内政部長岡本三郎助殿ヨリ右地区ハ進駐軍ニ於テ住宅建築ノタメ使用セラルル
如ク決定セラレタルニ付承知セラレ度ト示達有之一同驚愕措ク所ヲ識ラズ取敢
エズ着手以来ノ苦難窮状ヲ具シ左記ノ如ク及陳情候間衷情御明察ノ上
御同情アル御取計ニ預リ度奉懇願候
左　記
吾等ノ事ハ今次終戰ニ方リ職ヲ離レ而モ就職スベキ所ナク且土地家屋其他恒

写真２　旧軍用地の使用継続に関し許可相成度件陳情
昭和21年６月８日
【昭06－16(6)】

れた大津市の八新亭《はちしん》には、世に名高い一〇〇本以上の盆梅《ぼんばい》がありました。この盆梅は、そもそも膳所藩医生駒《いこま》家が江戸後期より育成していたもので、膳所《ぜぜ》の名物として知られていました。それを昭和八年に八新亭の経営を担う佐々木家が、ぜひにと所望し、盆梅の「輿入《こしい》れ」として結納金五万円を納め、披露宴まで開いて譲り受けたそうです。以来、その盆梅は大切に育てられていましたが、GHQの接収を受け、昭和二十七年までの六年間、その管理下に置かれました。結果、佐々木家に返還された時には、盆梅のほとんどは失われ、同家は二〇〇〇万円近くにおよぶ梅木と鉢の補償請求を、大阪調達局に起こしています。調達局は、GHQが使用する施設の管理を行う国の機関であり、当時の県民は、GHQや県ではなく、国を交渉相手として補償を求めなければなりませんでした【昭06－15(43)】。また、英進駐軍の保養クラブとして接収されていた柳屋《やなぎや》ホテルは、昭和二十一年七月に接収されましたが、翌年三月、失火のために全焼してしまいます。ホテルに支払われた保険金は四三四万円でしたが、ホテルの求めた補償額には到底及ばないものでした【昭06－14(1)】。

さらに、農家の人たちにとって土地を接収されることは切実な問題でした。昭和二十一年に柴野和喜夫《しばのわきお》知事に提出された、皇子山に住む農家の人たちの嘆願書では、離農者の続出や経済的に困窮することを憂い、代用の土地を求めています（**写真２・３**）。特に、この地域は、戦

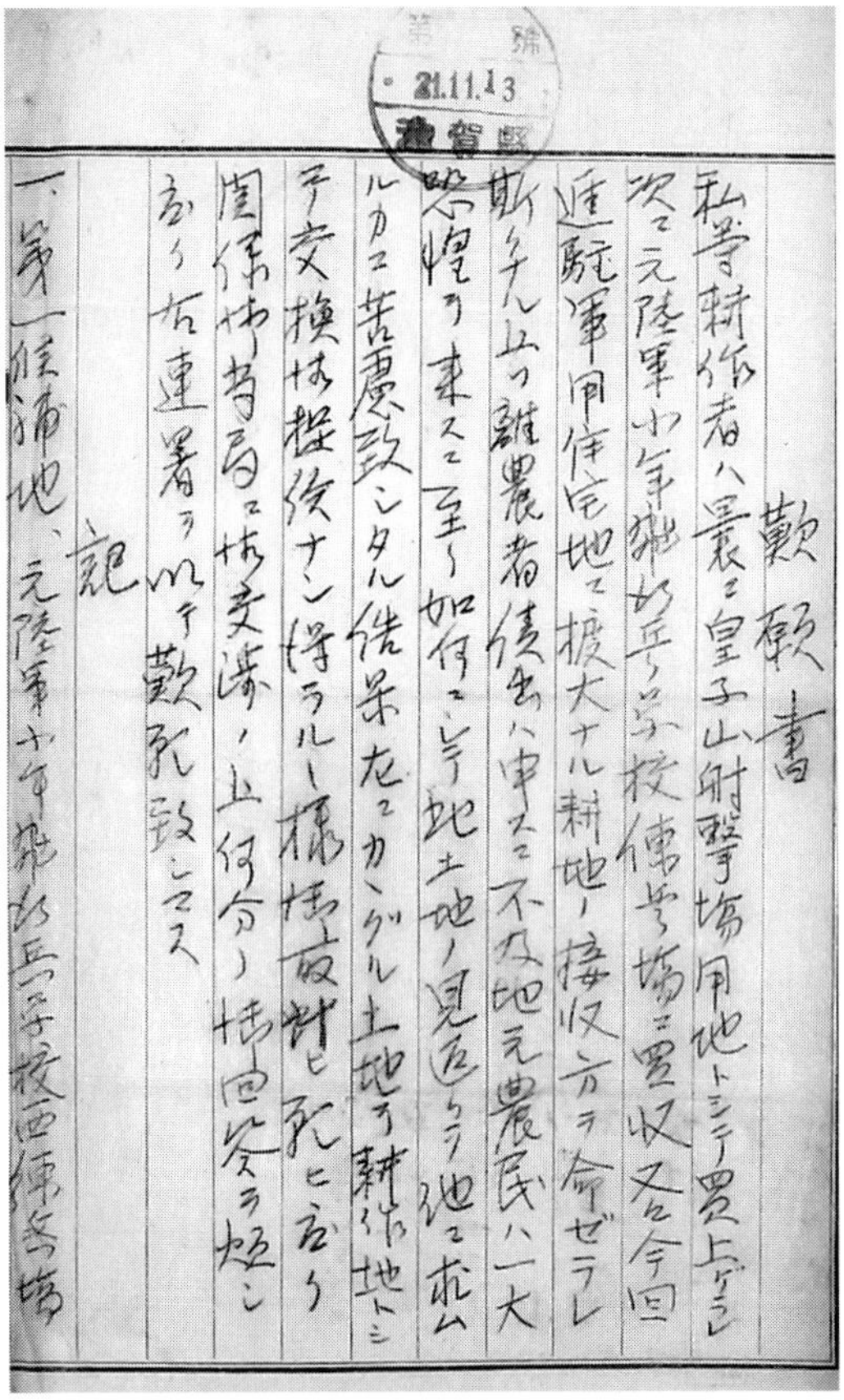

写真３　歎願書
昭和21年11月３日
【昭06－16(14)】

前から軍部に土地を強制的に買い上げられており、長く続く接収は死活問題でした。

　このようにGHQの進駐は、土地や建物の接収というかたちで県民にも大きな影響を与えました。施設を提供した県民やホテルなどは、立ち退きや労務提供などのかたちでGHQへの協力を余儀なくされました。そして、解除が進まなかった場合は、GHQが撤退するまで長期にわたり接収され続けることになりました。中でも、戦時中日本軍に接収され、戦後は進駐軍にも接収され続けた住民の辛苦は大変なものでした。

　現在まで残されている彼らの嘆願書には、接収に対する切実な思いとともに、日常生活の中に軍隊があった厳しい現実が刻まれています。

進駐下の労働者

　昭和二十年の進駐以来、GHQのもとでは多くの日本人が働いていました。接収された琵琶湖ホテルや近江舞《おうみまい》子《こ》ホテルなどでは、進駐軍が生活するためにガードマンや通訳、運転手、修理士など多様な職種に日本人が必要とされました【昭06－15⑳】。また大津水耕農園では、農薬を扱う化学技術者など専門職に就く人もいました。

　こうした日本人の労働条件は、特別調達庁が定めた「連合国軍関係使用人管理厚生規程」に定められていました（**写真４**）。その主な規約を抜粋すると、以下のようなものがあります。①一六歳未満の若年者は雇用しな

写真４　連合国軍関係使用人管理厚生規程
昭和20年代
【昭06－127】

い、②現実に労働した時間によって、勤務時間を計算する、③一日八時間、週四〇時間以上四八時間以下の労働時間、④組合活動の自由、⑤健康保険・厚生年金の支給（基本給の他に、勤務地手当・家族手当・有給休暇出勤手当・特殊作業手当・時間外手当など）などです【昭和06-127】。

　日本で労働基準法が施行されたのは、昭和二十年のGHQによる民主化指令（労働組合結成の奨励・経済の民主化など）を受けたうえでの昭和二十二年であり、当時、日本社会全体を通しても労働福祉に対する理解は、まだ充分とはいえませんでした。その中で、進駐軍で働く労務者の労働環境は、県内の他企業にとっても、参考にすべきものだったのではないでしょうか。

　ところで、日本人労務者にとっての娯楽の一つは、県によって企画された、進駐兵とその家族とともにおこなう行事の数々でした。たとえば、映画鑑賞会や演劇鑑賞会、日帰り旅行などです。日帰り旅行では、一〇二名の対象者からなる二組の班が二日間に分かれて、それぞれ延暦寺《えんりゃくじ》から鹿苑寺《ろくおんじ》金閣、苔寺《こけでら》、東大寺《とうだいじ》などをまわって交流を深めました。このように、占領をした側とされた側という立場の違いはありましたが、個人レベルでは職場を通しての交流や相互理解もあったようです。

（杉原　悠三）

⑥ マラリアの撲滅

当館では、昭和二十五年（一九五〇）八月二十九日付けの彦根市長から知事への「公有水面埋立認可申請」（写真１・２）を所蔵しています。これは彦根城の濠《ほり》に関係するもので、本来三重（内濠《うちぼり》・中濠・外濠）である濠の一番外側の濠の一部を埋め立てるというのです。この申請は聞き届けられ、実際に埋立工事が行われて、現在では道路や公園になっています。今では、そこに濠があったことを知る人は少ないのではないでしょうか。

では、彦根城跡として国の特別史跡にも指定（昭和三十一年七月十九日指定）されている彦根城の外濠を埋め立てるとは、いったいなにがあったのでしょうか。本節では、その背景を紐解《ひもと》いていきたいと思います。

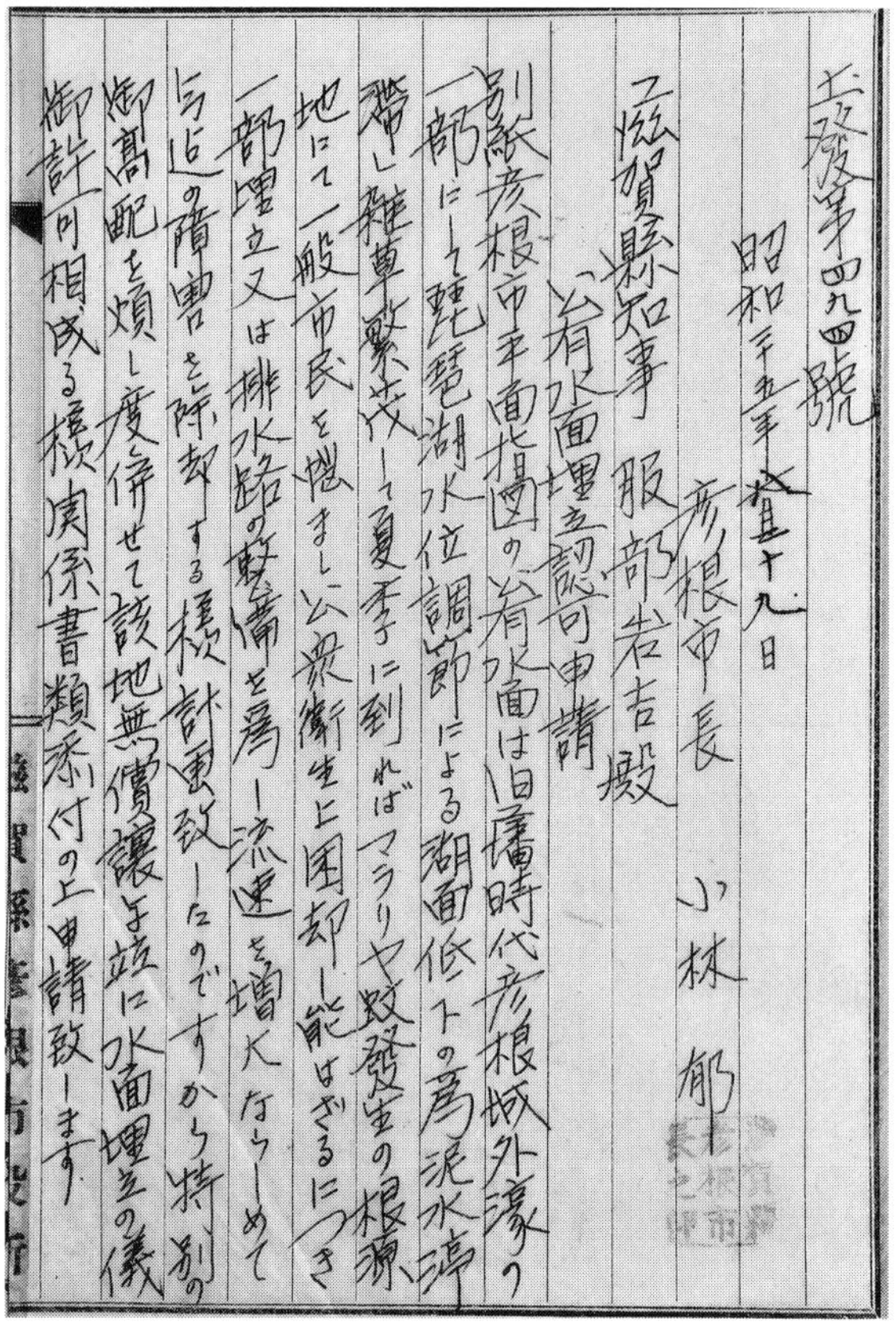
土発第四九四號
昭和廿五年八月廿九日
彦根市長 小林郁
滋賀縣知事 服部岩吉殿
公有水面埋立認可申請
別紙彦根市平面略図の公有水面は旧藩時代彦根城外濠の一部にして琵琶湖水位調節による湖面低下の為泥水停滞し雑草繁茂して夏季に到ればマラリヤ蚊発生の根源地にて一般市民を悩まし公衆衛生上困却し能はざるにつき一部埋立又は排水路の整備を為し流速を増大ならしめて之迄の障害を除却する様計画致したのですから特別の御高配を煩し度併せて該地無償譲与並に水面埋立の儀御許可相成る様関係書類添付の上申請致します

写真１　公有水面埋立認可申請
昭和25年８月29日
【昭ぬ12(1)】

「土着マラリア」と「輸入マラリア」

まずは、写真１の内容を詳しく見ていきましょう。その内容をまとめると、図面に記している場所は旧藩時代の彦根城外濠の一部であり、琵琶湖の水位調整による湖面低下のため泥水が停滞して雑草も繁茂していて、夏には「マラリア蚊《か》発生の根源地」として一般市民を悩まし、公衆衛生の面でも困り果てている。よって、一部を埋め立て、または排水路を整備することによって流速を増大させて今までの障害を除去するように計画した。このため、該地の無償譲与と水面の埋め立てについて許可してくださるよう、関係書類を添付して申請する。といった内容になります。外濠の埋め立てには、どうやら「マラリア」が関係ありそうです。

マラリアは、マラリア原虫を病原体とし、ハマダラカ属の蚊を媒体に人から人へと感染する原虫感染症です。今でも、熱帯地域を中心に流行しており、この地域で感染し、帰国後国内で発症するものを「輸入マラリア」と呼んでいます。第二次世界大戦終結後、引揚者により輸

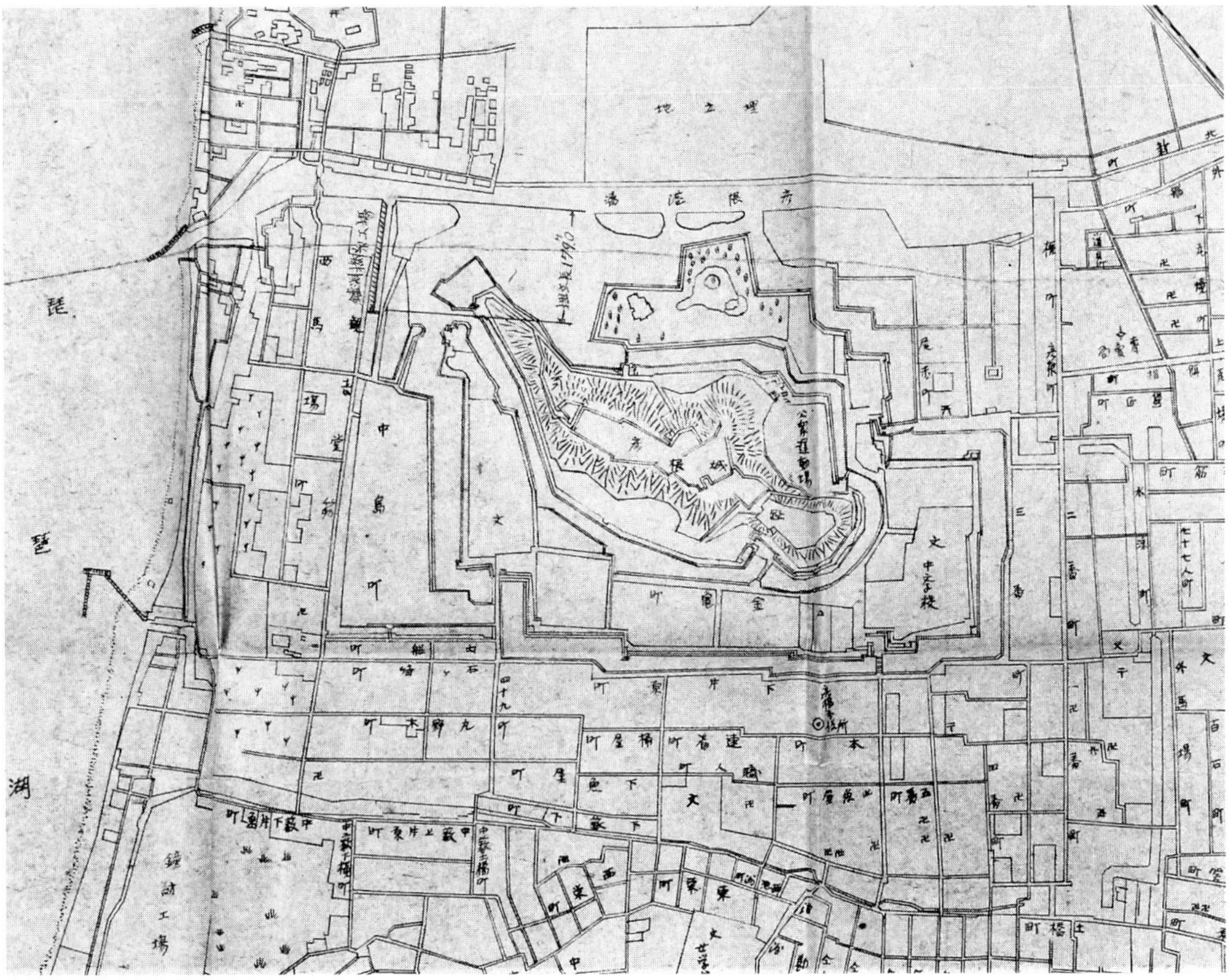

写真２　添付図面
昭和25年８月29日
【昭ぬ12（1）】

入マラリアが日本に持ち込まれ、全国各地で流行しました。この引揚者を原因とする流行は、熱帯地域由来の原虫が日本の蚊に適応しなかったことや、十分なマラリア特効薬が供給されたことなどにより、まもなく終息します。しかし、各地でマラリアの感染者数が減少していく中、依然として多くの感染者が報告される地域がありました。それが、滋賀県です。これは日本に古くからみられる「土着マラリア」によるもので、シナハマダラカを媒体とした、三日熱《みっかねつ》原虫によるものです。かつては全国的にみられた感染症でしたが、土地改良の普及や農薬の使用などにより徐々に減少していき、戦後も流行をくり返したのは本県だけであるといわれています。

滋賀県のマラリア対策

本県は、最も長くマラリアに悩まされた地域ですが、その要因は地理的特徴によるものだと考えられています。県面積の六分の一を占める琵琶湖沿岸部の、特に内湖や水が溜《た》まりやすい場所はマラリア原虫の媒体となる蚊の発生も多いからです。**写真３**は大正七年（一九一八）一月から八月までの県内各小学校のマラリア患児童の割合を示したものです。一五％以上の地域は琵琶湖沿岸に集中していることがわかります。この地域の住民は幼少期より数回にわたって感染をくり返すものの、発病してもその症状は軽く、医師にかかるものは極めて少ない状況であったようです。

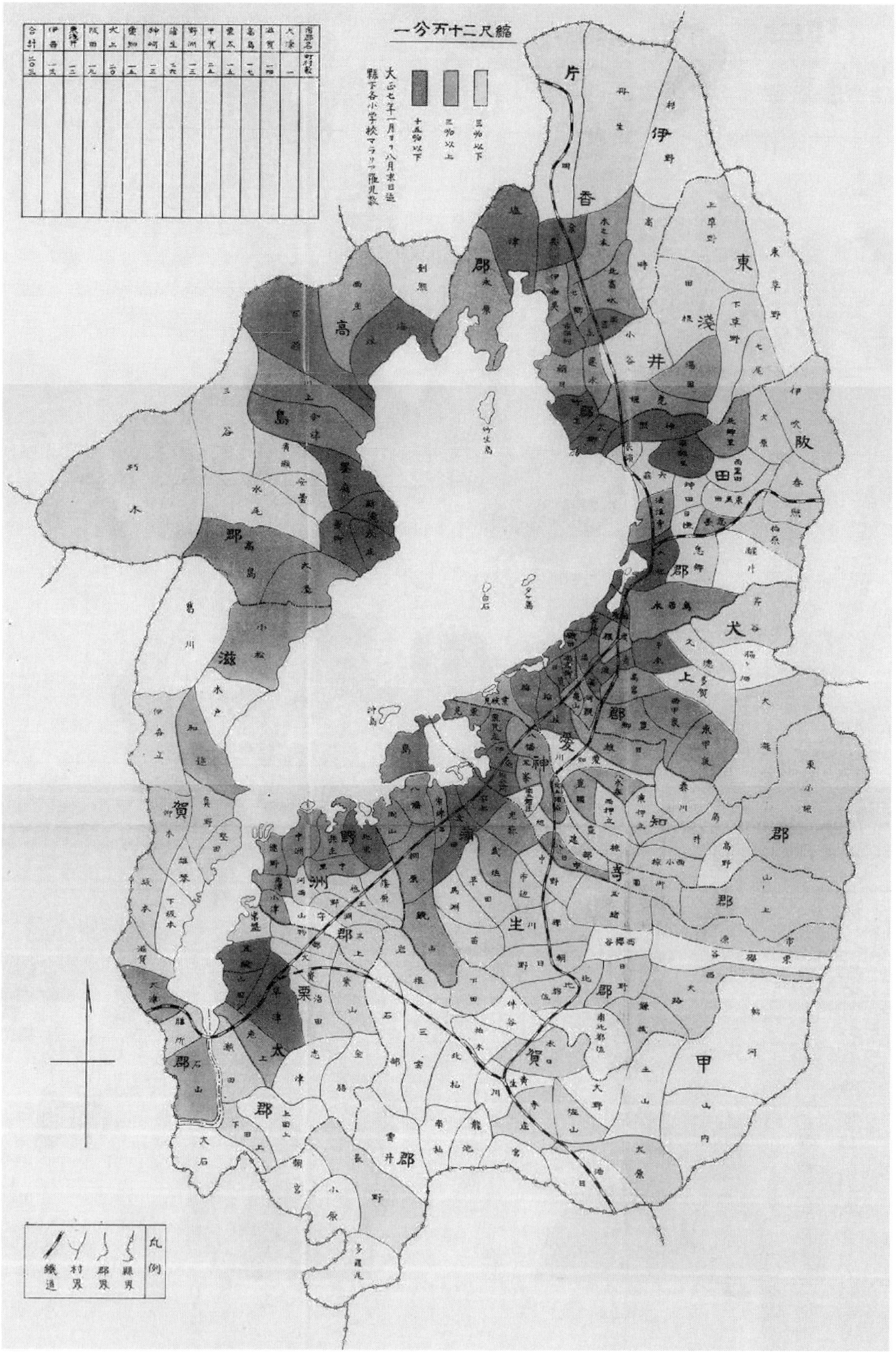

写真３　小学校児童のマラリアり患者の分布
大正７年１月～８月
国立国会図書館デジタルコレクション

このように、日本の土着マラリアはあまり重症化しないこともあり、根絶しなければならない感染症とは考えられていませんでした。それが、大正期になって、衛生面だけでなく経済・産業面での損失についても論じられるようになり、対策が進みます。内務省衛生局の試算では、人口二〇〇〇人のマラリア流行地の農村で、一年間に三分の一の村民が感染すると、休養や看病による損失は一万四〇〇〇円にも上るといいます。本県でも、大正十五年、マラリア予防は「衛生上ノミナラス産業発展上極メテ必要」であるとし、マラリアの感染状況等を正確に把握するための調査やキニーネ（マラリア治療薬）の交付を開始し、患者数を確実に減少させていきました【昭お54－2（43－4）】。

彦根市のマラリア対策

県内でもマラリアが特に多かった彦根市は、昭和二十四年一月の連合国占領軍近畿地区軍政本部からの勧告をきっかけとして、マラリアを「保健衛生上重要な問題」と考え独自の対策を行ってきました【昭01－12(75)】。医師でもあった当時の小林《こばやし》郁《かおる》市長は、四月一日に市衛生課を設置し、その第一の目標をマラリア対策としました。同年、彦根マラリア研究所も開設し、マラリアに関するさまざまな調査が実施されていきます。

対策には、衛生教育、原虫の撲滅、媒体となる蚊を発生させないという三つの方針がとられました。当時の市民らはマラリアを重要な病気とは考えていなかったので、まずは住民の意識改革が不可欠でした。そのため、マラリアの正確な情報を周知し、国内では彦根市が特に多く、市の不名誉でもあるとしてマラリア対策への協力を求めました。また、原虫の根絶のために治療薬の配布も行いました。

マラリアの媒体となる蚊への対策は最も必要であり、最も困難な事業でしたが、薬剤の散布と水面の埋め立てによってこれに対処しました。水面の埋め立てとは、昭和二十四年に立案された彦根マラリア対策第一次五か年計画のことで、「マラリア蚊発生の根源地」である彦根城の外濠と城山裏大湿地帯を埋め立てる計画です。特に後者の埋め立てについては住民の反対意見も多く、最終的には文部省文化財保護委員会（現・文化庁）の意見をもとに、史蹟《しせき》の保全を考慮した事業が実施されることとなりました。冒頭でご紹介した資料は、この時に市長から知事へ出されたものだったのです。

このような対策の結果、マラリア患者の発生は急激に減少していき、昭和三十四年の滋賀県での報告を最後に、日本の土着マラリアは完全に終息したと考えられています。マラリアは遠い異国の感染症ではなく、日本でも古来流行しており、特に滋賀県では風土病ともいわれ、彦根城の外濠を埋め立てる原因とまでなった病なのです。

（岡本　和己）

第2部

滋賀県立公文書館の紹介

公文書館入り口

滋賀県立公文書館は、本県が所有する特定歴史公文書等を適切に保存し、利用に供するため、令和二年（二〇二〇）四月一日に開館しました（**写真1**）。これまで本県では、明治期から昭和戦前期までの公文書等（歴史的文書）を、平成二十年六月より県民情報室内の県政史料室で閲覧に供してきましたが、平成三十一年三月に滋賀県公文書等の管理に関する条例（公文書管理条例）が制定されたことにともない、同室を新たに公の施設として改組いたしました。

当館では、県民共有の知的資源である公文書等を守り、未来へ伝える役割を果たすために、さまざまな業務を行っています。本節では、みなさまに当館をより深く知っていただくため、当館の概要や所蔵資料、利用方法などをご紹介します。

施設概要

当館は、JR琵琶湖線大津駅から徒歩五分、滋賀県庁舎（大津市京町四丁目1番1号）の新館三階に位置しており、一般の方にも職員にも利用しやすい場所にあります。当館のある建物は、新館と称してはいるものの、実際には昭和六十二年九月に「公文書センター」として建設された七階建ての建物で、四〜七階および一階が文書庫になっています。当館の施設［展示コーナーのある閲覧室、執務室（三階）、書庫（七階）］のほか、二階には県の刊行物や統計資料を閲覧できる県民情報室・統計資料室や県民サロンがあります。

所蔵資料

当館では、本県の公文書のうち、歴史資料として重要なもので当館に移管されたもの（特定歴史公文書等）を、一般の利用に供しています。資料の内訳は、歴史公文書一万三一九一冊、行政資料六四八点、寄贈・寄託文書五二点です（令和三年三月現在）。

特定歴史公文書としては、明治期四一八七冊、大正期一五九八冊、昭和戦前期三二九七冊、昭和戦後期二七三一冊、令和二年度移管一三七八冊を所蔵しています（**表1**）。このうち、明治期から昭和戦前期までの九〇六八冊は、平成二十五年に県指定有形文化財（歴史資料）に指定されました。

写真1　開館式の様子
令和2年4月1日

表１　所蔵資料の内訳（令和３年３月現在）

歴史公文書	明治期	4,187冊
	大正期	1,598冊
	昭和戦前期	3,297冊
	※昭和戦後期	2,731冊
	※令和２年度移管文書	1,378冊
行政資料		648点
※寄贈・寄託文書		52点

今後も保存期間が満了したファイル等のうち、歴史資料として重要なものが順次加えられる予定です。

　行政資料とは、県が保管していた行政刊行物や図書、写真類を指します。現在当館では六四八点を所蔵しており、この中には『滋賀県日誌』二四点や旧藩県史六点、大津県印、ロシア皇太子ニコライとギリシャ王子ゲオルギオスの肖像写真などが含まれています。令和二年度には、古関裕而《こせきゆうじ》直筆の「滋賀県民の歌」楽譜や昭和天皇の湖国巡幸写真帳なども追加登録しました。

　さらには、県政と重要な関わりのある個人や団体からの寄贈・寄託文書の受け入れも行っています。昨年寄贈を受けた、第一六代滋賀県知事堀田《ほりた》義次郎《ぎじろう》の私文書も、「堀田義次郎関係文書」として四月の開館に合わせて公開しました。

公文書館を使ってみよう！

(1) 利用（閲覧）

　当館の所蔵資料は、直接当館の窓口のほか、ホームページやファックス、郵送により利用請求をしていただけます。

　どのような資料が公文書館に所蔵されているかは、開館にあたりホームページに導入した「歴史公文書等検索システム」で探していただけます。このシステムでは、キーワードによる横断検索をはじめ、作成日や差出人、受取人等による詳細検索（文書単位）や、資料分類による階層検索（簿冊単位）も可能です。特定した資料は、画面上の利用請求ボタンを押すことで一覧表を作成でき、利用請求書を提出する際は、この表を添付することで、簡単に申請書類の作成ができます。国立公文書館デジタルアーカイブの横断検索機能とも連携しています。

　請求の受理後は、利用審査を行った上で、三〇日以内に利用決定を行います。利用決定がなされた資料は、来館して実際に手に取ってご覧いただけます。カメラ等をお持ちであれば撮影も可能です。なお、目録の利用区分が「公開」の資料であ

写真２　閲覧室

れば、簡易閲覧として申請当日に利用できます。

(2) デジタルアーカイブ

検索システムでは、目録の検索の他にもデジタルアーカイブの閲覧が可能です。

デジタルアーカイブでは、ニーズが高い資料のデジタル画像をインターネット上でご覧いただけます。これらの画像は、すべて当館に申請することなく、自由にご利用いただけます（利用の際は、当館の所蔵資料である旨と、資料の請求番号をなるべく表記いただきますようお願いいたします）。

開館に合わせて、旧村絵図と社寺明細帳を公開しました。この旧村絵図（口絵「蒲生郡第7区沖之島（沖島）絵図」など）は、堤防や橋梁、道路などの長さが記されたもので、当館では全一〇簿冊を所蔵しています【明へ1～9、68】。明治六年（一八七三）十二月の県の指示を受け、各村が作成したもので、施設ごとに「自普請所」「御普請所」と、改修費を官民いずれが負担するか、細かく注記されています。

一方の社寺明細帳は、明治期から終戦直後にかけて用いられた神社や寺院等の公的管理台帳です。194頁で詳しくご紹介していますが、祭神・本尊や由緒、境内・建物の規模などが記載されているため、神社や寺院の歴史を詳しく調べることができ、広く県民の方に利用されてきました。除籍簿を含む四六冊を公開しています。デジタルアーカイブでは、通常のキーワード検索に加え、地域ごとの階層検索も可能です。例えば、「県社」→「滋賀郡」→「坂本村」と選ぶことで、滋賀郡坂本《さかもと》村（現・大津市）にある県社をすべて検索することができます。

ほかの資料も順次デジタル化作業を進め、より充実したデジタルアーカイブを提供していきたいと考えています。

(3) 企画展示とデジタル展示

当館では、県政史料室の頃から、所蔵資料を広く知っていただくため、年に四回程度の企画展示を行っています（写真2）。公文書館開館後の第一回は、「公文書管理の源流を探る―大正期の文書事務改革―」と題して、本県の公文書管理の歴史を振り返りました（写真3）。続く第二回は「活躍する外国人～開化する滋賀～」、第三回は「感染症との闘いの歴史」をテーマに開催しました。今後もさまざまなテーマで企画展示を行っていきますので、ぜひお越しください。

また、当館ホームページでは、「デジタル展示」として、これまで行ってきた展示を資料の画像や解説とともに紹介しています。ここで紹介した資料は、検索システムの目録情報と紐づけられており、そのまま実際の資料を利用請求することもで

写真２　企画展示の様子

きます。デジタル展示では、公文書館にどのような資料があるのかわからない場合でも、関心のあるテーマから資料を探す参考にしていただくことができますので、ぜひご活用ください。

この他にも当館では、講演会や講座の開催、情報紙『滋賀のアーカイブズ』の発行など、当館や所蔵資料を身近に感じていただけるよう、さまざまな取り組みを行っています。今後も、所蔵資料の新たな価値を見出し、より多くの方に利用していただけるよう努めて参りますので、ぜひ一度当館をご利用ください。

表2　公文書館の沿革

年	月	事　項
1987	9	公文書センターの竣工
1988	4	滋賀県公文書等の公開に関する条例を施行
2006	11	滋賀県公文書保存活用検討懇話会が提言を知事に提出
2007	4	「滋賀県歴史的文書の閲覧等に関する要綱」等を策定
2008	6	県政史料室の開設
2010	12	歴史的文書解読講座の開始（職員対象）
2011	1	県内公文書館担当者意見交換会を開始 （翌年に県内歴史的公文書等担当者会議と改称）
	–	全国歴史資料保存利用機関連絡協議会（全史料協）に加入
2013	3	「滋賀県行政文書」9,068冊が県有形文化財に指定
	9	『公文書でたどる近代滋賀のあゆみ』（サンライズ出版）を刊行
2015	6	進駐軍関係（渉外）の行政文書154冊を歴史的文書に追加
2016	7	行政資料614点、行政文書14冊を歴史的文書に追加
	11	情報紙『滋賀のアーカイブズ』を創刊
2018	1	明治150年特別展「湖国から見た明治維新」を開催（～19年1月）
2019	1	ツイッターアカウントを開設
	3	滋賀県公文書等の管理に関する条例、滋賀県立公文書館の設置および管理に関する条例を公布
2020	4	上記の2条例を施行、県立公文書館の開館

写真3　第1回企画展示ポスター

寄稿　公文書館への序章

元滋賀県審議員　梅澤幸平

　平成十九年（二〇〇七）三月に滋賀県立図書館長を定年退職し、当時の澤田史郎《さわだしろう》副知事からのお勧めで、四月から「県の歴史的公文書の利活用」という特命事項をいただいた。県は前年度に歴史的な行政文書の取り扱いについて、滋賀県公文書保存活用検討懇話会から嘉田由紀子《かだゆきこ》知事が「提言」を受けていた。その辺の事情はおおよそ知っていたが、まさかその受け皿づくりの役が回って来るとは思わなかった。

　そもそも滋賀県は、近畿圏で公文書館が未設置の唯一の県であった。一方廃藩置県以来の明治～昭和戦前期の歴史的な行政文書九〇六八冊が、戦災や災害にも遭わず県庁内に保存され、近代の地方行政を知る上で全国的にも貴重な財産を有していた。懇話会からはこうした文化財級の歴史的な文書を「歴史的文書」として、現用文書とは公開基準を明確に区別して、利活用しやすい仕組みを作ることを求められていた。しかし、公文書館を新設することなどは、厳しい財政事情では困難がともない、当面滋賀県としてどうするかが課題となっていた。

　こうした下で、今後の取り組みの検討を任されたのだ。同じ資料を扱ってもこれまでの図書館での書籍等の資料整理と、行政の公文書管理は似て非なるもので、また郷土資料などについても専門ではなく面食らった。でもここは間口広く、「資料管理」の経験の上に新たな組織づくりに取り組むことが求められていると、気持ちを切り替えて、公文書を統括する県民情報室に出勤した。

　早速、関係者らと新しい文書館構想を練ったが、どこかの施設を公文書館に転用するにしても、書庫の耐震性なども考慮しなければならず、工事費は数千万円から億単位が予想され、半端な金額ではなく行き詰まってしまった。しかし、現在の文書庫が建設された当時の資料に目を通してみると、ここは県庁舎内でも耐震性に優れた「公文書センター」（写真1・2）で、特別に堅牢《けんろう》な建物なのだということに気づかされた。

　そこで、この公文書センター内に、新たに歴史的文書を扱う閲覧スペース（県政史料室）を設け、ここで公文書館機能を担うことを検討した。図書館ほど利用者が多数来館するわけではないので、

写真1　公文書センター外観

閲覧機能は小規模で十分で、四人がけ閲覧机が五、六脚置ければしのげると判断した。また書庫の部分をわざわざ歴史的文書と分けなくても、現用文書と共存の現書庫をそのまま維持すれば良く、かえって現用・歴史の両文書を県民情報室内で、一元的に管理できることになり効率的であった。他県の公文書館の課題を聞くと、現用文書の保存期間満了後に、歴史的文書への移管が滞ってネックとなっているところが多かった。

経費は部屋の模様替えと備品代等含め、最低額で四〇〇万円と見積もった。所管する当時の県民文化生活部長も、県財政が厳しくなり何もかも「もったいない」では、ますますマイナス思考になり県庁内でも元気が出ないから、県政史料室開設を来年度の目玉にしようと積極的に乗り出し、庁内の調整を図ってくれて、最後は知事の了承を得てくれた。

先の「提言」では、歴史的文書は「文化財」という視点が強調されていたが、事業の目的は「これまでの行政の説明責任を果たすもの」で、情報公開の窓口を今回拡充することは、県民に対し説明責任をより明確に示すことになるという県政の常道と大義を強調した。

県議会での委員会説明には、京都府と滋賀県の県境を定めた時に参考にした比叡山頂の絵図などを持ち込んで、「こんな絵図やたくさんの文書が残されています。滋賀県の成り立ちを後世に伝える大事な歴史資料です」と言いながら私が説明役を買って出た。議員諸氏はこんな貴重な文化的財産は大事にしなくてはと口々に賛意を示してくれた。

こうして平成二十年六月に県政史料室が開設され、私の他に専門のスタッフが四名配置された。県庁内に設置されたため、県民にはわかりにくい面もあるので、少しでも出入りしやすい施設にしようと、入り口に廊下から一直線によく見えるように、三畳分ほどに拡大した滋賀県地図のパネルを取り付けた。

この地図は、滋賀県に敦賀《つるが》市や小浜《おばま》市などの嶺《れい》南《なん》地方（現在は福井県）が含まれた、本県に海があった五年間（明治九〜十四年）を象徴する珍しい時代の資料で、県内の字《あざ》（当時は村）名などもわかりやすく載っている。大きな看板で遠くから見えるので、県庁の廊下を歩いている人が、何だろうと寄ってくる。古文書などは難読のこともあるが、地図というのは誰にでも親しみやすく、楽しめるものだ。

開設時には、テープカットをやめてこのパネルの除幕式にした。パネルには「県政史料室」と室名が墨痕《ぼっこん》鮮やかに書かれていたが、これは嘉田知事の直筆。秘書課で知事は筆字を絶対書かないと

写真2　書庫

断られたが、本人に会って「公文書の最終管理責任者は知事ですから」と理解してもらい書いてもらったもの。とても素直な字で、資料を引き立てるものであった。除幕式では明治のころの琵琶湖の姿が描かれたこの地図を前に、知事は集まった記者を相手に「ここら辺は昔入り江がたくさんあって魚が泳いでいて　琵琶湖環境は…」などと、前職の環境社会学者に戻って講義を始める一幕もあり、大いに盛り上がった（写真3）。このパネルの前で、地図を見ながら居合わせた者同士が昔はこうだったのかと会話が弾んでいる情景もときどき生まれて、狙い的中とばかりに企画した側は嬉しくなった。

　ある時、福井県若狭《わかさ》地方の首長ら数名に随行員ら十数名が突然どやどやと入ってきて、この地図の前で「やっぱり我々はもともと関西圏なのだ」と気勢を上げていた。話を伺うと新鉄道敷設のことで滋賀県庁に陳情に来られ、廊下でこの地図が目に入ったという。今後もし道州制になったらこのままでは若狭は北陸圏になる恐れがあるが、この地図は若狭が昔から近江や京都と密接につながり、関西の文化圏であったことを示している。このパネルをそれぞれの市役所などにも設置して、関西圏だったことをアピールしたいという話にまで盛り上がっていた。

　歴史的文書に親しんでもらうためには、話題づくりが大切と、月替わりで企画展示も開催した。大津事件や琵琶湖疏水《そすい》といった、歴史的に著名なものはいうに及ばず、東日本大震災の直後には、「助け合う日本」と題して、関東大震災時の県民あげての救援活動を公文書でたどる試みを行った。国勢調査の際には、統計課と連携して、第一回国勢調査時（大正九年）のキャンペーン資料の展示も行っている。他機関との連携も進め、県立図書館のデジタル・アーカイブとの同一企画展の開催や、県の郷土情報誌『湖国と文化』の紙面を通して、歴史的文書の解説も連載してきた。また昼休み時間を利用して、県職員向けに歴史的文書解読講座を開設。テキストの回答は、共通事務端末を通して毎月「県民情報室だより」としても配信した。平成二十五年には、こうして蓄積された研究成果が地元のサンライズ出版の目に留まり、『公文書でたどる近代滋賀のあゆみ』として一冊にまとめられ、刊行に至ったのは望外の喜びだった。

　県民向けには、全国歴史資料保存利用機関連絡協議会（全史料協）近畿支部の協力を得て、毎年外部講師の協力を仰ぎ、歴史的文書に関わる講演会も開催し、百数十名の参加を得て好評を博してきた（写真4）。閲覧申請も年々定着し、東京方面からの来室者も珍しくなった。公文書管理

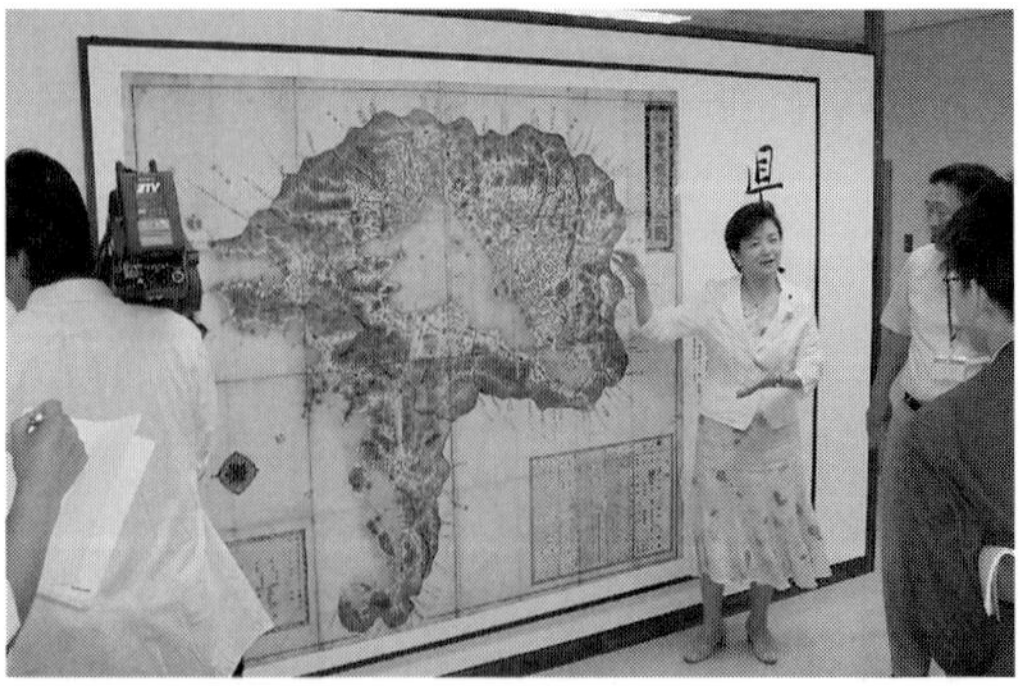

写真３　看板前で話す嘉田知事（当時）

の課題は、県内自治体にも共通すると視野を広げ、県内歴史的公文書担当者会議を発足させ、毎年会議を重ねている。

歴史的文書の保存環境では、酸性紙の劣化を防ぐため、中性紙文書箱への早期移行が課題だったが、新たな文書箱代だけでも一〇〇〇万円ほどの費用がかかる。財政面で暗礁に乗り上げていたところ、平成二十二年秋に国から、「光交付金」という図書館などへの支援策が発表され、早速これらの支援を受けて、中性紙文書箱の購入が実現したのは僥倖《ぎょうこう》だった。

平成二十五年には、このような取り組みが評価され、念願だった県の有形文化財指定を受けることができた。その後も地道な作業を積み重ね、約七五万件の目録電子データを作成し、ホームページからの検索を可能にした。平成二十七年には、滋賀県公文書に関する有識者懇談会が発足し、一年余をかけて公文書の今後のあり方について協議が重ねられた。

こうして多くの関係者の思いが一本に繋《つな》がり、三日月《みかづき》知事の下で令和元年に滋賀県公文書館条例が県議会で可決され、悲願の「滋賀県立公文書館」の誕生に結実したのは、関係者の一人として喜びに堪えない。

写真４　講演会の様子　平成24年

◆1◆ 県官員履歴

当館の歴史公文書のなかには、官員（職員）の職歴をまとめた履歴書の綴《つづ》りが含まれています。これらの簿冊は、県官員の人物像を探る上で大変有用ですが、構造が複雑で使いこなすのが難しい資料となっています。そこで本節では、官員履歴の編製過程と、その構造を紹介したいと思います。

履歴編集のはじまり

明治維新後、政府から府県に対して、最初に官員履歴に関わる指示があったのは、明治四年（一八七一）三月のことです【明あ7(83)】。滋賀県の前身にあたる大津県でも、太政官より判任官《はんにんかん》（下級官吏）以下の履歴を備え置くよう命じられています。そのうち、奏任官《そうにんかん》（高等官）に転じた者については、太政官への提出が義務付けられました。免職者・在職者に関わらず、人事に関わる達書の全文を年月日も含め、次の雛形《ひながた》どおりに記載することが指示されています。

本籍　苗字通称姓実名
年号干支月日
一　任某官

さらに同年七月には、凡例をまとめた「判任履歴表編輯《へんしゅう》規則」が、太政官より布達されています（写真1）。廃藩置県にともない、県と合併された旧藩の判任官履歴を調査することや、戸籍や苗字等を改称した場合、旧名を朱書きで付すことなどが記されています。

判任履歴表の編製

明治五年一月、大津県から改称した滋賀県では、官員履歴の編製は、同年五月に簿書専務（文書係）の事務と位置づけられました【明い33(4)】。当時の分掌表によれば、滋賀県平民の小島岩雄《こじまいわお》がその任にあたったようです。

同年八月には、従来庁内に備え置くとされた判任官履歴も、太政官より提出を命じられています【明あ10(35)】。このとき定められた雛形は、五章に

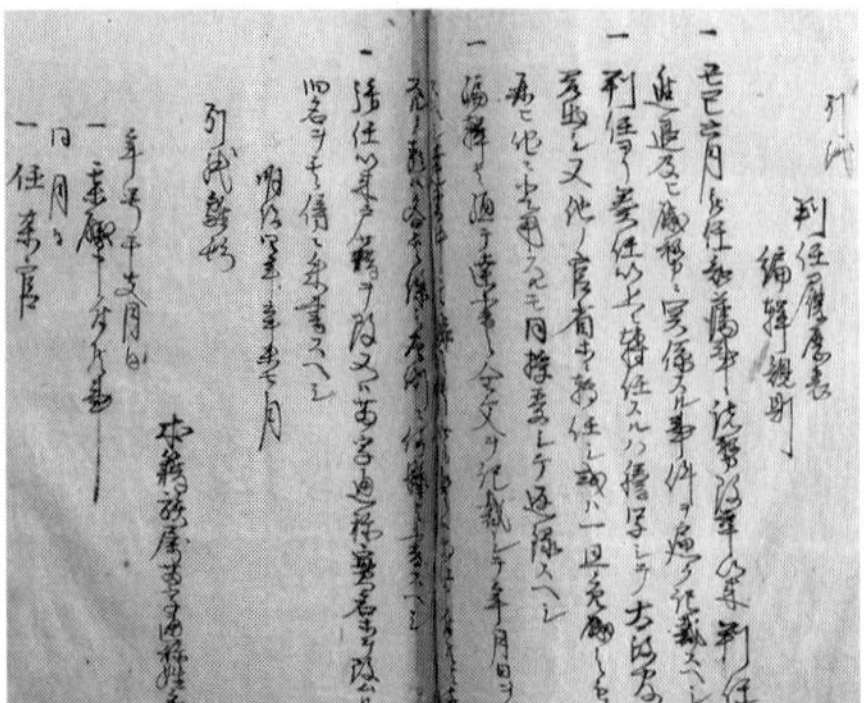

写真1　判任履歴表編輯規則
明治4年7月
【明あ8(14)】

およぶ詳細なもので、以後の履歴編製の基礎となっています。提出締切は、同年十月とされましたが、結局県が提出したのは、それから三年後の明治八年十月でした【明う19－1(55)】。履歴の編製作業に、大変手間取った様子がうかがえます。

現存する官員履歴のなかで、最も古いものがこのとき提出された『判任履歴表』です（写真2・3）。「従いの部至つの部」（い～つ、履歴1）、「従なの部至あの部」（な～あ、履歴2）、「従さの部至すの部」（さ～す、履歴3）の三分冊があり、明治八年八月までに出仕した判任官の履歴がまとめられています。簿冊の巻頭には、明治五年八月の雛形に基づき、左記のように、苗字一文字がいろは順に並んだ目次が付されました。

イ之部　伊稲今石一池井生市岩
ハ之部　坂萩
ニ之部　西丹（…）

写真2　『判任履歴表』
【明え156－4、明え133】

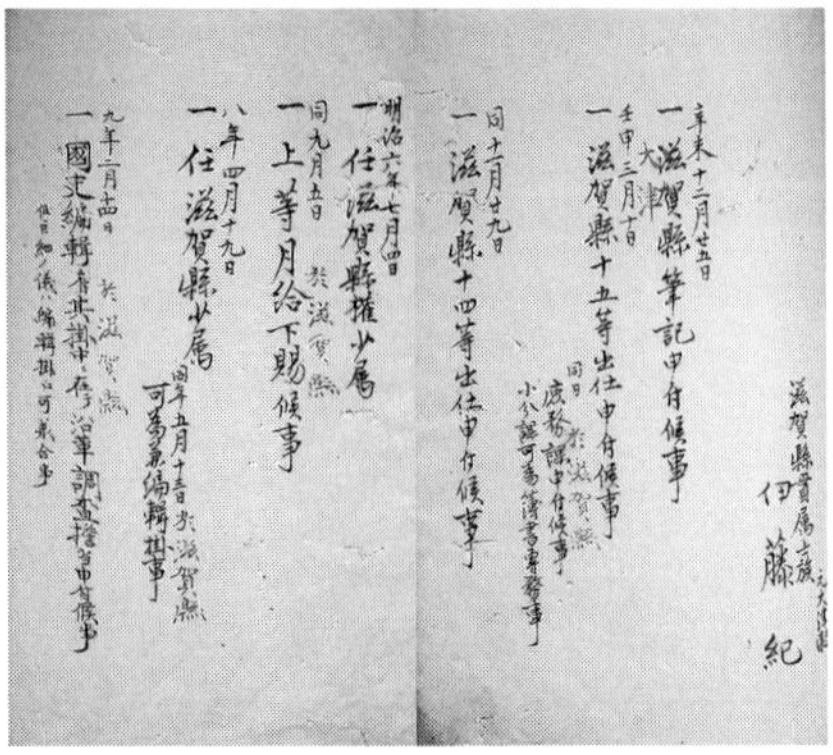

写真3　『判任履歴表』
【明え156－4】

表1　滋賀県所蔵官員履歴一覧

	請求番号	簿冊名		請求番号	簿冊名
1	明え156-4	判任履歴表 従いの部 至つの部	12	明え149	退職者履歴書
2	明え133	判任履歴表 従なの部 至あの部	13	明え150	退職者履歴書
3	明え156-3	判任履歴表 従さの部 至すの部	14	明え151	退職者履歴書
4	明え145	判任履歴	15	明え152	退職者履歴書
5	明え156-2	判任履歴編冊	16	明え153	退職者履歴書
6	明え158-2	滋賀県判任官履歴書	17	明え154	休職満期転免死亡者履歴書
7	明え44	判任官履歴	18	明え155	退職者履歴書
8	明え139	判任官履歴書 その二	19	資114～119	滋賀県史 1編54-59
9	明え143	判任官履歴書 その三	20	資188～197	滋賀県史 2編67-76
10	明え158-1	滋賀県奏任官奉職履歴書	21	資233～239	滋賀県史 3編36-42
11	明え156-1	等外吏履歴編冊	22	資277～286	滋賀県史 4編36-45

その後、新たに出仕した判任官（さらに下級の等外吏からの昇進を含む）の履歴は、随時内務省に「別冊」として提出されました【明う58⑿㉙】。その別冊が一冊にまとめられた簿冊が、『滋賀県判任官履歴書』（履歴4）です。さらにその追録は『判任履歴編冊』（履歴5）、『判任履歴』（履歴6）と順次作成され、明治八年八月から十八年一月までに出仕した判任官の履歴は、これらの三冊からたどることが可能です。

恩給関連履歴

さらに、当館所蔵資料のなかには、これまで紹介してきた六冊とは別に、同一人物が掲載された『判任官履歴』三冊（履歴7～9）があります。これらは、明治十七年一月公布の官吏恩給令を受け、翌十八年二月、恩給局より編製が指示されたものです【明え59⑾】。官員の恩給支給の資料として用いられ、同年五月、県から同局に提出されました。

これらは独自に定められた雛形はありつつも、基本的に履歴1～6を書き写したものとみられ、同年一月一日現在の判任官（郡区の書記含む）の履歴が綴られています。人名目次はないものの、当時在職したすべての判任官がいろは順に並んでいるため、検索には大変便利な履歴書となってい

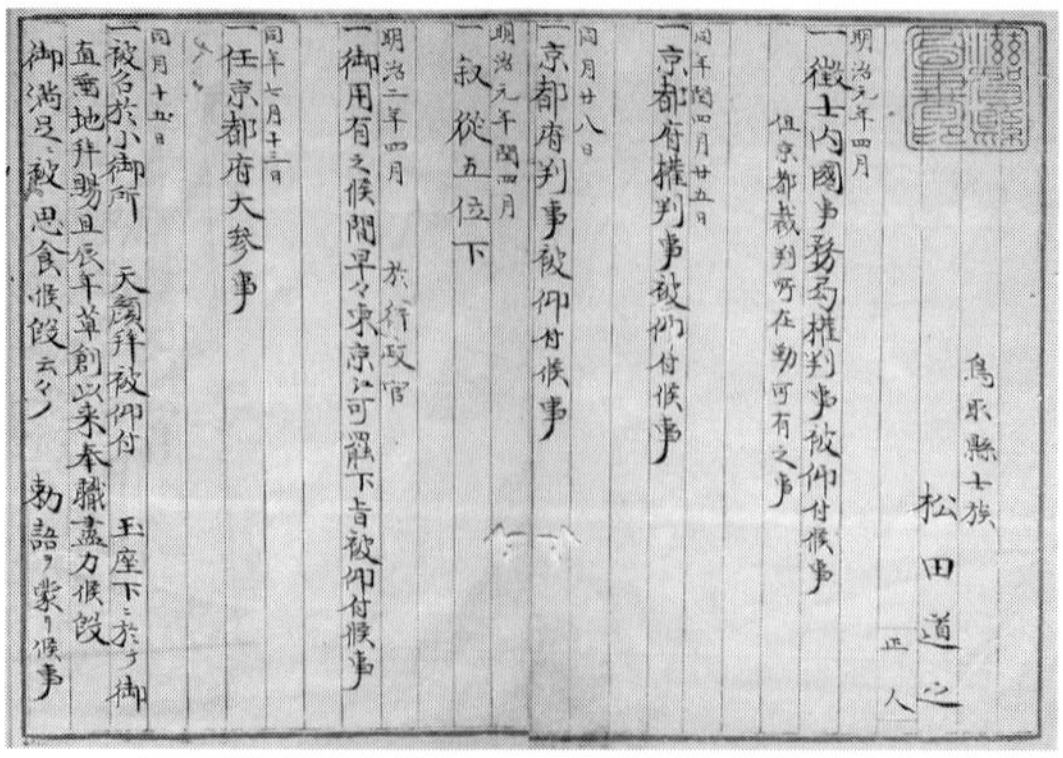

写真4　『滋賀県奏任官奉職履歴書』【明え158－1】

ます。

その他、判任官履歴以外には、『滋賀県奏任官奉職履歴書』（履歴10、写真4）や、『等外吏履歴編冊』（履歴11）があります。いずれも、明治五年の滋賀県改称時から、明治十九年の地方官官制公布時までに在任した官員（奏任官・等外吏）の履歴が綴られています。判任官履歴と併せて利用することで、当時の県官員の全体像を把握することができます。

退職者履歴書

明治十九年七月、地方官官制の公布にともなう、地方制度改革以後は、在職者の官員履歴は現存せず、その代わりに『退職者履歴』（履歴12～18）が残されています。これらの履歴には、奏任官・判任官の区別はありません。

退職年順に編製されているため、退職年が判明している場合は、目的の人物にたどりつきやすいものの、判任官履歴などのように、人名のいろは順から探すことはできません（目次はあり）。とはいえ、大正四年（一九一五）までは、この履歴が現存するおかげで、県官員の履歴を比較的容易にたどることができます。その後は、職員台帳があるものの、官員一人一人の詳しい履歴は残されていないのです（恩給扶助料請求簿冊等に部分的に存在）。

『滋賀県史』附録官員履歴

その他、府県史料『滋賀県史』（詳細は196頁）にも、附録として官員履歴（履歴19～22）が掲載されています（写真5）。この履歴の特徴は、大津裁判所や大津県時代が含まれていることで、滋賀県設置以前に在任した官員の履歴をたどることができます。ただし同じ人物でも、県史編集の期間（全五編、当館所蔵は四編まで）ごとに、分割して記載されており、一人の人物の履歴を一度に確認するには、不向きという難点があります。また時期的にも、県史が編集された明治十七年度までしか、たどることができません。

以上のように、当館所蔵の官員履歴は、編製目的ごとに記載内容が異なり、それぞれの性格を理解しなければ、目的の情報にたどりつくことが困難です。あいにく、請求番号も順番に並んでいないので、ぜひ本節の解説と、表1の「滋賀県所蔵官員履歴一覧」をご活用ください。

（大月　英雄）

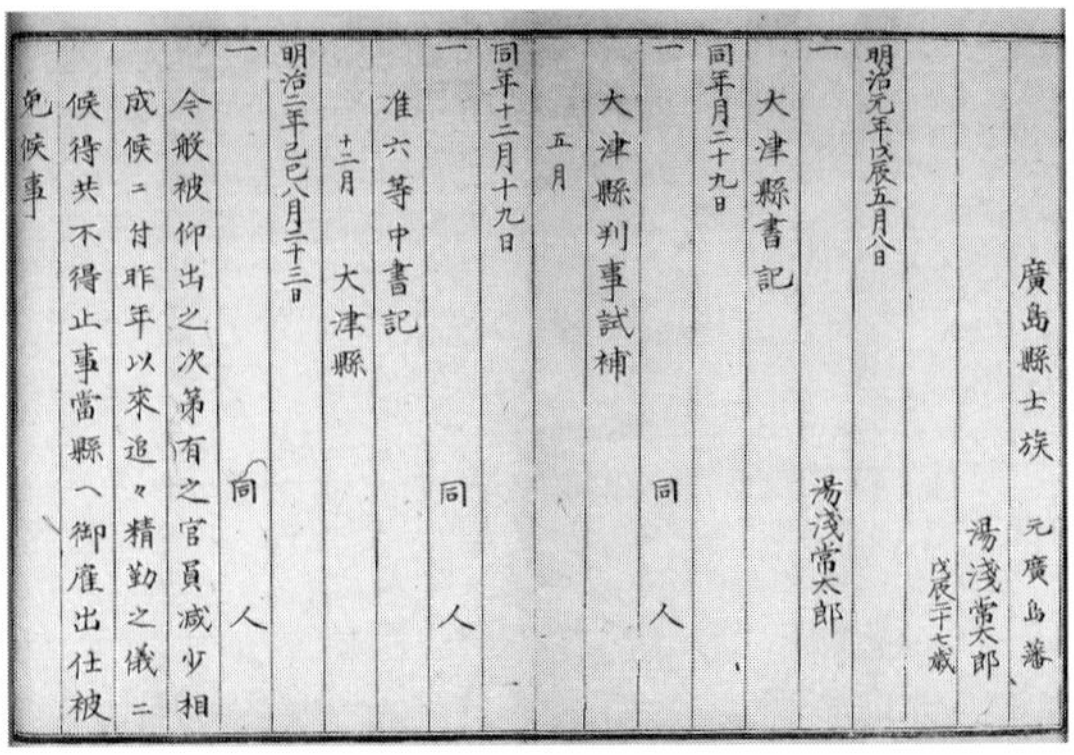
廣島縣士族　元廣島藩
湯淺常太郎
戊辰二十七歳
明治元年戊辰五月八日
一　大津縣書記　湯淺常太郎
同年月二十九日
一　大津縣判事試補　同人
五月
同年十二月十九日
一　准六等中書記　大津縣　同人
十二月
明治二年己巳八月二十三日
一　今般被仰出之次第有之官員減少相成候ニ付昨年以來追々精勤之儀ニ候得共不得止事當縣ヘ御雇出仕被免候事　同人

写真5　『滋賀県史』55 官員履歴【資115】

◆2◆ 社寺明細帳

社寺明細帳とは、明治期から終戦直後にかけて、内務省と県に備え付けられていた、神社や寺院等の公的管理台帳のことです。祭神・本尊や由緒、境内の坪数などが記載されており、神社・寺院の歴史を調べる上で欠かせない基本資料となっています。本節では、その成り立ちをご紹介しましょう。

事の始まりは、明治三年（一八七〇）のことです。太政官は、同年七月二日に寺院明細帳、十一月二十八日に神社明細帳の作成を府藩県に命じました。いずれも年内の提出が指示されていましたが、当時は管轄地の変動が激しく、翌四年十一月、大津県は、提出の遅延を願い出ています【明す575(41)】。その後は、作成されたものから提出がなされ、県内すべての明細帳が提出されたのは、神社は明治五年九月、寺院は同七年四月のことでした【明す575(51)】、【明す577(21)】。

ただし、この時の明細帳は、誤りが多く不十分な内容だったようで、明治十二年六月二十八日、内務省は再度、社寺明細帳の作成を府県に命じました。さまざまな祭祀《さいし》施設を、神社・寺院・仏堂・遥拝所《ようはいしょ》・招魂社・祖霊社の五種に分類した上で、郡ごとの編製を指示しています。

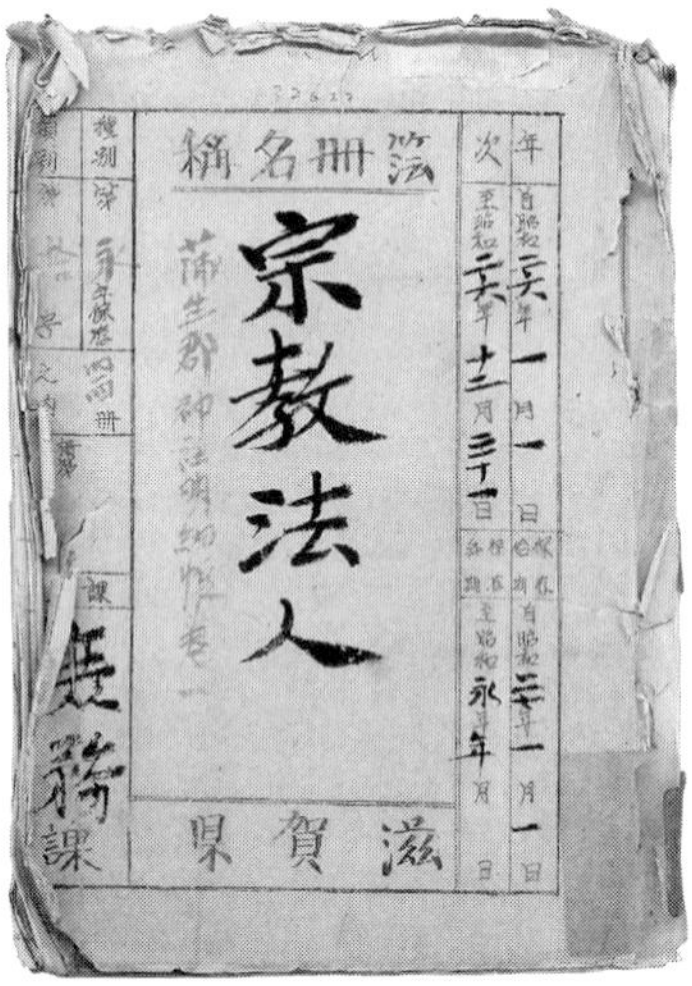

写真１　『蒲生郡神社明細帳』（県本）【明す9】

この内務省の指示を受け、県は十一月六日、改めて社寺明細帳の作成を戸長に命じています【明あ244・2(188)】。明細帳は正副二通が作成され、郡役所では、戸長役場から提出された明細帳を編綴《へんてつ》の上、一部を県庁に提出、もう一部を郡役所で保管しました（郡本）。さらに県庁では、提出された明細帳をもとに二部清書し、翌十三年七月二十九日、一部を内務省に提出【明す56(13)】、もう一部を県庁で保管しました（県本）。同十五年五月十一日には、さらに追加分を同省に提出しています【明す56⑲】。現在当館が所蔵している明細帳には、この時作成された「郡本」の一部と「県本」の二種類があります（写真1）。

県本としては、官幣社二冊【明す1～2】（写真2）、県社以下諸社一五冊【明す3～17】、寺院二二一冊【明す28～49】、仏堂三冊【明す50～52】、除籍簿四冊【明す25～27、53】の全四六冊が残されています（合本含む）。その他、内務省への異動届が大量にありますが、当時は明細帳を修正する場合、同省への報告が義務付けられていたためです。帳簿には、その度ごとに朱筆で修正事項が書き加えられました。

明細帳は、郡市別に編製され、各冊の巻頭には町村・大字ごとの索引が設けられています（写真3）。この索引を見ると、町村合併や市制施行などで、郡域が変わる度に編製し直した跡を確認できます。最終的に現在の形になったのは、宗教法人法が施行される昭和二十六年（一九五一）のことで、市単位の明細帳は、大津・彦根・長浜の三市のみとなっています（近江八幡《おうみはちまん》・八日市《ようかいち》・草津は、昭和二十九年から市制施行）。

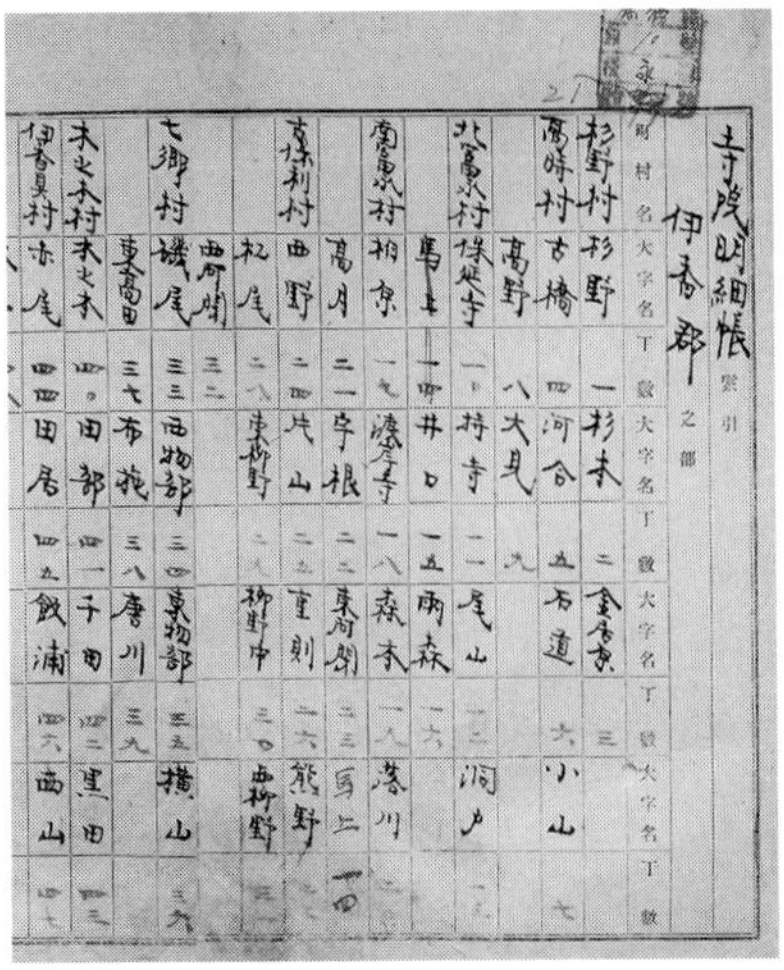

写真３　『伊香郡寺院明細帳』目次
【明す47】

一方、郡本は大正十五年（一九二六）七月、郡役所が廃止された後、県に引き継がれた五冊【明す101～104、106】が残されています。ただし、すべてが移管されたわけではなく、蒲生《がもう》・東浅井《ひがしあざい》・甲《こう》賀《か》・野《や》洲《す》の四郡のみとなっています。

県本と比べて特徴的な点は、遥拝所の明細帳（蒲生郡）が含まれているところです。遥拝所とは、ある神社の祭神を離れた場所から拝するための場所で、明治十三年七月時点では、その明細帳が内務省に提出されています。ただし、大正五年八月の調査によれば、その後県内の遥拝所は、すべて廃されてしまったようで【大す195⑨】、明細帳も県本としては廃棄されたものと見られます。

その他、郡本には戸長が明細帳を提出した際の添書も、合わせて綴じられているものもあります。県本・郡本の双方を確認することで、社寺明細帳の理解をより深めることができるでしょう。

（大月　英雄）

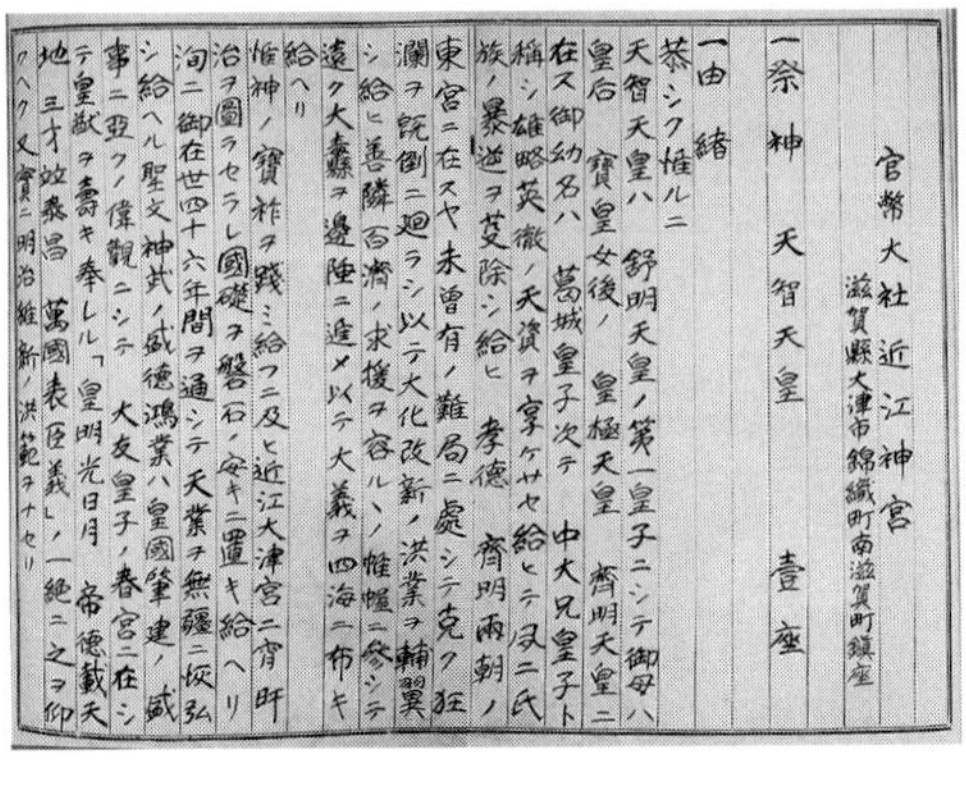

官幣大社　近江神宮
滋賀縣大津市錦織町南滋賀町鎮座
一祭神　天智天皇　壹座
一由緒

写真２　『官幣社明細帳』
【明す2（2）】

◆3◆ 府県史料『滋賀県史』

当館所蔵資料の中には、明治初期の県政の歩みを調べる上で便利な『滋賀県史』という行政資料が含まれています【資60～287】。本節では、その成り立ちをご紹介しましょう。

「王政復古」を掲げて発足した明治政府は、古代の律令国家に倣《なら》い、維新直後より国の正史編纂《へんさん》事業に着手します。同事業は、『日本書紀』から『日本三大実録』までの「六国史《りっこくし》」に続くものと位置づけられ、明治五年（一八七二）十月、太政官正院に歴史課が設けられました。

翌六年には歴史課事務章程が制定され、同課は手始めに、幕末以後の正史編纂に取り組むことになりました。また、その「本史ノ考拠」とするため、廃藩置県以後の府県の沿革も、順次「編輯《へんしゅう》（集）」するという方針が掲げられています。

ここでいう「編輯」とは、正史を執筆する編纂とは異なり、その典拠となる資料を収集し、編年形式でまとめる作業のことを意味しました。その作成物は「史料」と呼ばれ、今回取り上げる『滋賀県史』も、この時作成された「府県史料」の一つです。

歴史課の編輯方針に基づき、明治七年十一月、太政官は歴史編輯例則（全八則）を府県に示し、地方の沿革などを取りまとめるよう指示しています。翌八年四月、歴史課は修史局と改称し、五月には滋賀県でも、庶務課に編輯掛が設置されました【明い59-6(28)】。

編輯掛の責任者には、大津県では筆記（文書係）、滋賀県改称後は簿書専務（同前）を務めた伊藤紀《いとうのり》が就きました（写真1）。伊藤は、円満院宮家来の出身で、文書管理に大変通じた人物でした。一方、実際の編輯事業を担ったのは、元水口《みなくち》藩漢学者の山県順《やまがたじゅん》や、後に『淡海《おうみ》廿《にじゅう》四《し》勝図記』を著す安国清《やすくにきよし》（福岡県平民）ら教養ある知識人で、順次雇い入れられました。

このように、事業の専門性に即した人材が配置された編輯掛ですが、典拠となる資料の収集には苦労したようです。例えば、明治九年五月二十四日、県は修史局に対して、大津裁判所（大津県の前身）の設立日に関する照会を行っています（16頁の写真1）。

その照会文では、大津裁判所で参謀（次官）を

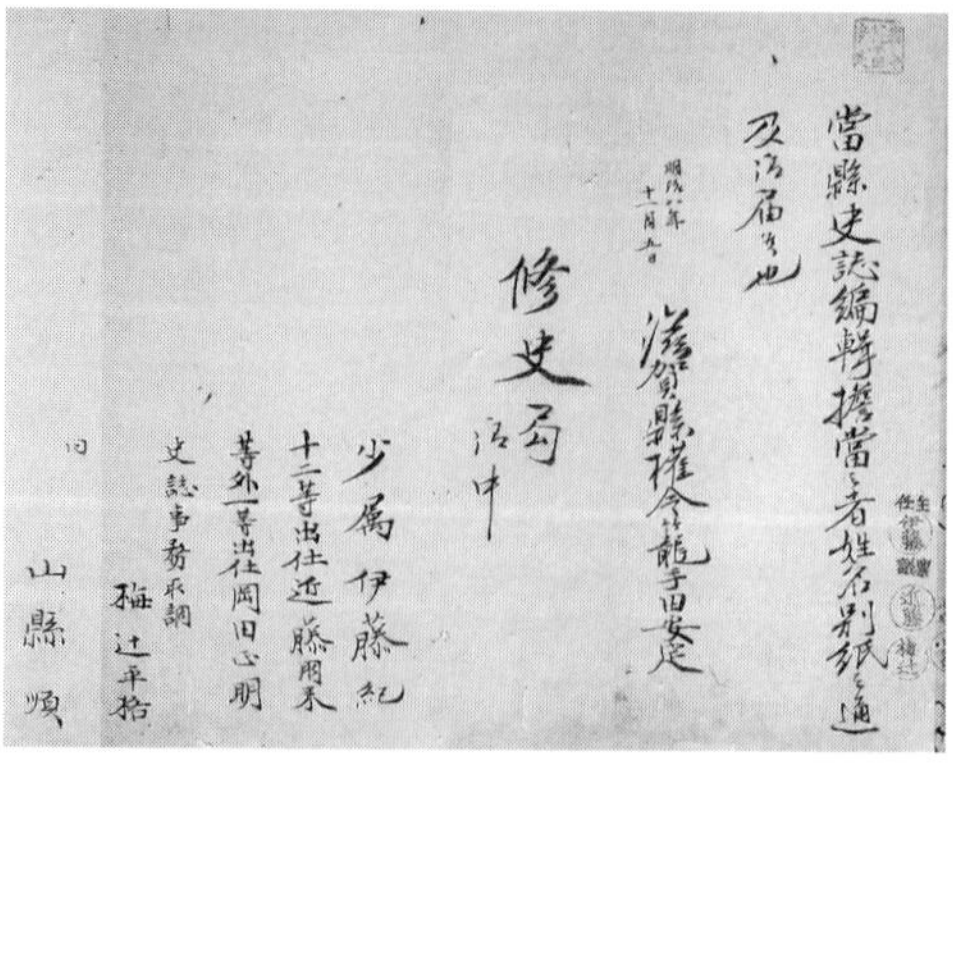

写真1　史誌編輯担当者の届書
明治8年11月5日
【明あ246-1(9)】

務めた板倉筑前介《いたくらちくぜんのすけ》（醍醐《だいご》家家来）が三月八日に拝命していることから、設立日は同日以前であることがわかるが、それ以前のことは、公文書がないため不明だとしています。これに対し修史局は、諸記録が一致しないとしながらも、国の進達録では、長谷信篤《ながたにのぶあつ》（公家）の総督（長官）拝命日が三月七日であるため、設立日も同日と定めていると返答しています。

　こうして作成された『滋賀県史』は、政治・制度・付録の三部構成で、勧業・職制・官員履歴などの事類ごとに編製されています。叙述の主な形式は、事項ごとに関連する申牒・布令などの原文（年月日も）をそのまま挿入するというもので、現在イメージする「県史」とは大きく異なっています（写真２）。

　第一編は、立庁から明治七年十二月までを対象とし、第二編以降も順次作成されました。修史局に提出する進達本と、県で保管する控本が作成され、そのうち当館では、第一編六〇冊、第二編七七冊、第三編四三冊、第四編四六冊（＋各編に目次が一冊ずつ）の控本を所蔵しています（写真３）。編輯事業は、明治十七年度まで続き、第五編まで作成されました。ただし、第五編は進達本（国立公文書館蔵）のみ存在が確認されています。

　なお、編輯掛では廃藩置県前後に滋賀県（大津県時代を含む）に合併された、旧藩県史の編輯も担いました。彦根・膳所《ぜぜ》・水口・西大路《にしおおじ》・山上《やまかみ》・宮川《みやがわ》・大溝《おおみぞ》の七藩県史が作成されています。

（大月　英雄）

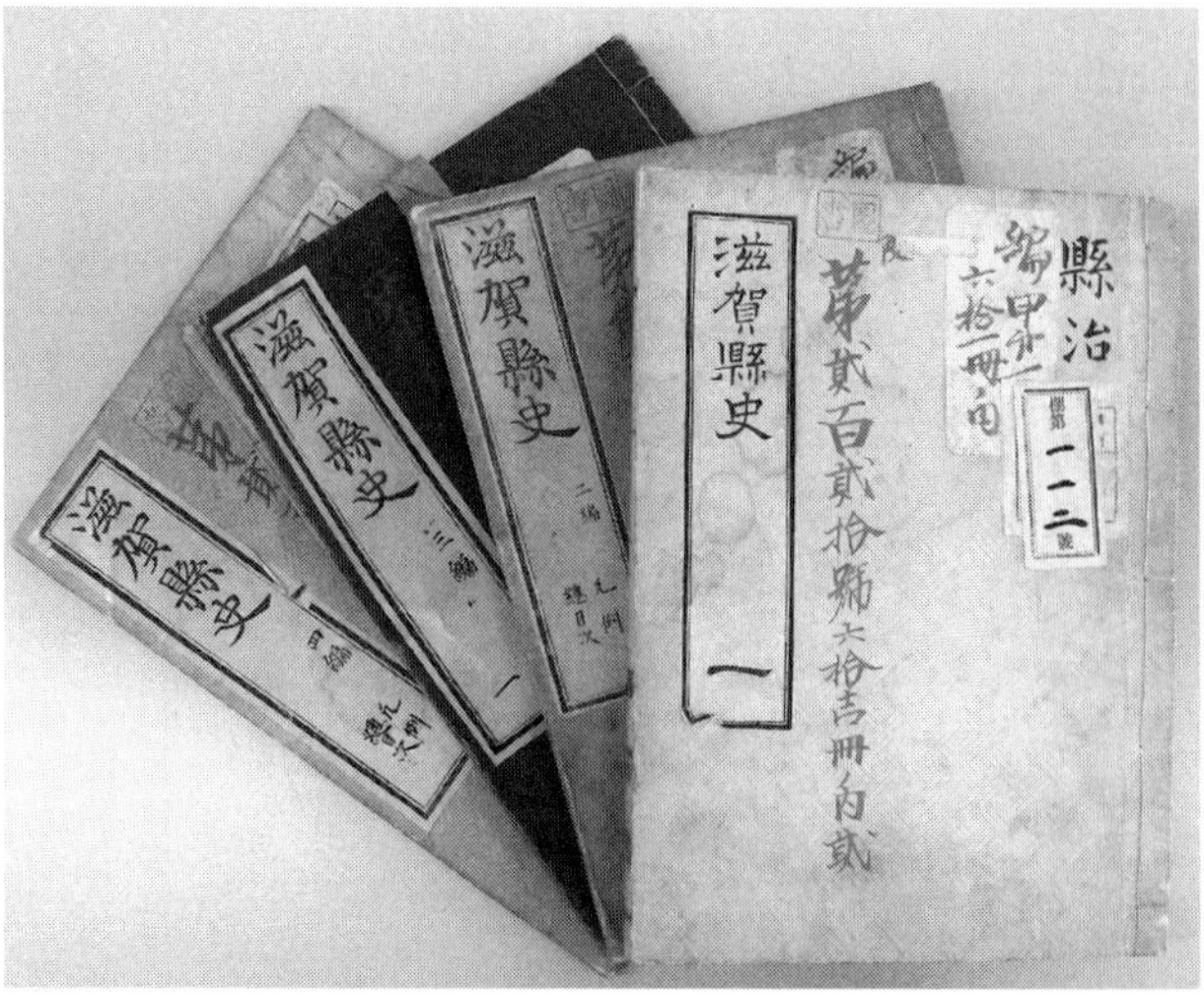

写真３　『滋賀県史』
【資61、121、199、241】

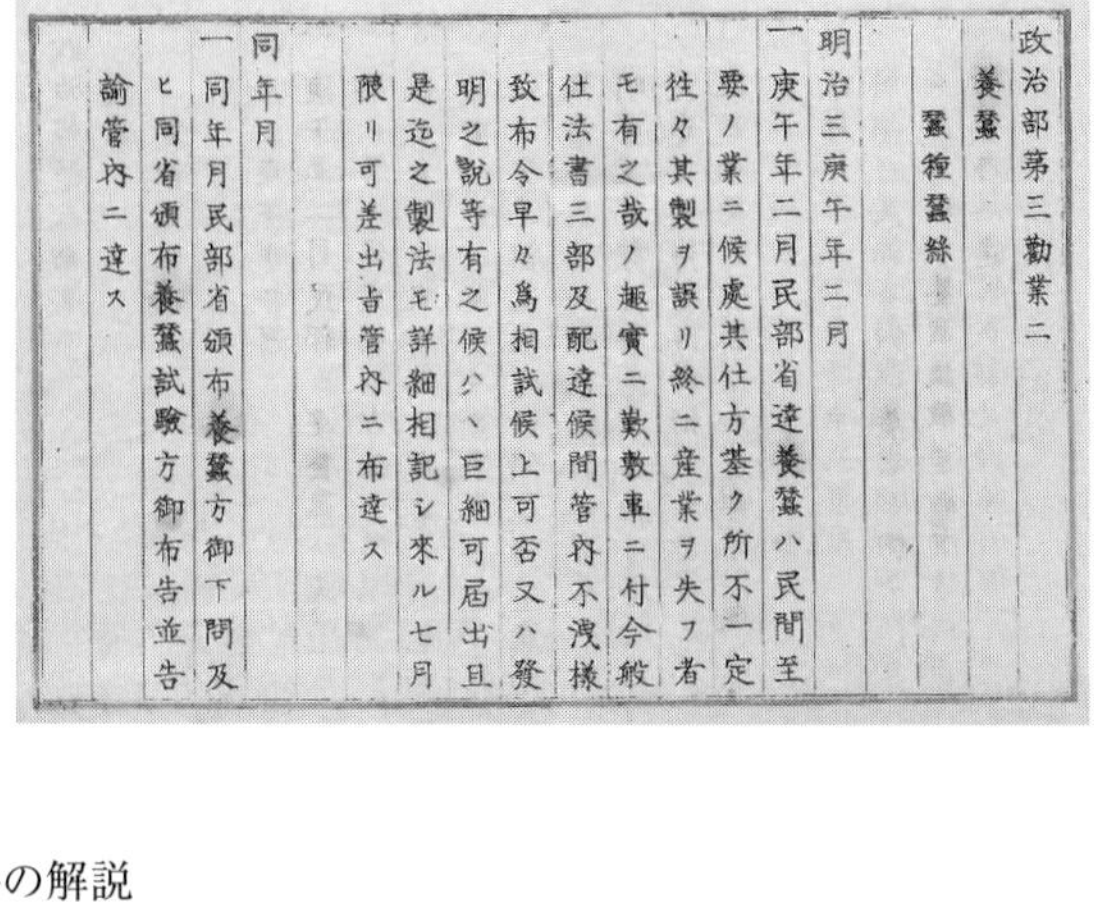

政治部第三勧業二
養蚕
蚕種蚕紙
明治三庚午年二月
一庚午年二月民部省達養蠶ハ民間至要ノ業ニ候處其仕方甚ク所不一定往々其製ヲ誤リ終ニ産業ヲ失フ者モ有之哉ノ趣實ニ歎敷事ニ付今般仕法書三部及配達候間管内不洩樣致布令早々爲相試候上可否又ハ發明之説等有之候ハヽ巨細可届出且是迄之製法モ詳細相記シ來ル七月限リ可差出旨管内ニ布達ス
同年月
一同年月民部省頒布養蠶方御下問及ヒ同省頒布養蠶試驗方御布告並告諭管内ニ達ス

写真２　『滋賀県史』４
【資64】

◆4◆ 琵琶湖疏水関係文書

明治二十三年（一八九〇）に完成した琵琶湖疏《そ》水《すい》（写真1・琵琶湖と京都を結ぶ水路）は、京都府・市による事業ですが、滋賀県でも明治十六年十一月に疏水事務取調掛《がかり》を設置し、以降、その対応に臨みました。当館に残された資料からは、その疏水に対する県の対応が読み取れます。関係資料は約二〇簿冊あり（写真2）、本節ではこれらの資料を四つのテーマに分類してご紹介します。

①計画【明ね33、37-2】

計画段階における県と国や京都府・市との往復文書を通覧できるものとしては、『琵琶湖疏水誌稿』（写真3）があります。これは、明治十七年から二十五年頃までの文書を、県がまとめたものです。

また、県内での疏水に対する見解が読み取れる資料もあります。例えば、県勧業諮問会では、疏水は「到底有害無益ノ事業」とされ、その被害に対する予防策の検討が行われました。他にも、県民の不安の声が記された建議書などが残されています。

②用地・用材【明ね34、35-2、36、37-1、40、昭な201-2】

疏水用地は、京都府により地価の約三割増しで買い取られました。代金の請求・受け渡しは、滋賀県を介して行われたので、当館にはその時に利用された地価取調書が多く残されています。なお、最終的な不要用地は、旧所有者へ売却されました。

また、疏水開削《かいさく》には、多くの用材が必要でした。県内からも、滋賀郡鵜川《うかわ》村や蒲生郡奥島《おくしま》村などの官有林から石材や木材が採取され、疏水の建材や煉瓦《れんが》の燃料として使用されました。

③補償問題【明ね35-1、37-3、38、39、明な273】

疏水に関わる補償問題の代表が、大津西部飲料水問題です。『大津飲料水一件』と題された簿冊をはじめ、主な関連簿冊が五冊あります。近世以来、大津の飲料水は源水地から竹管によって各所へ配給されていました。この竹管が疏水工事により断絶してしまったのです。そこで、京都府は配給や代用源水の確保等による応急措置をとりまし

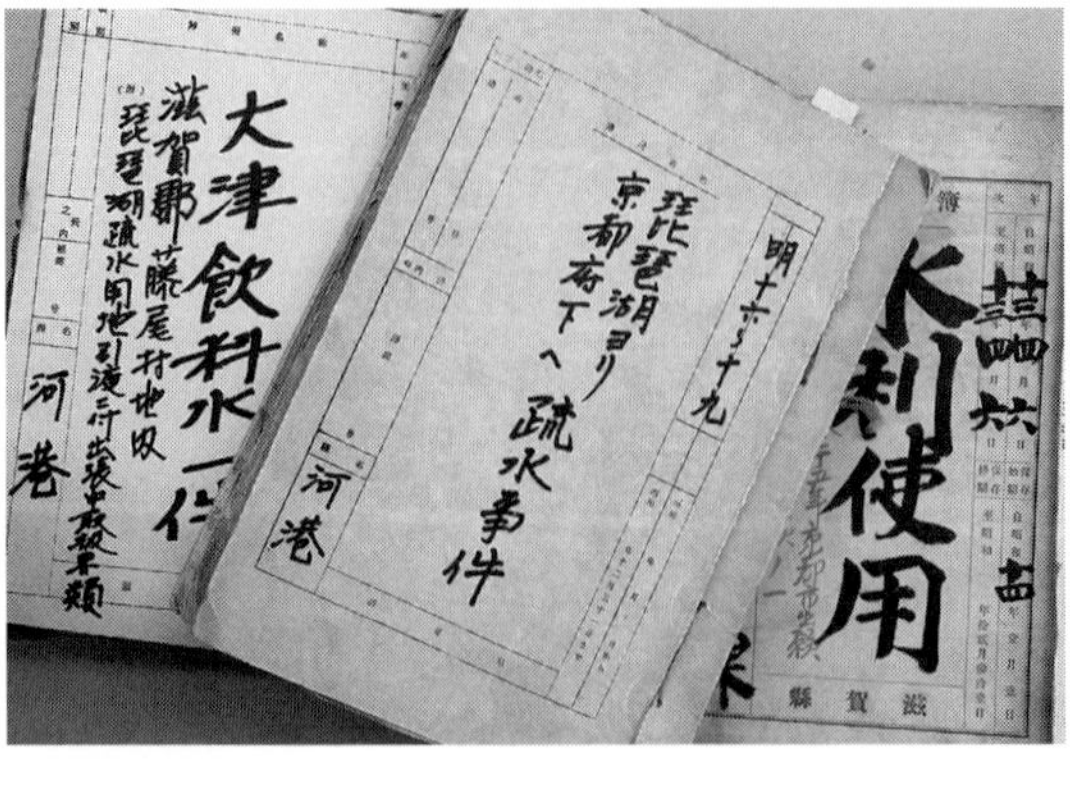

写真2　琵琶湖疏水関連簿冊
【明ね35】【明ね33】【明ね41】

た。最終的には、京都市により大津西部に近代上水道が整備され、明治四十四年に給水が開始します。これらの簿冊には、他に道路新設・修繕費、養水補給などの補償関係文書も綴じられています。

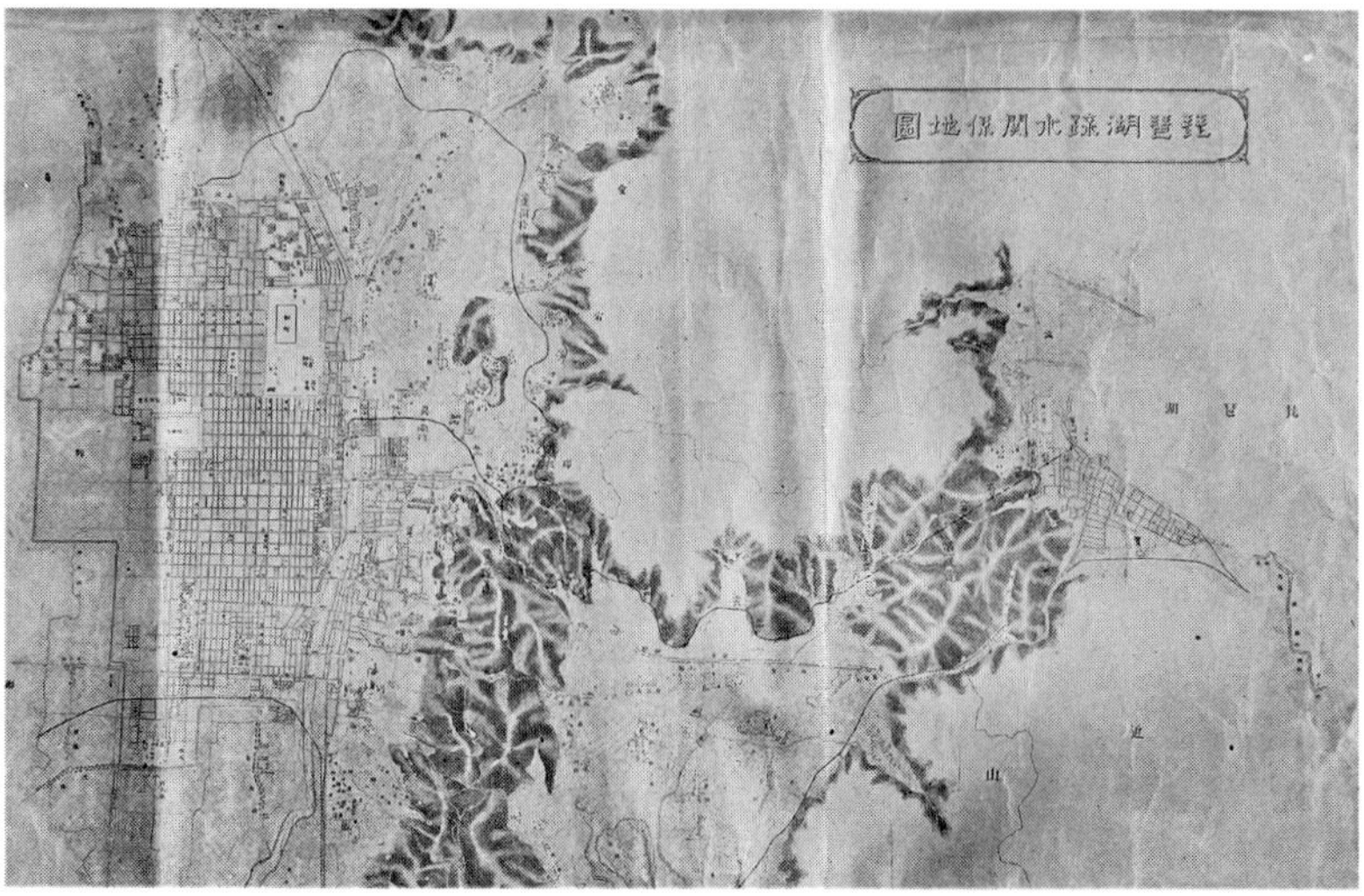

写真１　琵琶湖疏水図　明治17年12月
【明ね34(1)】

④完成後の疏水【明ね41～43、明ぬ67、76、149、昭ぬ97、昭ね1～3】

疏水の主な利用目的は、運輸、灌漑《かんがい》用水、水力発電でしたが、特に発電事業では大きな成果を上げました。この成功をみて、県内外でさまざまなポスト疏水建設が目論まれます。県内からは一三五人の発起人からなる琵琶湖運河株式会社が運河計画を提出しています。これらの計画の内、実現した京都市による第二疏水（明治四十一年認可）と宇治川《うじがわ》電気株式会社（琵琶湖運河株式会社、宇治水電株式会社、宇治川電力株式会社が調整の末誕生、明治三十九年認可）については、その後の経過がわかる文書が多数残されています。また、第一疏水の改修に関する文書なども所蔵しています。

　このように、琵琶湖疏水だけでも、さまざまな事柄に関する文書があります。この明治の一大事業を、ご関心のある切り口から紐解《ひもと》いてみてはいかがでしょうか。

（岡本　和己）

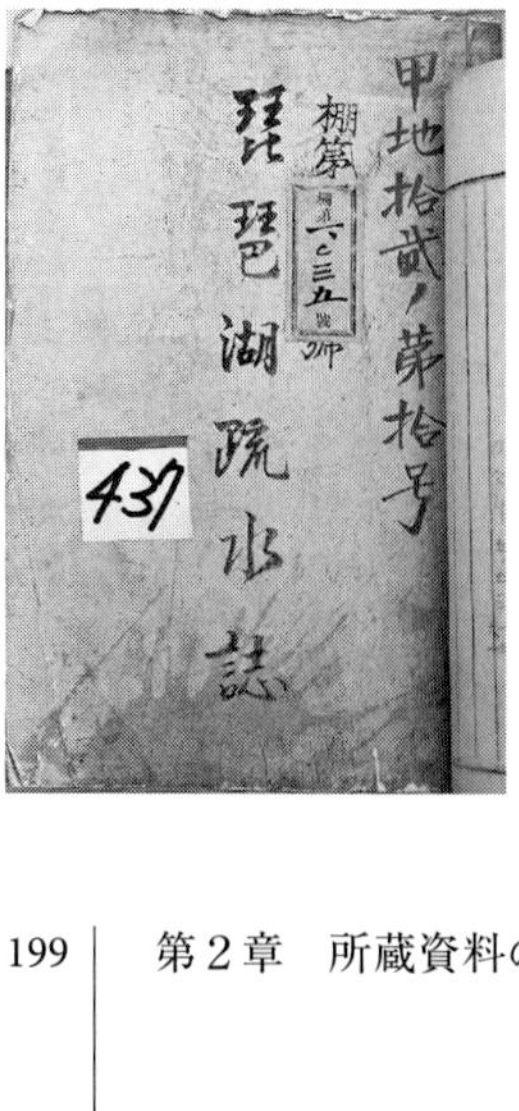

写真３　『琵琶湖疏水誌 稿』
【明ね37－2】

◆5◆ 古社寺調書編冊

滋賀県には歴史ある社寺が数多くあります。近代以降、文化財保護の動きの中で、これらの社寺は調査・修理・保護されてきました。しかし、当初はどのような文化財があるのかも分かっておらず、全国で宝物や建造物を把握するための調査が行われます。本節では、その調査のために明治期に作成された「古社寺調書編冊」をご紹介します。

日本における文化財保護の動きは、明治四年（一八七一）五月二十三日布告の古器旧物保存方に始まります。この法令は、明治維新直後の廃仏《はいぶつ》毀釈《きしゃく》や、文明開化にともなう「厭旧尚新《えんきゅうしょうしん》」思想による旧物の破壊・散逸からこれらを守ることを目的として制定されたものです。古器旧物（建造物は含まない）の「保全」をうたい、その目録の提出を府県に求めています。一方の建造物は、明治十三年に社寺保存内規が定められ、古社寺の営繕費を下付する仕組みが整えられました。ただし、古社寺の維持基金としての性格が強く、文化財としての関心は希薄でした。

そのような中、明治二十八年二月四日、衆議院に「古社寺保存ニ関スル建議案」が提出され、翌三月四日に可決、採択されました。建議では「美術ノ淵源《えんげん》」である古社寺（特にその宝物類と建造物）の保存が明記されています。

同年四月五日、この建議をもとにした内務省訓令により、全国の府県庁は管内の保存すべき古社寺などの取り調べを命じられます【明す615-3

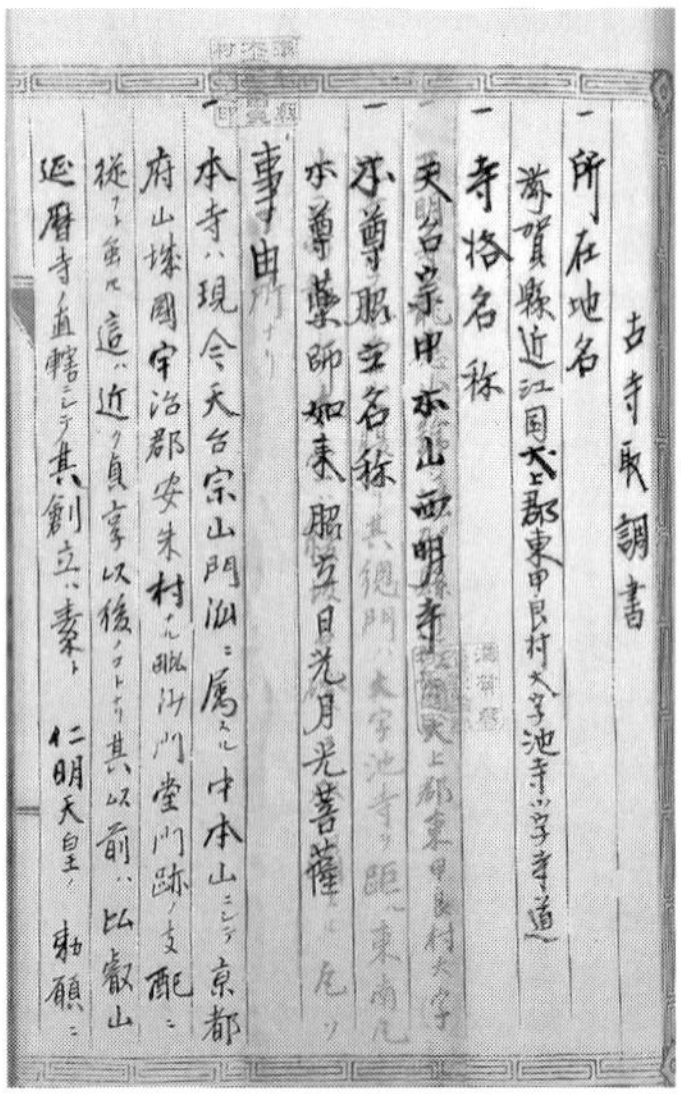
古寺取調書
一所在地名
滋賀県近江国犬上郡東甲良村大字池寺小字寺道
一寺格名称
天台宗中本山西明寺
一本尊名称
本尊薬師如来 脇立日光月光菩薩
一事由
本寺ハ現今天台宗山門派ニ属スル中本山ニシテ京都府山城国宇治郡安朱村毘沙門堂門跡ノ支配ニ従フ而シテ這ハ近ク貞享以後ノコトナリ其以前ハ比叡山延暦寺ノ直轄ニシテ其創立ハ素ト仁明天皇ノ勅願ニ

写真1　西明寺取調書
明治28年11月15日
【明せ19(37)】

(104)】。これを受け滋賀県は、各郡役所・町村役場にその調査を命じました【明す70－2(63)】。この時作成されたものが、今回ご紹介する文書群「古社寺調書編冊」です。調査結果は、各町村長により寺院・神社・名勝および旧跡に分類の上で二部作成され、一旦郡で取りまとめと事実審査を行い、知事へと進達されました。

　提出された調書は、一部が国に提出され、もう一部の控えは『寺院建造物等調書編冊』【明す658】【明せ15、16、19、53、55、58】、『神社建造物等調書編冊』【明せ17、18、20、52、54、56、57】、『名勝及旧跡調書』【明せ105－2】として、本県所蔵の歴史公文書に残されています。

　このような調査を通して、古社寺の実態は次第に明らかにされてゆき、翌年には、保存すべき社寺の選択、保存の順序、保存方法、保存費等を審議するための古社寺保存会が組織されます。さらにその翌年の三十年六月五日には、古社寺保存法が公布され、社寺が所有する文化財である建造物と宝物類の保護が進められていくのです。

　このような過程で作成された「古社寺調書編冊」は、①所在地、②名称、③祭神・本尊、④事由、⑤建物・碑碣《ひけつ》（石碑）の名称・間数《けんすう》・坪数・建設年代と図面、⑥境内・境域、⑦永続基本財産、⑧宝物、⑨境外所有地、⑩境内絵図面の一〇項目から成ります。**写真1～3**および116頁の**写真13**は、西明寺に関する取調書です。文化財としての社寺の調査を目的としていることもあり、建築図面や境内の絵図面が充実していることが特徴です。滋賀県下の社寺すべてではありませんが、寺院等四六六件、神社等三五三件、名所旧跡等七件がまとめられており、明治中期の社寺の様子を現在に伝える貴重な資料といえます。

（岡本 和己）

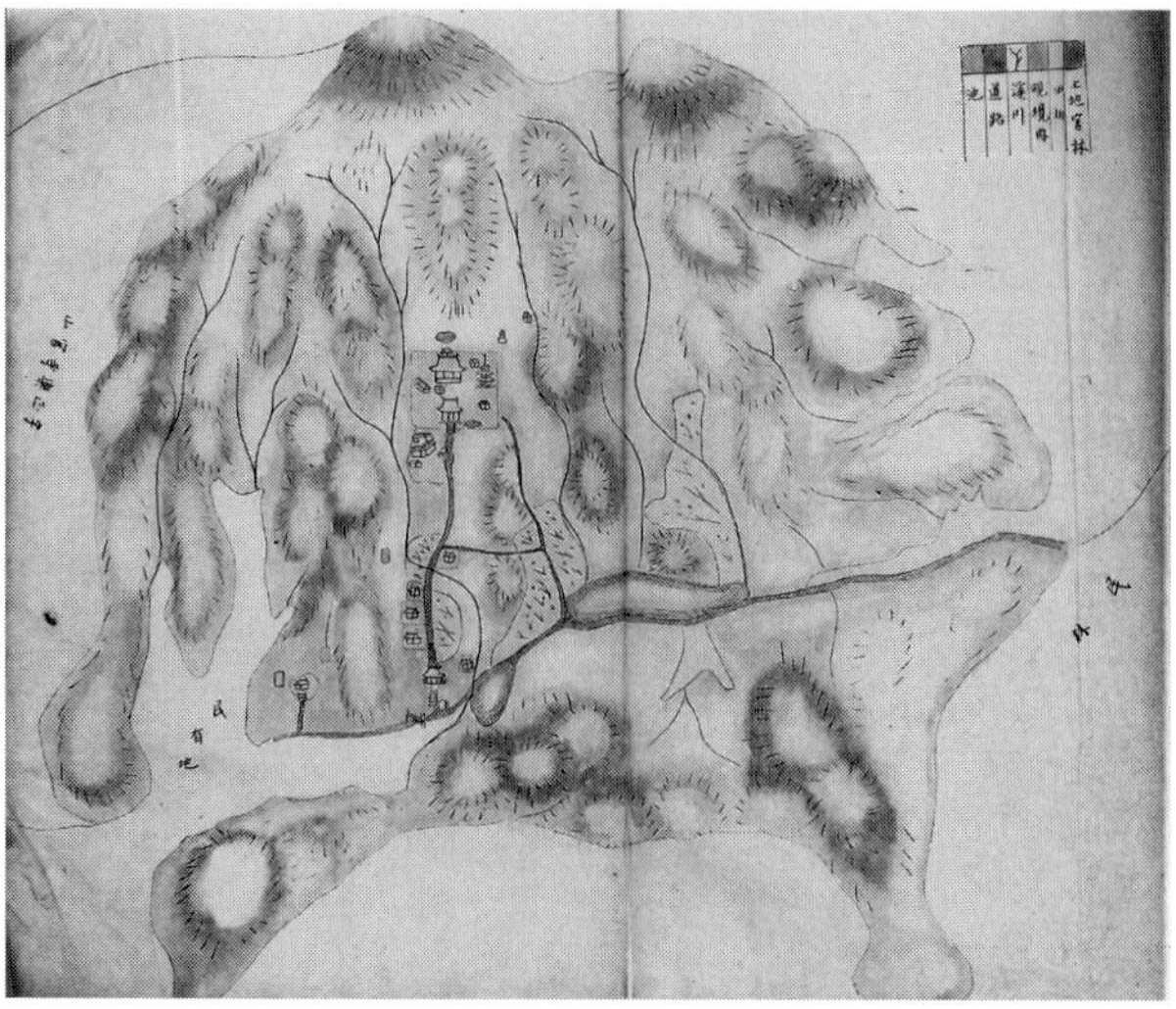

写真２　西明寺周辺絵図　明治28年11月15日　【明せ19（37）】

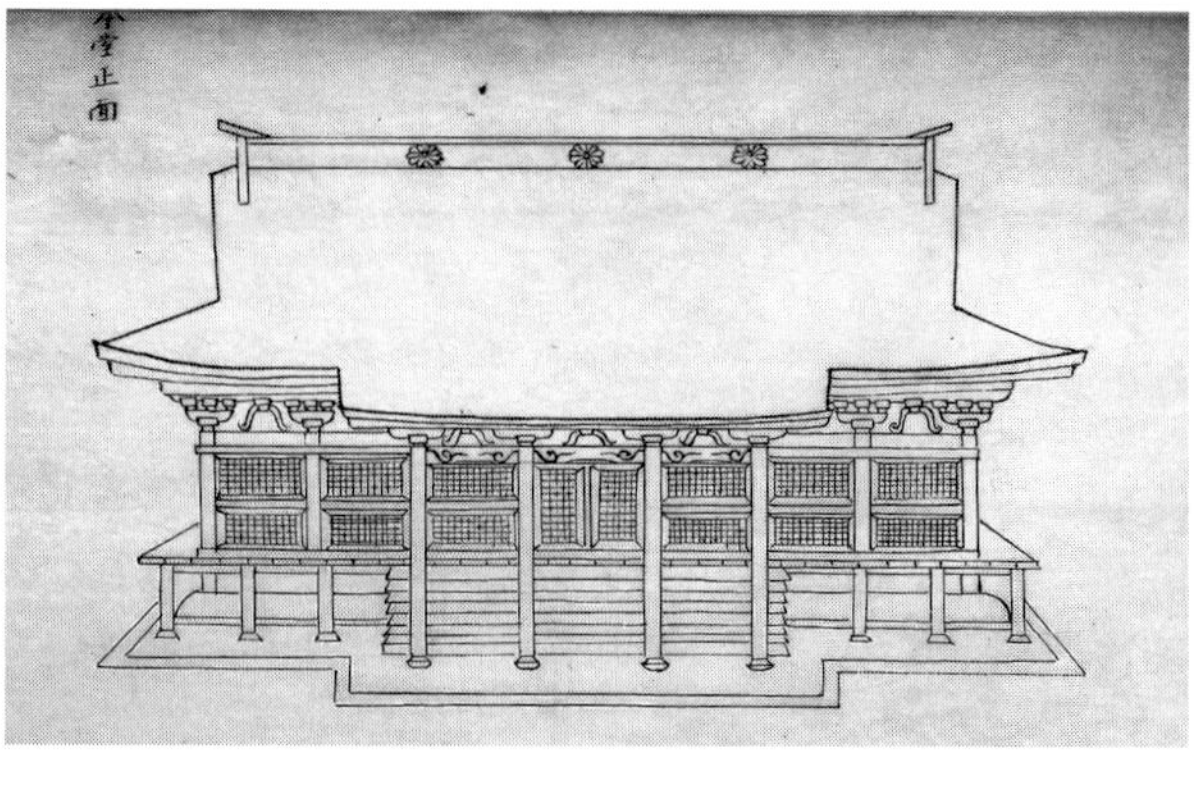

写真３　西明寺本堂正面
明治28年11月15日
【明せ19（37）】

◆6◆ 湖国巡幸の記録

　太平洋戦争の終結後、昭和天皇は再建途上における国民生活の実相を視察し、激励、慰問するために全国を巡幸しました。その一環として、昭和二十六年（一九五一）十一月十五日から十六日の二日間にかけて滋賀県を巡幸しています（湖国巡幸）。

　当館には、行幸《ぎょうこう》や行啓《ぎょうけい》、献上品などの皇室に関する資料が多数残されており、本節では令和二年四月に移管された昭和戦後期の資料を中心に、この湖国巡幸についてご紹介したいと思います。

　該当する歴史公文書は、【昭01‐06】から【昭01‐19】の計一四冊です。また行政資料として、写真資料【資615】から【資630】や『滋賀県行幸誌』【資631】もあります（**写真1**）。

　昭和二十六年十月五日、宮内庁より電報にて関西行幸の内定が知らされました。ちょうど、服部《はっとり》岩吉《いわきち》知事は東上中であったので、すぐに同庁へ向かい、口達を受けました。同月十七日には行幸事務局を設置し、県庁あげての準備に取り掛かりました。行幸事務局には、総務部、報道部、奉迎部、接伴《せっぱん》部、御視察部、御宿泊部、資材部、警衛部、衛生部、工営部、車両部が設けられ、その下に係が置かれました。滋賀県行幸事務局規程では、「各部係において取扱った一切の事項はその要領を記録し、その他往復文書と共に、事務終了後総務部記録係に送付するもの」と定められており、この規定のもと各部長から記録係に提出されたものが、『天皇陛下行幸各部記録』にまとめられています。この簿冊からは、各部の業務内容を詳細に知ることができます。

　例えば、天皇の食事に関する事務は資材部食糧係（食料の調達）と御宿泊部庶務係（調理）が担当しました。両部の記録からは、食材の調達方針やその産地、調理方法や食事中の天皇の様子など

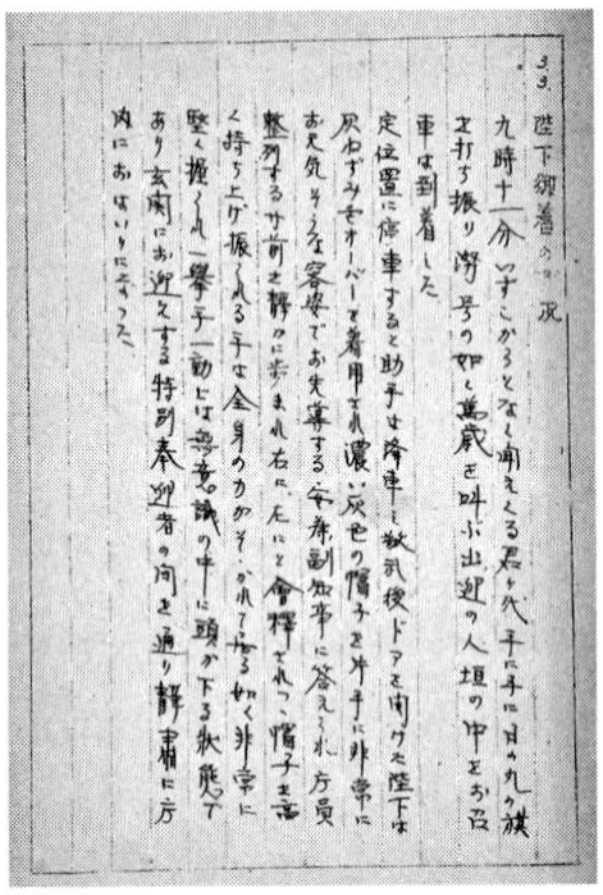
3.3. 陛下御着の状況
九時十一分いずこからともなく聞えくる君が代、手に手に日の丸の旗を打ち振り潮の如く萬歳を叫ぶ出迎の人垣の中をお召車は到着した

写真２　陛下御着の状況（県庁）
昭和26年11月15日
【昭01－15(4)】

がわかります。

綿密な準備を行い、十一月十五日、いよいよ昭和天皇を迎えることとなりました。行幸の様子を詳細に記録するため、県では御視察・奉迎場所合計二一か所で記録取材を行い、その資料を『天皇陛下各視察所奉迎場記録』【昭01-15】として綴っています（**写真2**）。また、天皇だけでなく、奉迎の様子や沿道の景色、展覧品など、随所で写真を撮影し、アルバム（**【資624】【資628】**）に整理しています（**写真3**）。このほかにも、緻密《ちみつ》な記録映画進行表に基づきビデオも撮影しています。

写真1　左上：行幸写真帖『湖国巡幸』【資629】
右上：『天皇陛下行幸関係記録綴』【昭01-14】
下：『行幸写真原本』【資621】【資622】

このように、天皇を迎えるにあたって、本県では記録を後世に残すための仕組みづくりが徹底されました。これらの記録や関係各所から集めた資料、感想文をもとに、昭和二十八年、「県下巡幸の盛儀を永く記念するため」に『滋賀県行幸誌』**【資631】**が発行されます。また、日本映画社に製作を委嘱し完成した映画『湖国巡幸』（DVD『昭和天皇地方御巡幸　上』所収）は、県内で映画会を開催し、天皇へも献上されました。

さらに、各新聞社、通信社の協力を得て撮影した写真のうち八九枚を選び、写真帳『湖国巡幸』**【資629】**を作成、一部を天皇に献上するとともに、関係者へ配布しました。

このように、湖国巡幸に関する資料は、公文書や写真資料、編纂《へんさん》資料などが豊富に残されています。これは、記録を残すことを念頭に事業を進め、その後も現在まで適切に資料が管理されてきた結果といえるでしょう。

（岡本　和己）

写真3　来庁時の様子

#《関連年表》

西暦	和暦	月	日	出来事
1868	明治元	1	3	**鳥羽伏見の戦いが起こる**
		3	7	大津裁判所が設立される
		3	14	**五箇条の誓文が公布される**
		3	28	**神仏判然令が公布される**
		閏4	25	大津県が設立される
1869	明治2	6	－	**版籍奉還**
		1	10	大津県庁舎が園城寺境内の円満院に移転する
1870	明治3	11	20	膳所藩で帰田法が布告される
1871	明治4	7	14	**廃藩置県**
		11	22	近江国南部6郡が大津県、北部6郡が長浜県へと合併される
1872	明治5	1	－	議事所が開設される
		1	19	大津県が滋賀県と改称される
		2	－	滋賀県で区制が布かれる
		2	27	長浜県が犬上県と改称される
		8	3	**学制が公布される**
		9	29	犬上県が滋賀県に編入される
1873	明治6	1	10	**徴兵令が公布される**
		7	28	**地租改正条例が公布される**
1874	明治7	1	11	県治所見が公布される
		1	17	**民撰議院設立建白書が提出される**
1875	明治8	3	10	陸軍歩兵第九聯隊が大津の駐屯地に移転
		5	13	県庶務課に編輯掛が設置される
		9	20	**江華島事件が起こる**
1876	明治9	8	21	敦賀・大飯・遠敷・三方の若越4郡が滋賀県に編入される
1877	明治10	2	15	**西南戦争が起こる**
1878	明治11	3	11	大津師範学校が開校する
		6	16	彦根製糸場の開業式が行われる
		7	22	**地方三新法が制定される**
		8	21	京都・大津間の鉄道敷設工事が着工する
		9	5	県営養魚試験場（醒井養鱒場）が設置される
1879	明治12	2	24	最初の県会議員選挙が行われる
		3	27	**琉球藩が廃され沖縄県が置かれる（琉球処分）**
		4	20	最初の県会が開催される
		7	1	郡役所が開庁する
1880	明治13	3		**国会期成同盟が結成される**
		7	14	京都―大津間の鉄道開通運転式が開催される
1881	明治14	2	7	若越4郡が福井県に編入される

年	和暦	月	日	出来事
		10	12	**国会開設の詔が出される（明治14年の政変）**
		10	18	**自由党が結成される**
1882	明治15	3	10	長浜駅舎が完成する
		4	16	**立憲改進党が結成される**
		5	1	太湖汽船会社が設立される
		7	23	**壬午事変が起こる**
1884	明治17	6	28	田川コルベルトが完成する
		7	10	中井弘が県令に就任する
		10	31	**秩父事件が起こる**
1885	明治18	5	28	連合戸長役場が設けられる
		12	22	**内閣制度が創設される**
1886	明治19	3	4	滋賀県商業学校が設置される
		3	–	**学校令が公布される**
1887	明治20	10		**三大事件建白運動が起こる**
1888	明治21	4	25	**市制・町村制が公布される**
		6	25	県庁舎が滋賀郡東浦村に移転される
1889	明治22	2	11	**大日本帝国憲法が公布される**
		4	1	滋賀県で町村制が施行される
		6	11	高島郡饗庭野が陸軍演習地として買収される
		7	1	**鉄道東海道線が全通（新橋―神戸）する**
		12	15	関西鉄道（草津―三雲）が開通する
1890	明治23	4	9	琵琶湖疏水のインクライン落成式が開催される
		5	17	**府県制・郡制が公布される**
		7	1	**第1回衆議院議員選挙が実施される**
		10	30	**教育勅語が発布される**
		11	29	**第1回帝国議会が開催される**
1891	明治24	5	11	大津事件が起こる
		10	24	愛知川御幸橋が墜落する
		10	28	**濃尾地震が起こる**
		12	16	彦根への県庁移転建議がなされる
1892	明治25	1	6	坂田・東浅井郡分合問題で知事問責が決議される
		2	8	県会解散命令が下される
1893	明治26	2	26	瀬田川浚渫工事が完成する
1894	明治27	7	16	**日英通商航海条約が結ばれる（法権の回復）**
		7	25	**日清戦争が起こる**
1895	明治28	3	4	**古社寺保存に関する建議が衆議院で可決される**
		4	1	滋賀県農事試験場が設立される
		4	17	**下関条約が結ばれる**
1896	明治29	9	–	琵琶湖大水害
1897	明治30	4	1	西浅井郡が伊香郡に編入される
		6	10	**古社寺保存法が制定される**
		7	18	琵琶湖治水会が発足する
1898	明治31	4	1	滋賀県で郡制が施行される
		6	11	近江鉄道の彦根―愛知川間が開通

		6	27	**最初の政党内閣（隈板内閣）が発足する**
		8	1	滋賀県で府県制が施行される
1899	明治32	2	19	大津在郷軍人会が設立される
		7	－	西明寺本堂の修理が始まる
1900	明治33	4	15	滋賀県水産試験場が設立される
1902	明治35	1	30	**日英同盟が結ばれる**
1904	明治37	2	10	**日露戦争が起こる**
1905	明治38	3	31	南郷洗堰が完成する
		9	5	**ポーツマス条約が結ばれる**
1908	明治41	10	14	**戊申詔書が公布される**
1909	明治42	4	－	修斉館が設立される
		8	14	姉川地震
1910	明治43	5	25	**大逆事件が起こる**
		8	29	**韓国併合条約が公布される**
1911	明治44	5	30	**恩賜財団済生会が設立される**
1913	大正2	11	－	井上敬之助が立憲政友会滋賀県支部長に就任する
		12	10	滋賀県会で風光調査の実施を求める建議が可決される
1914	大正3	7	28	**第一次世界大戦が起こる**
1915	大正4	4	24	滋賀県風光調査報告がとりまとめられる
1917	大正6	12	17	森正隆が滋賀県知事に就任する
1918	大正7	8	－	**米騒動が全国に広がる**

		12	14	県誌編纂予算が県会で可決される
1919	大正8	4	18	堀田義次郎が滋賀県知事に就任する
		6	1	**史跡名勝天然紀念物法保存法が施行される**
1921	大正10	8	30	近江八景などの名所が湖南勝区に仮指定される
1923	大正12	9	1	**関東大震災が起こる**
		10	－	滋賀県人共済会が発足する
1928	昭和3	2	5	滋賀県が悠紀地方に選ばれる
		3	25	『滋賀県史』が刊行される
		11	14	**大嘗祭が行われる**
1931	昭和6	9	18	**満州事変が起こる**
1932	昭和7	5	10	大津市と滋賀村が合併する
		9	30	大津都市計画が策定される
1933	昭和8	4	1	大津市と膳所・石山町が合併する
1934	昭和9	10	27	琵琶湖ホテルが開業する
1936	昭和11	6	28	琵琶湖周遊道路が完成する
1937	昭和12	7	7	**盧溝橋事件（日中戦争）が起こる**
1941	昭和16	12	8	**太平洋戦争が始まる**
1945	昭和20	8	14	**ポツダム宣言が受諾される**
1950	昭和25	7	24	琵琶湖およびその周辺地域が琵琶湖国定公園に指定される

※ゴシック体は全国、明朝体は滋賀県の出来事をあらわす。

あとがき

県庁の文書庫に長らく保存されていた公文書を、「歴史的文書」として広く県民のみなさんに利用していただくために、県庁内に県政史料室が設けられて一二年が経過。そして、昨年四月、滋賀県立公文書館として装いを新たにオープンしました。

県政史料室時代の二〇一三年には、『公文書でたどる近代滋賀のあゆみ』という書籍をサンライズ出版から刊行しましたが、同書の出版以降も、所蔵資料をもとに、さまざまなテーマで企画展示を実施してきました。例えば、「明治一五〇年」を迎えた二〇一八年には、「湖国から見た明治維新」と題した特別展を企画しています。

本書は、こうした企画展示や、これまで書きためてきた原稿をもとに、県立公文書館の開館を記念し、その所蔵資料の魅力を、県内をはじめ、全国のみなさんに知っていただくために発刊するものです。

できるだけ多くの所蔵資料を御覧いただきたいと考え、写真の占めるスペースを可能な限り多くし、また歴史的な背景を加えながら解説する構成としました。今回も、サンライズ出版の御協力を得て発刊する運びとなりました。同社および編集のお世話をいただいた岸田幸治氏、ならびに連載記事の再掲を御快諾いただいた『湖国と文化』の編集長三宅貴江氏に厚くお礼申し上げます。また、発刊に当たって特別に寄稿いただきました梅澤幸平氏にはこの場を借りて深く感謝申し上げます。

滋賀県公文書等の管理に関する条例では、歴史的に重要な県の公文書を「歴史公文書等」と位置づけ、これらを公文書館で永久保存するよう規定しています。近年、いろいろな場面で「エビデンス」という言葉を耳にするようになりましたが、歴史公文書は、これまでの県の諸活動や歴史的事実を記録した時代の証言であるとともに、様々な県の施策を検証するための「エビデンス」だと言えます。

今後も、歴史公文書が逐次、公文書館に移管されてきます。公文書館では、こうした歴史公文書をしっかりと整理、保存し、皆さんの利用に供していきたいと思っています。

そして願わくは、終戦以後の歴史公文書をはじめ、本書で十分紹介できなかった所蔵資料を読み解き、編集して、再び皆さんのもとに送り届けられる日が来ることを、職員一同の励みとして、これからも精進していきます。

公文書館専門職員　中井善寿

《参考・引用文献》

石田潤一郎・池野保『滋賀県庁舎本館 庁舎の佐藤功一×装飾の國枝博』サンライズ出版、二〇一四年
井上優「牧野信之助と『滋賀県史』編さん」『栗東歴史民俗博物館紀要』五、一九九九年
今津町史編集委員会編『今津町史 第三巻 近代・現代』今津町、二〇〇一年
鉅鹿敏子編『史料 県令籠手田安定』丸ノ内出版、一九八五年
太田富康『近代地方行政体の記録と情報』岩田書院、二〇一〇年
大月英雄「明治初期の備荒貯蓄と民間社会」『ヒストリア』二六六、二〇一八年
大月英雄「【文書館・史料館めぐり】滋賀県県政史料室」『日本歴史』八四三、二〇一八年
大津市歴史博物館市史編さん室編『図説大津の歴史 下巻』大津市、一九九九年
織田直文『琵琶湖疏水 ―明治の大プロジェクト―』サンブライト出版、一九八七年
大日方純夫『日本近代の歴史2「主権国家」成立の内と外』吉川弘文館、二〇一六年
気象庁『気象百年史』一九七五年
北島多一『マラリアの予防』内務省衛生局、一九二二年
木全清博『滋賀の学校史』文理閣、二〇〇四年
黒田惟信編『東浅井郡志 巻三』滋賀県東浅井郡教育会、一九二七年
国文学研究資料館史料館編『社寺明細帳の成立』名著出版、二〇〇四年
国立感染症研究所感染症情報センター「マラリアの問題」http://idsc.nih.go.jp/iasr/CD-ROM/records/03/03101.htm（二〇二〇年十月十九日閲覧）
小林弘『彦根市のマラリア対策』彦根市役所、一九五二年
滋賀県議会史編さん委員会編『滋賀県議会史』全一一巻、滋賀県議会、一九七一～九七年
滋賀県県政史料室編『公文書でたどる近代滋賀のあゆみ』サンライズ出版、二〇一三年
滋賀県市町村沿革史編さん委員会編『滋賀県市町村沿革史』全六巻、一九六〇～六七年
滋賀県史編さん委員会編『滋賀県史 昭和編』全六巻、滋賀県、一九七四～一九八六年
滋賀県水産試験場編『滋賀県水産試験場要覧 八〇年のあゆみ』滋賀県水産試験場、一九八〇年
滋賀県百科事典刊行会編『滋賀県百科事典』大和書房、一九八四年
砂本文彦『近代日本の国際リゾート』青弓社、二〇〇八年
高久嶺之介『近代日本の地域社会と名望家』柏書房、一九九七年
田中誠二・杉田聡・安藤敬子・丸井英二「風土病マラリアはいかに撲滅されたか ―第二次大戦後の滋賀県彦根市―」『日本医史学雑誌』五五―一、二〇〇九年
筒井正夫「県営彦根製糸場の誕生」『彦根論叢』三八九、二〇一一年
傳田功『滋賀県の百年』山川出版社、一九八四年
徳永真一郎『郷土史事典 滋賀県』昌平社、一九八〇年
内務省衛生局保健衛生調査室編『各地方ニ於ケル「マラリア」ニ関スル概況』一九一九年
長野栄俊「福井県における宗教関係公文書の史料学的考察（その一）」『若越郷土研究』五〇―二、二〇〇六年
長野栄俊「福井県における宗教関係公文書の史料学的考察（その二）」『若越郷土研究』五一―一、二〇〇六年

長浜市史編さん委員会編『長浜市史 第四巻 市民の台頭』長浜市役所、二〇〇〇年

中野目徹「「近代史料学」構築のための基礎的研究」『近代史料研究』一七、二〇一七年

西村幸夫「建造物の保存に至る明治前期の文化財保護行政の展開 ―「歴史的環境」概念の生成史 その1―」『日本建築学会論文報告集』三四〇、日本建築学会、一九八四年

西村幸夫「明治中期以降戦前における建造物を中心とする文化財保護行政の展開 ―「歴史的環境」概念の生成史 その2―」『日本建築学会計画系論文報告集』三五一、一九八五年

畠中耕『滋賀県公的扶助史研究―戦前・戦中社会事業のあゆみ―』本の泉社、二〇一四年

林屋辰三郎ほか編『新修大津市史 第五巻 近代』大津市役所、一九八二年

林屋辰三郎ほか編『新修大津市史 第六巻 現代』大津市役所、一九八三年

早田リツ子『工女への旅 富岡製糸場から近江絹糸へ』かもがわ出版、一九九七年

速水美智子編『速水堅曹資料集』文生書院、二〇一四年

彦根市史編集委員会編『新修彦根市史 第三巻 通史編 近代』彦根市、二〇〇九年

彦根地方気象台編『滋賀県の気象 ―彦根地方気象台創立百周年記念―』大蔵省印刷局、一九九三年

松沢裕作編『近代日本のヒストリオグラフィー』山川出版社、二〇一五年

松村英男編『滋賀百年』毎日新聞社、一九六八年

山口敬太・田中倫希・川崎雅史「近代大津の「遊覧都市」建設と都市計画」『土木学会論文集D2(土木史)』七一-一、二〇一五年

山口敬太「大正期の琵琶湖南部における「風景利用」計画と名勝仮指定による景勝地の保護と利用」『ランドスケープ研究(オンライン論文集)』一〇、二〇一六年

湯川文彦『立法と事務の明治維新』東京大学出版会、二〇一七年

米島万有子「マラリア防疫を目的とした濠の埋め立てによる歴史的景観の改変 ―彦根城の遺構「濠」をめぐる行政と地域住民の論争に着目して―」『京都歴史災害研究』一二、二〇一一年

立憲政友会滋賀県支部編『立憲政友会滋賀県支部党誌』立憲政友会滋賀県支部、一九四四年

歴代知事編纂会編『日本の歴代知事 第二巻』歴代知事編纂会、一九八一年

渡辺誠『昭和天皇のお食事』文藝春秋、二〇〇九年

《初出一覧》

＊括弧内の号数は、第一部が『湖国と文化』（公益財団法人びわ湖芸術文化財団発行）、第二部が『滋賀のアーカイブズ』（滋賀県立公文書館発行）のものを指す。いずれも必要に応じて加筆・修正を加えた。

第一部　明治・大正・昭和の滋賀県

第一章　大月英雄『展示図録　滋賀県の誕生』（二〇一八年一月）

1　杉原悠三「「国宝」誕生の軌跡」（第一六二号、二〇一八年一月）
2　杉原悠三「明治時代の城郭保存」（第一七〇号、二〇二〇年一月）
3　大月英雄「明治・大正期の公文書管理」（第一七二号、二〇二〇年七月）
4　大月英雄「第二代県令籠手田安定」（第一六三号、二〇一八年四月）
5　大月英雄「近江商人と近江米」（第一六六号、二〇一九年一月）

第二章　杉原悠三『展示図録　文明開化と滋賀県』（二〇一八年四月）

1　大月英雄「彦根製糸場」（第一四九号、二〇一四年十月）
2　水島詩乃「鉄道路線構想」（第一五〇号、二〇一五年一月）
3　杉原悠三「福井県分置騒動」（第一六四号、二〇一八年七月）
4　大月英雄「自由民権運動」（第一五七号、二〇一六年十月）
5　杉原悠三「明治期の漁業」（第一五九号、二〇一七年四月）

第三章　岡本和己『展示図録　白熱する滋賀県会』（二〇一八年七月）

1　岡本和己「皇室来県時のおもてなし」（第一六八号、二〇一九年七月）
2　岡本和己「瀬田唐橋」（第一六一号、二〇一七年十月）
3　杉原悠三「滋賀県庁舎」（第一五二号、二〇一五年七月）
4　大月英雄「幻の坂井郡」（第一五六号、二〇一六年七月）
5　大月英雄「瀬田川浚渫」（第一五三号、二〇一五年十月）

第四章　大月英雄『展示図録　溢れる琵琶湖、出征する県民』（二〇一八年十月）

1　松岡隆史「スポーツ」（第一五八号、二〇一七年一月）
2　松岡隆史「近江鉄道の軌跡」（第一五五号、二〇一六年四月）
3　岡本和己「大津市誕生」（第一六五号、二〇一九年十月）
4　岡本和己「天気予報の始まり」（第一七一号、二〇二〇年四月）
5　杉原悠三「京阪電鉄と京津電車」（第一六七号、二〇一九年四月）

第五章　大月英雄『展示図録　湖国遊覧の幕開け』（二〇二一年三月）

1　大月英雄「「未発」の米騒動」（第一六〇号、二〇一七年七月）
2　大月英雄「外国貴賓のおもてなし」（第一六九号、二〇一九年十月）
3　工藤克洋「国際ホテル」（第一四八号、二〇一四年七月）
4　井上優「誰がために鐘は征く」（第一七二号、二〇二〇年七月）
5　杉原悠三「ＧＨＱ」（第一五四号、二〇一六年七月）
6　岡本和己「風土病との闘い」（第一七四号、二〇二一年一月）

第二部　滋賀県立公文書館の紹介

第一章　利用案内

岡本和己「滋賀県立公文書館の開館について」（第八号、二〇二〇年三月）

寄稿　梅澤幸平「公文書館への序章」（書き下ろし）

第二章　所蔵資料の解説

1　大月英雄「県官員の履歴をたどる」（第七号、二〇一九年十月）

2　大月英雄「社寺明細帳の成立」（第三号、二〇一七年十月）

3　大月英雄「府県史料『滋賀県史』」（第四号、二〇一八年三月）

4　岡本和己「滋賀県から見た琵琶湖疏水」（第六号、二〇一九年三月）

5　岡本和己「『古社寺調書編冊』と文化財保護」（第五号、二〇一八年九月）

6　岡本和己「湖国巡幸の記録」（第九号、二〇二〇年九月）

《執筆者一覧》

石堂詩乃（神戸大学経済経営研究所、元滋賀県県政史料室）

井上　優（滋賀県文化スポーツ部文化財保護課）

大月英雄（滋賀県立公文書館）

岡本和己（滋賀県立公文書館）

工藤克洋（今日庵文庫、元滋賀県県政史料室）

杉原悠三（滋賀県立公文書館）

松岡隆史（生駒ふるさとミュージアム、元滋賀県県政史料室）

歴史《れきし》公文書《こうぶんしょ》が語《かた》る湖国《ここく》

明治・大正・昭和の滋賀県

2021年３月25日　第１版第１刷発行
2022年４月15日　第１版第２刷発行

企画・編集　滋賀県立公文書館

発行者　岩根順子

発　行　サンライズ出版
〒522-0004 滋賀県彦根市鳥居本町655-1
tel 0749-22-0627　fax 0749-23-7720

印刷・製本　シナノパブリッシングプレス

ISBN978-4-88325-719-5
定価はカバーに表示しています。
落丁・乱丁本がございましたら、小社宛にお送りください。
送料小社負担にてお取り替えいたします。